启真馆 出品

启真馆 出品

启真 · 人物

Great Soul

Mahatma Gandhi and His Struggle with India

伟大的灵魂：

圣雄甘地与印度的斗争

普利策奖得主
[美] 约瑟夫 · 莱利维尔德 著
（Joseph Lelyveld）
尚劝余　张芸祯　尚沫含等 译

ZHEJIANG UNIVERSITY PRESS
浙江大学出版社

d

尚未成为圣雄，1906 年

25 年以后，1931 年

我不知道你们是否看到了世界的本相。就我自己而言，可以说，我每时每刻都体察到这个世界严峻的现实。(1918 年)[1]

我不是一位远见家，我不接受圣人称号。我是一个脚踏实地的人，充满泥土味。我和你们一样，有着诸多弱点。但是，我看清了这个世界。我清醒地在这个世界上生活过。(1920 年)[2]

我不是一个容易绝望的人。(1922 年)[3]

对于像我这样的人，你不能用他们生活中罕见的伟大时刻来衡量他们，而应该用他们的双脚在人生旅程中所沾满的尘土厚度来衡量他们。(1947 年)[4]

——莫罕达斯·卡拉姆昌德·甘地(1869—1948)

---

[1] 甘地（Gandhi）1918 年 10 月 31 日致儿子哈里拉尔（Harilal），马哈迸夫·德赛（Mahadev Desai）:《与甘地一起的日子》(*Day-to-Day with Gandhi*)，第 1 卷，第 260 页。

[2] 马哈迪夫·德赛（Mahadev Desai）:《与甘地一起的日子》(*Day-to-Day with Gandhi*)，第 2 卷，第 201 页。

[3] 《圣雄甘地全集》(*Collected Works of Mahatma Gandhi*，以下简称为 *CWMG*)，第 23 卷，第 4 页。

[4] 甘地（Gandhi）致尼尔默尔·库马尔·鲍斯（Nirmal Kumar Bose），转引自帕瑞克（Parekh）:《殖民主义、传统与改革》(*Colonialism, Tradition, and Reform*)，第 272 页。

作者的话

圣雄（Mahatma）辞世已经半个世纪了，但是“凤凰村”（Phoenix Settlement）仍然住着甘地的后人。“凤凰村”位于南非（South Africa）德班（Durban）城外，印度洋海岸。1965 年，我第一次来这里访问。一个小男孩在屋里蹒跚学步，我认出他是甘地（Gandhi）的曾孙，现在与奶奶住在一起。奶奶是甘地四个儿子中的老二曼尼拉尔·甘地（Manilal Gandhi）的遗孀，她留在南非编辑她公公创办的《印度舆论》（*Indian Opinion*），借此使凤凰村及其价值得以延续。这位创始人当时决定做整个社区的家长，于是便将农场转变成了类似公社的机构，在这里他将追随者聚集在一起，形成了一个大家庭，包括印度人和欧洲人，以及侄亲和堂亲，最后还有他的妻子和儿子，但他们没有享受任何特殊待遇。

我并不是一位朝圣者，而是一位寻觅故事的记者。我造访之时，甘地已经去世差不多 18 年了，曼尼拉尔去世 9 年了，《印度舆论》停办 5 年了。[1] 除了他们住过的简朴的房舍之外，这里没有多少可供瞻仰的东西。在其中一间房舍外面，仍然挂着一块写着“莫·卡·甘地”（M. K. Gandhi）的铜质牌匾。“种族隔离的伟大工作已经开始了”，白人称之为“阿帕特非特”（Apartheid）。[2] 印度小农曾经与祖鲁人（Zulu）一起生活，一起种田，现在他们挤在凤凰村约 600 亩的土地上。写到这次访问，我不禁感到哀伤。印度人和其他南非人不再相信，甘地的消极抵抗能够在他们的国土上取得任何成效。“面对现在的政府，消极抵抗没有丝毫取胜的机会。”凤凰村的一位理事说，“政府太野蛮、太固执。”

倘若我接下来的驻外记者生涯不是在印度，那天下午的经历就不会在我脑海 xii

[1] 译注：《印度舆论》（*Indian Opinion*）：创办于 1903 年，曼尼拉尔（Manilal，1892—1956）任主编达 36 年之久，1956 年他去世后，他的妻子苏希腊·甘地（Sushila Gandhi）接任主编，1961 年由于经费短缺，《印度舆论》最终停办。

[2] 译注：“阿帕特非特”（Apartheid）：南非语引自荷兰语的词，意为隔离状态。这个制度对白人与非白人（包括黑人、印度人、马来人及其他混血门族）进行分隔，并在政治、经济等各方面给予区别对待，是一种种族歧视制度。

中留下记忆，它提醒我这是一个需要回来继续探讨的话题。20 世纪 60 年代后期，我在印度待了几年。对我来说，南非时期的甘地永远不只是羽毛丰满的圣雄的先行者和脚注。站在他的前门廊，凝视着南非翠绿的山丘，凭着记者化繁为简的思维方式，我想，他是一个有故事的人。

印度的政治旋涡可能会模糊这一直觉，但是绝不会消除这一直觉。我越深入研究印度政治，越发现甘地有关社会问题的论述和下一代领导人优先考虑的问题之间存在着明显的不一致，但这些人还是会满怀敬仰地援引甘地的名字，这个问题引起了我的思索。在那个年代，这些人往往与甘地有过实际接触，并参与了他所发动的民族斗争。因此，当他们声称是他的继承者的时候，这并不仅仅是一种爱国主义的例行公事。然而，在他的光环之外，还剩下什么，的确很难说。

为了报道甘地运动的余波，我跟随甘地最后一个全职信徒维奴巴·巴维（Vinoba Bhave），长途跋涉，穿越比哈尔（Bihar）邦最贫穷的地区，试图劝说地主将他们的部分土地割让给无地的农民。比哈尔邦在当时以及现在一直是印度最穷的邦，维奴巴征集到了几万亩贫瘠的、没有开垦的、无法开垦的土地契约。圣雄的这位年迈的门徒即使不是看起来挺悲惨，也是看起来相当惨淡的，因为他看到命中注定的使命基本上以惨败收场。“他成了他的崇拜者。”这是奥登（Auden）对叶芝（Yeats）[1] 的评论。30 年前，维·苏·奈保尔（V. S. Naipaul）[2] 用这句诗描述甘地最后岁月中影响力的下降，但当时甘地还是受到人们的普遍崇敬。虔敬与漠视的结合，对印度来说并不新奇，它作为一种文化影像延续下来，幸免于印度的第一次原子弹爆炸。

时空转换，斗转星移，我在南非和印度的经历在我的脑海中彼此交汇。甘地显然是连接它们的桥梁。我再次想起了凤凰村，我回来过两次，第二次是它在黑人派系暴力事件中被烧毁之后，这次事件也伴随着白人霸权消亡时的痛苦挣扎。它在民主选择的政府的保佑下才得以恢复，这个政府迫切尊崇甘地为新南非的开国者。接着，我想起了甘地本人，我想知道南非是如何帮助锻造了他这个人，南非所锻造的这个人又是如何与印度的现实斗争的，他在印度洋彼岸成为政治领袖

---

[1] 译注：叶芝（William Butler Yeats，1865—1939）：爱尔兰著名诗人，诺贝尔文学奖获得者；奥登（Wystan Hugh Auden，1907—1973）：英裔美国著名诗人，他的诗歌《纪念叶芝》脍炙人口。

[2] 译注：维·苏·奈保尔（V. S. Naipaul，1932—2018）：印度作家、游记作者、社会评论家。他的小说描写各种文化中那些疏离于社会、一生都在寻找自我身份认同的个体，2001 年获诺贝尔文学奖。

的起始经历是如何预兆他在印度洋此岸所陷入的更大的失望和偶尔的失败感的， xiii
即他的领袖之旅是不是从一开始就埋下了终结的伏笔。

我不是第一个提出这些问题的人，也不会是最后一个。但是，在我看来，仍然有一个故事需要揭示和讲述。这个故事的主题可以追溯到甘地的政治生涯，它从一个国家开始，在另一个国家达到鼎盛，他的政治遗产在每个地方都充满了歧义。最终，事实证明，在追随甘地脚步的同时也追逐自己脚步的诱惑是不可阻挡的。这并不是说，我要重新讲述标准版本的甘地故事。为了在本书中遵循我所选择的叙述思路，我只是浅尝辄止或者干脆忽略了一些重大时期或事件，包括甘地在古吉拉特（Gujarat）邦封建的卡提亚华（Kathiawad）地区所度过的童年时光、他在伦敦度过的成年时光、他后来在三个大陆与英国官员交往的岁月、他所发起的民族运动的起落与盛衰、他 17 次绝食的细节与背景等。这些时期或事件与作为社会改革家的甘地有关，也与他的政治观念和社会憧憬的演化变迁有关，但这个故事通常属于独立斗争的叙述范畴。我所追寻的甘地是曾经声称“我一生都在努力寻求与目不识丁的被压迫者心心想通”的那个人。[1] 我试图在基层领域追寻他，这样做是一种冒险，可能会忽视他作为政治策略家、非暴力抵抗统帅、宗教思想家和表率的作用。他千方百计地将他的理想灌输给一直以来顽固不化的印度，当他慷慨激昂地抨击不可接触制（Untouchability）的“罪行”和“祸害”或者侃侃而谈作为多数派的印度教徒（Hindu）必须包容作为最大的少数派的穆斯林（Muslim），并以此来考验印度对他的耐心与崇敬的时候，他发现这时的印度尤为顽固不化。

事实证明，关于不可接触制和印度教（Hinduism）—伊斯兰教（Islam）之间的关系这两个主题，如果不参照他在南非长期的政治学徒生涯，那么我们是解答不了的。在南非，他最终成为群众运动的领袖。我的目的是，通过详述常常被淡化的事件和主题，来扩展而不是取代甘地在南非和印度所经历的生活的标准版故事。我不是要矮化一位现在被普遍颂扬为精神朝圣者和世俗圣人的伟人，而是试图理解他原本的生活来重新审视他。我更为着迷的是他这个人本身，是他不平凡的一生的长弧，而不是任何可以被精炼为信条的东西。

甘地用许多重叠和开放的定义来界定他的最高目标，他有时候将其定义为 xiv

[1] 普亚里拉尔（Pyarelal）:《史诗般的绝食》（*Epic Fast*），第 323 页。

“普尔纳司瓦拉吉”（Poorna Swaraji）。[1] 将“司瓦拉吉”（Swaraji）引入政治词典的，并非他本人。甘地在南非的时候，这个词通常被译为“自治”（self-rule）。后来，它的意思被延伸为“独立”（independence）。如甘地所使用的，“普尔纳司瓦拉吉”将这个目标置于更高的层次。在他颇为乌托邦的理想中，这个目标不只是印度的目标，而且是每个印度人的目标。只有这样，这个目标才能变成“普尔纳”（Poorna）或完全的目标。它不仅意味着要摆脱英国的政治统治，而且意味着要摆脱英国的生活方式，意味着摒弃现代工业社会，从印度 70 万个村庄开始，自下而上地复兴印度。根据甘地的计算，1947 年印巴分治前，印度存在着 70 万个村庄。因此，甘地是一位复兴主义者，而不是一位政治人物，他意在印度最顽固不化和最贫穷的地区灌输价值，即社会正义、自力更生和公共卫生的价值。这些地区一起培养这些价值，就会迎来全国范围内物质和精神复兴的繁荣局面。

这位胸怀诸多事业的人说，“司瓦拉吉”就像一棵榕树，它“有许多树干，对这棵树来说，每个树干都与主干同样重要”。[2] 他的意思是，“司瓦拉吉”不仅仅是争取独立，它的目标应该更大。

“他越到后来越不是一位严肃的政治领袖。”[3] 一位著名的英国学者这样评论。甘地也许会认同这一评论，因为他在 1934 年就正式退出了印度国民大会党（Indian National Congress，以下简称国大党），而且再也没有重新加入。如果说这位领袖成功地驱逐了殖民主义者，而他的复兴目标却没有实现的话，那么他会把自己列入失败者之列。“司瓦拉吉”本该是为了所有的印度人，但是在大多数具有挑战性的构想中，他都表示“司瓦拉吉”主要是为了“千百万穷苦的劳动人民”。[4]

他曾说，“司瓦拉吉”的意思是这样的，即“解放印度骨瘦如柴的人”，或者说是“普尔纳司瓦拉吉意味着一种事物状态，在这种状态里，哑巴开始说话，瘸子开始走路”。[5]

甘地将这一特殊的社会正义标准作为一个最终目标，但是即使在他的论述中，他不总是一以贯之，也很难保持始终如一，更何况在他所发动的运动中。但

---

[1] 译注：“普尔纳司瓦拉吉”（Poorna Swaraji）：意为“完全独立”。

[2] 《圣雄甘地全集》（*CWMG*），第 52 卷，第 399 页；转引自布朗（Brown）：《甘地与文明不服从》（*Gandhi and Civil Disobedience*），第 316 页。

[3] 布朗（Brown）：《尼赫鲁》（*Nerhru*），第 106 页。

[4] 莫·卡·甘地（M. K. Gandhi）：《乡村司瓦拉吉》（*Village Swaraji*），第 4 页。

[5] 同上，第 6 页。

是，就是这个甘地，他的话在印度仍然具有引起共鸣的力量。这一愿景一直陪伴着他不断前进，但这些思想最早是在南非形成的。

今天，大部分南非人和印度人都非常崇敬圣雄，就像全世界其他国家的人一
样。但是，就像重新恢复的这个凤凰村，我们这些形形色色的甘地们都想在脱离 xv
了我们的环境和他的时代中复制他。那个原本的甘地，连同他所有的离奇怪癖、难以捉摸和创新天才，还有他偶尔一见的残酷及透彻骨髓的仁爱，将会永远值得我们追寻。他本人从不崇拜偶像，而且对萦绕着他的崇拜氛围，总体来说也显得漠不关心。他总是要求根据生活形式的变化做出回应。即使现在，他也没有让印度人，或者也可以说让我们其余人，轻松放下。

目　录

上篇　南　非

下篇　印　度

上篇

南非

第一章　序曲：不速之客 3

这是一份只有生意冷清的律师才可能会接受的诉状。莫罕达斯·甘地（Mohandas Gandhi）从印度孟买（Bombay）抵达南非时才23岁，还是一个未经律案沙场考验又名不见经传的律师助手。[1] 在孟买，他开创律师事业的努力一年多都未见成效。当时他预期在南非只是短暂逗留，顶多一年。然而，到他1914年7月14日最终离开南非时，一晃整整21年过去了。那时，甘地44岁，已经成为一位经验老到的政治家和谈判家，是群众运动的最新领袖，是提出群众斗争学说的专家，也是简练而又多产的政治时事评论家，甚至是在精神、养生甚至医学方面自学成才的布道者。也就是说，他正在成为受到印度尊敬并时而追随的那个甘地。

这些描述都与他原本的工作完全不符。一开始，他唯一的任务就是协助处理两家穆斯林贸易公司间棘手的民事诉讼案件。这两家贸易公司均来自博尔本德尔（Porbandar），阿拉伯海（Arabian Sea）的一个小港口，位于今天印度的西北角，甘地就出生在那里。这个年轻律师给这个案件带来的全部优势是：他能讲流利的英文和古吉拉特文（Gujarati，他的母语），以及他最近在伦敦的内殿律师学院（The Inner Temple）[2] 接受过的法律训练。他的主要任务就是充当翻译，在聘任他的商人和商人的英文律师之间做语言和文化方面的翻译。

就此来看，没有任何迹象表明他曾有过从政的本能想法。在伦敦的三年，以及随后试图适应印度新环境的近两年时间里，他的事业与饮食和宗教有关：素食主义和被称为通神学（Theosophy）的神秘宗教。通神学宣称吸收了东方的智慧， 4
尤其是印度教的智慧。对于在异国他乡寻找立足之地的甘地而言，他本人当时对

---

[1]　甘地在印度已经获得了律师资格证，但是说他作为一名律师助手来到南非，这准确地描述了他在所聘请他的案件中的角色，正如他自己后来所承认的那样。“去南非的时候，我只是作为一个律师助手。”他于1937年时如此说道。《圣雄甘地全集》（*CWMG*），第60卷，第101页。

[2]　译注：内殿律师学院（The Inner Temple）：英国四大律师学院之一，另外三个律师学院分别是林肯律师学院（Linconln’s Inn）、格雷律师学院（Gray’s Inn）和中殿律师学院（The Middle Temple）。

通神学的好奇超过了对印度教教义知识的兴趣。甘地从来就不是一个神秘主义者，在伦敦，他与其他真理追寻者建立了志同道合的友情，用个比喻的说法，他们要寻找的似乎就是一个杂草穗，在他看来，这是两种文化的共同之处。

相比之下，从一开始，南非就向他发出了挑战，他不得不解释他这个棕色皮肤的人在南非的所思所为。或者更为确切地说，棕色的皮肤、整洁的礼服大衣、条纹的裤子和黑色的头巾，丝毫没有他家乡卡提亚华（Kathiawad）地区的穿戴风格。1893 年 5 月 23 日，也就是他到达德班（Durban）的第二天，他以上述装扮走进了德班的一座地方法院。地方法官认为他的帽子显得他藐视法庭，下令让这个名不见经传的律师摘帽，甘地没有照做而是昂首阔步地走出了审判室。第二天，这次小冲突登上了报纸《纳塔尔广告商》(*Natal Advertiser*)，这是一篇题为"不速之客"的讽刺性短文。甘地立即给报社寄去了一封信，这是他写去的几十封信中的第一封，意在扭转或挫败白人的傲气。"正如欧洲人将脱帽视作尊重他人的标志。"他在信中写道，印度人戴帽表示尊重，"在英国，印度人参加客厅会见或者出席晚会时常常戴着头巾，而且英国的女士和先生似乎也很赞赏我们由此表现出的尊敬。"[1]

这封信直到这个年轻的无名小辈踏入南非这块土地的第四天才被刊登出来。之所以值得注意，是因为这封信差不多面世于一次种族侮辱经历发生的前两周，这次经历发生在从海边开往内陆的火车上，通常认为就是这次经历点燃了甘地的抵抗精神。寄给《纳塔尔广告商》的信似乎表明甘地的抗争精神不需要点燃信中揶揄的、似开玩笑又蕴含斗争的潜在含义将被证明是极具特色的。然而，不仅在理查德·阿滕伯格（Richard Attenborough）执导的电影《甘地传》(*Gandhi*)或者菲利普·格拉斯（Philip Glass）的歌剧《萨提亚格拉哈》(*Satyagraha*)里，而且在此事件 30 年之后甘地撰写的《自传》(*Autobiography*)里，这起火车事件都被认定是具有转变意义的。

甘地当时在彼得马里茨堡（Pietermaritzburg），因为一位白人乘客拒绝与一名"苦力"（coolie）一起乘车，而被驱逐出一等车厢。如果这不是一个决定性格形成的事件，那它肯定是一个唤醒（或者深化）性格的事件。关于这次火车事件的无数描述中，通常被轻视的事实是，这个义愤填膺的年轻律师最终心随所愿。第二

[1] 米尔（Meer）:《南非的甘地》(*South African Gandhi*)，第 121 页。

天早上，他立即给火车站总经理以及德班的赞助人各发去了一封电报，掀起了一阵不小的骚动，最终被允许第二天晚上在火车站站长的护送下，在同一车站再次登上了同一班火车，坐的是一等卧铺。 5

当时，这条铁路线还没有贯通约翰内斯堡（Johannesburg）[1]，因此他不得不乘坐马车来完成此次行程的最后一段。他再一次卷入了一场明显的种族冲突之中。甘地被安排坐在外面的车夫座上，紧靠着赶车的车夫，他忍住没有抱怨，但在休息站被一名白人乘客拖了下来，这个乘客要占这个座位。当甘地抵抗时，这个白人乘客喊他“萨米”（sammy）——这是南非人（South African）嘲笑印度人的一个词语（据说，源于“斯瓦米”swami[2]），然后就开始挥拳打他。在甘地的复述中，他的抗议产生了惊人的效果，唤起了富有同情心的白人乘客，站在他这一边进行干预。他成功地保住了自己的座位，当马车夜间停靠休息时，他给马车公司的当地主管发去一封信，然后这名主管确保这个年轻的外国人在最后一段行程中坐在马车里面。

这个新来者几乎在信件和电报中都会对不公现象予以反驳，所有的这些反驳告诉我们，年轻的莫罕（人们都这样称呼他）带着他抵抗的天性（精神分析学家爱利克·埃里克森[3]称之为“永恒的反抗性”[4]）来到了南非。南非陌生的环境将被证明是将这种天性淋漓尽致地发挥出来的最佳场所。在一个基本上仍处于边疆社会的国度里，白人掌权的意志尚未产生稳定的种族秩序（虽然进行了系统的努力，但事实上永远不会产生这样的秩序）。甘地不用自寻冲突，冲突会自动找上门。

在一个新的国度里，在最初磕磕绊绊的这些日子里，莫罕·甘地与人初次相遇时，他给人留下的印象是清瘦、结实而有魅力，说话温和但并不寡言。他的英语逐渐变得完美无瑕，他的穿着打扮和他遇到的白人一样带有英伦范儿。他能够坚持立场，但并不独断或者浮躁（在看似浮躁的意义上）。随后，他会将生命中这一阶段的自己形容成是一个害羞的人，但事实上他不停地展示自己的姿态，而

---

[1]　译注：约翰内斯堡（Johannesburg）：南非共和国最大的城市，位于南非东北部瓦尔河上游的高地上。

[2]　译注：斯瓦米（swami）：梵文，印度教神职人员。原指遵守宗教老师创建的宗教教义的苦行僧和瑜伽修行者，现多指印度教中的宗教老师，可以加在人名的前面以示尊称。

[3]　译注：爱利克·埃里克森（Erik Erikson，1902—1994）：美国精神病学家，著名的发展心理学家和精神分析学家，他的名著《甘地的真理》（*Gandhi's Truth*）是描写甘地早期生活的心理学传记。

[4]　埃里克森：《甘地的真理》，第 158 页。

这一姿态可能牵扯到遗传问题：他是帝万（diwan）[1] 的孙子和儿子，在小土邦的宫廷里拥有最高的公民地位，这些土邦分布在甘地长大的古吉拉特（Gujarat）邦地区。帝万的身份介于首相与地产管理者之间。甘地的父亲显然未能动用他王侯的身份为自己谋取私利，而是保持着谦虚做人的作风。但是，他将他的地位、尊严和信心传承给了甘地。这些品性与甘地的棕色皮肤以及受训于伦敦的律师资质
6 结合在一起，足以使他成为在那个时代、那个地方（南非）与众不同的人，对一些人来说，至少是一个富于同情心、引人注目的人物。

他易受道德诉求和改良学说的影响，但对他所处的新环境或者纷乱的道德问题并不是特别好奇，而这些道德问题如同耐寒的植物成为这片土地的一部分。他将妻子和两个儿子留在了印度，侄亲和表亲也尚未到来，他们是后来才随他到了非洲，因此那个时候他是独自一人在打拼。因为他无法以律师的身份在孟买立足，他的临时佣金就成了自己和全家人生计的依靠，所以自然而然，他可以被认为是在想方设法开启一份事业。他想让自己有一番作为，但又不确定从哪里或如何开始。从这个意义上，像大部分 23 岁的青年一样，他既脆弱又无法完成自己的工作。他正在寻求某种持之以恒的东西，一份事业或者一种神圣化的生活方式，最好二者兼而有之。你很难从他 30 多年后匆忙完成的每周连载的《自传》中看出这一点，但在这一阶段，他更像是东西方成长小说 [2] 中的无名英雄，而不是等待变成他所描绘的那个圣雄。他在满 20 岁之前到达伦敦，在伦敦度过最初几周之后几乎没有被质疑或有过行为上的偏差。踏上南非的甘地看起来不像那个精神敬语"圣雄"的接受者——"圣雄"（Mahatma）的意思是"伟大的灵魂"，是诗人拉宾德拉纳特·泰戈尔（Rabindranath Tagore）在甘地回到印度 4 年后加在他名字之后的。[3] 他的转变或自我发现既是一个外在转化过程，也是一个内在转化过程，这需要多年时间才能完成，但这个过程一旦开始，他就再也不是静止不动或可预料的。

---

[1] 译注：帝万（diwan）：印度土邦王公下面的宰相。

[2] 译注：成长小说（bildungsroman）：亦译为教养小说，是一种非常流行的文学体裁，聚焦于主人公的社会和心理成长及成熟过程。这一术语同德国 18 世纪末和 19 世纪上半叶一批作家创作的小说紧密相连，歌德的杰作《维廉·麦斯特的学习时代》被公认为这一文学样式的经典之作，可以说它是判断成长小说的一块试金石。后来，这种小说风靡欧洲，经英国传入美国，并在那里生根开花，结出了丰硕的果实。

[3] 廷克（Tinker）:《爱的考验》（*Ordeal of Love*），第 151 页。

生命行将结束之际，当他再也无法指挥在印度领导的运动时，甘地在泰戈尔的一首诗歌中找到了一段话，来表达他自己由来已久的孤独感："我相信独自行走。我独自一人来到这个世界上，我独自行走在死亡的阴影之谷，一旦死亡降临，我将独自离开。"[1]在来到南非之时，他可能不会这么毫无掩饰地表述，但他感觉自己正在以一种想象不到的方式踽踽独行，如果他还生活在印度大家庭的庇护之下，那这一切都是难以想象的。

当他进入一个由白人制定规则的粗俗的南非时，甘地经常遭遇不同程度的难堪的种族经历：在约翰内斯堡，国家大酒店（Grand National Hotel）的经理会上下打量他一番之后，才告诉他没有空房间；在比勒陀利亚（Pretoria）[2]，这里实际上有一条地方规定，保留人行道给白人专用，一个在总统保罗·克鲁格（Paul Kruger）家门前站岗的警察会以违反道路法为借口来恐吓这个闲庭信步的新来者[3]，那里的白人理发师也拒绝为他理发；在德班，法律协会驳回他作为辩护律师的注册申请，而这个职位至今仍为白人保留；他不被允许进入英国国教的教堂做礼拜。

我们需要花整整一个世纪才能慢慢停止这些习俗，因为少数派白人的统治最终会在南非不可避免且理所当然地结束。现在为甘地新建的纪念碑在南非随处可见，这反映了他为南非历史的改写做出的英勇贡献。我不仅在凤凰村（Phoenix Settlement）看到过这些纪念碑，也在德班、彼得马里茨堡、莱迪史密斯（Ladysmith）和邓迪（Dundee）看到了。这些纪念碑几乎都是甘地年迈时的形象，即温斯顿·丘吉尔（Winston Churchill）嘲笑地将其描述为"一个具有煽动性的内殿律师学院的律师，现在冒充一个托钵僧，半裸地大步向前"，而不是衣着考究的南非律师的形象（这可能是因为大多数雕像和半身像是从印度运来的，是印度政府提供的）。然而，在约翰内斯堡，一大片城市空地被命名为甘地广场（Gandhi Square）——而在此之前是用一位南非荷兰裔白人（Afrikaner）官员的名字命名

---

[1]　普亚里拉尔（Pyarelal）:《圣雄甘地：最后阶段》（*Mahatma Gandhi: Last Phase*），第1卷，第495页。

[2]　译注：比勒陀利亚（Pretoria）：南非的行政首都，豪登省（Gauteng）北部的城市。

[3]　马哈迪万（T. K. Mahadevan）认为，如果这件事的确发生过，那么被推搡出人行道的那个印度人有可能是皮莱（C. M. Pillay），他曾向报社写信，描述过此类事件，这和甘地曾经投诉的事件很相似。马哈迪万提出质疑：甘地读过此信，只不过盗用了这个经历而已。详见马哈迪万:《凤凰之年》（*Year of the Phoenix*），第25页。

的——在这里我们看到的是南非甘地身穿便装，大步走向现今被拆毁的法庭旧址方向，他曾以律师和囚犯的双重身份在这个法庭出庭，他的青铜律师袍在青铜西装上飘逸着。甘地广场位于里斯克街（Rissik）和安德森街（Anderson）的交叉口，就在他以前律师办公室的拐角处，他曾在这间办公室会客，就在一幅耶稣基督（Jesus Christ）的彩色画像下，几步之遥的素食餐厅早就不复存在。在这里，他初次遇到他最亲密的白人朋友。就在当年的素食餐厅旁边，也许就在它的遗址上，一家麦当劳店矗立起来，现在将非素食生意发展得相当蓬勃。但是，新南非宣称甘地属于它并不是完全地牵强附会，即便甘地在南非的大部分时间里并没有预见到这一点。为了在那里站稳脚跟，他树立了一个全世界殖民地人民包括南非人民都可以从中受到鼓舞的榜样，此时，他塑造了一种形象，一种他会在生命的最后 33 年里在印度继续维持的形象。

其中一个新甘地纪念碑坐落在彼得马里茨堡（简称马里茨堡）造型美观又年代久远的火车站的一个站台上，靠近这位新来者曾经被赶下火车的地点。纪念碑矗立于波纹铁皮屋顶下面，屋顶似乎用原汁原味的维多利亚时期的金银丝装饰而成。铭牌上写着，被赶下火车“改变了甘地的人生历程”。“他奋起反对种族压迫”，铭牌宣称：“他积极的非暴力（nonviolence）就始于那天。”

8 这是对甘地《自传》的一个令人鼓舞的阐释，但其中的历史记录却模糊不清。甘地在《自传》中宣称，一到达比勒陀利亚他就召开了一次会议，召集当地的印度人，激励他们勇敢地面对种族形势。如果他这么做了，也不会产生什么结果。在第一年，他还没有肩负领导责任，甚至都没被当作居民，他只是一个从孟买过来执行临时任务的资质浅薄的律师。相对轻松的法律工作让他手头有很多空余时间，他把时间更多地花在了宗教而不是政治上。在这个新的环境中，他成为一个比他在伦敦时更加严谨和兼收并蓄的精神追求者。这既是一个个人倾向问题，也是一个机遇问题。甘地前来协助的那个律师是个福音派基督徒（Christian），他更感兴趣的是甘地的灵魂拯救，而不是他们本该处理的商业案件。甘地把大部分时间花在与白人福音教徒的长期接触中，他们发现甘地极有可能会转变宗教信仰。他甚至参加每日的祈祷会，人们在祈祷会上经常祷告说，光明会照耀在他身上。

甘地告诉他的新朋友，他们都是白人，他尚未做出精神上的承诺，几乎总是在认真思考转变宗教信仰后又否定了。然而，根据仔细研究甘地与传教士交往的学者的说法，甘地花了两年时间才解决了萦绕在他心头的这个问题。[1] 有一次，甘地同样向一位英国律师的妻子米莉·波拉克（Millie Polak）坦承，这位英国律师是他在南非最后十年里核心集团的一员。“我的确曾经认真思考过信仰基督教（Christianity）。”她引用他曾经说过的话，“基督教深深地吸引了我，但我最终得出的结论是，你们的经文中并没有真正包含我们经文里所没有的东西，而且要成为一名虔诚的印度教徒就意味着我会成为一个虔诚的基督徒。”[2]

他代表一个被称为“秘传基督教联盟”（Esoteric Christian Union）的运动给
《纳塔尔信使报》（*Natal Mercury*）写信，他解释说，“秘传基督教联盟”是一个综
合性的信仰流派，试图通过展示每个宗教派别都代表相同的永恒真理来调和所有
的宗教（这是 50 多年后甘地在生命的最后几年和几个月里在祷告会上重复的主
题，祷告会上弥漫着包容一切的精神，“哦，主啊，我们永远的保障”[3] 在印度教
徒和穆斯林的祷告吟唱中占据一定的地位[4]）。1894 年，他给一本文选写了一则广
告，意在捎带他给编辑写的一封信，在广告中，他自豪地自称是“秘传基督教联 9
盟和伦敦素食者协会（London Vegetarian Society）的代言人”。[5]

根据他的自传作品中所写的内容来判断，在比勒陀利亚，甘地似乎有可能，甚至极有可能，与福音派祝福者一起度过的时间要比与穆斯林资助者一起度过的时间多。无论如何，这是他生活的两个圈子，它们没有重叠，也不代表南非这个快速成立的国家的任何一种缩影。不管是出于选择还是出于必要，他都会置身局外。在与白人早期接触中发生的一些摩擦清楚地表明，在这片新大陆寻找立足之地可能会令他卷入冲突。要想获得普通的公民身份，他就必须跨越界限涉足政治。在比勒陀利亚安定下来的两个月间，甘地忙于给英文报纸撰写有关政治主题的信件，将他自己推向前沿，但在那时，这仅代表他的个人观点。

9 月 5 日，也就是他抵达南非不到 3 个月，《德兰士瓦广告商》（*Transvaal*

---

[1]　亨特（Hunt）：《甘地与新教徒》（*Gandhi and the Nonconformists*），第 40 页。

[2]　源于 2004 年 5 月 7 日英国广播公司（BBC）播放的对米莉·波拉克（Millie Polak）的档案采访。

[3]　译注：“哦，主啊，我们永远的保障”（O God, Our Help in Ages Past）：这英国公理会执事、赞美诗作家艾萨克·瓦茨（Isaac Watts，1674—1748）所写的 600 多首赞美诗中比较有名的一首，阐释了《圣经·旧约》中的《诗篇》中的第 90 首赞美诗。

[4]　纳亚尔（Nayar）：《圣雄甘地最后入狱的日子》（*Mahatma Gandhi's Last Imprisonment*），第 298 页。

[5]　《圣雄甘地全集》（*CWMG*），第 1 卷，第 141 页。

Advertiser）刊登了他这些信件中的第一封，这封长篇大论的信件已经隐含着甘地后来作为印度人团体发言人时提出的政治论点。这封信是他对“苦力”一词的用法做出的回应，“苦力”一词作为修饰语，通常用来指所有来自英属印度（British India）的棕色皮肤的移民。他不介意此词被用于合同制劳工，他们是贫穷的印度人，在契约合同或奴隶合同之下被大批运输到南非，通常从事砍甘蔗的工作。从1860年开始，大多数印度人就是以这种方式来到这个国家，这属于人口贩卖，是奴隶制的进一步演化，同时成千上万的印度人也是以这种方式被贩卖到毛里求斯（Mauritius）、斐济（Fiji）和西印度群岛（West Indies）。毕竟，“苦力”这个词似乎是源于印度西部地区一个名为“苦力斯”（Kolis）的农民群体，他们因目无法纪而声名在外，也因很强的凝聚力而被认可为一个亚种姓。[1]但是，甘地认为，那些合同期满没有回国而是在南非自力更生的前契约劳工，以及最初已经自己支付路费的印度商人，他们不应该受到那种诋毁。“显而易见，对这两个阶级而言，印度人是最合适他们的词语。”他写道，“没有哪个印度人天生就是苦力。”[2]

如果他留在印度，他不会轻易提出这个命题。可以合理地推测，正是陌生的异域环境激起了他站在印度人群体之外对此进行解释的冲动。隐含在这里的是阶级差异，这是他人生中的第一个民族主义宣言。在这里，他为印度人代言，
10 而不是为苦力代言。字里行间，他似乎是在说，对他们而言最好的说法就是他们的社会地位并非永久不变。他在信中并没有提及他对奴役制苛刻条件的任何评论。

他承认苦力有时可能无法无天，甚至会偷盗。他知道但不强调现如今他同意称为“苦力”的大部分人都是低等种姓背景。总之，种姓是他回避的主题，他不认为苦力从根本上有别于其他印度人。合约期满时，他们可以成为好公民。然而现在，他们的贫穷和绝望明显没有引起他的同情。至少在当时来说，他并不认同他们。

---

[1] 亨利·尤尔（Henry Yule）和伯内尔（A. C. Burnell）:《霍布森－乔布森》（*Hobson-Jobson*），伦敦，再版，1985年，第249页。《牛津英语字典》（*The Oxford English Dictionary*）接受这种派生形式，认为这个词语可能在16世纪由葡萄牙海员从古吉拉特邦带到中国。另一种可能的派生形式来自土耳其单词“quli”，意思为工人或搬运工，并且可能融入了乌尔都语（Urdu）。在南非，“苦力”一词带有种族气息，被用来特指亚洲人，尤其是印度人，如《牛津英语字典附录》（*The Oxford English Dictionary Supplement*）中的注解所言。

[2] 米尔（Meer）:《南非的甘地》（*South African Gandhi*），第113—114页。

年轻的甘地所面对的南非被白人居民和伦敦的殖民事务办公室（Colonial Office）分成四个不同的邦或区。[还有祖鲁兰（Zululand），处于英国的管理之下，尚未完全并入环绕着它的自治区纳塔尔（Natal）。在白人——不管是白人定居者还是殖民官员——眼里，次大陆幸存下来的非洲王国只能勉强生存，因为它们远离主要的商业航线，几乎没有主权地位。]被认为具有重要地位的邦是白人统治的那些邦。两个沿海区是英国王室的直辖殖民地：一个是开普（Cape），位于非洲的最南端，大西洋和印度洋的交汇之地，白人最早于17世纪在那里定居；另一个是纳塔尔，位于大陆草木翠绿的东海岸。内陆是两个准独立的布尔（Boer，意为南非白人）[1]共和国，即奥兰治自由邦（Orange Free State）和所谓的南非共和国（South African Republic）。南非共和国位于众所周知的德兰士瓦（Transvaal）[2]地区，是一个文化内向的边境定居点。这个共和国是为土著南非白人“特莱克布尔人”（Trekboer）创建的，是他们的锡安（Zion）[3]。“特莱克布尔人”是农民，主要是从英国统治下的两个殖民地逃离出来的荷兰人（Ducth）和胡格诺派（Huguenot）后裔[4]。这个共和国几乎被最近一次大部分是英国异己分子[荷兰简化方言将这些人称为外侨（Uitlander），那时荷兰简化方言刚刚开始被承认为是一种拥有自身权利的语言，因此被称为南非荷兰语Afrikaans][5]的涌入所湮没。因为它位于德兰士瓦境内，不受英国的官方控制，但却吸引着英帝国将其纳入管辖范围，因为1886年，这里发现了世界上最丰富的金矿矿脉，就是在这位羽翼未丰的印度律师很不顺利地登陆德班的7年前。

甘地自南非起航回国多年后，南非已经发生了巨大的变化，不再仅仅是一个 11
由殖民地、王国和共和国随意集合起来的地理名称。南非现在是单一主权国家，

---

[1]　译注：布尔（Boer）：布尔人，指居住于南非的荷兰、法国和德国白人移民后裔形成的混合民族的称呼。此词来源于荷兰语Boer，原意为农民，现已基本不使用该词，改称南非白人为阿非利堪人（Afrikaner）。

[2]　译注：德兰士瓦（Transvaal）：经过英布战争，南非共和国于1902年沦为英国殖民地，1910—1994年成为南非联邦的一个省。该省已不存在，现在分为豪登省、林波波省与普马兰加省三个省，以及西北省的一部分。

[3]　译注：锡安（Zion）：上帝耶和华居住之地，是耶和华立大卫为王的地方，一直以来，国破家亡的犹太人都期盼着上帝带领他们前往锡安，重建家园，因此锡安象征着家园、天国、人间天堂。

[4]　译注：胡格诺派（Huguenot）：16世纪欧洲宗教改革运动中兴起于法国而长期惨遭迫害的基督教新教教派。

[5]　译注：南非荷兰语（Afrikaans）：亦译为阿非利堪斯语，又称作布尔语，来源于荷兰语，是南非的官方语言之一。

不再是殖民地，自称为南非联邦（Union of South Africa）。而且，它被牢牢地掌握在本土白人的控制之下，因此作为非白人移民群体的律师发言人——也就是甘地后来从事的职业，再也不能指望通过递交请愿书或派出代表团来发挥作用。对于这场伟大的政治变革而言，他只不过是一个旁观者，但这场变革却把他争取印度平等权利的最佳论点扫到台面之下。最初，甘地将他的案件建立在他自己对1858年维多利亚女王宣言的理想化解读之上，这份宣言将英国主权正式扩展到印度，承诺印度居民享有与英帝国所有臣民一样的保护权和特权。他称之为“印度人的大宪章”（Magna Charta of the Indians），并引用了遥远的女王陛下曾宣言的一段话，她希望印度国民“无论种族或信仰，都能自由和公正地进入公职，享受大英帝国提供的服务”。[1] 甘地的论点就是，这些权利应该适用于“英属印度人”，他们从祖国来到帝国的前哨，比如南非境内英国的管辖区域。这和女王的顾问想的完全不是一回事，但又是一个必须解决的尴尬问题。在1910年诞生的新南非，它一文不值。由于实现目标的希望越来越渺茫，甘地发现，在这20年间，他的战术不得不变得越来越具对抗性。

这个转变以及他在南非最早的政治活动中所巧遇的几乎所有事，最终都可以追溯到黄金和新矿火车带来的所有东西——高额资金、工业冲突和20世纪第一次重大战争经历。这场战争可以看作是一场反殖民主义或反叛乱斗争，尽管双方的战斗人员主要是白人。这就是1899—1902年的英布战争（Anglo-Boer War），它的残酷战火烧焦了南非几近没有树木的草原和山坡。殖民政府派出一支45万人组成的军队（包括数以千计的英国人和印度人，他们在大英帝国的指挥下，跨越印度洋，从英属殖民地印度来到南非），最终才征服了从未超过7.5万人的布尔突击队和民兵组织。双方大约有4.7万名士兵命丧此役，此外，近4万人（主要是南非白人妇女和儿童，也有他们的农场黑人工人和仆人）死于痢疾和麻疹等传
12 染病。在大规模地清理农村时，军队把这些人集结在栅栏隔离区。英国人给这些露天惨祸之地杜撰出一个实用、净洁的词语，称之为集中营。

甘地曾短暂地发挥了一些作用。这个人在未来20年内将作为现代最著名的非暴力领军人物登上历史舞台，他在战争初期阶段作为一个身着戎装的士官亲眼见证了这场军事行动，带领一支约1100个印度平民组成的担架队奋战了大约

[1] 米尔（Meer）:《南非的甘地》（*South African Gandhi*），第117—118页。

6周。他当时30岁，已经被公认为纳塔尔人数不多但却不断增长的印度团体的发言人，当时印度团体的人数将近10万人，但不久就超过了殖民地的白人数量。甘地参战的目的是向殖民地白人领导人传达一个保守的观点：印度人无论其肤色怎样，他们在战场上展现了自己的身影，他们应该被视为大英帝国的全权公民，他们时刻准备承担自己的义务，也应享受大英帝国赋予他们的任何权利。

一旦英国在纳塔尔占了上风，战争推进到内陆，印度担架队解散，对甘地来说战争也就结束了。他表达了他的观点，但是他的观点立刻就被白人抛到一边了，他原本希望给白人留下印记呢。纳塔尔的种族精英坚持制定新的法律，来限制印度人的财产权，并从选民名册中取消了几百人，这些人曾竭尽全力想在选民名册上写上他们的名字。据说德兰士瓦可能这样实行了。1885年，作为一个主权实体的南非共和国宣布成立，它通过了一项法律，禁止印度人享有基本的公民权利，这发生在甘地来到南非行政首都比勒陀利亚的8年前。

起初，他允许自己想象英国好不容易取得了胜利，将两个殖民地和布尔共和国联合在帝国的统治下，那么这场艰难的胜利只要能使“英属印度人”从中获益就好了。事实与他的想象背道而驰。8年内，一个全国性的政府成立，该政府由被击败的布尔将军们领导，他们在谈判桌上取得了他们大部分的重要战争目标，接受在外交事务中只享有少部分的主权，以此换取一个实质性保证，那就是只有白人才能够规划新南非联盟的政治和种族未来。一些“原住民”和其他非白人提出了抗议。甘地仍然在为印度人寻求一笔划算的交易，因此除了在《印度舆论》上发表几个简短的旁白外，他一直保持沉默。自1903年以来，《印度舆论》就成为他的扩音器，成为他发表主题和凝聚印度人的工具。他在《印度舆论》上发表的有关政府新结构的寥寥无几的评论表明，他对正在实际发生的事情并非视而不见。然而，总体来说，仿佛这个更广阔的南非环境以及它所预示的一切——公然 13
企图无限期推迟任何最终解决南非境内大多数黑人问题的想法和可能性——与他的事业没有一点关系，他不允许它们侵犯他的良知。他在南非撰写和发表的千言万语中，只有几百字反映出他意识到了迫在眉睫的种族冲突或者关心种族冲突的后果。[1]

然而，在一场世界大战爆发的前夕，44岁的甘地从开普敦（Cape Town）乘

[1] 《圣雄甘地全集》（*CWMG*），第8卷，第242页。

船去往南安普顿（Southampton），如果说他看起来像是故意无视这个在此度过了几乎整个成人时代的国家的转变，那么在这个国家，可能没有任何一个人比他发生的转变更大。这位新手律师开创了繁荣的律师事务所，先是在德班，然后在搬回印度的努力很快失败后，他又搬到了约翰内斯堡。在此过程中，他把家人从印度接到南非，后又回到印度，之后又返回南非，最终举家定居在德班城外的凤凰村。通过阅读托尔斯泰（Tolstoy）和拉斯金（Ruskin）[1] 的作品，他从中汲取了农村自给自足的伦理，建立了凤凰村。按照甘地的解读，他们的教义随后被翻译成一系列誓言，践行一种简朴、素食、禁欲、虔诚、朴素、自给自足的生活方式。后来，甘地几乎是将他妻子和儿子扔在凤凰村，自己在约翰内斯堡待了 6 年多的时间。

到甘地离开南非之时，21 年的时间里他只和妻子以及家人在同一屋檐下相处了 9 年时间。按照他自己修订的标准，他不会再将家庭置于更广大的印度团体之前。1910 年，他不再聚焦于凤凰村，而是开创了一个叫托尔斯泰农场（Tolstoy Farm）[2] 的第二个公共定居点，这个农场位于约翰内斯堡西南方向一座光秃秃的岩石山的一侧，他自始至终地进行着他那旷日持久的战役，抵挡着南非地方、省、国家等各级政府不断射向他们的反印法律法规的弹幕。这些限制性法律法规的出台是源于对巨大人口迁移的恐惧，这一恐惧是不理智的，但也不是完全没有根据。大批民众在某一帝国的帮助下跨越印度洋，从一个次大陆迁移到另一个次大陆，这个帝国被认为很关心缓解人口压力，因为人口压力令印度难以管理。

圣人、发言人、檄文执笔者、请愿者、煽动家、预言家、朝圣者、饮食学家、护士、谩骂者——甘地不知疲倦地扮演着每一个角色，直至他们融合成一个
14 受人认可的整体。他不断的自我发现与他作为印度社区领袖的非官方地位并行发展。起初，他主要是代表雇用他的穆斯林商界的利益，这是一个苦苦挣扎的移民团体中的小型上流社会。至少他的主顾之一，拥有土地和房产的达瓦德·穆罕默德（Dawad Mahomed）雇用了契约劳工，雇佣条款可能与白人雇主的剥削条款

[1] 译注：拉斯金（Ruskin）：约翰·拉斯金，英国维多利亚时代主要的艺术评论家之一，他还是一名艺术赞助家、制图师、水彩画家和杰出的社会思想家及慈善家。

[2] 译注：托尔斯泰农场（Tolstoy Farm）：甘地在受到俄罗斯哲学家托尔斯泰思想的影响下，在约翰内斯堡附近成立的一个合作属地。农场里的人不分宗教，相互关爱如同一家人。

一样。[1] 甘地本人属于印度教商业亚种姓莫德·班尼亚（Modh Bania）[2]，这是一个繁荣富足的群体，但只是印度计算在内的众多班尼亚种姓或者说商人种姓中的一个。莫德·班尼亚仍然被劝阻并且有时被禁止跨过黑水（Kala Pani）[3] 去外国旅行，就像他本人第一次去伦敦时发现的那样，在外国，种姓成员有可能落入饮食和性诱惑的陷阱。这就是为什么在印度洋的这一边班尼亚种姓同伴仍然寥寥无几，这也有助于解释为什么早期冒险来南非的古吉拉特商人中穆斯林占主导地位。正因如此，甘地生平第一次政治演讲是在南非的清真寺发表的，这一事实与他后来在印度坚定地拒绝赞同教派区分有着巨大且明显的相关性。[4] 甘地在南非史诗般的经历中最精彩的部分之一发生在福德斯堡（Fordsburg）的哈密蒂亚清真寺（Hamidia Mosque）外面，这里是约翰内斯堡市区边缘的一个印度人聚居地。1908 年 8 月 16 日，3000 多印度人聚集在那里，听他演讲并在一个大铁锅中焚烧他们的德兰士瓦居住许可证，这是一次对进一步限制印度移民的最新种族法的非暴力抗议。[半个世纪之后，在种族隔离（apartheid）的时代，黑人民族主义者发起了类似形式的抵抗，放火焚烧他们的通行证——被要求携带的内部通行证。历史学家曾查阅文献记录，寻找证据，以证实是甘地的例子启发了他们。到目前为止，这些记录都无从查证。] 在今天的新南非，在种族隔离制度下曾宣称是“白人的”福德斯堡，翻新了的清真寺在一片暗淡衰败的背景中闪烁着光泽。在清真寺外面，锅状的铁质雕塑被放置在三脚架上，以纪念甘地的抗议行动。

这样的标志不仅与甘地后来在南非的斗争相呼应，而且与印度的甘地运动产生共鸣。当约翰内斯堡的穆斯林想向仍在君士坦丁堡（Constantinople）的新奥斯曼（Ottoman）皇帝致以卑微的问候时，他们依赖于自己的印度教徒代言人来撰写问候信，并在伦敦通过适当的外交渠道传递出去。[5] 后来，奥斯曼帝国
（Ottoman Empire）与结盟国在第一次世界大战中被打败之后，甘地宣布印度民 15

---

[1] 斯旺（Swan）:《甘地：南非经历》（*Gandhi: The South African Experience*），第 51 页。

[2] 译注：莫德·班尼亚（Modh Bania）：印度贸易商、银行家、贷款人的一个种姓。班尼亚一词得自梵语 baṇij，意思是贸易商。

[3] 译注：黑水（Kala Pani）：卡拉·帕尼，亦译为黑水，指印度洋，这是印度文化中的一个禁忌，称海为黑水，根据这个禁忌，跨过了海就会导致失去种姓地位。

[4] 比库·帕瑞克（Bhikhu Parekh）指出，在南非联合印度人和穆斯林可能更加简单，对于甘地初期服务的许多商人而言，他们讲同一种语言，浸润同一种文化。详见帕瑞克:《甘地》（*Gandhi*），第 9 页。

[5] 《圣雄甘地全集》（*CWMG*），第 3 卷，第 366 页。

族斗争最紧迫的目标之一是保留奥斯曼帝国皇帝作为哈里发和穆斯林圣地保护者的角色，以此来号召印度穆斯林投身民族事业当中。在某种层面上说，这是对一场席卷穆斯林社区人民的情感浪潮的敏感性解读；在另一层面，这又是一件激动人心的政治投机事件。这两种情况中的任何一种都不会发生在其他印度教政客身上，他们缺乏甘地那种努力将濒临分散的、规模小而又多样化的海外印度团体结合在一起的经验。

如果在约翰内斯堡的甘地能够自如地为穆斯林代言，那么他就能够代表所有的印度人，他总结道："我们不是也不应该是泰米尔人（Tamil）或加尔各答（Calcutta）人、穆斯林或印度教徒、婆罗门（Brahman）[1]或班尼亚，我们仅仅只是英属印度人。"[2]他教育他的人民，从一开始就试图克服他们明显的认知分歧。1906 年在印度，他注意到殖民者蓄意利用印度教徒和穆斯林之间、区域之间以及语言之间的差异。他说："在南非，这些团体人数较少。我们都面临着同样的问题。而且我们不像身处印度的人民一样受一定的限制。因此，我们可以轻易地进行一次实现团结的尝试。"[3]几年后，他会提早宣称已经赢得了团结的圣杯："南非的印度教徒—穆斯林问题已经解决了。我们认识到印度教徒和穆斯林相互依存。"[4]

换句话说，印度人在南非取得的成就当时可以作为一个成功的示范项目，作为印度人的楷模。对于一个默默无闻处在另一个大陆、远在英属印度最远边界之外的新贵而言，这是一个大胆甚至宏伟的宣言。首先，在发表此宣言的大厅外，并没有留下明显的印记；其次，当他成功地主导印度的民族运动时，这将是他的主题之一。在短时间内，穆斯林的支持将在甘地的胜利和二流领导人的地位之间产生影响，这将保证甘地在印度的支配地位。

但那仍可能超出甘地的想象。事态的发展将很快表明，即使是在南非，团结的理想也不是那么容易扎根。来自印度的印度教徒和穆斯林复兴主义者带来的信息是，他们倾向于分化成两个社区和削弱甘地对团结统一的坚持。通过纯粹的人

---

[1] 译注：婆罗门（Brahman）：婆罗门种姓是祭司贵族，主要掌握神权，占卜祸福，垄断文化和报道农时季节，在社会中地位是最高的。

[2] 《圣雄甘地全集》（*CWMG*），第 3 卷，第 497 页，转引自森哈维（Sanghavi）：《痛苦降临》（*Agony of Arrival*），第 81 页。

[3] 《圣雄甘地全集》（*CWMG*），第 5 卷，第 290 页。

[4] 同上，第 9 卷，第 507 页。

格力量，甘地在这个国家的最后几个月里竭力缓和了教派纷争，这是一个临时慰藉，使得他可以用可原谅的夸张语气（正如他在未来所做的那样）宣称他在南非 16
的团结示范行动是值得印度借鉴的成就。[1] 当然，这也是他自己的海上试验和伟大演习。

甘地真正的妙策——最初被称作“消极抵抗”（passive resistance）——形成于 1906 年，他当时正呼吁反抗在德兰士瓦新通过的一项称为《亚洲人法修订条例》（*Asiatic Law Amendment Ordinance*）的反印度人立法，甘地抨击其为“黑色法案”（Black Act）。它要求印度人——只有印度人——在德兰士瓦登记，而在德兰士瓦的印度人的数量仍相对微不足道，不足一万人。换句话说，就是要求他们申请居住权，而他们认为作为“英属印度人”，他们已经拥有这个权利，作为刚刚结束的那场战争的一个结果，英国法律在这片土地上被强制执行。在这项带有歧视性的法令下，登记程序包括按指纹，每个男人、女人和年满 8 岁的孩童的十个手指都要按指纹。随后，他们必须出示居住证，以供警察检查，警察被授权可以此为由进入任何住所。“在此，除了印度人的仇恨，我什么都没看到。”[2] 甘地后来写道。他号召全体印度人进行抵制，认为该法案“旨在打击我们在南非赖以生存的根基”。[3] 当然，事实正是如此。

甘地心中所想的抵制就是拒绝该法案规定的登记制。1906 年 9 月 11 日，他在约翰内斯堡帝国剧院（Empire Theater）的一次人山人海的会议上做了同样的声明。这个由清一色男性组成的人群可能比原来核准的 3000 人少一些，因为粗心大意，计算人数的时候有重复。帝国剧院不可能装下那么多人，印度人散场几小时后，帝国剧院当晚被烧毁了。甘地用古吉拉特语和印地语讲话，为了让南印度代表团听懂，翻译员用泰米尔语和泰卢固语（Telugu）重复甘地的话。下一位演讲者是一个名叫哈德吉・哈比卜（Hadji Habib）的穆斯林商人，和甘地一样来自博尔本德尔。他说，他要以神的名义发誓，绝不屈服于这项新法案。这位做律师的甘地对这个毫不妥协的立场瞬间感到震惊。“这引起了我的注意。”他说。从表面上看这似乎与他本人刚发的誓并没有任何不同，他也是精神追求者，他不认为这种誓言仅仅是出于政治目的。所有誓言的主题，包括它们的重要性以及价值，

[1] 《圣雄甘地全集》（*CWMG*），第 35 卷，第 385 页。
[2] 莫・卡・甘地（M. K. Gandhi）：《南非萨提亚格拉哈》（*Satyagraha in South Africa*），第 99 页。
[3] 《圣雄甘地全集》（*CWMG*），第 5 卷，第 417 页。

17 他早已了然。上个月，甘地自己就发了禁欲（brahmacharya）的誓言，也就是说这位有着 4 个儿子的父亲承诺在后半生保持独身（可能正如他在伦敦和南非时那样，毕竟这些年来他和妻子一直分居两地）。他在凤凰村和几个同僚讨论过他的誓言，但是尚未公开。他只是向妻子嘉斯杜白（Kasturba）简单地宣布了这一誓言，仿佛这不需要她做出任何牺牲似的。在他看来，他献身于一种冥想和安贫乐道的生活，就像摈弃了一切世俗纽带的印度教遁世者（sannyasi）一样，只是甘地对这个观念赋予了一种非正统派的曲解，他活在世上就是为了服务他的人民。他后来说："将自己的生命用于服务自己的同胞，是一件如同居住在洞穴里一样美好的事情。"[1] 现在，在他看来，哈德吉・哈比卜突然超越他，用发誓来对抗同一个"亚细亚人登记法案"。这不是一个战术问题，或者甚至不是一个良心问题，它已经成为一种神圣的职责。

甘地再次说起在帝国剧院的那个夜晚，他警告说，他们可能会进监狱，会

在清真寺前焚烧登记证

面对劳役，"被粗鲁的看守官鞭打"，财产尽失，被驱逐出境。[2] 他说："今日无限

[1] 《圣雄甘地全集》（*CWMG*），第 60 卷，第 38 页。

[2] 《圣雄甘地全集》（*CWMG*），第 5 卷，第 421 页。

风光，明日我们可能沦为赤贫之人。”他许诺说，“即使所有人退缩，独留我一人承担后果”，他自己也会继续遵守诺言。他说，对他们每个人来说，这将是一个“甚至牺牲性命的承诺，不论别人做什么”。在此，甘地谱写出一曲热情之歌，在世俗的西方人听来，这具有宗教意味，几乎是信仰再生。对他反感的英国官员后 18
来在发给白厅（Whitehall）[1] 的急件中把他描述成一名宗教狂。在他主要的学术传记作者中，有一位也几乎是支持这一观点。[2] 但是，那晚甘地不是对世俗的西方听众演讲。哈德吉・哈比卜或甘地的绝大多数听众也不可能对他独特的印度教禁欲誓言有丝毫知觉。文明不服从（civil disobedience）的想法也不是他的独创。这种方式最近也被伦敦妇女参政权论者（suffragette）尝试过。文明不服从运动可能呼吁守贞，这个想法是甘地本人的独创。

在他自己看来，他的两个誓言现今捆绑在一起，几乎难分难解。甘地持有传统的印度教观点，认为一个男人会因为精液的流失而虚弱——有抱负的拳击手和教练有时会持有的一种观点——所以对他来说，他的誓言从一开始都是关于自律，关于精神力量。“一个人很慎重且明智地许下诺言，随之并不遵守它。”他那晚在帝国剧院说道，“完全无男子气概可言。”[3] 这样的男人，他继续说道，“变得一文不值”。几年后，在得知他的儿子哈里拉尔（Harilal）的妻子再次怀孕时，甘地斥责儿子屈服于“这种使人虚弱的激情”。[4] 如果他学会克服它，这位父亲承诺说，“你会有全新的精神力量”。后来，当他成为印度民族运动公认的领袖时，他写到性生活导致了“可耻的脐囊液浪费”和“同样可耻的宝贵能量浪费”，而这个能量应该被转化成“造福社会的最高形式的能量”。[5]

不久，他找到一个印度词汇来代替“消极抵抗”。他不喜欢“消极”这个形容词，这似乎意味着软弱。《印度舆论》举行了一次选词比赛。一个侄子建议用“萨达格拉哈”（sadagraha），意思是“对事业的坚定之心”。[6] 甘地那时习惯用后

---

[1] 译注：白厅（Whitehall）：英国伦敦市内的一条街，连接议会大厦（Houses of Parliament）和唐宁街（Downing Street），在这条街及其附近有国防部、外交部、内政部、海军部等一些英国政府机关。白厅长期以来一直是英国的统治中心，同美国白宫、俄罗斯克里姆林宫、法国爱丽舍宫一样驰名于世，人们常用“白厅”二字来指代英国政府。

[2] 布朗（Brown）：《甘地：希望的囚徒》（*Gandhi: Prisoner of Hope*），第 268 页。

[3] 《圣雄甘地全集》（*CWMG*），第 5 卷，第 420 页。

[4] 同上，第 12 卷，第 264 页。

[5] 同上，第 62 卷，第 279 页。

[6] 莫・卡・甘地（M. K. Gandhi）：《南非萨提亚格拉哈》（*Satyagraha in South Africa*），第 109 页。

一个词，将其改为“萨提亚格拉哈”（satyagraha），通常译为“真理的力量”，或有时按照字面意义译为“对真理的坚定之心”或“坚持真理”。坚持真理就是坚持正义，并且采用非暴力方式坚持真理和正义，这提供了一种抵抗形式，最终甚至促使压迫者认识到，他的立场本末倒置了，依赖于非真理和武力。此后，这场运动有了一个名字、一种策略和一份信条。这些他也会带回国内。

甘地在不断改变，大约每两年经历一次新的顿悟——凤凰村（1904）、禁欲（1906）、坚持真理（1908）、托尔斯泰农场（1910）——每一次顿悟分别代表他
19 为自己开辟的道路上的一个里程碑。在他的副标题为“我体验真理的故事”（*The Story of My Experiments with Truth*）的《自传》书中，他将南非称为实验室，这个副标题对我来说是一个晦涩含糊的语句，它暗示接受考验的主体是他自己，即“真理”的追求者。作为一家之主，他放弃了家庭事务；作为律师，他放弃了律师职业。甘地最终会穿上和印度教流浪圣人同样装束的服饰，在他自己的朝圣路上做一位孤独的萨度（sadhu）[1]，但他又不是中途就会放弃的朝圣者。在他自己看来，他朴素的手织腰布不是圣洁的标志，而是他同情印度贫苦人民困境的标志。他后来写道：“我不认为仅仅通过穿一件衣服就能与穷人打成一片。但我得说，即使这样一个小物件，却意义非凡。”[2] 他当然知道，作为一名政客，他被解读的方法不止一种。他为人类服务一生的想法也意味着活在世上且拥有一项事业，通常同时拥有好几项事业。

这位房主喜欢这片土地，在一个农场上安顿下来。“我们的志向是体验最贫穷的人的生活。”他其中的一位同事解释道。[3] 他是一名政客，但他在非洲享有惊人的自由，按照自己的意愿行事，而在印度却做不到这样。家庭和公共关系在新的环境中少了些捆绑，必须得重新设计，他有了空间进行“体验”。当然这里没有什么公职可以承担，因为白人已经完全占据了这些职位。

我们很难描述甘地在南非从一位雄心壮志的移居律师变成公认的圣雄甘地的准确时刻。但是，它发生在 1908 年，即他来到南非的 15 年后。那一年，他仍旧被称作巴伊（bhai）或兄弟，接受了他的第一位传记作者的系列采访。这位作者是一位来自约翰内斯堡的白人浸信会传教士，名叫约瑟夫·多克（Joseph Doke）。

---

[1] 译注：萨度（sadhu）：苦行僧或圣人，通常指印度教托钵僧。

[2] 帕克斯顿（Paxton）：《索尼娅·史丽新》（*Sonja Schlesin*），第 36 页。

[3] 萨里德（Sarid）和巴托夫（Bartolf）：《赫尔曼·卡伦巴赫》（*Hermann Kallenbach*），第 15 页。

必须要说的是，他仍然怀揣着改变甘地宗教信仰的雄心。把多克这本写得很棒的小册子称为圣徒传记并不是对它的贬低，因为这本小册子带有明显的圣徒传记的风格。它的主人翁被赋予了圣人的品质。“我们这位印度朋友比大多数人的生活品位都高。”多克写道。其他印度人“对他感到惊奇，对他奇怪的无私精神感到愤慨”。提到甘地本人接手此书的销售，这也不是对多克的贬低。[1] 甘地在伦敦买下了全部第一版的书籍，他假谦虚地说，这是为了拯救多克的“惨败”，但实际上是将这些书分发给英国议会议员以及运回印度。后来他通过在马德拉斯（Madras）的编辑朋友纳特森（G. A. Natesan），安排了此书印度版本的出版工作。接下来的几年间，他每周在《印度舆论》上刊登广告接收邮寄订单。在甘地的手上，多克的书成为竞选活动尚未启动前的竞选传记。

在一幅集体照中，甘地仍然戴着领带、穿着西装，这张照片是满身荣光的甘 20
地和嘉斯杜白离开南非的那天在开普敦码头上拍的，但是如果你仔细看的话，照片上可能有一些衣着打扮上的小小预兆：他的头发剃光了，脚上穿的是手工凉鞋。这样的衣着打扮他在好几个场合已经试验过了，6 个月后，他抵达孟买的时候也这样穿戴。然后在接下来的 6 年里，他适应了这一装扮，直到最后他将衣着彻底减少到最简朴，只剩腰布和披肩。在抵达孟买的照片中，西装和领带永久地消失了，他头戴头巾，身着称为库尔塔（kurta）[2] 的宽松上衣，上衣下面看起来是一条长布或者环形裙子。环形裙子将很快被兜底（dhoti）[3] 取代，兜底就是一块很宽的缠腰布。在后来的岁月里，甘地有时候就只穿这种形式简洁的服饰。他在反驳丘吉尔的嘲笑时会打趣地说，他想“尽可能地赤裸”。[4]

宛若用数字化的操控推拉镜头再现了甘地的人生轨迹，他一环接一环没有停顿地经历了这些变化，由南非律师逐渐演变成未来的印度圣雄。在这个漫长的镜头中，一个非凡的英雄故事徐徐展开：在他回到广袤的祖国短短 5 年半的时间里，尽管他还不为绝大多数人所熟知，这些人也尚未领略现代政治，但是他接管了印度国民大会党——迄至那时，国大党通常是作为一个四平八稳的辩论俱乐部，代表一小部分英国化精英的愿望，这些精英大部分都是律师——并且把国大

[1] 《圣雄甘地全集》（*CWMG*），第 9 卷，第 415 页。

[2] 译注：库尔塔（kurta）：（印度人穿的）无领长袖衬衫。

[3] 译注：兜底（dhoti），缠腰布，通常是一长条手织布。

[4] 埃里克森（Erikson）：《甘地的真理》（*Gandhi's Truth*），第 153 页。

党转变成20世纪第一个反殖民主义的群众运动团体，响亮地提出一个相对陌生的观念，即争取印度独立。在印度分治之前，大多数印度人生活在70万个村庄里，他们目不识丁，严重缺乏现代通信手段。面对这一切障碍，他赢得了广泛的认可，至少在一段时间内，他被公认为民族复兴和统一的真正典范。

这样的结果当然不是预先注定的。如果甘地早前的事迹停留在那一刻，如果南非的甘地被近距离地观察，正如他在旅居非洲结束的一年或两年前很容易被见到的那样，我们会发现那不是一位万人瞩目的圣雄，而是一名律师、政治发言人和乌托邦追寻者。这样的话，甘地是作为一个非常令人印象深刻的角色出现的。但在政治领域，他只不过是一个地方领导人，对一小部分移民社区的控制权正在慢慢削弱，面对着大批的追随者、批评家和对手。从这样一个角度来看，如果我们不得不猜测的话，他的发展轨迹似乎最有可能终结在一个小规模的定居地或者
21 修行会所，一个被移植的凤凰村，最终消失在印度这片浩瀚土地上的某个地方。在那里他会被家人和追随者所围绕，这些追随者与他一起像追求政治一样追求宗教。换言之，他就不会是作为印度国父（Father of the Nation）受到人们崇拜，也不会成为朦胧如雾般的民族史诗中的领军人物及大批传记作家、学者和思想家的话题人物，这些传记作家、学者和思想家使得甘地可能成为过去几百年来被写得最多的人。相反，这位南非甘地可能会成为又一个印度大师，他四散各地的信徒最多可能会记得他一到两代。在南非本土，他甚至可能作为一个失败者被人铭记，而不是像他今天那样，在民主和非种族歧视政府来临的微弱光辉中，作为新南非的开国元勋之一受到人们尊崇。

事实上，南非甘地在离开南非的一年多前，被德班一家周报脾气暴躁的编辑明确地写成是一个失败者——为了赢得读者，这家周报与甘地创办的《印度舆论》竞争印度读者，有时是良性竞争，有时是恶性竞争。《非洲纪事报》（*African Chronicle*）的主要读者群是泰米尔人，这里面的大部分人都是甘地的坚定支持者。“甘地先生在印度和其他地方昙花一现的名声及受欢迎程度不是有赖于他对印度同胞做出的辉煌成就，而是有赖于一系列的失败，这些失败导致了无尽的痛苦、财富的丧失和现存权利的剥夺。”[1] 艾亚尔（P. S. Aiyar）在一系列漫无目的的攻击中怒气冲冲地写道。在甘地担任领导的20年间，他“没有给任何人带来实实在

[1] 《非洲纪事报》（*African Chronicle*），1913年4月16日。

在的好处”，他和他的同事成为“南非印度社区各个阶层嘲笑和仇恨的对象”。

艾亚尔的长篇大论有一些依据。有一段时间，甘地的支持者减少了，印度人的非暴力大军明显萎缩，几乎只剩下他自己的家人和一群在约翰内斯堡的忠诚的泰米尔支持者，他们是名叫“泰米尔人福利协会”（Tamil Benefit Society）的成员。这些印度人组成的非暴力大军愿意再次投入战斗，心甘情愿地作为萨提亚格拉哈主义斗士，在服务中“自我受苦”（self-suffering）。也就是说，他们自愿为他旨在反对不公平的《种族歧视法》的文明不服从运动做炮灰，自寻被捕、入狱，从而失去工作，眼睁睁地看着生意衰败。这些运动已经迫使政府妥协，但这些运动损失了许多社团人士，他们缺乏像胆子更大的印度人一样争取完整公民权利的志向，而当局不断地阻碍和背弃他们做出的那一点点承诺。

尽管如此，1913 年还是被证明是一个转折点。在非洲这 20 多年的经历中， 22
甘地的内在生活充满了转折点，但这一次是他在公共生活和政治领域中的一个转折点，很好地阐释了他后来成为印度全国性领导者的意愿和能力。如果他在 1912 年回到印度，他可能会被人们遗忘。然而，他在南非的最后 10 个月改变了他的认知，使他知道什么是他和他领导的人民能够做到的。

只有到那时，他才允许自己与“苦力”建立直接的关系，20 年前在写给比勒陀利亚一家报社的第一封信里，他曾经描述过“苦力”。这些人是受压迫最深的印度人，在甘蔗种植园、煤矿和铁路上工作，每 5 年续签一次契约合同，合同赋予他们的权利只比奴隶略微好一点。一名冠有“移民保护者”（Protector of Immigrants）头衔的殖民官员拥有法定责任，确保这些甘地称之为“半奴隶”的苦力没有违反劳动合同条款，没有过度劳动或忍饥挨饿。但记录显示，这位公认的保护者通常更多的是充当种植园主和其他合同持有人利益的执法者。在契约制度下，劳工未经授权擅离职守等同犯罪：他不仅可能失去工作，还有可能被关进监狱，甚至被鞭打。然而，在 1913 年 11 月短短几周的时间里，集体性的怨恨和希望迸发，曾经不可想象的事情发生了：成千上万的印度契约劳工（indentured Indians）离开了矿山、种植园、铁路去追随甘地，参与到他在南非领导的最大规模也是最后一场非暴力抵抗运动中。

对他们的领袖来说，这是一个突然且激进的战术变化，也是一次有计划的冒险：部分而言，它使事态发展迅速脱离了他的掌控范围，改变和更新了他自己对他的支持者的认知，以及他实际上代表谁的利益以及他为谁代言的认知。如果那年伊始，甘地按照原本的意愿回国的话，这很让人怀疑他是否能够设想这么大规模的动员，更不用说发起这么大规模的动员。相反，1915 年，他带着其他印度领导人闻所未闻的经历回到了印度。

他没有预见即将发生的事情。1913 年 6 月，在一封给戈帕尔·克里希那·戈克利（Gopal Krishna Gokhale）[1] 的信中，他大概描述了希望进行的最后一场斗争，戈克利是一位有政治家风度的、温和的印度领导人，几年前甘地就将其当成
23 良师益友，现在甘地希望回国后给他做学徒。戈克利刚刚访问了南非，在那里他被印度人以及白人誉为帝国的护民官。“据我判断，目前有 100 名男性和 30 名女性将开启这场斗争。”甘地写道，“随着时间的推移，我们可能有更多的人参与斗争。”[2]（许多年后，甘地在回忆旧事时会说，那时候和他一起开始斗争的实际人数只是 16 人。[3]）直到 1913 年 10 月《印度舆论》断然宣称：“契约劳工将不会被邀请加入大众斗争。”[4]

然后，仅在《印度舆论》针对劳工问题发表声明的两天后，甘地在纳塔尔北部的煤矿小镇纽卡斯尔（Newcastle）出现并给契约劳工讲话，这些契约劳工已经开始离开煤矿。他剃光了头，而且这位曾经的律师在南非的政治事件中第一次穿上印度服饰，通过穿上他们的衣服来表示他对这些劳工的敬重。

“这是大胆、危险又重要的一步。”《印度舆论》一周后评论说，“这种与或多或少愚昧无知的人们一起的协同行动，以前从未被尝试过。但对消极抵抗而言，只要涉及自我受苦，只要不使用武力方法，就没有什么是太危险或者太大胆的。”[5] 这听起来可能像甘地本人在运动全盛时期讲过的一段话。居高临下地提出罢工者的愚昧无知，这是甘地一贯的语气。后来，回到印度后，他在号召民族运动为穷人中的赤贫之人谋福利时，经常提到“沉默的大多数”。[6] 或者当他自嘲式

[1] 译注：戈帕尔·克里希那·戈克利（Gopal Krishna Gokhale，1866—1915）：亦译郭克雷，社会政治家，是印度民族独立运动的领导人之一，同时也是印度国大党的高层领导和印度公仆社（Servants of India Society）的创始人，对甘地和真纳影响颇深。

[2] 南达（Nanda）:《三个政治家》（*Three Statesmen*），第 426 页。

[3] 纳亚尔（Nayar）:《圣雄甘地最后入狱的日子》（*Mahatma Gandhi's Last Imprisonment*），第 380 页；同样参见普拉菩达斯·甘地（Prabhudas Gandhi）:《我与甘地吉的童年》（*My Childhood with Gandhiji*），第 142 页。

[4] 《印度舆论》（*Indian Opinion*），1913 年 10 月 15 日。

[5] 《印度舆论》（*Indian Opinion*），1913 年 10 月 22 日。

[6] 尼尔默尔·库马尔·鲍斯（Nirmal Kumar Bose）:《甘地选集》（*Selections from Gandhi*），艾哈迈达巴德（Ahmedabad），1957 年，第 2 版，第 106—107 页。

地思考自己的影响范围时，会提到“像孩子般相信我的智慧的无数男女”。[1] 作为一种大众动员，在这场为坚持真理而战的南非试运行中，对沉默之人以及孩子般纯真的人可能陷入暴力的担心，是甘地所写的下面这段话的先兆：“我知道，政府唯一担心的就是似乎听我指挥的绝大多数人，他们不知道我的担心超过他们。”[2] 这段话是甘地在第一次号召反对英国在印度统治的全国性不合作运动时写的，这场运动因为一次突发的纵火和杀戮事件而结束。

当然，在南非，他并没有指挥绝大多数人。在这里，绝大多数人是黑人。在如痴如醉般地为印度人争取他所认为的作为大英帝国公民的权利时，他从来没有提出如何以及何时动员绝大多数人的问题。1913 年，他甚至动员了纳塔尔的契约劳工，对他来说这是一次多么大的信念飞跃。考虑到这一点，很明显，大规模动员对他来说将是一件危险的政治武器，诱人却充满风险。他将在印度全国范围内大约每 10 年尝试一次大规模动员——1921 年、1930 年和 1942 年——似乎他和国家在每次动员后都需要数年来恢复元气。然而这次在南非——此时支持他的 24
人越来越少，他迫切需要增强非暴力抵抗的前线，也因为他最忠实的追随者接受了纪律严明的抵抗运动的训练，他们希望他抓住机会——这位未来的圣雄找到了掌握这个武器的钢铁般的政治意志。他是在为他的人民而战，但也是在为他自己的政治生存而战。作为一个退役的领导人，在一场精力耗尽且惨败的运动后回到印度，如此的前景几乎没有吸引力，这甚至可能是刺激行动的一个因素。如果没有抓住这个机会，那就等于承认他可能会退出政治舞台。“穷人无所畏惧。”[3] 他后来惊叹地写道。回顾他和他的同道者点燃了导火索之后蔓延整个纳塔尔的罢工运动，这是一个重要的发现。

他之前对契约劳工了解多少呢？莫林・斯旺（Maureen Swan）是一项开创性研究的作者，这项研究填补并且除去了甘地在南非时期的标准版故事的神话色彩。莫林・斯旺非常重要地指出，甘地之前从未试图组织契约劳工，他一直等到

[1]　普亚里拉尔（Pyarelal）:《史诗般的绝食》(*Epic Fast*)，第 12 页。

[2]　莫・卡・甘地（M. K. Gandhi），《青年印度》(*Young India*)，1922 年 3 月 2 日，转引自保罗・保尔（Paul F. Power）:《甘地的意义》(The Meanings of Gandhi)，檀香山（Honolulu），1971 年，第 71 页。

[3]　莫・卡・甘地（M. K. Gandhi）:《南非萨提亚格拉哈》(*Satyagraha in South Africa*)，第 287 页。

1913 年才解决“纳塔尔下层阶级”的不满。[1] 当然，标准版故事是甘地自己写的，以甘地后来在印度所写的回忆录为基础。这些回忆录在他的静修院出版的报纸上作为非暴力抵抗运动格言和教训每周连载，直到最后集结成自传。学者斯旺的言论和著作使用的是阶级语言。她的社会分析不触及那些来到南非的印度人习惯性看待他们自己时所用的类别。我指的是地区和种姓的类别，或者——稍微具体一点说，不致陷入一种重叠的但又不是同义的社会类别的迷宫——贾提（Jati）[2] 和亚种姓，印度穷人通常将自己归于这些类别。她所说的“下层阶级”很大程度上是指更为低下的种姓，这与她的论点无关。但这可能与甘地看待他们的方式有某些相关性，因为早年在南非，他用自己独特的方法在道义上谴责印度人的种姓歧视带来的不公正，尤其是对所谓的不可接触者（untouchable）[3] 的歧视。

在南非期间和后来面对印度动荡的局势之后，甘地关于社会平等的思想不断发展。他曾为印度人和白人拥有平等的法律权利而斗争，这不可避免地使他面对
25 印度人之间的平等权问题。在跨越阶级界限之前，他先跨越了种姓界限。不过，所有的这些划分界限最终都将变得模糊不清，并在他脑海中互相重叠，因此多年之后，在 1927 年印度的反不可接触制运动中，他自然地回顾了他在南非进行的斗争：“我完全相信，人人生而平等……我在南非曾一步一步地同处于优势地位的种族主义进行斗争，而正是这个与生俱来的信念使我乐于自称为清道夫、纺纱工、织布工、农民和工人。”[4] 这与 20 年前他在约翰斯内堡对其传记作者多克所提到的半开玩笑似的建议相呼应，他说传记的第一章可以用“清道夫”[5] 来命名。还有一次，他谈到“提升哈里真（Harijan）的地位”——“哈里真”的意思是“神的孩子”，他努力地推广传播，用这个词来表示不可接触者，他最早出现这个想

[1] 斯旺（Swan）:《甘地：南非经历》(*Gandhi: The South African Experience*)，第 242 页。斯旺引用了 1913 年 7 月 13 日甘地写给卡伦巴赫的信中的内容，她是在凤凰村的萨沃达亚图书馆（Sarvodaya Library）找到这封信的。依此卷书开头的作者附言所说，博物馆在宗派暴力冲突中被摧毁。我竭尽全力地寻找这封重要的信件，但斯旺的引用内容可能是此信幸存的所有内容。

[2] 译注：贾提（Jati）：指同族结婚的群体，不一定是种姓的。瓦尔纳（Varna）是基于肤色所划分的种姓，而贾提则是按照职业划分。

[3] 译注：不可接触者（untouchable）：印度各种姓以外没有权利、没有地位、最底层的一部分人，也被称为贱民。

[4] 鲁德兰舒·穆克吉（Rudrangshu Mukherjee）编:《企鹅甘地读本》(*Penguin Gandhi Reader*)，第 207 页。

[5] 纳亚尔（Nayar）:《圣雄甘地最后入狱的日子》(*Mahatma Gandhi's Last Imprisonment*)，第 254 页。

法并将此作为使命就是在南非的时候。甘地告诉他忠实的秘书马哈迪夫·德赛（Mahadev Desai）：“这个想法确实是我在南非，面对南非环境时想到的。”[1] 如果他谈论的是他的政治生涯——他在现实世界中所采取的行动，而非仅仅是他内心所认可的价值观念的话，那么，除了 1913 年的那场运动能够支持他的这个说法之外，甘地在南非的其他经历都乏善可陈。

说起清道夫和其他不可接触者，这并不是一些革命者所使用的阶级斗争词语。但是在其自身语境和印度语境中，这却是很激进的词语，并且将他后来在印度发动的反不可接触制斗争和在 1913 年领导的（尽管他当时明显有些担忧）纳塔尔北部煤矿区契约劳工的罢工运动联系起来。

早在考虑将契约劳工纳入他的斗争之前，甘地就注意到了他们所受的压迫。当他将此作为一项事业的时候，并没有弄清楚契约劳工和不可接触者之间的联系及共通之处。虽然如此，但他必须明白这一点。这通常是一个避而不谈的话题，但是南非的所有印度人都知道，这个问题潜伏在他们的新世界之中。他们中的大部分人是作为契约劳工来到南非的，或者是契约劳工的后代。而大部分契约劳工都是低等种姓，在南非被视为不可接触者的人口比例肯定大大高于印度，据估计当时南非全国的低等种姓比例大概是 12%，部分地区甚至高达 20%。[2] 招募者在南印度（South India）和恒河平原（Gangetic Plain）上为契约制度游说招揽志愿者，其中的一个说辞是，契约制可以减轻被逐种姓阶层的受压迫劳工的负担。穿越一个大洋，并签订了契约合同，他们就能更容易地改变自己的姓名、宗教或者职业，事实上就是让之前的一切成为过去。即使这些保持不变，在新的国度中作 26
为试金石和社会必然的种姓也可能有所减弱，然而它依然存在。因为甘地本人不再受种姓问题的羁绊，所以他终于可以设想领导契约劳工，正如他可以轻易地将移民社区环境中聚在一起的印度教徒、穆斯林、泰米尔人和古吉拉特人[3] 设想成同一个民族一样，这样集聚的局面在印度从未出现过。

在南非的这个时候，政治家的甘地和宗教家的甘地合在了一起，这种情况不

[1] 马哈迪夫·德赛（Mahadev Desai）：《马哈迪夫·德赛日记》（*Dairy of Mahadev Desai*），第 185 页。

[2] 巴纳（Bhana）：《纳塔尔的印度契约工移民》（*Indentured Indian Emigrants to Natal*），第 71—83 页。

[3] 译注：古吉拉特人（Gujarati）：古吉拉特族是南亚印度民族，主要居住在印度古吉拉特邦境内。

是第一次发生，也不会是最后一次。在他生命的尽头，就在印度独立前夕及其余波中，伤心苦恼的圣雄近乎将自己视作一个失败者。他看到印度教徒和穆斯林卷入一场突如其来的相互屠杀，后人称之为“种族清洗”。在大部分不可接触者居住的村子里，他们依然是不可接触者。甘地承诺，解放不可接触者是获取国家独立自由的一部分，他将这项承诺在印度教徒中反复宣讲，但无论颁布了何种新法律，这个承诺似乎都变成了空话。一个人，不论他能够多么鼓舞人心，具有多么圣洁的本质，都无法仅在两代人的时间里来完成印度的整体革新，甘地还在南非时就将此视作己任，自那以来，已经过去了两代人的时间。甘地后来在其总结南非经历的著作《南非萨提亚格拉哈》（*Satyagraha in South Africa*）中写道，正是在那里他“认识到了我人生的使命”。[1]

甘地在书中的最后一行声称，那些寄希望于他所谓的“真理力量”的人，从未品尝过沮丧和挫败的滋味。然而，他本人却在生命的尽头表现出严重的沮丧，有时甚至是一种挫败感。他与印度独立的关系，比其他任何人都要紧密——他宣布了这个目标，使之看起来不再遥不可及，同时还让国民意识到印度是一个国家，但当独立的那一天到来之时，他却没有加入庆祝者的行列。相反，他绝食了，他说那场庆典是“一件令人遗憾的事”。[2]

在我们这个时代，“悲剧”这个词不可避免地用来形容各种灾难性事件。夺走许多生命的公路连环相撞或龙卷风，以及在邮局发生的枪击案或恐怖主义行动，这些事情都会被立刻贴上“惨剧”的标签，登上晚间新闻，就好像悲剧只是自然灾害或厄运的一个同义词。奈保尔曾写道，印度人缺乏悲剧意识。[3] 他并没有就此特别提到甘地，但是如果有人问起，他很可能会提到甘地。然而，“悲剧”
27 这个词还有更深的含义，当它与人的性格及难逃一死的命运相连，而非和偶然事件联系在一起的时候，就可以说，甘地的生命中有悲剧的元素。这并不是因为他遇刺身亡，也不是因为他那最崇高的品质在杀手心中激起了仇恨。甘地真正的悲剧是，他最终被迫像李尔王（Lear）[4] 一样，虽有雄心重建他的世界，却无力将其实现。从这种意义上来讲，早在 1914 年踏上从开普敦开往印度的轮船时，甘地

---

[1] 甘地（Gandhi）：《南非萨提亚格拉哈》（*Satyagraha in South Africa*），第 338 页。

[2] 尼尔默尔·库马尔·鲍斯（Nirmal Kumar Bose）：《我与甘地一起的日子》（*My Days with Gandhi*），第 229 页。

[3] 奈保尔（V. S. Naipaul）：《拥挤的奴隶市场》（*Overcrowded Barracoon*），第 75 页。

[4] 译注：李尔王（Lear）：文学作品人物，莎士比亚所创作的悲剧《李尔王》的主角。

的剧本便已经开始书写了。

“这位圣人离开了我们的海岸，我真诚地希望他永远不再回来。”[1] 甘地在南非的主要对手和偶尔的谈判陪衬扬·克里斯蒂安·史沫资（Jan Christian Smuts）[2] 写道，他当时是国防部长。甘地以“不速之客”的身份开始了他在南非的长年旅居生活，当他离开之时，他已成为“圣人”，但显然依旧不受欢迎，因此我们很难说甘地在他非凡的自我创造和树立的榜样之外还取得了什么成就。英国的一位高层官员担心甘地或许已经向南非黑人表明，“他们手中掌握了一种工具，即联合起来，消极抵抗，而这是他们之前从未想过的”。[3] 不过这个假设面临严峻考验是数年之后的事了。

但是对甘地自己而言，南非不只是一场序幕。在南非停留的时间里，他找到了自己所要投身的一些理念，还有一些他刚刚开始试验的想法。属于第一类的是，作为一种积极斗争方式的萨提亚格拉哈，完成一个全国性目标；属于第二类的是，涉及穷人中赤贫之人的萨提亚格拉哈。这些就是他最终离开非洲时行囊中所携带的东西，否则的话，他的行囊会很干瘪。

关于这个主题，我们可以想到另外一个派生的主题，即不仅仅是涉及赤贫之人的斗争，而且是专门为了他们的利益而进行的斗争，这个主题在南非从未真正地完成。事实证明，这在他回到的印度环境中是更难以想象的。

为了理解甘地在南非的时光如何铺就了他最初辉煌却最终变得问题重重的事业道路，我们需要深究这段长期考验中的一些插曲，来看看他在南非的经历是如何塑造了他的信念，而这些信念又是如何造就了他在永久地回归祖国之时几乎完全成形的使命感和自我感。

---

[1] 汉考克（Hancock）:《史沫资》(*Smuts*)，第 345 页。

[2] 译注：扬·克里斯蒂安·史沫资（Jan Christian Smuts）：布尔人，南非政治家、将领、律师，在第二次布尔战争时曾为德兰士瓦共和国作战，后转而效忠英国，1919—1924 年和 1939—1948 年先后两次任南非联邦的首相。

[3] 汉考克（Hancock）:《史沫资》(*Smuts*)，第 331 页。

28

第二章　不可接触主义

——“……印度领袖中最不像印度人的人”[1]

奈保尔说这话是有意让人意外，甚至大吃一惊的。怎么可以如此形容这位缠着腰带的标志性人物呢？要知道在剑桥接受教育的印度总理尼赫鲁（Nehru）[2]可是称甘地为印度农村“自觉意志和潜意识意志的典范”[3]。甘地怎么能既是“最不像印度人的人”，又是对这个国家怀有深厚情感的“典范”？我看到奈保尔的这句话是在1966年底，那时我刚首次踏上印度的土地。对我来说，这是《幽暗国度》（*An Area of Darkness*）这本书让我印象最深刻的部分。这本时而尖酸刻薄、时而令人忍俊不禁的书是奈保尔所著的第一部关于印度的书，出版于1964年，讲述了甘地在南非的时光，以及这段经历对他造成了怎样的影响。

我以通讯记者的身份，从南非经伦敦到达新德里（New Delhi），就像甘地1915年所走的路线一样。这或许暗示了为何我很爱听某些奉承的言论，说局外人会比印度最见多识广的居民更能看清这个国家。对印度独立之后的第一代人，尤其是那些在特立尼达（Trinidad）出生、在伦敦居住的人而言，争论印度国父——敬爱的“巴布”（Bapu）[4]［这是甘地在阿什拉姆（ashram）[5]里以及阿什拉姆外的尊称］这一角色，就算不被当作异端邪说，也会被认为是无礼的。这位印度领袖、人们敬爱的国父，进入了南非各地印度海外侨胞的生活，并且因为这段痛苦却又无可避免的经历而永远地改变了，他不得不用外人的眼光来看待自己的

---

[1] 奈保尔（Naipaul）：《幽暗国度》（*An Area of Darkness*），第77页（原文为斜体，是本书作者自己加的）。

[2] 译注：尼赫鲁（Nehru）：贾瓦哈拉尔·尼赫鲁（Jawaharlal Nehru，1889—1964），印度开国总理，也是印度在位时间最长的总理，任期为1947—1964年。他是印度独立运动的参与人，主张印度要摆脱英国的殖民统治而独立，同时更为人所知的是不结盟运动的创始人。

[3] 尼赫鲁（Nehru）：《走向自由》（*Toward Freedom*），第189页。

[4] 译注：巴布（Bapu）：意为“父亲”，这是对甘地的尊称。

[5] 译注：阿什拉姆（ashram）：印度教徒的静修处，这里指甘地在艾哈迈达巴德创建的阿什拉姆。

祖国。换言之，也就是用奈保尔本人看待印度的方式来看待印度。这位作者直截了当，毫无赘言，这也是他的一种本色。基本上，奈保尔是在说甘地对这个之后因他而得到自由并由此给他带来名望的国度感到惊骇。印度充满着社会压迫，污秽不堪，人们无所顾忌地蹲在公共场所大便，又理所当然地把自己的粪便留在身后，等清道夫来扫除。正是这些景象激起了即将成为圣雄的甘地内心改革的热 29
情。年轻的奈保尔写道："没有一个印度人能像甘地一样看待印度，他的视角是直接的，而这种直接不论是在过去还是现在，都是革命性的。"[1]

奈保尔在甘地的《自传》中找到了支持上述观点的证据。接下来大概每十年他都会把这本书挖掘一遍，以便重新认识"这位多面的甘地"。在初期的挖掘中，奈保尔研究甘地对加尔各答（原称 Calcutta，现已改称为 Kolkata）的一次访问。那是在 1901 年，甘地在回家途中访问了加尔各答，他原本是打算定居在那里的。甘地当时并不知道自己会离开，更不知道接下来他会去南非生活许多年。一年之内，他将应召离开印度回到南非。这时的甘地才 32 岁，他还没有提出萨提亚格拉哈，只是向远方的官员写了几封法律请愿书，并没有成为民众抗议的领导者。甘地当时在加尔各答第一次出席了国大党年会，这是一个他日后会改组并成为主心骨的运动团体。不过在当时，会上几乎没有人知道他的名字。

奈保尔没有浪费篇幅来介绍背景，但是了解一下背景还是有帮助的。20 世纪初的加尔各答是吉卜林（Kipling）[2] 笔下"人满为患且极其讨厌的城镇"，但它当时也是总督府的所在地，英国殖民政权（Raj）的首都，帝国的第二大城市，还是当时尚未被分割的孟加拉（Bengal）邦的首府［孟加拉邦是穆斯林略微占多数的地区，包括整个恒河三角洲（Ganges delta），即如今的孟加拉国（Bangladesh）和印度的西孟加拉（West Bengal）邦］。不仅如此，加尔各答还一直都是印度教改革运动的重要发源地，而且当时正濒临动乱的时期，或许可以称之为革命前夕。从这些方面来看，加尔各答就是印度的圣彼得堡（St. Petersburg）。作为一个政坛新人，甘地被允许有 5 分钟的时间去讲述印度人在遥远的南非所面对的处境。除了甘地自己，没有人认为这个律师从德班回到印度会是一件大事。结果，他成了这

[1] 奈保尔（Naipaul）：《幽暗国度》（*An Area of Darkness*），第 77 页。

[2] 译注：吉卜林（Kipling）：约瑟夫·鲁德亚德·吉卜林，生于印度孟买，英国作家及诗人，主要著作有儿童故事《丛林奇谭》、印度侦探小说《基姆》、诗集《营房谣》、短诗《如果》以及许多脍炙人口的短篇小说。

次会议的中心，就像关岛（Guam）[1] 或萨摩亚（Samoa）[2] 派到美国政治大会上的代表一样。

但是请看后来发生了什么，奈保尔聪明地在甘地的《自传》中“攫取”了三段内容，这些内容不需要放大。25 年后，当甘地描述与国大党的第一次接触时，他仍然描述得十分震惊，简直骇人听闻。“我直接面对不可接触制。”他说道，并且描述了如下事实：来自南印度的高等种姓印度教徒，觉得他们在加尔各答必须采取防范措施，以防他们在用膳之时被旁人的目光所污染。我们“不得不给他们建造了一个专用厨房，用柳条板围成墙，厨房、餐厅、洗衣间都在一起，就像一个没有出口、密不透风的保险箱。我对自己说，如果连在国大党的代表中都存在
30 这样的不可接触制，那可想而知，这种现象在他们的选民中有多普遍”。[3]

接着便是随地大便的问题了，这并非与不可接触制毫不相干，因为打扫者、清道夫和班吉（Bhangi）[4]，随便你怎么称呼，他们注定是所有的被逐种姓阶层中最低等、最不可接触的人。在这里，我们再次引述甘地的话：

> 厕所只有寥寥几个，一想起这臭气冲天的味道，我现在仍然觉得恶心。我对志愿者指出了这个问题，他们却直截了当地说：“那不是我们的工作，那是清道夫的事。”我索要一把扫帚。那个人疑惑地盯着我。我设法弄到了一把，打扫了厕所。晚上，某些代表会在房外的走廊上随地大小便，一点儿也不觉得羞愧。没人会去打扫，而且我发现没有一个人和我一样以打扫为荣。[5]

甘地辛辣地总结道，如果国大党一直持续开会，那这种环境“肯定会引发一场传染病”。从加尔各答会议到甘地此番回忆，已经过了 25 年。状况虽有所改善，但仍是不够。他以其坚定而居高临下的方式说道：“即使是在今天，自私无脑的代表也大有人在，不管在哪里，他们都损毁国大党阵营的形象。”［40 年后，当

---

[1] 译注：关岛（Guam）：位于西太平洋的岛屿，美国海外属地，是美国的非宪辖管制领土。

[2] 译注：萨摩亚（Samoa）：此处指的是美属萨摩亚，又称东萨摩亚，是在南太平洋的美国无建制属地，美国现有殖民地。

[3] 甘地（Gandhi）：《自传》（*Autobiography*），第 196 页。

[4] 译注：班吉（Bhangi）：印度下层贱民，属于不可接触者，传统上只限于从事清洁厕所和处理尸体等工作。

[5] 甘地（Gandhi）：《自传》（*Autobiography*），第 196—197 页。

我第一次参加全印国大党委员会（All India Congress Committee）会议的时候，他们已经发明了印度版的移动厕所，那时国大党已执政了一代人的时间。]

奈保尔认为，甘地对环境卫生和种姓的强烈憎恨，很明显是他的南非岁月带来的副产品，他没有深究它们的起源。甘地讲述了另一个故事，但这是一个不完整的故事。这个故事并没有解释为什么他愿意在加尔各答动手清扫厕所，也没有解释为什么他最终愿意把这次事件作为他标志性的动机。甘地说他从 12 岁起就开始反对不可接触制了，那时他母亲责备他和一个名叫乌卡（Uka）的小孩子勾肩搭背，因为这个小孩子属于不可接触的班吉种姓。并且，他妈妈坚持要他接受“净化仪式”。甘地多次在提及此事时说，虽然那时他还只是个孩子，“自然而然地服从了母亲的命令”，但他没法在这命令中找到一丝逻辑。[1]

这种记忆并非甘地或他那个时代的人才有。就算是在今天，法律已经废除了不可接触制 70 多年，大多数受过教育的印度人都摒弃了不可接触制，但这些活在当代的印度人依然能从遥远的童年中找到类似的教训。甚至在南非的印度人也有这种经历，虽然在那里不可接触制的存在几乎不被承认，也从来没有作为公开话题被讨论过。我最近一次去德班访问的时候，从一位年长的律师朋友那里听 31 到了一个类似于甘地所讲的那个故事。这位朋友的母亲拒绝给他的一个学校伙伴倒茶，因为她认定那个同学是帕里阿（Pariah）[2]。（没错，这是南印度人给不可接触者取的英文名。）但是，甘地儿时的经历并不能解释他在加尔各答的行为。在 12 岁的时候，他没想过帮助乌卡清扫他自家的厕所。而且，那时侯他想摆脱不可接触制的意愿，还没有成熟到强烈期盼废除这项制度的程度。甘地前往加尔各答的道路是迂回曲折的，并最终经过了南非。但是，这条路始于印度，在那里，早在人们听到甘地对不可接触制的看法之前，这项制度在受过启蒙的印度教徒中就已经声名狼藉了，这一小部分人是受过英国影响的精英，他们都在不同程度上接受过英语教育。同时，最近有说服力的研究表明，在精英从未踏足的村庄，不可接触制实际上正在变本加厉地施行，变得更僵化、更残暴。这是因为步步高升的次种姓为了确保自身的地位与特权，在他们自己和那些他们图省事地称作“不干净”但有计划地对其进行剥削的群体之间划了一条明确的界限。根据这种解读，

[1] 译注：安德鲁斯（Andrews）：《圣雄甘地》（*Mahatma Gandhi*），第 113 页。

[2] 帕里阿（Pariah）：意为“无主的野狗”，在南印度泛指不可接触者。

正如美国南部施行吉姆克劳法案（Jim Crow）[1] 的年代和南非施行种族隔离政策的时期一样，种族隔离制度都变得更加僵化，并被合法化，大体而言，在殖民统治时期的印度，不可接触制的障碍非但没有得到降低，反而提高到了前所未有的地步。[2]

局外人和许多印度人认为他们对种姓制度[3] 及不可接触制现象所了解的一切，很大程度上应该归咎于殖民者进行的分类，这是英国分类工作人员——被称作特派员、户口调查员的地区官员和学者——不懈努力的成果。他们登记了多种多样的小群体，然后像林奈（Linnaeus）[4] 确定植物的顺序一样确定他们的顺序。梳理完这种制度之后，他们倾向于使这种制度僵化不变，好像他们终于发现了某种古老的框架，可以支持和解释不同印度社会团体和派别之间所发生的连续不断的变化、碰撞和融汇。但是，他们自以为他们所勾勒出来的这项制度固定不变，实际上不可能一成不变。这个制度伴随着现实印度中的各种矛盾、歧义和互相冲突的报复，更别说它那无可争辩的压迫性，所以它不断变化和发展着。并不是所有的印度穷人都被看作是不可接触者，但是几乎所有被归为不可接触者的人都是可怜的穷人。首陀罗（shudra）是最低种姓的农民，人们蔑视、剥削他们，甚至在社
32 交场合对他们避之不及，如此一来，高等种姓的人便不会被认为被这些人污染。一些不可接触者群体也会对其他不可接触者群体实施不可接触制。如果一个群体被认为比其他群体更具污染性，不可接触制就只是程度的问题了。尽管如此，虽然学者苏珊·贝利（Susan Bayly）所说的“污染屏障”的位置，也就是“干净的”印度教徒群体和那些被认为“不干净”或有污染的印度教徒群体之间的界限，会随着时间或者地点的变化而变化，但生为不可接触者几乎必然要接受生命的审判，活在种姓的圈子以外。[5] 在某些地区，特别是在南印度，就算是和不可

[1] 译注：吉姆克劳法案（Jim Crow）：1876—1965 年间美国南部各州以及边境各州对有色人种实行种族隔离制度的法律。

[2] 贝利（Bayly）：《印度种姓、社会与政治》（*Caste, Society, and Politics in India*），第 5 章，特别是第 196、210、226 页。

[3] 译注：种姓制度（caste system）：将人分为四个等级，即婆罗门（僧侣阶层），从事文化教育和祭祀；刹地利（武士阶层），负责行政管理和作战；吠舍（商人阶层），经营商业贸易；首陀罗（农夫阶层），从事农业和各种体力及手工业劳动。除四大种姓外，“不可接触者”是被排除在种姓外的人。

[4] 译注：林奈（Linnaeus）：瑞典生物学家，于 1758 年发明了一套通用的生物分类系统。

[5] 贝利（Bayly）：《印度种姓、社会与政治》（*Caste, Society, and Politics in India*），第 189、233 页。

接触者的影子有接触，那也会被视为污染。然而，只有在一小部分地区，所谓的不可接触者女性才可能免受“干净的”高种姓男性的强奸施暴。

一些不可接触者群体通过几代人的努力终于提升了自己的地位，摆脱了不可接触制，他们不再从事人们眼中的污染性行业，比如捡粪便、处理尸体或者从事制革业。其中有人发现，他们可以通过皈依基督教和伊斯兰教，使自己远离卑贱的出身［在基督徒中，之前宗教的残留盖过了传教士的承诺，更不用说登山宝训（Sermon on the Mount），一些印度基督徒仍然把其他人看作不可接触者］。各个地区在这方面的做法不尽相同，就像高等种姓婆罗门在各地的权威也不一样，他们是祭司类群体，为不可接触制的合理性提供理由，而且他们通常是这种制度的主要受益人。[1] 英国人以及跟随火车而来的传教士教导崇拜不同神灵的形形色色的教派成员，他们属于一个被称为印度教的伟大的包容性集体。与此同时，更重要的是，印度人自己也有所发现（古波斯人，即 Persian 在英国人到达印度的两千年前就描述了“印度教徒”。此外，最近的学术研究表明，“印度教”这个新造词最初是由一个印度人在 19 世纪初创造出来的 [2]）。同样，特定群体的成员是不可接触制的攻击目标，包括恰查玛尔（Chamar）、马哈尔（Mahar）、马拉（Mala）、拉加尔（Raegar）、杜萨德（Dusadh）、班吉、多姆（Dom）、戴德（Dhed）和更多其他群体，他们都知道自己是一个被称为不可接触者的广大群体的一员。总而言之，一些人开始推断，为了自我地位的提升他们可以一同携手奋斗。

在甘地最终从南非回到印度前，婆罗门正在马哈拉施特拉（Maharashtra）邦开办学校，为不可接触者提供教育。然而，他们也不见得习惯和那些他们正在为之服务的人一起吃饭。一个名为雅利安社（Arya Samaj）[3] 的运动，关心不可接触者皈依基督教的数量，并且鉴于理论上印度有朝一日采取计算选票方式的 33
可能性，他们更关心不可接触者皈依伊斯兰教的数量，因此制定了一个“淑涤”

[1]　以下研究阐述了相关讨论：出处同为上述的《印度种姓、社会与政治》（*Caste, Society, and Politics in India*）；德克斯（Dirks）的《思想的种姓》（*Caste of Mind*）；门德尔松（Mendelsohn）和维克兹亚尼（Vicziany）的《不可接触者》（*Untouchables*）。

[2]　潘宁顿（Pennington）：《印度教是虚构的？》（*Was Hinduism Invented?*），第 60、168 页。

[3]　译注：雅利安社（Arya Samaj）：印度西北部最大的宗教改革社团，建立于 1875 年，创始人是达耶难陀·萨拉斯瓦蒂 (Dayananda Sarasvati，1824—1883)，旨在用古代吠陀的精神来改革当前的印度教。

（shuddi）[1] 仪式，即净化仪式，将不可接触者诱入“印度教徒围栏”（如甘地后来所描述的）。在这里我们再次看到，他们所提供的平等受到严格的限制。即使在“被净化者”或者说那些重新皈依印度教的不可接触者能否获准使用高等种姓打水用的井的问题上，这个运动的追随者都未能达成一致。也许，不妨给他们提供他们自己单独使用的但与高等种姓相同的水井。不用考虑被从事污染行业的人污染，这就足够了。这些高等种姓的改革者认为，他们没必要亲自承担这些既肮脏又不体面的任务。

在后来的岁月里，甘地显示出他对这段改良主义历史至少有过短暂的了解，但从未承认它对自己的思想产生过影响。在一本副标题为“我体验真理的故事”的回忆录中，他揭示了这样的主题——从文学的意义上说，就是它的思想观点——他一直是一位独立行动者，几乎完全以他自己的体验为基础，无所畏惧地进行自我发现。在政治领域，他从来没有真正地把自己描述成一个追随者，即使在写到他和戈克利的密切关系时，他也是如此。戈克利是印度领袖，为甘地回归印度扫清了道路，并将甘地视作未来的接班人，甘地也将戈克利视作政治导师。在宗教领域，甘地也说出了一位导师，那就是居住在孟买的耆那教（Jain）哲理诗人（同时也是一个钻石商）希里马德·拉吉昌德拉（Shrimad Rajchandra）。甘地在比勒陀利亚的时候，每当感受到来自基督教传教士的压力时，都会找他寻求指导。但是，拉吉昌德拉在 1901 年就英年早逝了，他并不是一个社会改革家。甘地向这位圣人提出了一系列问题。他的回答中包括了对“瓦尔纳什拉马达摩”（varnashrama dharma），也就是对合理的种姓行为规则的见解。甘地当时受到警告，不要和不同种姓的成员进餐，尤其要避免和穆斯林一起进餐。[2]

尽管甘地非常仰慕乃至崇敬拉吉昌德拉，但是这些反对与种姓之外阶层进餐的限制并没有让他停下脚步。甘地自己的家庭成员一直都是正统派教徒，他们花了好多年才习惯于和非宗派人士共同进餐。“我的母亲和姨母会通过火烧来净化甘地的穆斯林朋友用过的黄铜餐具。”一个在凤凰村长大的小表亲回忆道，“和穆斯林共同进餐，对我的父亲来说也是一个问题。”[3] 后来，回到印度，甘地有

[1] 译注：淑涤（shuddi）：印度教徒在宗教皈依时举行的净化仪式，印度教改革派给不可接触者举行的仪式。

[2] 乔登斯（Jordens）：《甘地的宗教》（*Gandhi's Religion*），第 56 页。

[3] 普拉菩达斯·甘地（Prabhudas Gandhi）：《我与甘地吉的童年》（*My Childhood with Gandhiji*），第 59 页。

时会争论，印度教徒不愿与穆斯林共餐只不过是他所谴责的不可接触制的另一个
表现而已。“为什么印度教徒如此难于和穆斯林及基督教徒混在一起呢？”他在 34
1934 年问道，“不可接触制不仅在印度教徒与印度教徒之间，而且在人与人之
间建立了一道障碍。”

他是怎样突然产生这些独立观点的呢？这个问题仍待解开。在甘地自己的叙述当中，在 12 岁那年被警告不能和不可接触者乌卡有身体接触后，他一直没有将种姓当作重大的问题来面对，直到他决定去伦敦学习法律的那一刻。当时，莫德・班尼亚种姓的马哈詹（mahajan）即“长老”召唤他去参加一个在孟买召开的正式听证会。莫德・班尼亚是商人亚种姓，所有作为印度教徒的甘地姓氏者都属于这一种姓。在听证会上，他受到严厉的责备和警告：如果他坚持要蹚过“黑水”，让自己臣服于那些被人认为外国充斥着的肉欲诱惑（原则上指的是大肉、美酒和女人），那么他将会被开除出这个种姓。他被告知，如果他去了，他将会是该亚种姓第一个公然反抗这个禁令的成员。那时他只有 19 岁，他勇敢地对抗那些长老，告诉他们：他们尽可以无所不用其极地对付他。

我们能够推测马哈詹已经威望尽丧，因为甘地的正统派教徒母亲和兄长拉克希米达斯（Laxmidas）支持他。部分原因是，他在一位耆那教牧师面前郑重地立过 3 个誓言，他在国外生活也会遵从国内班尼亚的生活方式；还有一部分原因是，他在英国接受的法律培训被看作是这个大家庭经济保障的关键。我们不能就此得出结论，认为这个年轻的甘地已经公开反抗种姓制度。在坚持独立的过程中，他并没有放弃种姓，但该种姓实际上已经宣布他是不可接触者，并警告其成员与他一起进餐或者亲密接触都会受到污染。3 年后，当甘地从伦敦回来时，他变得很温顺，他和拉克希米达斯来到马哈拉施特拉邦一个神秘的名叫“纳西克”（Nasik）的地方，顺服地接受了一个“净化”仪式，在一位神职人员的监督下，将自己浸泡在戈达瓦里河（Godavari River）中，然后这位神职人员给他签发证书，甘地保存了证书，并声称他已经完成了洗涤。[1] 甘地身上的班尼亚种姓商人气质使得他一向看重账户和支出，大约 20 年后，他向他的第一位传记作家多克抱怨，这位神职人员收了他 50 卢比。[2]

然而，他的净化之路还没完。接着，甘地家庭必须要宴请古吉拉特邦拉杰果

---

[1] 这张证书的复印件陈列于萨巴玛蒂阿什拉姆纪念馆（Sabarmati Ashram Museum）。

[2] 多克（Doke）：《莫・卡・甘地：一名印度爱国者》（*M. K. Gandhi: An Indian Patriot*），第 52 页。

德（Rajkot）城镇的同种姓成员们。他在拉杰果德度过了大部分的童年时光，这里也是他在国外求学时他妻儿的藏身之处。宴会本身包括一个顺服仪式，这个浪
35 子应该光着膀子，亲自侍奉这些宾客。[1] 甘地顺从了，在他的后半生，他一直裸露着上身。他的大部分贾提成员都得到了抚慰，但是，包括他妻子家庭在内的一些成员再也不会冒险让别人看到，他们在如此恣意妄为的人面前进餐，即使在他成为公认的国家领袖之后。甘地特意不去让这些种姓制度的捍卫者难堪，他们中有人示意，已经准备好在家里私下忽视这个禁令。然而，他更宁愿让他们羞愧。“我不会去他们家里喝水。”[2] 他告诉我们，赞扬了他自己的“不抵抗”，这使他赢得了那些仍视他为被驱逐者的班尼亚的喜爱和政治支持。

这里所展示的是，他倾向于把自己的生活变为一系列寓言，这既体现在他于20世纪20年代匆忙写完的回忆录中，也体现在他晚年的日常谈话中。事实是，他公然反抗种姓长老，甚至在经历了净化仪式之后，与那些担心禁令仍合法的人勾结起来，招摇地拒绝规避这条古老的禁令。他对这件事的处理可以被视为消极抵抗：他是一位家庭舞台上的非暴力抵抗的先驱。这就是甘地抢占高地的方法，这一切随后就来。从伦敦回来后，因为强烈的现实原因，他要和自己的种姓恢复友好关系。他和莫德·班尼亚种姓的关系必然对他当律师的前景产生影响，因为正是在他们当中，他有望找到大部分的客户。[3]

纳西克的净化仪式和拉杰果德的宴会表明，在他从伦敦回国和动身前往南非之间的这个短暂过渡期，他还没有成为一个对抗种姓限制的反叛者。不论他私下里的个人观点是什么，这位刚出师的律师在种姓问题上的立场以及种姓在印度社会的地位问题上，基本上仍然是因循守旧的。在相对来说还享有特权的亚种姓中，甘地成为不可接触者的经历并没有让他对受压迫者的生活产生什么特别的见解。至多，它暗示了一个观念：种姓并非一道不可逾越的屏障，这只是随后在1901年去往加尔各答路途中的一步。奈保尔所说的几乎是正确的：如果他没有去南非，那次遭遇就不会以那样的方式发生。如果我们仔细查看甘地在那里的早期经历，几个自我意识感增强的关键时刻似乎都是在大概半年的时间里集中发生

[1] 普亚里拉尔（Pyarelal）：《早期阶段》（*Early Phase*），第281页。

[2] 甘地（Gandhi）：《自传》（*Autobiography*），第78页。

[3] 我非常感谢甘地秘书马哈迪夫（Mahadev）的儿子纳拉扬·德赛（Narayan Desai），2008年4月在巴罗迪（Barodi）村的采访中，他提出了这一点。

的，始于 1894 年下半年，那时他正在德班创办律师事务所。

在那段时间里，他与基督教传教士有所接触，这是否和他社会意识的萌芽有 36
关系呢？很显然，英国和美国的传教士对慢慢潜入到印度思想中的社会平等观念有所贡献。重大问题还在后头，他们经常晦涩但有时候又很明确地对他们认为邪恶的社会秩序进行批判，还对婆罗门的权威进行明确的抨击。在基督教传单上，婆罗门种姓人被描述成自私腐败的。（“无论在哪里，你所见到的人，不管他们从事什么职业，来自哪个国家，都有两只手、两只脚、两只眼睛、两只耳朵、一个鼻子和一张嘴。”[1] 在甘地出生大约 30 年前，一份传教士报纸上的一封信中这样写道，“神当时可能没有想过要在人类中创造很多的种姓。而种姓制度只有印度在践行，它是婆罗门为了维持他们的优越地位而创造的。”）然而，甘地与传教士的讨论中是否涉及了种姓和社会平等问题，这不甚清楚。这些传教士曾在比勒陀利亚和德班为甘地的灵魂拯救角逐竞争。这位新来者在新兴的种族秩序中最初经历过的种种事情都表明，这样的问题应该也有可能出现过。但是这些福音派满脑子都是灵魂拯救，而不是社会改革。我们从实际所了解到的所有他们和甘地的对话中得知，他们一贯超然世外。

甘地于荒野之地进入到托尔斯泰的世界。在 1894 年的某一天——显然是他在比勒陀利亚的最后一周里，甘地在邮箱里收到了一个来自英国的一位好心人士的包裹。他就是爱德华・梅特兰（Edward Maitland），是从通神学运动中脱离出来的基督教神秘主义派别“密传基督教”（Esoteric Christianity）[2] 的领导人。包裹里面是刚出版的康斯坦斯・加内特（Constance Garnett）翻译的托尔斯泰的著作《天国在你心中》（*The Kingdom of God Is Within You*），这本书讲述的是这位伟大的小说家在晚年时期对热情的基督教徒信条的声明，此信条建立在个人良知和彻底非暴力学说的基础上。10 年后，甘地会“遇到”拉斯金，然后在几年后又“偶遇”梭罗（Thoreau）[3]。后来，他才会和托尔斯泰本人通信。但是，如果在他的精神发展过程中只有一次影响深远的经历，那么这次经历就始于他在比勒陀利亚打

---

[1]　奥汉龙（O'Hanlon）：《种姓、冲突与和意识形态》（*Caste, Conflict, and Ideology*），第 71 页。

[2]　译注：密传基督教（Esoteric Christianity）：又称赫耳墨斯基督教，是一种将基督教视为秘密宗教的灵性流派的统称，追随者相信并实践特定的密传教条和教义，这些教义只有少数人掌握，一般不为主流基督徒所熟知，甚至被主流基督教排斥。

[3]　译注：梭罗（Thoreau）：亨利・戴维・梭罗，美国作家、诗人、哲学家、废奴主义者、超验主义者，也曾任职土地勘测员，他最著名的作品有散文集《瓦尔登湖》和《公民不服从》。

开那个包裹的那一刻。《战争与和平》(*War and Peace*)这本书对于这个年轻的律师来说可能并不是那么引人入胜，这本书的作者严厉地指责了知识阶层的高等文化，因为他们自称相信人人皆兄弟。在他的论述过程中，他谴责了沙皇俄国所有的宗教机构和政府机构。他愤怒地指出，知识阶层的共同之处是彻头彻尾的伪善，当他们慷慨陈词兄弟情义的话题时尤其如此：

> 37 我们都是兄弟，但我靠付给我的工资生活，这些工资是我通过起诉、审判和谴责小偷、妓女挣来的，而他们的生存状态是由我的生活基调造成的。我们都是兄弟，但我靠我挣来的工资生活，这些工资是我从贫困劳工那里征税挣来的，而这些税收将花在富人和饱食且终日无所事事之人的奢侈品上。我们都是兄弟，但我靠宣讲连我自己都不相信的假基督教领取薪俸，这个假基督教只是用来阻止人们理解真正的基督教。

还有这句话："我们都是兄弟，然而每天早上，都有一位兄弟或者姐妹必须要为我清理卧室里的大小便。"[1]

这里，我们开始对甘地在1901年带至加尔各答的社会意识是怎样形成的，有了一个清晰的认识。它不仅仅归因于南非生活的骑士，而且归因于他一边在南非生活和阅读托尔斯泰的作品，一边思考印度问题，在接下来的日子里他还会继续这样做。在甘地出席加尔各答会议之前，他已经读过了托尔斯泰随后的悲叹之作《做什么？》(*What Is to Be Done*？)[2]。此时的托尔斯泰继续以其慷慨激昂的先知口吻，告诉知识阶层怎样做才能自救，即通过毫不妥协地抛弃物质主义，过简朴生活，靠体力劳动来满足他们的生活所需(他称之为"体力劳动"和"面包劳动"。甘地最终将这些词语盗为己用)。在那本书中，托尔斯泰当时决定摆脱俄国贵族的特权，重新回到人类排泄物的问题上。他写道，"当我们这个圈子里的人以及之后的大部分劳动群众都不再以打扫公厕为耻，而是为自己填满了茅坑却让

---

[1] 托尔斯泰(Tolstoy)：《天国就在你心中》(*Kingdom of God Is Within You*)，第88页。根据哈佛教授唐纳德·范杰(Donald Fanger)的说法，这句话的直译应该是"把我的夜壶拿出去"。

[2] 尽管托尔斯泰的这本书与列宁所写的那本更出名的书有着相同的英文名字，但它们的俄文名是不同的。范杰(Fanger)教授说托尔斯泰的书直译成英文的话就是《我们必须做什么？》(*So What Must We Do?*)。

其他人——‘我们的同胞’运走这些排泄物而感到羞愧时”[1]，上帝的法则会得到践行。

托尔斯泰在甘地灵魂深处留下的深刻印记十分引人注目，足以让甘地的一位印度批评家在多年以后紧紧抓住这一点，它可以作为甘地从本质上就具有外来性的证据。这位批评家就是斯里·奥罗宾多（Sri Aurobindo），一位杰出的孟加拉革命家，他化名奥罗宾多·高斯（Aurobindo Ghose），倡导“恐怖主义”，随后作为一个阿什拉姆的通灵主义者和印度南部的一小块法国领地本地治里（Pondicherry）的宗教导师，度过了他漫长的一生。奥罗宾多在 1926 年说：“甘地是一个欧洲人，一个长着印度人身躯的真正的俄国基督徒。”[2] 在那个时候，甘地是印度民族主义运动无可争议的领袖，他很可能会振振有词地反驳说，奥罗宾多是一个长着印度人身躯的俄国无政府主义者，但是这位孟加拉人的话对甘地来说，不是形同过眼烟云，根本不值一提。

这位年轻的甘地、南非的律师和请愿者，立刻就看出了托尔斯泰先知般的教 38
诲和南非印度人中流行的价值观两者之间的矛盾。有证据表明他已经动摇，这种证据不久后开始变得越来越多。1894 年 5 月，他去德班旅行，原本打算结束他在南非的日子，乘船回国。甘地对当时所发生的事情的描述，被大多数传记作者所接受：在一个告别晚会上，他的目光是如何碰巧落在了一条简短的新闻报道上，这条新闻报道记录了关于剥夺纳塔尔印度人公民权的法案的进展情况。他如何让这个法案引起社会团体的关注，然后如何被说服留下来并领导反抗该立法的斗争。但是，印度学者和甘地迷马哈迪万（Mahadevan）注意到，在当时这个法案已经在殖民立法机构中经过了好几轮讨论，耗时半年多，马哈迪万还专门写了一本书，揭露甘地在他的《自传》中复述这一事件时的“虚构”和“谎言”。[3] 这位学者断定，这位年轻的辩护律师带着满满的激情在陪审团面前发言，也主要是为了他自己着想而已。根据马哈迪万的说法，与回到印度过前途难卜的生活相反，甘地想在德班开办一个律师事务所。

甘地这次取消乘船回国可能受到混合动机的驱使，一个是利他主义，另一个

---

[1]　托尔斯泰（Tolstoy）：《做什么？》（*What Is to Be Done?*），第 272 页。此处我接受了范杰（Fanger）教授的建议，用“公厕”代替了“下水道”。

[2]　奥罗宾多（Aurobindo）：《印度重生》（*India's Rebirth*），第 173 页。

[3]　马哈迪万（Mahadevan）：《凤凰之年》（*Year of the Phoenix*），第 70—71 页。

是个人抱负，这两者都起了作用，这种说法更大度而且可能更准确。无论如何，到 1894 年 8 月，他已经投身于现在被称为公益服务的生活，为纳塔尔印度人大会（Natal Indian Congress）起草请愿书，而且早期也曾为他们编写了宪章，这个大会主要是由比较富裕的印度人新组成的协会，他们之中大多数是贸易家和商人，而且那个时候的德班，大部分印度人都是穆斯林。[1] 而且，就是在这里，他第一次注意并且提到穷苦的印度人。有托尔斯泰在身后一直激励着他，或许我们可以这样合理地推测，在甘地列举出这个新成立的大会的七个“目标”中，其中有两个很难从他的阅读或经历中找到启示：“调查印度契约劳工的状况并采取适当的措施缓解他们的苦难……以各种合理的方式帮助穷人和无助者。”[2] 直到在南非的最后时期，他可能都没有为契约劳工做什么，或者与他们一起劳作，但是很明显，从他投身政治的初期起，他心中一直装着他们。

这些“目标”停留在口头上，多年后逐渐转变为崇高的抱负，远没有形成纲领。甘地没有立即去甘蔗种植园和矿场做一个现场调查。多年以后，回到印度，他把自己的犹豫归咎于他自己的社会恐惧症。“我在南非生活了 20 年。”他当时
39 说道，“但是一次都没有想过去参观那里的钻石矿场，部分是因为我害怕作为一个‘不可接触者’，可能会被拒绝入内并遭受侮辱。”[3] 到那时为止，他把英国的种族主义和印度的种姓主义画上等号，认为所有的印度人在英国人眼里都是不可接触者，这个观念已经变成他作为社会改革者的论点的修辞利器。这对他作为一个民族主义者也有一定的作用。

但是，那并不是他一开始就关注的目标。最初，他的目标是在帝国范围内为他的赞助人和客户即上层的印度商人争取社会平等的权利。因此，印度契约劳工没有被邀请加入纳塔尔印度人大会。大会每年 3 英镑的入会费远远超出了他们的财力范围。他们所受的苦难仍然没有被减轻，但是几个月后，甘地第一次引人注目地接触了一个契约劳工，这是与现实相碰撞的一个事例。一个名叫巴拉桑达拉姆（Balasundaram）的泰米尔花匠，与一个有名的德班白人签了劳动契约，他来到甘地最近才开张的律师事务所，事务所里的一个职员也是泰米尔人，替他翻译

[1] 斯旺（Swan）在《甘地：南非经历》（*Gandhi: The South African Experience*）的第 48—50 页中，对年轻的甘地推动了纳塔尔印度人大会的组建表示质疑。她暗示那些随后在该组织处于主导地位的商人很可能是利用了甘地来达成他们的目标。

[2] 《圣雄甘地全集》（*CWMG*），第 1 卷，第 132 页。

[3] 同上，第 33 卷，第 25 页。

了他的故事。这个人哭泣着，鲜血从嘴巴里流出来，有两颗牙齿被打飞了。他说这是他的主人打的。甘地带他去看了医生，然后又带他去了地方法官那里。

这是他在《自传》里面关于此次接触的版本，这个版本不值得重视，就像它在电影里被处理的那样。他的传记作家们似乎都没有注意到，这个 30 年之后所写的第 4 版与他在事件刚刚发生两年后所写的相差有多远。在早期的那个描述 40
里，这个契约劳工自己已经去找了有移民保护者之称的官员，这位官员把他转给了地方法官，这个地方法官转过来又为他安排了住院休养“几天”。直到那时，他才上门找到甘地。他的伤口已经得到了治疗，不再流血，但他的嘴巴很疼，根本不能说话。[1] 但令人吃惊的是，他能够用泰米尔语写下自己的请求。他希望律师帮他解除自己的契约关系。甘地问他如果不能帮他解除契约关系，他愿不愿意转契约到别的雇主那里去。花了大半年的时间，最后，甘地为巴拉桑达拉姆安排转契约到他认识的一个卫斯理派（Wesleyan）牧师的名下，甘地大部分的星期天都去这个牧师那里做礼拜。[2]

1895 年，甘地（后排左四）与纳塔尔印度人大会创始人在一起，其中大多数是穆斯林商人

[1] 《圣雄甘地全集》(*CWMG*)，第 2 卷，第 20 页。

[2] 米尔（Meer）:《圣雄的学徒期》(*Apprenticeship of a Mahatma*)，第 36 页。

巴拉桑达拉姆不是典型的契约劳工。他不像很多劳工那样在甘蔗种植园或矿场艰苦劳作，活动范围也受到限制。这位园丁生活在城市里，对周围的道路十分熟悉，能够独自找到移民保护者和在德班的一位印度律师。他至少是个半文盲，这说明他可能不是不可接触者。甘地后来言过其实地夸大了自己的功劳，将这个案子描述为一个转折点。“这个消息传到了每一个契约劳工的耳朵里，而我开始被看作是他们的朋友。”甘地在《自传》中写道，“于是经常会有成群的契约劳工涌进我的办公室。”[1] 甘地说他因此得以了解他们的“欢乐与悲伤”。这些宽泛的论点已经得到广泛认同。[一位受人尊敬的印度学者纳根达斯·森哈维（Nagindas Sanghavi）写道：“他实际上成了这些穷苦印度人的单人法律服务社。”[2]]但是，该时期能够支持这些论点的证据却微乎其微。甘地自己也没有再提到任何有关契约劳工的后续案件，如果真有这类案件记录的话，估计也早已消失了。[3] 除了 1895 年底那次为纳塔尔印度人大会募捐两周的粗略报道以外，再没有什么能表明他曾在德班摆脱自己的习惯去面见那些契约劳工。

1895 年 10 月 26 日，据说他拜访了靠近波因特路（Point Road）的棚户区，那里居住着印度的码头工人和渔民，但他只募捐到 5 镑。（波因特路是他第一次来德班时踏上的大路，之前在新南非被重新命名为甘地路。）在接下来的那个
41 周末，他和一些大会成员冒险到达北部甘蔗种植地区，但是却被禁止与唐卡特（Tongaat）庄园的劳工说话，因此他主要将精力放在了当地的印度贸易商身上。德班的一个地方法官请求一个英国庄园主向他报告甘地的活动。这个种植园主是一个有洞察力的人，他这样写道：“我毫不怀疑他会招致一些麻烦，但是，他不是领导一场大型运动的那个人，他有软弱的地方。”[4]

甘地这一时期对契约劳工的真实态度，清楚地表现在他在南非针对第一次事业失败所发表的论点：他在保护能读会写并拥有财产的印度人的投票权利。他在这一年的 12 月写道，这样的印度人“不愿意看到愚昧无知的印度人出现在投票

---

[1] 甘地（Gandhi）:《自传》（*Autobiography*），第 135 页。

[2] 森哈维（Sanghavi）:《痛苦降临》（*Agony of Arrival*），第 129 页。

[3] 据德班律师哈西姆·希达特（Hassim Seedat）所言，他曾尝试在这个时代从继任者公司那里找到甘地的法律文件，却被告知那些文件都已经被扔掉了。

[4] 布里顿（Britton）:《甘地到达南非》（*Gandhi Arrives in South Africa*），第 300 页。书中并没有详述这份文档的具体位置。文档的作者在回复一封询问的邮件时说，他的研究“断断续续进行了 30 年”，大部分的文档保存在殖民时期的纳塔尔档案室、彼得马里茨堡（Pietermaritzburg）的国家分档案馆和英国殖民办公室的文件里，现如今这些文件在丘园（Kew）的英国国家档案馆里。

人名单上，也不可能指望他们了解投票的价值”。[1]

即使他在纳塔尔北部海岸蔗糖产区的短暂实践中有过追随托尔斯泰教诲的念头，但这尚未使他得出需要亲自从事体力劳动的结论。而且，第一次尝试失败之后，他似乎也没有再次尝试深入种植园。所以，如果有人想了解，何以后来甘地对不可接触者抱以同情——证据就在他 1901 年抵达加尔各答时，从巴拉桑达拉姆事件中透出些许端倪。最多可以说，这段经历可能有助于为他的下一个发现奠定基础，而这一发现并不是来自他与印度穷人的实际接触，而是源自他输掉的那场与白人的争论。差不多与此同时，可能是在园丁来到他的办公室几周不到的时间后，甘地作为律师和请愿者的工作突然被约翰内斯堡一份名为《评论报》(*Critic*) 的报纸编辑打断了。

这个编辑仔细阅读了甘地所写的第一本政治性小册子——那是出版在 1894 年年末，他写给纳塔尔殖民地议会成员的一封公开信。在这份小册子中，甘地把“印度人的问题视作一个整体”，并质问在这个国家为什么印度人这么招人鄙视，受人唾弃。这位 25 岁的新手写道：“如果这种憎恶是源于一个人的肤色，那么，他在这个国家的前途自然毫无希望。他越早离开这片殖民地越好。无论他怎么努力，都无法拥有白色皮肤。”[2] 但如果这种憎恶是误解所致，那么他的信也许能传递这样一些信息，是印度文化的丰富内涵以及节俭劳作的生活习惯让印度公民如此能干。甘地承认，契约劳工则与此不同，他们被大批地输送到这里，工资微薄，难以温饱，受人奴役，缺乏任何“道德教育”。甘地以洗练的轻描淡写的语气写道：“我承认我无法证明他们也有人样。”[3] 他如此含蓄的言语，或许在大部分白人脑海里一飘而过。他言下之意是说：是的，他们不干净而且堕落，但 42
是鉴于你们给他们限定的条件，还能期待他们做什么？也许巴拉桑达拉姆的形象——那个时候他遇到的唯一的契约劳工——快速地在他心里掠过。

《评论报》抓住了这个论点并反唇相讥。正是种姓制度而不是纳塔尔法律将印度劳工判定为“低下的种族”，报纸如此写道：“在纳塔尔和其他地区聚居的印度人必定是最低种姓，那么在这种环境下，无论他们做什么，即便是在自己人当

[1] 《圣雄甘地全集》(*CWMG*)，第 1 卷，第 273—274 页；转引自奈杜（Naidoo）：《追寻历史神话》(*Tracking Down Historical Myths*)，第 137 页。

[2] 《圣雄甘地全集》(*CWMG*)，第 1 卷，143 页。

[3] 同上，第 142—163 页。

中，他们都无法提升自己的位置并赢得尊重。”[1]

正是甘地权威的传记作者和长期的秘书普亚里拉尔（Pyarelal），把这段话带入了我们的视野中。这可能意味着他偶然发现了甘地从南非时期保存下来的一段剪报，甘地在他的整个政治生涯中储存和索引了很多剪报。或者是因为普亚里拉尔从孩提时代就跟随在甘地身边，已有近 30 年，因此这也可能意味着他与这个他称作“导师”的人讨论了那篇社论。[2] 普亚里拉尔习惯使用辞藻华丽的夸张手法。不过，对于《评论报》上的那篇社论，他似乎很确信自己的根据，将之描述为顿悟：

> 这种尖锐的说法直击甘地的内心深处。那强有力的揭示和真相一起让他的内心激荡不已。印度人长久以来把自己国家的一部分人当成不可接触者，无怪乎在国外的印度游子也被当成不可接触者。[3]

约翰内斯堡的一位英语社论作者所说的尖锐语言，日后将成为甘地论点宝库中的利器。（“由于不可接触制的罪行，难道这不是天罚已经降临在我们头上？”他后来在 1931 年这样问道，“难道我们不是在自作自受？……我们隔离了‘不可接触者’，然后反过来我们在英国殖民地被隔离……无怪乎‘不可接触者’不敢对我们吹胡子瞪眼，我们也不敢对英国人这么做。”[4]）

甘地宣称约翰内斯堡那位社论作者提出的观点是他经常需要面对的：“我在南非开展运动的时候，白人通常会问我，既然我们对自己同胞中的不可接触者犯下不公正对待的罪过，那么我们有什么权利从他们那里要求更好的待遇呢？”[5] 无论这个观点是经常回荡还是只出现了一次，它都留下了永久的印记。

43 最后，他的确“在国内开始他的工作”，如果我们把他对卫生设备和厕所清洁的托尔斯泰式的关注也包括在“他的工作”当中的话。他在 1896 年返回印

[1] 《评论报》（*Critic*），1895 年 1 月 11 日；普亚里拉尔（Pyarelal）：《早期阶段》（*Early Phase*），第 478 页也引用了这句话。

[2] 普亚里拉尔（Pyarelal）和纳亚尔（Nayar）：《以甘地为镜》（*In Gandhiji's Mirror*），第 7 页。

[3] 普亚里拉尔（Pyarelal）：《早期阶段》（*Early Phase*），第 478 页。

[4] 费舍尔（Fischer）：《甘地精选》（*Essential Gandhi*），第 251 页。亦可参见甘地（M. K. Gandhi）：《政治著作选集》（*Selected Political Writings*），第 118 页。

[5] 《圣雄甘地全集》（*CWMG*），第 13 卷，第 278 页。

度，目的是召集他的家人，把他们带去德班。他到达拉杰果德不久，孟买突发了一场瘟疫。在拉杰果德卫生委员会开始运行之后，他把检查厕所的任务当作重中之重。在有钱人家里——甚至在一个印度教寺庙中——厕所“黑暗恶臭，满是污秽和蠕虫”。[1] 随后，他走进不可接触者的聚集区。“这是我平生第一次去这种地方。”[2] 他承认道。委员会中只有一个成员准备好跟他去看看。结果他们发现，不可接触者压根儿就没有厕所。“厕所是你们大人物使用的。”他们告诉他，或许这是甘地后来回忆的。他们在露天大小便，但让他吃惊的是，他们住的茅舍却保持得比富人的坚固房屋更加干净。因此，对甘地来说，清洁和卫生是他改革日程中的首要任务。

他开始把自己对清理粪便的热情和对不可接触者的信念联系起来，这个联系的第一个明显标志出人意料地出现在他回到德班一年后左右。根据他自己的叙述，甘地有一次与他长期忍辱负重的妻子嘉斯杜白（Kasturba）就洗夜壶这个话题发生了激烈的争吵，甚至动了怒。在这里，我们第一次发现，源自托尔斯泰的“体力劳动”，这个绝对道德律令（categorical imperative）[3] 在反对印度不可接触制这个风俗上被付诸实施。甘地当时已经认识到要憎恶不可接触制习俗，因为它削弱了他在南非为印度人争取平等权利的理由。争执中所说的这个夜壶是甘地律师事务所的一名职员文森特・劳伦斯（Vincent Lawrence）用过的，根据甘地的描述，他是“一个基督徒，出身于潘查摩（Panchama）家庭”。潘查摩属于不可接触者。劳伦斯最近在甘地位于德班湾（Durban Bay）不远的格罗夫沙滩（Beach Grove）上的两层别墅里做客。甘地的妻子嘉斯杜白是一位温顺的印度教徒，目不识丁，通常被人们称为“白”（Ba）。根据她丈夫的叙述，她一直不愿意去学着和他一起履行清洗夜壶这个难以言喻的责任。“但是，去清洗一位来自潘查摩家庭的人用过的夜壶，对她来说超出了她的界限。”[4] 甘地说。当拿着劳伦斯的夜壶去清洗的时候，她很是不情愿，一边哭泣，一边责骂她的丈夫。甘地则严厉地回敬她尽好职责，不要再抱怨了。

---

[1] 甘地（Gandhi）:《自传》（*Autobiography*），第 149 页。

[2] 同上，第 150 页。

[3] 译注：绝对道德律令（categorical imperative）：康德提出的一个道德伦理学概念，德语原文是 Kategorischer Imperativ，字面意思大概是“无条件的、绝对的命令”，也译为“绝对道德”“绝对律令”“定言律令”或者“定言令式”。

[4] 甘地（Gandhi）:《自传》（*Autobiography*），第 243—244 页。

根据甘地的说法，他吼叫着："我不会在我的屋子里忍受你这些废话！"

44 她答道："你的房子留着你自己住吧，让我走。"

这位未来的圣雄，此时此刻却暴跳如雷："我抓住她的手，把这个无助的女人拖到门口……进而打开门，想把她推出去。"然后她乞求和解，他也承认他后悔了。30 年后，他没有说谁最后清洗了夜壶，可能是不记得，也可能是他选择不说。

在这里，我们就可以看到奈保尔之前浓墨重彩去描述的加尔各答场景的前奏。它表明甘地不用回印度去面对难以动摇的不可接触制。在那一点上，他可以欺负他的妻子，但是他想必很清楚他有待改变他妻子的观念。晚至 1938 年，当他得知嘉斯杜白进入了普里（Puri）[1] 一间仍然禁止不可接触者的寺庙，他也是这样狂怒不已。他这次发脾气变成了一次绝食，体重减了 5 磅。[2] 在德班的第一起事件后，我们仍然有点不能理解的是，他对极度贫穷者、潘查摩和其他低等种姓印度人的态度，这些人都受到他所憎恶的那种习俗的压迫。律师事务所里的那个基督徒职员的例子太过简单，这位基督徒受过教育，身着衣领硬挺的衣服，是个正直的公民。甘蔗种植园的契约劳工又怎么样呢？甘地没有和他们来往，有时候会为他们道歉，他们属于白人刻板印象中的"奴隶种族"。由于他对他们在人们心中留下的印度人形象很反感，所以他只是以一种抽象和自我本位的方式去关心他们？或者，他真的关心他们吗？

《自传》里的一些话表明，在德班的几年里出现了明确的答案。甘地在拉杰果德照顾一位垂死的妹夫时，养成了一种他所描述的护理"激情"，他开始差不多每天早上花一到两个小时在一家小慈善医院做志愿者。他说，这段经历让他开始"密切接触深受苦难的印度人，这些契约劳工大部分是泰米尔人、泰卢固人和北印度人"。[3] 但是，他只说了这么多，这是他顺便说的话。我们不知道这段志愿护理工作持续了多长时间，只知道他将此看作是为布尔战争（Boer War）所做的充分准备，当时他所领导的担架队有时候会护理受伤的英国士兵。这些被英国士兵称为"盗尸者"的担架队员大部分是契约劳工。在南非的最后一年，在他发动

[1] 译注：普里（Puri）：印度东部奥利萨邦的沿海城市，濒临孟加拉湾，是一个宗教中心，每年有大量印度教徒来此朝拜。

[2] 《圣雄甘地全集》(*CWMG*)，第 67 卷，第 2 页。

[3] 甘地（Gandhi）:《自传》(*Autobiography*)，第 177 页。

最后的萨提亚格拉哈运动之前，正是这场战争而不是志愿护理经历使他非常显著地与最贫穷的印度人有了实际接触。

名义上，他掌管着1100名担架员，其中超过800人是契约劳工，他们是从甘蔗种植园里招来的，每人一周领取一英镑的薪水（是他们平时赚的两倍）。甘 45
地明确表示，这些契约劳工仍然处在英国监工的看管之下。严格上讲，他们是志愿者，但是，他们实际上是被政府征召的，是所谓的移民保护官向他们的雇主传递了官方政府请求的结果。这些甘地称之为“半奴隶”的契约劳工曾经被圈禁在种植园，当时在他们平时监工的统帅下出发了。在这场交易中，我们可以说甘地是一个便利的挂名负责人，这样说可能有些言过其实，但也不是全然不准确。在一段吐露真情的叙述中，甘地后来承认，他和大部分担架队员的招募并没有关系。“印度人没有权利享有将契约劳工招入担架队的荣誉，这个荣誉无疑属于种植园主。但是毫无疑问，那些自由的印度人，也就是印度人团体，值得享有出色管理担架队的荣誉。”[1]

在这里他再次明确表示，那些“自由的印度人”是印度人团体的成员，但印度的契约劳工不是。因此，虽然他在《自传》里面告诉我们，他现在被认为是他们的“朋友”，是一个懂得他们“快乐和悲伤”的人，但是他宣称已经和在布尔战场上与他一起服役的契约劳工“有更加亲密的接触”，这听上去似乎有些空洞。[2]他没有说到个人，也没有说到事件，只说到“他们中间出现了一场伟大的觉醒”，即认识到“印度教徒、穆斯林、基督徒、泰米尔人、古吉拉特人和信德人（Sindhi）都是印度人，都是同一个祖国的孩子”。这个觉醒就在“他们中间”。我们几乎能够想象出那幅画面，在他演讲的时候，他的听众聚精会神地点着头，即使他们中的许多人，特别是泰米尔人，和他没有共同语言。但是，事实上，我们不能确定在那个时候他是否真的发表过这样的演讲。更可能的是，这些演讲是在后来的时间里在不同的场合针对不同的听众发表的：说服在印度的甘地主义者，让他们每周都跟读他连载在报纸上的回忆录。在他提到的那些事件发生很久之后，作为印度政治家的甘地塑造且重塑了作为南非律师的甘地的经历，以便推进他在国内的民族主义日程和价值观念。

重塑的部分包括了在他面临危险时的英勇行为的记忆。最初达成的共识是，

[1]　甘地（Gandhi）:《南非萨提亚格拉哈》（*Satyagraha in South Africa*），第76页。

[2]　甘地（Gandhi）:《自传》，第189页。

这些印度人不会暴露在战火和危险之下。但是，根据甘地的说法，当英国人发现他们因一次严重的挫败而撤退时，他们的指挥官停下来，用最机智和体谅的方式，重新提出了这个有关印度人的问题。“如果我们没有做好准备冒这么大的险，
46 布勒（Buller）将军就不打算强迫我们冒着战火工作。”甘地写道，“但是，如果我们自愿去的话，他们会不胜感激。我们十分愿意进入到危险地带。”[1] 在后来的日子里，甘地习惯用军事隐喻来鼓动志愿者们参加非暴力抵抗运动的勇气。也许，这可能正是他在这段话里所做的事情。但是，他留下的印象被夸大了。他从来没有见过雷德弗斯·布勒（Redvers Buller）将军，但是将军有没有听说过甘地就不得而知了。他所说的是关于以指挥官的名义签发的命令和急件，而且，他的担架队队员从来没有真正地参与战场上的军事行动。简言之，只有接到命令，在布尔人炮火射程内的浮桥和路上搬运伤员时，他们才会置身于最危险的处境。但是，战场上根本就没有枪击声，印度人没有受伤或被杀，即便是在他们被派往的早期的纳塔尔战场——1899 年 12 月中旬的科伦索（Colenso）战役和一个月后的斯皮恩科普（Spion Kop）战役——那里很快就变成了英国人的停尸房，在科伦索战役中共有 1127 个英国人死伤和被俘，斯皮恩科普战役中有 1733 人死伤和被俘。事实上没有一个救护队员倒在布尔狙击手或炮弹下，这一事实清楚地表明，他们在“危险地带”艰苦而紧张的工作其实也没有那么危险。

在描述这些事件时，甘地养成了一位领导人雄浑且谦虚的口吻，不愿吹嘘。我们重新读一遍，似乎在那个口吻中也有一种模仿英雄的意味。他这些小小的模棱两可似乎是故意而为之，而非无意的。然而，传记作者们也充分利用了这一点。这里是路易斯·费舍尔（Louis Fischer）最早也是至今最可读的关于担架队员的记载：“他们好几天都在敌人的子弹和战火下工作着。”[2] 普亚里拉尔是甘地的信徒，后来成为甘地传记作者，他描述了甘地在运送爱德华·伍德盖特（Edward Woodgate）将军过程中发挥的作用，伍德盖特将军在斯皮恩科普受了致命伤，被运送到了后方医院。“在前进中将军忍受着剧痛，担架队员必须在战火掀起的热浪与尘埃中快速穿行。”[3] 两个月过后，伍德盖特将军最终死于重伤。担架队员用担架或者更有可能用带窗帘的轿子抬着伍德盖特撤退时，将军也许是意识清醒

[1] 甘地（Gandhi）:《南非萨提亚格拉哈》(*Satyagraha in South Africa*)，第 77 页。
[2] 费舍尔（Fischer）:《圣雄甘地的生平》(*Life of Mahatma Gandhi*)，第 63 页。
[3] 普亚里拉尔（Pyarelal）:《萨提亚格拉哈的发现》(*Discovery of Satyagraha*)，第 287 页。

的。[1] 他们一路颠簸穿越图盖拉河（Tugela River）谷，全程约 4 公里，才到达斯皮尔曼军营（Spearman's Camp）的后方医院，布勒将军的指挥部就设在那里。甘地对疏散情形的详情记载少之又少。他有没有全程护送这位受伤的指挥官，我们从未完全弄清楚过。

斯皮恩科普是一个具有重要战略地位的小山顶，伍德盖特在午夜带领他的军队去占领这座山顶，结果到了清晨才发现，他疏忽了守护制高点。布尔人开 47
火的时候，他们的战壕才挖了一半。伍德盖特鲁莽地站在战壕外，清晨的雾气刚散，他的头部便中了一枪。他被拖入战壕，那里堆满了尸体和垂死的兰开夏（Lancashire）火枪手，然后一个小分队把他撤到"第一个急救站"，接着英国担架队队员把他拖下山坡以便送往"战地医院"，最后他被转交给印度人。同时代的《"泰晤士"南非战争史》（*"Times" History of the War in South Africa*）详细叙述了这些事件，甚至提到是斯坦斯菲尔德中尉（Lieutenant Stansfield）作为小分队的头领将伍德盖特抬下山。[2] 这个故事中没有提到印度人，也没有提到在那天傍晚"漫长的战火"平息之后，一个年轻的英国记者登上这座小山。

温斯顿・丘吉尔[3] 在他给《晨报》（*Morning Post*）的急件中写道："受伤的人流和我们相遇，堵住了前行的路。到处都是尸体，许多伤员看起来都非常恐怖。山脚下的救护马车逐渐聚集成一个村庄。"[4] 甘地和丘吉尔再也不会站在同一战线上，1906 年在伦敦的那次简短的官方会面是他们唯一的一次会面。想想他们可能在斯皮恩科普打过照面，这真是非常有趣。尤其令人震惊的是，甘地的叙述中完全没有提到丘吉尔所描述的场景。或许是他几乎没见过这种画面，又或许他只是对这种场面的印象并不那么深刻。

来自德班的 30 位受过教育的印度人被任命为"领导人"，并配发了制服（由穆斯林商人付款，他们并非志愿者）。"领导人"还得到了帐篷，而来自契约工阶层的新兵只能席地而眠，通常连毯子都没有，至少在前几个礼拜是这样。[5] 甘地

[1] 这种想法来自约翰内斯堡非洲博物馆内陈列的一份法国周刊封面上的一幅画。画上是一顶用于运送伤员的轿子，关于这轿子有个传说，人们将它称作德兰士瓦战争中的"印度救护车"。详见 1899 年 12 月 17 日，《法国小日报：画报增刊》（*Le Petit Journal: Supplément Illustré*）。

[2] 阿迈里（Amery）：《"泰晤士"南非战争史》（*"Times" History of the War in South Africa*），第 1 卷，第 245—297 页。

[3] 译注：温斯顿・丘吉尔（Winston Churchill）：布尔战争时任英国记者，后任英国首相。

[4] 转载于 1900 年 3 月 3 日的《纽约时报》（*New York Times*）。

[5] 米尔（Meer）：《南非的甘地》（*South African Gandhi*），第 751 页。

是这群“领导人”中的领导。没有人能完全确定这些领导人到底有没有抬过担架，甘地好几次谈到这事时都含糊其词。至少很有可能的是，他们监督过这项工作，和担架员一起前行，让担架员跟随他们的步伐（尽管甘地的第一位传记作者多克在结束采访时，他认为他的传记主人公事实上就是担架员）。这一切都结束之后，甘地向英国殖民大臣写了一封请求信，他在信中写道，“女王的巧克力”礼物刚刚分给纳塔尔的英国军队，这不只是单纯的礼物，更是一种王室的善行。他请求将巧克力也发给那些身着制服的救护队“领导人”，他们都是无偿服役的。他没有代表更广大的契约劳工提出任何要求，那些人并不是他亲自招募的。在这
48 场战役中，没有一个印度人得到“女王的巧克力”。[1] 这场交易换来的只是可悲的结局。这位官员的回复很生硬，他说这些巧克力只是为士兵和未经委任的官员准备的。或许他还说过，这只是为白人准备的，因为甘地在索要普通公民身份的小小认可时——不管这种认可有多少象征意义——他正是这么理解的。8 个印度人，包括甘地本人在内，得到了奖章。其他担架队员，除了收到甘地亲自写的一封信以及一份微薄且未指明的礼物之外，没有一个人得到任何认可。

文森特·劳伦斯这个被逐出种姓的职员，他的夜壶曾让嘉斯杜白·甘地恶心不已，他也属于睡帐篷的“领导人”之一，这表明对于甘地来说巨大的社会差别已经变成了阶级问题，而不是种姓问题。跨越社会差别的观念只是被回顾性地提出来。那个时候，他发现担架队员居然和英国士兵相处得挺融洽，很是不可思议，毕竟考虑到这些契约劳工是“相当粗鄙的”。[2]

甘地非常挑剔，但也不总是那样。很久以后，他在印度跨越了这个社会差别后，领养了一个不可接触者女孩作为自己的女儿，给她起名为拉克希米（Lakshmi）。甘地去世多年后，作家维德·梅塔（Ved Mehta）找到拉克希米，她描述了甘地对他建立在阿什拉姆里的公共卫生系统是多么着迷：他的追随者是怎样接受训练，分别把大便和小便送到刷白的公共厕所里刷白的便桶里，然后，在大便上面盖上一层土，最后把大便倒入很远的沟壕里，用割下来的草把大便覆盖上，然后用小便冲刷大便桶。拉克希米说：“父亲甚至发现了小便的另一个用处。”[3] 维德·梅塔没有指明她这样说是否带着骄傲或是嘲讽，抑或两者皆有。也

[1] 米尔（Meer）:《南非的甘地》（*South African Gandhi*），第 749—750 页。

[2] 甘地（Gandhi）:《南非萨提亚格拉哈》（*Satyagraha in South Africa*），第 78 页。

[3] 梅塔（Mehta）:《圣雄甘地与他的使徒》（*Mahatma Gandhi and His Apostles*），第 248 页。

许她只是把事实说出来，只是为那些现在想要了解甘地在这种事情上的想法的人举个例子而已。

当甘地在 1901 年到达加尔各答时，阿什拉姆和其卫生系统的改良尚待开始。但他当时已经有了像乡下印度群众一样体验印度的冲动，这或多或少类似托尔斯泰试图体验他之前的农奴所居住的俄国。也许他出现这样的想法，正是南印度的婆罗门为了挡住不可接触者的污染，将他们隔离在柳条墙后面的场景所引发的。种姓之间的界限在印度明显比南非更牢固，即使是在印度国大党周围也不例外。在南非，在这些契约劳工中，至少不同种姓之间喜结连理的神圣关系是很常见的，以调节女性短缺的问题，这个问题是由殖民官员按照 3：2 的比例输入男女契 49
约劳工的决定引起的。在某一特别的种植园内，大家很难确保劳工找到同一亚种姓和同一地区的配偶，因此他们甚至不再担心这些条条框框了。当时有一则关于种植园招聘代理的讽刺性广告，这个种植园异常遥远，位于印度最萧条的地方，招聘代理承诺在那块新的土地上，种姓限制可能放宽松或者被废除，这种承诺是“口甜舌滑的说客”的高调广告词的一部分。[1] 在这个略带讽刺的版本中，代理承诺提供高薪水、低工作量，并且没有神职人员“要求你遵守种姓的传统”。劳工可以“与自己心仪的女孩”吃、喝或者睡觉，“没有人会反对和质疑你的权利”。

事实上，在 1885 年，一个司法委员会调查了纳塔尔甘蔗种植园里的情况，发现“高等种姓的男人和低等种姓的女人结婚，穆斯林和印度教徒结婚，来自印度北方的男人和来自印度南方的泰米尔女人结婚”。[2] 后来，当契约合同失效时，选择留在南非并在那里谋生的印度前契约劳工的社会地位逐渐上升，他们很快开始把已经被拆除的障碍重新竖立起来。在 1909 年，也就是甘地第一次站出来作为纳塔尔地区印度人的发言人的 15 年后，29 个印度教徒向移民保护官递交请愿书，请求立刻解雇被任命为他们社区巡警的两个帕里阿。“这两个印度人被派去执行命令。”这些请愿人抱怨道，“而且有时候派他们来搜查我们的房子……我们想指出的是，如果帕里阿碰触我们的东西或者逮捕我们，那我们就受到了污染。

[1]　转载于 1908 年 7 月 4 日的《非洲纪事报》(*African Chronicle*)。

[2]　邬玛・杜派莉阿－梅斯列（Uma Dhupelia-Mesthrie）：《从甘蔗地走向自由：印度人的南非生活编年史》(*From Cane Fields to Freedom: A Chronicle of Indian South African Life*)，开普敦，2000 年，第 13 页。

他们还装腔作势摆架子”。[1]

今天，大概过了五六代人之后，印度南北族裔通婚仍然很可能在南非引起家庭关系的紧张，更不必说印度教徒和穆斯林通婚了。然而，与印度仍然流行的种姓趋势相比，征婚网站很少会特别强调种姓要求，但有时候也会含蓄地提到。现在，印度的征婚广告有时候会明确地提到“达利特”（Dalit）[2]，这是近几十年来对原来的不可接触者的褒义称呼。在今天的南非，如此坦率、毫无避讳地影射不可接触制似乎超出了面向印度少数族裔的征婚广告的范围。不可接触制从未被提及，除了一项罕见的学术研究，自从很久以前约翰内斯堡的《星报》（*Star*）提到一次以后，它可能就没有在书面上得到承认了。[3] 甘地离开南非大约 20 年后，
50 1933 年 7 月 18 日的一篇小文章的标题写道：约翰内斯堡的不可接触制被废除了。文章称，坐落在一个名叫梅尔罗斯（Melrose）社区的印度教寺庙的长老们已决定允许不可接触者在那里做礼拜，这是对圣雄 3 个星期前刚在印度结束的、为了反对这种陋习而进行的绝食的回应。文章虽然并未长篇大论地对此予以承认，但是却证实了，长期以来在南非，有些印度人被另外一些印度人视为不可接触者，而且在甘地居住在南非的整个时期，他们一直被禁止进入该寺庙。

甘地一定知道此事，但因其并没有被公开，所以不可接触制从未被列为他改革热情的一个特定目标，尽管他对此陋习很是厌恶。即使他有冲动在南非印度人中发起一场反对此事的运动，但又如何在不激化白人反印情绪或不分裂自己小团体的情况下做到呢？ 1901 年底的加尔各答却是另一番情形。在国大党会议上，不可接触制公然地被当成一种毋庸置疑的社会惯例。甘地不仅以异样的眼光看待这件事，而且也做出了回应。

国大党会议结束后，他在加尔各答待了一个月，其间大部分时间都暂住在其政治导师戈克利家中，并且拜访了一些杰出人物，其中包括被追随者称为“天使般的主人”的印度教改革家斯瓦米·维韦卡南达（Swami Vivekananda）[4]。年仅 30

---

[1] 巴纳（Bhana）和帕查伊（Pachai）：《南非印度人文献史》（*Documentary History of Indian South Africans*），第 26 页。

[2] 译注：达利特（Dalit）：意思是“被压迫者”，是印度不可接触者为自己选择的一个政治名词，取代贬义的不可接触者一词。

[3] 比如艾伯尔－瓦里（Ebr-Vally）的《黑水》（*Kala Pani*）。

[4] 译注：斯瓦米·维韦卡南达（Swami Vivekananda，1863—1902）：亦译辨喜，印度近代哲学家、社会活动家、印度教改革家。

岁的斯瓦米·维韦卡南达在 1893 年芝加哥世界博览会（World's Fair）举办期间召开的世界宗教议会（World's Parliament of Religions）上一夜成名，在西方的一些宗教圈里，他被誉为神童，甚至先知。但当这位殖民地律师前来拜访时，39 岁的维韦卡南达正身处弥留之际，不再接待访客。我们无从知晓甘地是否想要谈论宗教问题或印度问题，对他们两位来说，这些问题绝不是无关的话题。维韦卡南达思想的中心主题是以非暴力、贞洁和自愿贫穷理念（这些理念也是甘地后来所信奉的）为起始，通过一系列递进的瑜伽训练和意识状态获得灵魂的解放。他还猛烈抨击了数百万印度人遭受的非自愿贫困，说“不先尝试消除印度民众的贫困和痛苦”就向他们宣扬宗教只是一场徒劳。[1] 之后，当甘地多次在演讲中提到斯瓦米·维韦卡南达时，他几乎总是会拿出一个特别中意的关于不可接触制罪恶的引证。这位斯瓦米时而实实在在，时而神神秘秘，他谴责印度的“病态的不可接触主义”。[2] 同时，在甘地经常使用的措辞中，他把印度地位最低和最穷的人们正式命名为“受压迫阶级”。在甘地登上历史舞台之前，维韦卡南达就说过，事实 51
上他们应该被称为“压抑阶层”。甘地常常会补充道，他们的压抑使所有印度人感到沮丧。[3]

1902 年 1 月底离开加尔各答时，甘地决定买一张三等车厢的票乘火车穿越印度，独自旅行，以亲身体验赤贫的旅客常常经历的拥挤、肮脏和污秽。普亚里拉尔没有直接引用他的主人当时或后来说的任何话，而是用华丽的辞藻写道，甘地希望使自己“亲密接触不同阶层的广大印度人民，他的雄心就是与他们打成一片”。[4] 为了远行，他买了一条毯子、一件粗陋的羊毛大衣、一个小帆布包，以及一个水壶。

将近 9 年前，在印度洋的另一边，他拒绝被驱逐出一等车厢，而今他决心从加尔各答乘坐三等车厢去旅行，这件事可能不会变得像前一件一样有名，但把后者看作是一个同样满载预兆的转折点并不是牵强附会。如果说他之前没有跨越自己思想中和心中的社会阶级鸿沟，那么那时他做到了。这不是一种政治姿态，不是为了吸引注意力，因为除了戈克利外，没有人付给他薪酬。戈克利难以相信一

---

[1] 罗兰（Rolland）:《维韦卡南达的生平和普世福音》(*Life of Vivekananda and the Universal Gospel*)，第 23 页。

[2] 帕瑞克（Parekh）:《殖民主义、传统与改革》(*Colonialism, Tradition, and Reform*)，第 235 页。

[3] 《圣雄甘地全集》(*CWMG*)，第 18 卷，第 375—376 页。

[4] 普亚里拉尔（Pyarelal）:《萨提亚格拉哈的发现》(*Discovery of Satyagraha*)，第 396 页。

位上层社会的律师会乘坐三等车厢，这是他闻所未闻的事。最终他被甘地的诚挚所感动，以至于陪同他到车站，并给他带了一些旅行时需要的食物，同时说道："如果你乘坐的是一等车厢，那我就不该来，但现在我不得不来。"至少，这就是甘地记忆中戈克利为他送行的方式。甘地只比他年轻3岁，戈克利对甘地的赞赏变成了一种敬畏。1909年，他这样告诉一群旁遮普人（Punjabi）[1]，"地球上从未出现过比这更纯洁、更高尚、更勇敢且更尊贵的精神"[2]，那时甘地还在南非。

在1902年初的那次穿越印度之旅后，甘地立了一条规矩，甚至可以称为一种迷恋——总是乘坐三等车厢在印度旅行［即使当铁路部门安排了所有的汽车甚至火车专门供他的随行人员使用时，他仍是如此，这在之后的岁月里时有发生。这一切激起了诗人萨罗吉尼·奈杜（Sarojini Naidu）[3]精心的嘲弄："你将永远不知道我们要付出多少来使那位圣人、那位了不起的老人处于贫困之中"[4]］。在这第一次旅行中，他觉得噪音令人难以忍受，乘客们的习惯令人恶心，他们的言语淫秽下流。他说，他们嚼着槟榔和烟草，"把整个车厢变成了一个痰盂"。[5]事实证明，与印度人民的"亲密接触"是一次令人讨厌的经历，但是，普亚里拉尔写道："现在回想起来，甘地甚至很享受它。"[6]他的意思大概是，在甘地看来，他正做
52 着一些事，而做这些事最初完全是为了要成为一个有抱负的印度政治家，他本人从这种想法中也得到了乐趣。他指出，在南非，主要供黑人乘坐的三等座位更舒适，座位带有软垫而非硬木制座椅，而且那里的铁路官员不像印度的官员一样，后者对过度拥挤的情况完全无动于衷。但是在那之前，他在南非基本上都是乘坐一等车厢旅行。与那里的印度契约劳工打成一片还不是他计划的一部分，而且他
53 们不经常乘火车，他也从未想过融入黑人之中。

---

[1] 译注：旁遮普人（Punjabi）：南亚民族，是巴基斯坦的主体民族，主要居住在巴基斯坦的旁遮普省、印度的哈里亚那邦和旁遮普邦等地区。

[2] 马哈迪万（Mahadevan）和拉马昌德兰（Ramachandran）：《寻找甘地》（*Quest for Gandhi*），第344页。

[3] 译注：萨罗吉尼·奈杜（Sarojini Naidu，1879—1949）：印度政治家、女权运动者及诗人，被尊为神童、印度的南丁格尔和印度独立运动的自由斗士，是第一位任国大党主席和邦行政长官的女性。

[4] 夏伊勒（Shirer）：《甘地》（*Gandhi*），第37页。

[5] 甘地（Gandhi）：《自传》（*Autobiography*），第212页。

[6] 普亚里拉尔（Pyarelal）：《萨提亚格拉哈的发现》（*Discovery of Satyagraha*），第396页。

第三章　在祖鲁人中

从待在南非最初的几个月起，年轻的莫罕达斯·甘地就对“苦力”这个绰号中蕴含并透露出的漫不经心的种族主义极度敏感。在官方文件或法庭诉讼中，“苦力”一词被用作“印度人”的代名词，他永远无法克制在看到这个词时内心所产生的冲击。反过来理解的话，那是他第一次有了民族主义冲动——他代表整个印度人群体把自己定义为一个印度人而不是印度教徒、古吉拉特人或班尼亚人。多年以后，他可能因回忆起曾经被称为“苦力律师”而再次觉得被冒犯。然而，他花了超过 15 年的时间才明白，“卡菲尔人”（kaffir）[1] 一词与他偶尔认可的这块土地的最初主人［他也称之为“土著人”、非洲人（African）或黑人］有着相似的含义。

甘地很可能在印度听说过这个词。它最初起源于阿拉伯语（Arabic）的异教徒一词，有时候被那里的穆斯林用来形容印度教徒。而在南非白人的语言中，这个词的内涵对他来说可能还是很陌生的。在南非荷兰语和英语中，白人在各种各样的复合词和语境中使用“卡菲尔人”一词。19 世纪初的卡菲尔战争（Kaffir Wars）是白人殖民者与居住在被称作卡菲尔兰（Kaffirland）或卡菲里亚（Kaffraria）的黑人部落之间的斗争。卡菲尔高粱（南非高粱）是他们用来做玉米粥和啤酒的粮食，任何与这个词汇相连的事物通常都被视为是下等的、落后的或是野蛮的。其最文雅的用法是作为一个名词，指的是一种原始的存在。当带着嘲笑的语气使用时，它就相当于“黑鬼”。卡菲尔情人（Kafferboetie）是南非荷兰语中一种侮辱性的词汇，指的是任何喜欢或同情黑人的人，确切地说就是“黑鬼情人”。这是甘地从未被叫过的称呼。

下面是他在 1908 年初的报道，关于其作为囚犯第一次蹲监狱的经历： 54

---

[1]　译注：卡菲尔人（Kaffir）：穆斯林对不信伊斯兰教的人的蔑称，（在非洲南部的）非洲黑人。

> 我们当时被押往一所关押卡菲尔人的监狱……我们没有被归入白人一类是可以理解的，但要放在与土著人同一等级上似乎太过分且令人难以忍受。印度人应该有单独的牢房，毋庸置疑这是应该的。卡菲尔人通常很不文明，犯人尤甚。

被判做苦役的印度人通常被安置在和黑人相同的牢房内，这是同年晚些时候，即甘地下一次去监狱时就会有的一次经历。

在这两次监狱经历之间的 8 个月里发生了很多事情。起初，甘地敦促印度人拒绝按照“黑色法案”规定在德兰士瓦登记，之后他不切实际地与史沫资达成一项协议。他的理解是，根据该协议，印度人将“自愿”登记。然后，为表彰他们的轻易顺从，要求他们登记的法律会被废除。正如甘地看到的，即使他们的实际生活几乎没有甚至是根本没有发生改变，但把这条将印度人定义为二等公民的种族歧视法案从法典中剔除仍然受到欢迎。同样，他后来要求修改“亚洲人法案”（Asiatic Act，前南非共和国一恢复自治，就于 1907 年由清一色白人组成的新省级立法机关颁布了此法案），该项法案禁止先前无居住记录的印度移民进入德兰士瓦。[1] 甘地希望每年有 6 个，仅仅 6 个受过高等教育的印度人被允许成为永久居民，即使他们与该地区毫无关系。依据甘地这项令人困惑的法律标准，每年允许 6 个印度人入境将消除他们生来就不平等也不配享有公民身份的迹象。它也可以被解释为一种狡黠的战术策略，旨在确立或者更确切地说旨在影射一种先例或权利，这恰恰就是新白人政府拒绝这种要求的原因。路易斯・博塔（Louis Botha）[2] 总理向一位英国官员解释道，“狂热盲信的精神会驱动一部分印度团体”[3]，从而使之不可取，并暗示这可能会引起甘地的进一步抵抗。总理真正的意思是，即使每年允许 6 个印度人进入——每两个月一人——就足以激怒白人，对他们来说，当然从未有过数量化的定额或教育标准一说，但这会有违他们经常宣称的要求之
55 一，即绝对限制印度人的数量。[4] 一个自称白人联盟（White League）的组织早在

[1] 1906 的“亚洲人法律修正法案”（Asiatic Law Amendment Act）是在德兰士瓦作为英属殖民地的这段短暂时间内提出的，已被英国驳回。该项法案再次禁止先前无居住记录的印度人进入德兰士瓦。

[2] 译注：路易斯・博塔（Louis Botha，1862—1919）：南非军人和政治家，南非联邦首任总理。

[3] 赫滕巴克（Huttenback）：《甘地在南非》（*Gandhi in South Africa*），第 198 页。

[4] 1903 年 1 月 14 日，《纳塔尔信使报》（*Natal Mercury*）。奥兰治自由邦是原南非联邦的四省之一，禁止印度人定居长达近 90 年，直到种族隔离制度的废除。

1903年就已经正式宣布："我们已下定决心，阻止所有的亚洲人（Asiatic）进入德兰士瓦。"在博塔看来，这是合理的，而不是"狂热盲信的"。

关于登记的问题最先出现了，甘地妥协的本能以及即使在实践中鲜有收获也要坚持原则的本能，第一次而不是最后一次令他的追随者困惑和不安，他亲自去登记的当天被魁梧的帕坦人（Pathan）拦截并遭到严重的暴打。帕坦人是来自现在的巴基斯坦（Pakistan）边境地区的穆斯林，他们是战争期间被带往该边境地区从事各种各样的非战斗任务的人员。帕坦人很快就得出结论，甘地所谓的协议是一种背叛。对他们来说，自愿提取指纹和强迫采集指纹之间的区别并不明显。甘地当时正开始被公认为是一位精神朝圣者也是一名律师和代言人，更广泛的印度人团体对他们领袖所遭到的攻击感到惊恐，最后终于听从他的呼吁并做了登记。然而，更离谱的是，"黑色法案"并没有如他所保证的那样被废除，不知所措的甘地说他被欺骗了。正如他的孙子兼传记作家拉吉莫汉·甘地（Rajmohan Gandhi）注意到的那样，之后他"首次允许自己使用种族语言"，称印度人将永远不再"向傲慢白人的侮辱屈服"。[1] 在约翰内斯堡的哈密蒂亚清真寺发起的群情激昂的群众集会上，甘地又恢复了萨提亚格拉哈。德兰士瓦的印度人效仿甘地，把他们的证件扔到铁锅里，这些证件在锅里迅速地被煤油浸透，燃烧起来，化成灰烬。

因此，10月份时，甘地没有证书可出示。当时他带领几十个同样无证的印度人从纳塔尔进入德兰士瓦的边境小镇福尔克斯勒斯特（Volksrust），在那里，由于拒绝提取指纹，他被逮捕并判处两个月的劳役。身穿普通黑人囚犯所穿囚衣（根据多克同时期的描述，"囚衣通身标记着宽箭头"）的他在警卫的看守下被押往约翰内斯堡，从公园车站（Park Station）到福特（Fort）监狱的途中，这位知名律师被游街示众。[2] 福特监狱是约翰内斯堡最早的监狱，在那里，他被扔进了被隔离的"土著人监牢"中一间过度拥挤的小牢房，牢房里关押的都是黑人和其他非白人罪犯。这也是值得纪念的：这个古老的公园车站的框架——金属斜屋顶下各式美观的回纹细工和金银丝细工傲立苍穹，一览无余，现今作为一座纪念碑，坐

[1] 拉吉莫汉·甘地（Rajmohan Gandhi）:《甘地》（*Gandhi*），第126页。

[2] 多克（Doke）:《莫·卡·甘地：一名印度爱国者》（*M. K. Gandhi: An Indian Patriot*），第151页；参见米尔（Meer）:《南非的甘地》（*South African Gandhi*），第600—601页；伊茨辛（Itzkin）《甘地的约翰内斯堡》（*Gandhi's Johannesburg*），第30页。

落在约翰内斯堡市中心铁路站场上的一个峭壁陡岸上。福特监狱里的公共牢房已经被改造成一个永久性的甘地展览馆，保存在那里的英国广播公司先前的一
56 次采访记录了他高而尖的嗓音，我们从中可以听到他在抱怨自己被贬低为“苦力律师”，一个小时抱怨了五六次。这座监狱后来关押过纳尔逊·曼德拉（Nelson Mandela）[1] 和许多其他政治犯，现在已被改造成一座博物馆，保存着过去压迫和斗争的记忆。在这座博物馆坚硬厚实的围墙旁边，傲然矗立着南非新宪法法院的一间间空旷通风的会议室，它们誓言要支撑维护法律秩序，确保南非所有人民的平等权利：这是一种富于想象力的建筑复兴和重新平衡行为的并行不悖，旨在珍视而不仅仅是象征一种生活理想。

新法院大楼落成，监狱区域更名为宪法山（Constitution Hill），这一切发生在1908 年甘地第一次被关押在那里的 96 年后。多克的叙述以及之后《印度舆论》上的描述都表明，他的经历不仅仅证实了他早期的担心。这位未来的圣雄受到一名黑人囚犯的嘲笑和奚落，之后又被另一名囚犯嘲笑和奚落，最后这名囚犯转身朝着“一个躺在床上的土著人”走去，“两人在那儿交流着淫秽笑话，并且还暴露彼此的生殖器官”。[2] 甘地告诉我们这两人都是杀人犯，他承认曾感到不安，并发现有段时间难以入睡。第二天，当他与浸礼会（Baptist）牧师多克谈到这些时，对方立刻感到惊恐万分。“这位优雅的印度绅士不得不使自己整晚保持清醒，以抵抗可能遭到的攻击，比如他目睹过发生在他身边的罪行。”多克写道，“那一晚永远不会被遗忘。”[3] 在这件事情上，没有过如此经历的人比有过的人描述得更加生动逼真。我们可以猜测，或许这是因为惊魂未定的囚犯甘地直观地向他叙述了发生的事情，若隐若现地表现出了受到干扰的感觉，这与两个月后甘地本人记述那晚的事情时，试图装出的冷酷、冷漠的态度形成了对比。

甘地后来这样写道，在福特监狱牢房里待着的第二天，当他正准备起身上厕所时，“一个身强力壮、长相吓人的土著人”要求他闪开，这样他就可以先上厕所了。[4] “我说我很快就会离开，于是他立刻用双臂把我拎起来并扔了出去。”甘

[1] 译注：纳尔逊·曼德拉（Nelson Mandela，1918—2013）：南非首位黑人总统，全世界最受人尊敬的政治家之一。

[2] 米尔（Meer）：《南非的甘地》（*South African Gandhi*），第 601 页。

[3] 多克（Doke）：《莫·卡·甘地：一名印度爱国者》（*M. K. Gandhi: An Indian Patriot*），第 152 页。

[4] 米尔（Meer）：《南非的甘地》（*South African Gandhi*），第 602 页。

地告诉我们他没有受伤，“但一两个看到了这件事的印度囚犯开始哭起来了。”他们因无力保卫自己的领袖而感到羞愧。他说，“他们感到无助和痛苦”。在这里，甘地又一次闭口不谈自己的感受，这是他在南非第四次受到人身攻击，也是第一次受到一个黑人的攻击。然而，他只写到过一次，即使在写到此事时也没有论及细节。他没有感到震惊，甚至没有感到惊讶，他引导着我们去推断。

两个月后，他撰文得出结论，此事不关乎监狱生活，它关乎印度人和大多数 57
黑人之间的一般关系。“我们可能不厌恶土著人。”他说，“但是，我们不能忽视这一事实：他们和我们在日常生活事务上是没有共同点的。”[1] 这一次，他并没有称呼他们“卡菲尔人”。但是，这种情感与那个时代文雅的婆罗门——或者，就此而言，大多数的班尼亚人——对不可接触者的称呼没有明显的不同。难道正如一些印度学者暗示我的那样，甘地真的是那样看待非洲人的吗，把他们视为理所应当的不可接触者？[2] 严格来阐述种姓的话，任何一个非印度教徒或外国人，无论白人或黑人，根据定义都是贱民，不适合成为就餐伴侣或结成一种更亲密的合作伙伴关系。[3] 再后来，其他南非印度教徒发现把对贱民身份的非难放到黑仆身上是很自然的一件事，并且不让黑仆们接触他们的食物或个人。甘地本人曾多年与非印度素食主义者一起用餐，他们都是白人。事实上在他人生的这个阶段，他正和一位非印度人住在一起，这是一位通过东普鲁士（East Prussia）获得立陶宛（Lithuanian）背景的犹太（Jewish）建筑师，名叫赫尔曼·卡伦巴赫（Hermann Kallenbach）。因此，当我们仔细思考时，问题就变成了这样：说到种族，他是否把生活艰辛、未受教育且吃肉的非洲人与生活艰难、未受教育且吃肉的印度“苦力”或火车三等座乘客（他们在印度火车上的行为令甘地感到震惊）分成不同的人种。换句话说，对他来说，种族是否是一种本质特征，或者最终和种姓一样是偶然情况。

正是在这种背景下，我们必须查看同年早期甘地对监狱生活的反思。我并没有强调它们，因为它们格外令人震惊，并且揭露了他对种族问题的感知。在甘地早年在南非写的著作中，一些文章——文章里及文章外——给人的感觉更像是居

[1] 米尔（Meer）:《南非的甘地》（*South African Gandhi*），第 601 页。

[2] 他们在私下谈话中很投机。

[3] 20 世纪 60 年代末，当时我是一名印度记者，我问一名印度教的宗教人物，普里（Puri）的经院哲学家尚卡拉查尔亚（Shankaracharya），是否能够想象自己坐在一个不可接触者身旁并与之交谈。他回答说：“我正在和你说话。”

高临下地看待非洲人，坦率地说，让人感觉是种族主义。早在1894年，在一封写给纳塔尔立法机关的公开信中，他抱怨说："印度人正被拖至原始的卡菲尔人的地位。"[1]两年后，他仍在继续谈论"原始卡菲尔人，他们的职业是狩猎，他们唯一的志向是收集许多头牛去买妻子，然后懒散并赤裸裸地度过他们的一生"[2]。（当时，这位年轻的律师甘地显然没有预感到，有一天他会嘲笑地发誓，自己要"尽可能地赤裸"。）1904年，约翰内斯堡瘟疫爆发期间，他询问官方医务官员，为什么所谓的印度人场所——该城里的印度人大多被要求居住的区域——已经"被选择用来丢放该城所有的卡菲尔人"。为进一步强调他的观点，他又声
58 明了最显而易见的一点："关于卡菲尔人和印度人的混居问题，我必须承认我感觉最强烈。"[3]而且甘地这位热心的种族理论家几个月前就写道："如果说有一件事是印度人最为珍视的，那它定是与纯洁有关的一类事情。"[4]而在这之前的几个月，他也说道："我们相信他们（白人）和我们认为的一样，也相信种族的纯洁性。"[5]

简而言之，我们可以说这些文章段落是针对白人的。如果我们想给予他任何尚不确定的嘉许，我们可以说，这位急于取悦他人的律师也许是在迎合他的听众，并试图提出他的论点，即所谓的英属印度人在文化和政治上可以被公认为是与白人平等的人，是在共同的帝国关系下与白人捆绑在一起的有价值的公民。对印度人的这种平等，在不久或遥远的将来，并不会削弱白人的统治地位。但是，他反对对有色人种的歧视。对于许多白人来说，肤色才是最重要的。按照这种观点，要想维护白人的统治地位作为社会秩序的基本前提，那么首先且必须把印度人归入"非白人"之列。承认"英属印度人"（即达到公认的"文明"标准的印度人）的存在，就是有可能不承认"英属"非洲人或"文明"非洲人的存在。这种难以想象的事情的一个步骤或这样一种态度几乎从甘地踏入这个国家之时起，就引起了他的反感。到达南非的第五个月，他就从德兰士瓦某份报纸的幽默专栏上裁剪并保存了几篇关于种族主义的诗篇：

---

[1] 《圣雄甘地全集》（*CWMG*），第1卷，第150页。
[2] 同上，第2卷，第74页。
[3] 同上，第4卷，第131页。
[4] 同上，第4卷，第89页。
[5] 同上，第3卷，第453页。

噢，说说你是否见过
在我们如此干净的市场
在满目绿色的地方
有一个家伙黑瘦难当
而且如此肮脏
他们称之为可恶的印度佬[1]

黑色暗含着殖民心态，而且不仅仅有殖民心态还有印度心态，而坚持强调印度人是英国人的做法是反对这种轻易分类的一种方式。正如已回到印度的甘地本人，多年后在对种族问题的反思中承认道：

> 白皙的皮肤和尖尖的鼻子代表着我们理想中的美。如果我们暂时摒弃这种迷信思想，我们会觉得在塑造完美的祖鲁人（Zulu）的过程中，造物主没有降低对自己的要求……生活在赤道附近的人种肤色应该是黑色的，这是一
> 种自然法则。如果我们相信自然塑造的一切中都有美的存在……那么我们在 59
> 印度就可以摆脱因肤色所产生的不恰当的羞耻感和厌恶感。[2]

1908 年的监狱生活启发了甘地心中对种族问题以及种族混合问题的思考，现在让我们回头来看看：是时机而不是它们的内容使得这些问题很突出，因为它们碰巧构成了甘地在南非许多年间谈论的最有远见且最开明的事情。1908 年 5 月（距他第一次监禁结束不到 4 个月的时间，距他第二次监禁开始还有 4 个多月的时间），这位新近出名的律师被要求在约翰内斯堡的基督教青年会（YMCA）面前，作为反方参加一次正式的辩论。辩论的问题可谓是量身定做的："亚洲人和有色人种对帝国来说是一种威胁吗？"[3]

甘地开始说道："在一个秩序井然的社会，勤劳聪明的人们永远不会成为一种威胁。"紧接着他清楚地表明，他说的是非洲人和印度人（以及在南非被称为

[1] 引用于马哈迪万（Mahadevan）:《凤凰之年》（*Year of the Phoenix*），第 43 页，旧剪报存于艾哈迈达巴德（Ahmedabad）的萨巴玛蒂阿什拉姆（Sabarmati Ashram）的档案室中。

[2] 甘地（Gandhi）:《南非萨提亚格拉哈》（*Satyagraha in South Africa*），第 8—9 页。

[3] 《甘地先生在基督教青年会（YMCA）面前的讲话》,《印度舆论》（*Indian Opinion*），1908 年 6 月 6 日;《圣雄甘地全集》（*CWMG*），第 8 卷，第 242—246 页。

有色人种的混血儿）。他说：“我们很难想象出没有非洲种族的南非……没有非洲人的南非很可能是一个人迹罕至的旷野。”关于“原始卡菲尔人”丑陋的种族刻板印象已被丢弃，非洲人被描述为“世界学习者”中的一员。人们不必特别为他们做些什么，因为他们“身强力壮又聪明”。但是，“他们有权享有公正的待遇”，以及他所谓的“公平的机会”。甘地为以“半奴隶”身份被带到非洲的契约印度人提出了同样的要求。他小心翼翼地坚持说，这不是政治权利的问题，而是一个不管什么肤色都能拥有土地、随心所愿地生活和贸易、自由地在各省间走动的问题，这样他们就可以不再受到限制，可以“在南非这块神的大地上自由、自尊和刚毅地生存”。进入殖民地劳动力市场的契约印度人和非洲人，第一次被含蓄地放在同一层面上。

至此，这里展现出的新颖之处在于，辩论者把非洲人与印度人相提并论。除此之外，这是他的标准比喻，是他为自己的人民争取平等机会的呼吁。但当他开始总结时，他又迈进了一步。他之前总是说这不是政治权利的问题，但那时他却打破了紧箍咒。这一次，他允许自己谈论“自由体制”和“自治”，以及英国人有责任把“低人一等的种族”提升到“与他们自己平等”的地位。令人惊讶的
60 是，在这种帝国背景下，他发现了一种类似建立“彩虹国度”的愿景，这是如今多种族的南非所追求的国度，或者至少是宣称要成为的国度：所有不同的种族混合在一起，产生了一种迄今为止世界上也许还未出现过的文明，如果我们展望未来，难道这不是我们要留给后人的一种文化遗产吗？不同种族之间会有差异和误解，但我相信神圣的赞美诗中所写的——“当雾已散去，我们将会更好地了解彼此”。[1]

我们要如何调和1908年左右在南非持截然不同态度的这两种甘地呢？我们要如何调和这既是富有远见的辩论家又是狭隘的种族主义者的甘地呢？我们要如何调和同一年的早期及后期以如此不同的口吻说话的甘地呢？我们可以认为其中的一种比另一种更真实或更持久吗？换言之，我们可以认为他对白人听众所说的比他对印度人所说的更加真诚吗？答案非常不明显，以至于唯一可能的结论似乎就是，甘地目前对种族问题的看法，特别是对黑人种族的看法，是自相矛盾且尚无定论的。但考虑到他们曾经的境况，这必须被视为一种进步。

[1] 《圣雄甘地全集》（*CWMG*），第8卷，第232—246页。

如果说甘地是在不断变化的，那么这个国家也是如此。一场由清一色白人参与的全国大会即将制定宪法进程，而印度人却无权来影响这场讨论，只能心怀着对德兰士瓦的不满站在一旁。事实上，那里没有全国性的印度人组织。甘地本人是连接德兰士瓦英属印度人协会（Transvaal British Indian Association）和纳塔尔印度人大会的一切纽带，它们看起来越来越不像是单个运动的不同方面。[直到 1923 年，即甘地离开南非 9 年后，一个自称是南非印度人大会（South African Indian Congress）的全国性的印度人组织才最终成立。在此之前，他领导的组织都处于休眠状态。]

即使是这群经常招致逮捕的勇敢的德兰士瓦示威者（即他的“自我受苦”非暴力抵抗者），有时也不如他所希望的那样团结。在一间狭窄的监狱里发生的事情使这一切变得很明显，这是他后来认识到的。“来自不同教派和不同种姓的印度人都一起待在这间监狱里，这就给了我们一个机会来观察我们在‘自治’问题上是多么的落后”。一些印度教徒拒绝吃由穆斯林或低种姓印度教友准备的食物，一个萨提亚格拉哈主义者拒绝睡在另一个亚种姓清道夫的旁边，他担心自己的种姓阶层会惩罚他。他还担心如果自己的种姓阶层得知他接近了一个不可接触者，甚至可能会给他烙上被剥夺种姓者的印记。这是甘地首次在特定的南非语境下说起种姓，他谴责隐藏在他们背后的“这些虚伪的高等和低等的区别”以及“种姓 61
暴政”。[1] 因此，在他最初的两次牢狱经历之间，当他在约翰内斯堡对基督教青年会讲话时，“自治政府”（意为印度人如何对待印度人）和南非全国性政府（意为白人统治所有人）这两种政府形式已经出现在他的脑海里。从本质上来说，每种形式于他而言都是关于平等的问题。从这种意义上来说，当下的他是从同一台望远镜的不同方向来看待这个问题。从长远来看，至少这一次甘地设法把非洲人纳入到他所设想的“一种世上可能还未出现过的文明”的憧憬中。

但在狱墙外，在他的生活中出现的非洲人又是谁呢？在这个国家待了 15 年后，他对非洲人究竟了解多少呢？历史上对于这点留下的记载非常少，其中有一张 1910 年早期拍摄的照片，照片上有衣冠楚楚、穿戴整齐的甘地，还有几个即将成为新生乌托邦社会核心的先驱者。照片里的甘地穿着衬衫，打着领带，卷着袖子，随意地坐在已经搭起一顶大帐篷的山坡上，同时还有两个黑人男子远远地站在

[1] 米尔（Meer）:《南非的甘地》（*South African Gandhi*），第 606—607 页;《我第二次进监狱的经历》（*My Second Experience in Gaol*），《印度舆论》（*Indian Opinion*），1909 年 1 月 30 日。

甘地（右二）在卡伦巴赫的新家建筑现场

62 一旁，或许这两个人就是“土著人艾萨克”（Isaac）和“土著人雅各布”（Jacob）。[1] 甘地的朋友兼同伴定居者赫尔曼·卡伦巴赫在日记里详细地记录着他们每人每月一英镑的工资，这位建筑师购买了土地用于建立众所周知的托尔斯泰农场，并且之后担任着农场的财务主管。在为非暴力抵抗者而成立的新公社和新兵训练营起草的一套规则中，甘地提议不要雇用仆人。他写道：“不言而喻的是，我们的理想是不雇用土著劳工，也不使用机器。”[2] 但艾萨克和雅各布的名字留在了卡伦巴赫的账簿上，直到农场两年半的短暂生命结束。后来，在一首赞美托尔斯泰农场体力劳动生活的赞歌中，甘地差点就把这些低收入的农场工人描绘成高尚的野蛮人：“我把这些天来一直和我一起工作的卡菲尔人看成是优于我们的人，他们在一无所知的情况下做的事情是我们必须在知情的情况下做的。”[3]（他的孙子拉吉莫

[1] 赫尔曼·卡伦巴赫日记（Diary of Hermann Kallenbach），存于艾哈迈达巴德（Ahmedabad）的萨巴玛蒂阿什拉姆（Sabarmati Ashram）的档案室。

[2] 《圣雄甘地全集》（*CWMG*），第 96 卷，第 6 卷增刊，第 44 页。

[3] 同上，第 10 卷，转引自格林（Green）:《甘地》（*Gandhi*），第 200 页。

汉·甘地指出，这可能是甘地最后一次使用“卡菲尔人”这一绰号。[1]）

就像居住在凤凰村附近的祖鲁人参观过凤凰村一样，附近地区的其他非洲人可能也参观过托尔斯泰农场，但这些访客没有受邀加入到印度人和白人（他们构成了甘地的新兵连队）的混合团体中，看似不可或缺的艾萨克和雅各布也没有受到这样的邀请。在非洲生活的 20 年里，他们的领袖不可能会度过很多个没见到许多普通非洲人的日子。但对于他与这些非洲人有多少联系的问题，就像早些时候提出的他与在种植园和矿井里辛苦工作的契约印度人有多少实际联系的问题一样，我们都找不到现成的答案，只能从他所写的东西里进行推断。在他最终开始关注契约印度人之前，关于他们、他们的悲惨处境、他们的种姓，他有相当多的话要说，但他对非洲人的思考寥寥无几。说他有种族优越感不足以说明一切，他有很多话要对白人说，还有很多关于白人的话要说。

甘地在南非写的或是之后写的关于南非的文字有几千页，但只提到了 3 个非洲人的名字。他承认自己只见过其中一人，而说起那个非洲人，能证明他存在的书面证明只包括他与甘地的两次会面，而且两次会面时隔 7 年，他们是否再次见过面，这个问题留待我们去想象。[2]

他叫约翰·兰加利巴莱尔·杜布（John Langalibalele Dube），是一个祖鲁贵族，祖鲁酋长的后裔。他从小生长在伊南达（Inanda）的美国祖鲁传教站，在那里，他的父亲詹姆斯·杜布（James Dube）已成为最早皈依基督教的传教士之一，并且最终成为一位牧师兼富裕的农场主。他非常富有以至于投资了 30 金 63
币送他的儿子（在一名美国传教士的陪同下）去俄亥俄州（Ohio）的奥伯林学院（Oberlin College）学习。[3] 约翰·杜布因此取得了文化上的飞跃，就像甘地

[1] 拉吉莫汉·甘地（Rajmohan Gandhi）：《甘地》（*Gandhi*），第 149 页。

[2] 另两人是被选入开普（Cape）省省议会的牧师沃尔特·鲁布萨纳（Walter Rubusana）和位于开普敦（Cape Town）的一家用英语和科萨语（Xhosa）印刷的周报的编辑约翰·藤格·杰巴乌（John Tengo Jabavu），甘地是在开普敦遇见后者的。见邬玛·杜派莉阿 – 梅斯列（Uma Dhupelia-Mesthrie）：《从甘蔗地到自由：印度人的南非生活编年史》（*A Chronicle of Indian South African Life*），开普敦，2000 年，第 118 页。当然，在甘地当时的著作中没有出现其他名字这件事本身并不能说明他与非洲的领导人没有进一步的接触。最近，在一位名叫波林·帕德拉莎克（Pauline Padlashuk）的女士所写的一部回忆录中，记述并曝光了甘地曾在皮克斯利·卡·伊萨卡·塞梅（Pixley ka Isaka Seme）（他像杜布一样，是后来的非洲国民大会党的早期工作人员）的陪同下参观托尔斯泰农场。这名白人见证者写道：“甘地先生告诉了塞梅（Seme）博士一些有关他的消极抵抗运动的事情。”

[3] 舒拉·马克斯（Shula Marks）：《依赖的模糊性：纳塔尔的约翰·兰加利巴莱尔·杜布》（*Ambiguities of Dependence: John L. Dube of Natal*），《南非研究杂志 I》（*Journal of South African Studies* I），第 2 期，1975 年，第 163 页。

穿越黑水到达伦敦接受培训成为一名律师时所取得的飞跃那样。之后，杜布回到美国，被正式任命为布鲁克林（Brooklyn）的公理会牧师，并为一所仿照布克·华盛顿（Booker T. Washington）[1] 领导的塔斯基吉学院（Tuskegee Institute）而建立的工业学校筹集资金。杜布称华盛顿为“我的守护神……我的启明星”，并于 1897 年去朝拜过华盛顿。[2]

1900 年，杜布成立了一个名为纳塔尔土著人大会（Natal Native Congress）的组织，希望祖鲁人可以通过该组织表达对土地、劳动力和权利问题的意见。在这些问题上，传统酋长们似乎没有准备好与白人当局交涉。这个新组织的名称强烈表明，它是以甘地成立的纳塔尔印度人大会为模型的。12 年后，约翰·杜布成为南非土著人国民大会（South African Native National Congress）的第一任主席（他被称为总主席），之后该大会简化了命名，自称为非洲国民大会党（African National Congress）。[3]1994 年，非洲国民大会党在南非首次不分种族的普选后，成为执政党。为了向约翰·杜布作为创始人的身份表示敬意，纳尔逊·曼德拉特意在伊南达的奥兰治学院（Ohlange Institute）（杜布创立的学校）投下他自己的第一票。从那之后，这个地方就被称为第一选票地。

所以说，倘若甘地在自己这一代人中只认识一个非洲人的话，那么仅比他年轻两岁的约翰·杜布可能就是这个人。这正是甘地本人在听完杜布于 1905 年在一位名叫马歇尔·坎贝尔（Marshall Campbell）的白人种植园主兼公民领袖的家中发表的演说之后总结出来的。甘地在《印度舆论》中写道：“这位杜贝（Dubey 原文如此）先生应是众人皆知的黑人。”[4] 这篇文章有一个不恰当的标题：纳塔尔的卡菲尔人。甘地还称杜布为“受过良好教育的卡菲尔人”的领袖，这说明对于他来说，这个词适用于所有黑人，不仅包括目不识丁的部落非洲人，还包括公理会的牧师和校长。尽管如此，他对演讲者讲话的总结还是充满敬意又表示支持和赞同，而这很可能是他有史以来第一次听一个受过良好教育的非洲人发表演讲，也相当有可能是最后一次。总结如下：

---

[1] 译注：布克·华盛顿（Booker T. Washington，1856—1915）：美国历史上伟大的黑人政治家、演说家和教育家。

[2] 弗雷德里克森（Fredrickson）：《解放黑人》（*Black Liberation*），第 119 页。

[3] 杜布（Dube）本人没有出席在布隆方丹（Bloemfontein）举行的新大会的成立会议。他是在缺席的情况下当选为主席的。

[4] 《圣雄甘地全集》（*CWMG*），第 5 卷，第 55 页。

> 他们工作很努力，如果没有他们，白人片刻也不能继续工作下去。他们是忠诚的臣民，纳塔尔是他们出生的地方。对他们而言，除了南非便没有任何国家，而剥夺他们的土地所有权等行为就如同把他们赶出自己的家门。[1]

这里最引人注目的是甘地不得不步行数公里去艾基康山（Mount 64
Edgecombe）[2] 的坎贝尔住宅会见杜布。他们两人是近邻，伊南达的奥兰治学院曾经（现在还是）离凤凰村不到两公里，直到今天从甘地家的阳台还可以看见那里的建筑物。像甘地这样步履轻快的人可能步行不到半个小时就可以穿过隔在他们之间的峡谷。

令人失望的是，关于这样的拜访只有过一次书面的记录，正如完全没有任何信件，甚至没有一张便条能表明他们曾保持联系或他们曾习惯于亲热地称呼彼此一样。凤凰村创建后的 8 年内，甘地不在那里的时间远远多于他出现在那里的时间。而当在那里的时候，他通常都是为了某个问题而只待几天，日常工作的重点都放在了定居者的身上。他会挨家挨户地走访，举行祈祷会，并聚集他周边的孩子们，而且《印度舆论》每周都需要它的所有者兼指明灯提供更多的稿件。尽管如此，令人惊讶的是，很少出现把甘地和他的祖鲁邻居联系在一起的记录。我们都知道，1912 年印度领导人戈帕尔·克里希那·戈克利在甘地的陪同下游历了南非，他在凤凰村停留不超过 48 小时，其间被带去参观了杜布的学校，但我们的确只在杜布的祖鲁语报纸——《伊兰加拉赛纳塔尔》（*Ilanga lase Natal*）（意为纳塔尔的太阳）——上发现了甘地陪着他参观的证据。[3] 我们也知道，《伊兰加报》（*Ilanga*）曾短暂地在凤凰村用手动印刷机印刷出版。奥兰治学院比甘地的凤凰村早成立 3 年，《印度舆论》只比《伊兰加报》早出现几个月。尽管这些相似之处激动人心，但除了他们某次在白人种植园主宽敞的住宅里的正式接触，以及多年后在戈克利访问南非之际的接触外，没有任何确凿的证据能证明甘地和约翰·杜布的生活有交集，他们继续没有关联地生活着。

---

[1]　弗雷德里克森（Fredrickson）：《解放黑人》（*Black Liberation*），第 119 页。

[2]　译注：艾基康山（Mount Edgecombe）：位于南非的德班北部。

[3]　《伊兰加拉赛纳塔尔》（*Ilanga lase Natal*），1912 年 11 月 15 日。存放于甘地纪念馆档案中的卡伦巴赫的日记中，对于这个日期的记录压根没有提到他访问伊南达。

还有另一个甘地，他后来成了奥兰治学院的常客，时不时会在日常散步的时候顺道去拜访一下。这个甘地也结识了被追随者称为先知的以赛亚·申贝（Isaiah Shembe）。1911 年，这位先知在位于伊南达和凤凰村之间的一个小镇上创建了拿撒勒浸信会（Nazareth Church），这是在祖鲁人基督徒中发起过的规模最大的运动，现今已有超过 200 万信徒（拿撒勒浸信会被称为独立的教会，这意味着它不属于任何白人教派）。申贝对南非的影响更大，可以说，比凤凰村的创建人对南
65 非产生的影响还要大。这另一个甘地就是曼尼拉尔（Manilal）[1]，他不辞辛劳地结交这两位重要的非洲领导人，在其父回到印度之后成为凤凰村的支柱。1946 年，当 75 岁的约翰·杜布去世时，《印度舆论》上刊登了他的讣告，讣告标题上写着：一位伟大的祖鲁人与世长辞。讣告说："对于自圣雄甘地时代就生活在凤凰村的我们来说，他一直是个好心的邻居。"[2]

尽管这样的记录非常少，但如今，甘地、杜布和申贝这三个名字被评论家和通俗历史学家奉为伊南达的三大代表性人物（如果算不上是三位一体的话）。在白人压迫性的统治下，不同的运动争相形成，评论家和通俗历史学家有责任根据这些完全不同的运动为新南非编织有教育意义的遗产。三位如此重要的领导人在同一个年代出现在纳塔尔乡间相距不到 5 平方公里的区域内，这个事实太易于令人浮想联翩，不太可能被忽视，这肯定不仅仅是巧合。于是我们发现，普选中当选为新南非第三任总统的雅各布·祖马（Jacob Zuma）在庆祝产生于伊南达的"印度人和非洲人之间的团结"。[3]"关于这个地区印非团体的历史，同样值得注意的是这三位伟人之间存在的关联，即甘地、约翰·兰加利巴莱尔·杜布和拿撒勒浸信会的先知以赛亚·申贝之间的关联"。有本旅游手册极力主张游客按照"伊南达遗产路线"游览，从甘地的定居点到杜布的学校，最后再到申贝的教会。（除了警示提醒人们在没有"熟知该地的向导"带领的情况下不要游览此地之外，小册子上还吹嘘说"伊南达每平方厘米蕴含的历史比南非任何地方都丰富"，同时却绝口不提糟糕的及有时令人震惊的状况，即在其他情况下，这里可能会被视为经济困难的贫民窟。）

---

[1] 译注：曼尼拉尔（Manilal，1892—1956）：甘地的次子。

[2] 《一位伟大的祖鲁人与世长辞》（*A Great Zulu Dead*），《印度舆论》（*Indian Opinion*），1946 年 2 月 15 日。

[3] 雅各布·祖马（Jacob Zuma）的演讲可在线获得：www.info.gov.za/speeches/2000/000/0010161010A1002.htm.

我上次访问伊南达的时候，印有杜布脸的旗帜在贯穿该地区的夸玛舒公路（Kwa Mashu Highway）的灯杆上飘扬着，挂着印有甘地脸的旗帜的灯杆与之轮换交替。这样神圣化他们想象中的联盟，只不过是基于当下政治的便利以及虚无缥缈的口头传统。露露·杜布（Lulu Dube）是祖鲁族酋长唯一活着的孩子，她一直是在这种观念的影响下成长的，即她的父亲一直与甘地保持着联系。她在杜布家的阳台上聊天时说道："事实上，他们是朋友，是邻居，他们有一个共同的使命。"在第一次民主选举时，杜布的家被评为国家级历史遗迹，之后被置之不顾，以至于 80 岁的露露担心屋顶坍塌，不得不搬进附近的一间拖车式活动房屋里。露露出生于甘地离开南非的 16 年后，她顶多是这条关系链中的一个环节，算不上是见证人。作为甘地托拉斯（Gandhi Trust）的主管以及祖父在德班香火的守护者， 66
艾拉·甘地（Ela Gandhi）继承了类似的印象。她是在凤凰村长大的，但那时她的祖父已经离开几十年了，甘地被刺杀时她才 8 岁。作为非洲国民大会党的成员，她意识到，从政治和历史上来说，这都是危险的话题，因此她言辞谨慎。她这样说旗帜上的两人："他们两人都关注尊严，尤其是他们自己人民的尊严。"

真实的历史揭露的似乎是甘地和约翰·杜布刻意疏远彼此，在极少数情况下，他们可能会承认有共同的利益，但他们都决心单独追求自己的利益。如果他们有可能发展共同的事业，那也很可能已被搁置了一代，原因就是在 1906 年，也就是他们相遇后的下一年，祖鲁人爆发了一次抵抗，甘地做出了别有打算的反应。这次抵抗随即被纳塔尔白人殖民者和殖民当局定性为一场"起义"，并且惨遭残酷镇压。

这场起义的直接刺激是对"土著人"收取新的人头税（head tax），以及对那些未能及时付清欠款的人们实施严厉的处罚。[1] 更大的刺激是，在那些仍然受传统束缚以及逐渐适应外来方式和信仰的祖鲁人中出现了一种观念：他们正渐渐地失去历史留给他们的土地和自治权。人口数量和种族一样，一直都是南非冲突不得不考虑的因素。在那个时代，纳塔尔祖鲁人的总人数与白人数量的比例约为 10 : 1（是白人和印度人的人数总和的 5 倍左右）。7 年前英布战争爆发的时候，甘地立刻做出的反应便是与讲英语的白人站在一边。这些讲英语的白人在与反对英

---

[1]　在当时的南非，"人头税"这一术语的使用与选举无关。见苏伦德拉·巴纳（Surendra Bhana）：《甘地，印度人和非洲人在南非》（*Gandhi, Indians, and Africans in South Africa*），文章于 2002 年 9 月 12 日展示在堪萨斯非洲研究中心（Kansas African Studies Center）。

国当局的讲荷兰语的白人的斗争中，认为自己与英国当局感同身受。这一次，他又提出要建立一支担架队，这是另一种向大英帝国表示印度人忠诚的姿态。在他看来，大英帝国是印度人获得权利的最终保障，无论事实证明这些权利会多么受限制。但是，没有几个祖鲁人可能会欣赏这种推理路线。

故事并没有那么简单。当所谓的巴姆巴塔起义（Bhambatha Rebellion）爆发的时候，甘地和杜布两人用自己的方式表现出各自的忠诚。在类似起义的事情开始进行之前，好战的殖民地白人通过宣布实行戒严令来对抗用细木柄标枪和长矛（非洲南部人用的）装备起来的祖鲁人。触发这场起义的是2月初发生在一群提
67 出抗议的祖鲁工匠（他们都来自一个小型独立的教会）与一个警察支队（该支队被派去逮捕这群人的领导者）之间的对峙事件。支队中有个警察拔出了手枪，祖鲁人投掷了矛枪，在烟雾散去之前，两个警察已经被杀了。于是示威者被包围了起来，其中有12人被判处了死刑。起初，英国内阁试图推迟处决，但这些死囚按要求排成一排，站在新挖的坟墓边上，于4月2日被射杀。几天后，因拒绝纳税而正被搜捕的名叫巴姆巴塔的首领带着150名战士走向了祖鲁兰山里最深且荆棘满布的灌木丛，一支千人部队被派去围剿他们。他们的家园被机枪火力扫射、被炮击、被烧毁，于是更多的战士走向了山里。在这样的背景下，在这个有一天将会被称为圣雄的男人的领导下，在对抗这些所谓的起义者的问题上，印度人团体表示支持执政的白人政府。甘地有很多理由来为自己的立场进行辩解，其中最不温和的理由值得详细引述，因为在多个层面上来说，它具有启示作用：

> 对于印度人团体而言，上战场应该是件易事。因为无论是穆斯林还是印度教徒，我们都是对神有深厚信仰的人……当我们国家有成千上万的人因饥荒或瘟疫而死去时，我们没有被恐惧打败。此外，当被告知我们的义务时，我们仍旧无动于衷，仍旧保持房子邋遢，仍旧躺着拥抱我们囤积的财富。就这样，我们过着悲惨的生活，在以死亡为终点的漫长又痛苦的过程中保持着默许的态度。我们为什么还要惧怕在战场上可能会降临到我们头上的死亡呢？我们可以从白人在纳塔尔所做的事情中学到很多东西，几乎每个白人家庭中都有人参与打击卡菲尔叛军。[1]

[1] 《圣雄甘地全集》（*CWMG*），第5卷，第366页。

很显然，我们在这里看到的只是一场咆哮。甘地的讽刺是不受控制的，他喜欢斥责的癖好削弱了他想要说服的欲望，关于义务和公民权的论点有失条理。这给我们的印象就是强烈的反感，包含着他对自己团体的文化惰性的不满，包含着团体对他希望灌输的社会规范进行抵抗的不满。他似乎觉得，即使战场不能提供任何别的东西，但它会保证纪律。

战争给约翰·杜布带来了一系列不同的冲突。这位公理会牧师试图用新教徒的工作伦理和基本技能而不是矛枪来武装年轻的祖鲁人，工作伦理和基本技能可以为他们在贸易经济中赢得立足点。另外，起义者都是他的人民，而且在冲突的最后阶段，正是他所属的酋邦遭到了袭击。作为基督徒的杜布不可能支持这场起义，更不用说作为实用主义者的他了，但无情的镇压动摇了他对取得种族和平可 68
能性的信心。在他的报纸专栏上，他谨慎地质疑了白人的霸道。不久，他就被传唤到总督面前，并被警告道，戒严令的规定是适用于他和他的报纸的。杜布多少有点儿心有余悸，他后来写道，起义者的不满是真实的，但“在这种时候，我们都应该避免讨论这些”。

当甘地最终为了这场斗争离开德班的时候，据说首领巴姆巴塔的首级已示众，整场起义已于6月22日被平定，他为这场斗争也已在《印度舆论》的专栏中摇旗呐喊了两个月。这一次，对甘地提出的爱国义务和机会，印度人团体极力克制，热情大减。甘地拥有军士长军衔，但名义上听从他指挥的担架兵的人数比英布战争开始时的人数少很多：早前冲突中有1100人，而这次只有19人。在这19人中，有13个以前都是契约劳工。这次算上甘地本人有20个人，其中只有4个人可以被归为“受过良好教育”。[1] 在接下来的几周内，在最后几场零星的冲突中，殖民地军队听从命令，对祖鲁人格杀勿论。[2] 甘地和他的部下目睹了扫荡的后果，这是镇压行动最糟糕的部分。在冲突的这一阶段，几乎没有白人受伤。通 69
常印度人最后都会治疗有着严重化脓伤口的祖鲁犯人，而不会治疗有枪伤的战士，但也会治疗不愿屈服而遭受鞭打的村民。

甘地后来写道，痛苦的祖鲁人很感激印度人的照顾，他们中有很多人已经

---

[1] 《圣雄甘地全集》(*CWMG*)，第5卷，第368页。另一传记作家，坦杜卡尔（D. G. Tendulkar）遵照《自传》，计算出24人，包括19名前契约劳工。坦杜卡尔（Tendulkar）:《圣雄》(*Mahatma*）第1卷，第76页。

[2] 这是研究该冲突的权威南非学者的猜测，记录在杰夫·嘉伊（Jeff Guy）所著的书中，《麦夫姆勒起义》(*Maphumulo Uprising*)，第101页。

甘地（第二排左四）在卡伦巴赫的新家建筑现场

好多天没有得到治疗了，事实也许就是如此。白人医生不会碰他们。但是，转向离战场大约 64 公里开外的凤凰村，甘地的亲属和追随者都处在恐惧之中，他们担心住在附近的祖鲁人会因甘地做的选择而起来反抗、报复他们。在动身去所谓的前线之前，甘地已把嘉斯杜白和四个儿子中的两个安置在那里。“我不记得其他事情，但那种恐惧的气氛记忆犹新，历历在目。”甘地的侄孙普拉菩达斯·甘地（Prabhudas Gandhi）那时还是个小孩子，他后来写道：“如今当我再读到关于祖鲁人起义的故事时，嘉斯杜白那焦急的脸庞就会浮现在我的眼前。”[1] 虽然没有实际的报复行为，但祖鲁人因甘地选择支持白人而不满的迹象并不少见。一篇转载在另一份祖鲁报纸《伊兹维·拉班图》（*Izwi Labantu*）上的文章提到，非洲人不会忘记“印度人曾自愿为纳塔尔的英国蛮人卖命，这些蛮人为了窃取祖鲁人的土地，屠杀了成千上万的祖鲁人”。那篇文章是一个美国人写的，《伊兹维·拉班图》报没有给出自己的评论。但它确实提到：“在情感和眼界上，甘地的同胞

[1]　普拉布达斯·甘地（Prabhudas Gandhi）：《我与甘地吉的童年》（*My Childhood with Gandhiji*），第 42 页。

们……是极度自我中心、自私且排异的。”[1] 在伦敦，一份名为《印度社会学家》（*Indian Sociologist*）的小型印度出版物，默认支持印度自由斗争中的恐怖主义暴力，该出版物认为甘地在祖鲁人起义时期乐此不疲地加入白人行列是件“令人作呕的事”。[2]

正如祖鲁报暗示的那样，甘地本人的观点最初可能是排异的，从这个意义上来说，就是以自我为中心的。但白人实施暴行的证据以及亲眼看到的祖鲁人所遭受的苦难深深地触动了他。他的浸信会圣传徒约瑟夫·多克在这里又说：“谈到这次经历，甘地先生有很大的保留。他所看到的一切，他绝不会泄露。如此密切地接触这次出征，对他来说几乎是无法忍受的。有时候，他很怀疑自己的立场是否正确。”[3] 这位传记作者似乎无意中在暗示，军士长甘地的小队伍不得不克服不可接触制的禁忌，他写道，对于这些印度人来说，“要去成为那些尚未摆脱最卑贱地位的人们的志愿护士并不是件小事”。[4] 最终，甘地还是在该事件发生 20 年后所写的《自传》以及在他生命的最后几年里与内部圈子的谈话中，泄露了他所看到的一切。他当时说“我的心与祖鲁人在一起”。[5] 苏希拉·纳亚尔（Sushila 70
Nayar）[6] 告诉我们，最迟至 1943 年，在甘地最后的监禁期间，他还在讲述“在祖鲁人身上犯下的暴行”。[7]

根据他自己的说法，对于他在纳塔尔所见所闻的恐惧以及对于他支持白人而不得人心的决定而进行的自我反省，给他的精神生活带来了重要的转折点。甘地绘制了一条直线，从他对战场的反思到完美禁欲的誓言（他觉得这是为服务人民和自愿贫穷的人生扫清道路所必需的），再从完美禁欲的誓言到 1906 年 9 月 11 日他在约翰内斯堡帝国剧院发起的誓言。这一切发生在不超过两个月的时间里：奔赴战场支持白人，发誓余生戒掉性欲，以及遵循那对自己许下的改变命运的诺

---

[1] 巴纳（Bhana）:《甘地，印度人和非洲人在南非》（*Gandhi, Indians, and Africans in South Africa*）。

[2] 格林（Green）:《甘地》（*Gandhi*），第 160 页。

[3] 多克（Doke）:《莫·卡·甘地：一名印度爱国者》（*M. K. Gandhi: An Indian Patriot*），第 111 页。

[4] 同上，第 112 页。

[5] 甘地（Gandhi）:《自传》（*Autobiography*），第 279 页。

[6] 译注：苏希拉·纳亚尔（Sushila Nayar，1914—2000）：甘地的私人医生，同时也是甘地的私人秘书普亚里拉尔（Pyarelal）的妹妹。

[7] 纳亚尔（Nayar）:《圣雄甘地最后入狱的日子》（*Mahatma Gandhi's Last Imprisonment*），第 264 页。

言，即非暴力抵抗德兰士瓦“黑色法案”的誓言（这成为后来被称作非暴力抵抗运动策略的第一次实践）。就目前的情况而言，甘地的因果证词是无可辩驳的，但正如爱利克·埃里克森指出的那样，它并没有让我们充分理解。这位心理分析学家写道：“需要澄清的是，这些话题可能更直接地联系着避免性交和避免杀戮这两个决定。因为亲眼见证了白人在黑人身上犯下暴行，这经历似乎唤醒了甘地对受到虐待的人们更深的认同感以及对所有男性施虐狂更强烈的厌恶感，包括厌恶他可能从儿童时期起就感受到的这种性施虐癖，这是男性对女性所有剥削行为的一部分。”[1]

刚刚结束的巴姆巴塔起义并没有激起甘地对非洲黑人更深的好奇心或是对他们超越怜悯的同情心，至少就我们的理解是没有。两年后，当甘地开始写他第一次蹲监狱的经历时，非洲黑人仍然还是“卡菲尔人”，不能和印度人关押在一起，更不用说被视为潜在的盟友。在某种程度上，这可能是由于环境的变化：甘地离开纳塔尔回到他在约翰内斯堡的基地，同时也离开了他在凤凰村的家人，而且，他还丢掉了或许仍然还有的与一位像约翰·杜布一样的祖鲁人领袖，建立沟通桥
71 梁并最终与之加深联系的一切机会。这位领袖是一小部分黑人精英的代言人，这些黑人精英都是基督教徒，拥有土地，在都市祖鲁人语言中有时被称为“值得尊敬的人”。[2]

在某种程度上，也是由于甘地仍然不愿意放下这种想法：他所谓的英属印度人天生就是白人的盟友，只不过是另一种殖民者。在他看来，如果印度契约“苦力”仍被认为太缺乏教养、胸无点墨且落后愚钝而不能成为公民的话，那么对于“卡菲尔人”，除了把他们抛之脑后，他又能做些什么呢？甘地与他们保持着距离，显然他发现这样做很容易。在黑人与印度人之间所形成的一种心照不宣的联盟，正与他一直在追求的东西相反。如果认真思考这一切，他就会知道这种联盟只可能加深白人种族的歇斯底里。他也肯定明白要说服自己的团体接受这点并不容易。很久之后，他从如此迥然不同的反应中综合了一种合理化的想法。回到印度后又过了很久，一个由美国黑人组成的代表团问甘地，他在南非期间是否曾与黑人们一起完成共同的事业，甘地的回答暗示他不得不抑制住这种冲动：“不，我

[1] 埃里克森（Erikson）:《甘地的真理》（*Gandhi's Truth*），第 194 页。

[2] 马克斯（Marks）:《依赖的模糊性》（*Ambiguities of Dependence*），第 54 页。

故意不邀请他们，这可能会危及他们的事业。”[1] 几年后，也就是他回家后的 25 年后，他告诉一个南非黑人，“你们的问题是一个更重大的问题”。[2]

这位甘地是 1939 年的羽毛丰满的圣雄，正在做一些回顾性的整理。1907 年，这位甘地实际上居住在南非，既是大律师又是社团领袖，给殖民地总督亨利·麦卡勒姆爵士（Sir Henry McCallum）寄去了一封信。该总督一年前就对倔强的祖鲁人实施了军事管制。这封信是甘地在发完誓的一年后写的。非暴力抵抗学说现已宣布，但“多面的甘地”（奈保尔对他的称呼）还在争辩说，是时候给印度人一次在殖民地民兵队里服务的机会。考虑到上一年的经历，他应该明白这种殖民地民兵武装力量最显著的作用就是制衡祖鲁人的权利。

这位特殊的辩护人辩护道：“我斗胆相信，由于兵团所做的工作已经证明是令人满意的，所以印度人团体将会在纳塔尔民兵团（Natal Militia）里找到一席之地。如果这件事完成了，我认为将会是互利的，并且将会把早已是纳塔尔政体的一部分的印度人和殖民地更紧密地联系起来。”[3]

甘地心里明白，起义爆发的时候他站错了边，但为了他们提供的服务，他还 72
是准备好向白人当局索取回报，正如他争取“女王的巧克力”一栏，以此作为他与“盗尸者”在几处早期的英布战争中战场上服务的回报。

从楷模布克·华盛顿那借鉴了一种妥协策略的牧师约翰·杜布，承受的压力更加严峻。起义之后，这位奥伯林学院的毕业生兼公理会牧师把自己定位为曾因涉嫌叛国罪而受到审判的祖鲁国王丁祖鲁（Dinuzulu）[4] 的辩护者和支持者。约翰·杜布曾谈到有必要“带领土著人走出无知、懒散、贫穷和迷信的泥沼”。[5] 后来，在一场纪念白人传教士的仪式上，他不得不真诚地表达感激之情，因为他自己就是一位传教士，但他的话语听上去似乎是阿谀奉承。“他是谁？”他问白人听众，“是谁教给我们穿衣服的好处以及怎样穿衣得体？是谁教导我们每种疾病

[1]《圣雄甘地全集》（*CWMG*），第 62 卷，第 199 页。

[2] 同上，第 68 卷，第 273 页。

[3] 彼得马里茨堡档案馆（Pietermaritzburg Archives Repository），总督府 1457，军事事务，巴姆巴塔起义信件，1907 年 2 月 9 日至 12 月 28 日。又可参见《莫·卡·甘地致信总督亨利·麦卡勒姆》（*M. K. Gandhi to Gov. H. McCallum*），1907 年 8 月 13 日。多亏了夸祖鲁－纳塔尔大学（University of KwaZulu-Natal）的杰夫·嘉伊（Jeff Guy），他引起了我对这篇文章的注意。

[4] 译注：丁祖鲁（Dinuzulu）：1884—1913 年在位的祖鲁国王。巴姆巴塔起义（Bhambatha Rebellion）被平定后，丁祖鲁被控告其下令发起反抗起义，因叛国罪于 1908 年被判处 4 年监禁。

[5] 马克斯（Marks）：《依赖的模糊性》（*Ambiguities of Dependence*），第 54 页。

并不是巫术所致？又是谁教授我们在一张纸上写下文字就可以传递信息？”[1] 但在1906年的冲突之后，他表明准备从这样的抨击中免除一些部落传统。杜布与祖鲁王室保持着密切的关系，因此沉浸在民族政治中度过了余生。[2] 他还作为运动（后来成为非洲国民大会党）的第一位领袖为了更广泛的民族主义发言。但是，要在基于城市的大众政治和贵族部落政治之间持观望态度变得越来越困难。1917年，第一任大会主席被免职，这位妥协迁就者表示他愿意接受种族分离的原则。白人政府一直敦促他接受这一原则，以此作为可以扩张所谓的土著民保留区的交换条件。为了获得更大面积的祖鲁兰，他勉强准备向为白人保留了大部分纳塔尔土地的法律低头。对于在这场运动中崛起的年轻的非洲人来说，这实在是太过分了。

这条法律就是1913年由白人议会通过的《土著人土地法》（*Natives Land Act*），仅仅发生在白人霸权正式加入新南非联盟（Union of South Africa）的3年后。该法案规定黑人在整个国家92%的土地中拥有土地为违法行为，这简直是公然强占土地的严重行为，杜布强烈谴责这一行为。引人注目的是，甘地也强烈谴责，这的确是甘地第一次认真对待非洲人问题。“所有其他的问题，不排除印度问题，在重大的土著问题面前都显得无足轻重。”当时他在《印度舆论》中写道：“这片土地是他们出生的地方，除非有政府的照顾，否则这项剥夺性的法案（它
73 的确就是剥夺性法案）可能会造成严重的后果。”[3] 这一天是1913年8月30日，当甘地写下这些话时，已是他待在这个国家的最后一年。不仅如此，他已经为自己在那里组织的最后且最激进的运动制定好了策略，这是他首次代表契约劳工的运动。突然间，至少从理论上说，他似乎没那么狭隘，暂时能够从全国的角度考虑问题。

他们两人都是有着宗教倾向的政治领袖，一个是身为公理会教友的祖鲁人，一个是新基督教的印度教徒。如果这两个邻居此时相遇并交换了意见的话，那么试着想象他们可能要对彼此说些什么还是很诱人的。有这样的相遇并不是不可能

---

[1] 1911年7月4日在德班市政厅（Durban Town Hall）举行的纳塔尔宣教会议（Natal Missionary Conference）上的演讲。文本存档于德班的吉列·坎贝尔图书馆（Killie Campbell Library）。

[2] 1936年，即他当选为南非土著人国民大会（South African Native National Congress）主席的24年后，约翰·杜布（John Dube）被任命为“总理”，祖鲁王国的摄政王。

[3] “大地之子”（Sons of the Soil），《印度舆论》（*Indian Opinion*），1913年8月30日，引自诺里亚（Nauriya）：《甘地身上的非洲元素》（*African Element in Gandhi*），第48页。

的，但更可能的是，两个人在相隔一定距离的情况下能明白彼此在说什么、做什么。《印度舆论》再次刊载了约翰·杜布写给英国大众的呼吁信中的一部分内容，“你们必须知道，我们每个人都是在这片土地上出生的，我们没有其他的去处。”他说，“你们必须知道，对于数不清的多少代人来说，早在你们的祖先踏上我们的这片国土之前，这片土地就是我们独享的。”[1] 这可能感动了甘地。

就约翰·杜布而言，他承认甘地的追随者即将采用的非暴力抵抗实例给他留下了深刻的印象。几十年后，一部以古吉拉特语所写的回忆录出现了，描述了杜布和一位英国牧师相遇的故事。在回忆录中，这位非洲人描述了非暴力抵抗的一次实例，他说自己是 1913 年底在凤凰村亲眼见证的：

> 约 500 名印度人正成群结队地坐在一起，他们在工厂举行罢工后来到这里。他们的四周被白人管理者、他们的工作人员以及白人警察包围着……鞭打开始降临到坐在那里的印度人的背上，鞭打的速度很快且没有间断。白人警察用警棍殴打他们，并说：“起来，做你们的工作！你们去不去做该做的事？”但没有人站起来。他们一动也不动地坐着……当皮鞭和警棍不起作用时，他们用起了枪托。[2]

古吉拉特语被译成印地语，印地语被译回英语。如果那些都是杜布的原话，那就真是奇迹了，但也许出现过一些这样的对话吧。杜布甚至可能表达过他很钦佩追随甘地的印度人的坚韧精神，尽管他可能使用的不是这部古吉拉特语回忆录中人们归之于他的那些词语。在这部回忆录中，这个祖鲁人表达了对他们“神圣的力量”和“喜马拉雅般的坚定”的惊叹。或者，这一切可能只不过是一位记忆朦胧的印度目击者的自我陶醉。众所周知，杜布说过的话并没那么令人赞赏。 74
1912 年他观察到，当祖鲁人之间打起来的时候，“人们（比如说印度人）进入我们的国土，并统治了我们，仿佛本来就属于这个国家的我们仅仅是无足轻重的

[1] 再次刊载《大地之子》（*Sons of the Soil*），转引自诺里亚（Nauriya）：《甘地身上的非洲元素》（*African Element in Gandhi*），第 48 页。

[2] 文档存于夸祖鲁－纳塔尔大学（University of KwaZulu-Natal）的甘地－卢图利文献中心（Gandhi-Luthuli Documentation Center），档案 1262/203，3984，历史记录 /1893/14。

人”。[1] 为杜布写传记的作家希瑟·休斯（Heather Hughes）写到了“他明显的反印度主义”。[2] 她引用了一篇杜布发表在《伊兰加报》上题为《印度人入侵》的文章，“我们从悲惨的经历中了解到，我们孩子的面包是如何在我们的眼皮底下被这些亚洲人拿走的”。

就我们目前所知道的来说，这两个邻居从未有过那场探索性的谈话，也许这是好事。即使在新白人政权实施《土著人土地法》之后，有那么一个时刻，他们似乎已经差不多达成了一致意见，但他们还是朝着不同的方向发展了。在 1906 年祖鲁起义后的 6 年多的时间里，甘地把他大部分的时间和精力都献给了德兰士瓦。1913 年初，他突然回到了纳塔尔。之后的几个月内，他一直在为新的萨提亚格拉哈运动制订计划，并计划废除人头税（如果前契约印度劳工想要待在这个国家，作为基本的要求之一，他们必须每年缴纳 3 英镑的人头税）。

同时，杜布为了土地问题以及他的人民被剥夺家园的问题而变得憔悴。后来一家祖鲁人报纸描述道，在德班，当警察押着一群黑人共产主义（Communist）组织者去监狱时，约翰·杜布牧师就像个旁观者一样，坐在他的雪佛兰（Chevrolet）车里。[3] 如果甘地当时在南非的话，他可能同样会站在一旁。当非洲国民大会党的领导者第一次尝试性地开展国际接触时，他们接触到了贾瓦哈拉尔·尼赫鲁（Jawaharlal Nehru）以及在甘地的影子中成长起来的印度独立运动的其他领导人。1927 年，尼赫鲁和当时的非洲国民大会党主席约西亚·古梅德（Josiah Gumede）有过两次邂逅，一次是在布鲁塞尔的反帝国主义大会上，另一次是在莫斯科的布尔什维克革命（Bolshevik Revolution）十周年庆典上。尼赫鲁和他的圈子很快就接受了这一观点：从长远来看，在南非的印度人应该与那里的黑人联合起来。甘地自己有所坚持，他迟至 1939 年仍然写道：“无论人们可能会多么同情班图人

---

[1] 卡尔·法耶（Carl Faye）:《供译员和学生参考的祖鲁文档》（*Zulu References for Interpreters and Students in Documents*），彼得马里茨堡（Pietermaritzburg），1923 年，包括“1912 年 11 月 30 日由约翰·兰加利巴莱尔·杜布（John Langalibalele Dube）在祖鲁兰（Zululand）埃绍韦（Eshowe）举办的会见祖鲁人的会议的记录说明”。

[2] 希瑟·休斯（Heather Hughes）:《双倍精英：探索约翰·兰加利巴莱尔·杜布的生活》（*Doubly Elite: Exploring the Life of John Langalibalele Dube*），《南部非洲研究杂志》（*Journal of Southern African Studies*），第 27 卷，第 3 期（2001 年 9 月）：第 446 页的脚注。出自“印度人入侵”的引文是休斯女士通过电子邮件发给我的。

[3] 洛克斯（Roux）:《悠悠岁月》（*Time Longer Than Rope*），第 250 页。

（Bantu）[1]，印度人都不可能为了达到共同的目标而和他们联合起来。”[2] 两年后，也就是 1941 年，年轻的英迪拉·尼赫鲁（Indira Nehru）[3]（后来以她婚后的名字英迪拉·甘地，即 Indira Gandhi 而闻名）在德班亲自发表了一条与之对立的政治信息，那时她从牛津（Oxford）回家，因战争爆发而被迫走开普航线，途中在南非做了停留。“印度人和非洲人必须一起行动。”她说，“用所有被剥削人民的团结和有组织的力量来对付共同的压迫。”[4] 据一本回忆录记载，在那天夜里，甘地的儿子曼尼拉 75
尔生平第一次赞同“一个由全体非欧洲人组成的联合阵线”。[5]

在那时，曼尼拉尔的父亲离开南非已经四分之一个世纪有余了。也许，回顾自巴姆巴塔起义之后他在南非入狱以来经历的所有岁月和历程，他认识到纳塔尔的印度人与非洲人之间存在发生冲突的理由。甘地去世一年后，即 1949 年的 1 月份，一场教派间的骚乱在德班爆发，这场骚乱有时被称为祖鲁人对印度人的“大屠杀”。[6] 一个祖鲁青年在印度商店与人扭打起来，暴力事件一触即发。骚乱之后，142 人被认定丧生——大部分人死于警察开枪镇暴，而且多为非洲移民劳工，此外，1700 多人受伤。这次暴力事件暴露了非洲人对印度人长期以来的怨恨，因为后者在种族等级中处于相对的特权地位，其中印度店员尤甚。恐惧久久不能散去，互相猜疑的气氛也持续了多年。

然而，3 年后，南非印度人和非洲人中的社会活动人士终于成功地在政治上走到了一起，共同反对种族隔离制度——这是一个将各种族进行全面隔离，并由白人主导一切的制度，不论杜布还是甘地都未能在有生之年看到这一幕。1952 年，非洲国民大会党与南非印度人大会就“反抗不公正法律运动”（Defiance Campaign against Unjust Laws）达成一致。

---

[1]　译注：班图人（Bantu）：又称班图尼格罗人，是非洲最大的民族，主要居住在非洲中部和非洲南部的国家。

[2]　《哈里真》（*Harijan*），1939 年 2 月 18 日。

[3]　译注：英迪拉·尼赫鲁（Indira Nehru，1917—1984）：她出身显赫，是已故著名印度政治家尼赫鲁的独生女儿。12 岁起，英迪拉就投身反对英国殖民当局的运动。1942 年，她嫁给律师费罗兹·甘地，婚后改随夫姓，改称英迪拉·甘地，因此被称为甘地夫人。

[4]　在纳粹进攻苏联前的两个多月，她实质上正在传递一条反战的消息，但不是因为甘地。

[5]　雷迪（E. S. Reddy）和法蒂玛·米尔（Fatima Meer）编，米尔（I. C. Meer）私下发行的回忆录：《我记得》（*I Remember*）。

[6]　古拉姆·瓦海德（Goolam Vahed）和阿什温·德赛（Ashwin Desai）：《蒙特·奈克尔：在理性与背叛之间》（*Monty Naiker: Between Reason and Treason*），第 234—255 页。书中对 1949 年的骚乱进行了描述和分析。

这一次非暴力运动可以视作在战术和战略上都自觉遵循甘地思想的运动。但在非洲裔领导人中，信奉甘地为他们守护神的人非常少。[1] 在印度洋彼岸，圣雄甘地在遇刺前不久，最终对印度人与南非当地人采取共行动共命运的想法给予了高度支持。他说："尽管逻辑上合理，但如果斗争无法保持在最高水平，那各种族联合起来的过程会充满种种危险。"[2] 在这些话语当中，他似乎是在表达他对黑人是否会遵守非暴力原则有所顾虑。对年轻的纳尔逊·曼德拉来说，他不得不克服自己在与印度人团结联盟上的种种疑虑。他后来说："在我们南非，很多的草根支持者将从事店员、商人等职业的印度人视为黑人劳动者的剥削者。"[3]

甘地忠实的次子曼尼拉尔·甘地以自己的名义短暂地支持了这场反抗运动，但他的做法几乎与运动不合拍。他以父亲为榜样，多次长时间绝食，反对
76 种族隔离。但是，就他的绝食而言，影响甚微。他一次又一次地进入德班的图书馆和邮局的白人区，寻求被捕，但警察得到指示，只记录了他的名字而已。[4] 最终，他于年底在其他白人和印度人的陪同下，因进入德兰士瓦省杰米斯顿（Germinston）镇的一个黑人"隔离区"而成功被捕。随后，他因"与非洲人接触"和"煽动违法"的罪行被判监禁 55 天。但曼尼拉尔并没有有组织的支持者，他一直都是一个独立的行动者，正如他的孙女、传记作家邬玛·杜派莉阿－梅斯列（Uma Dhupelia-Mesthrie）所说的那样，他置身于"有组织的斗争之外"。[5] 运动比曼尼拉尔的表现更为激进，曼尼拉尔怀疑运动受到了共产主义人士的影响。运动所承诺的非暴力只是一种策略。曼尼拉尔一直努力"配得上巴布，并像巴布所做的那样去服务（他人）"。在一次会议上，当他长篇大论地宣讲萨提亚格拉哈的道

---

[1] 阿尔伯特·卢图利（Albert Luthuli）是最明显的例外，他在 1952 年成为非洲国民大会党的主席。在那 4 年前，也就是甘地被刺杀的几个月后，卢图利在华盛顿（Washington）的霍华德大学（Howard University）的一场演讲中，谈到了"受压迫人群采取非暴力作为斗争武器寻求自由的效力"，这也正是马丁·路德·金（Martin Luther King, Jr.）所期望的。这位南非第一位获得诺贝尔和平奖的人说，美国黑人和非洲黑人应当像甘地的"忠实的信徒"一样前进。他的这场演讲的说明现保存在夸祖鲁－纳塔尔省（KwaZulu-Natal）格鲁特维尔市（Groutville）卢图利博物馆（Luthuli Museum）的档案室里，转引自斯科特·库伯（Scott Couper）:《阿尔伯特·卢图利：信仰之缚》（*Albert Luthuli: Bound by Faith*）。

[2] 《圣雄甘地全集》（*CWMG*），第 87 卷，第 414 页。

[3] 曼德拉（Mandela）:《漫漫自由路》（*Long Walk to Freedom*），第 107 页，转引自杜派莉阿－梅斯列（Dhupelia-Mesthrie）:《甘地的囚徒？》（*Gandhi's Prisoner?*），第 342 页。

[4] 杜派莉阿－梅斯列（Dhupelia-Mesthrie）:《甘地的囚徒？》（*Gandhi's Prisoner?*），第 353—355 页。

[5] 同上，第 355 页。

德原则时，年轻的曼德拉把他的茶杯弄得咯吱作响，以表达他的不耐烦。[1]

第一位甘地先生在南非时从未遇到过如此的报复局面，现在南非白人种族主义政权推行新的、专制的安全法令：允许秘密警察大胆地施行、任意逮捕、预防性拘留以及种种禁令，这些禁令不仅针对组织，同样针对个人（他们的言论不能刊登在印刷品上，每次会面所见的人不能超过一人，否则即为非法）。最后，随着斗争的加剧，白人政权采取了拷打、“失踪”、炸弹袭击和刺杀等手段。印度的殖民当局也很专制，经常将甘地和他的追随者下狱关押，但从未想过让他们从世上永远消失，也从未想过把印度民族运动从印度清除。南非白人政权在对付这场反抗运动的支持者时，的确有这样的野心。早在运动转入地下之前，较年轻一代的领导人，如曼德拉和奥利弗·坦博（Oliver Tambo），对运动奉行的甘地主义非暴力原则策略进行了重估。

但是，在这场民族事业（倡导不分种族的公正事业）中，萨提亚格拉哈得到了考验。在很短的一段时间里，萨提亚格拉哈的吸引力不再局限于印度人内部。日后，年岁已长且变得更睿智的曼德拉在经历多年的囚禁之后获释，成为新南非国父，那时候他将会这样声明：他年轻时所见证的群众运动的典范是 1913 年老甘地领导的那一种非暴力运动。“原则并不是那么重要，即使策略的效果事与愿违，仍然应该得到采用。”曼德拉当时解释他是如何运用自己所理解的甘地思想，而不
是采取甘地之子的做“只要非暴力抗议有效，我就号召大家采取非暴力的抗议行 77
动”[2]。作为一个甘地信念的诠释者，曼德拉显然不像这些信念的提出者那样，对
手段和目的有那么多严格的要求。当然，没有更为适合的人选能够证明，甘地确
实是建国之父，不论是他一度旅居的南非，抑或是他自己的国家——印度。 78

---

[1] 杜派莉阿 – 梅斯列（Dhupelia-Mesthrie）:《甘地的囚徒？》（*Gandhi's Prisoner?*），第 350—351 页。

[2] 曼德拉（Mandela）:《漫漫自由路》（*Long Walk to Freedom*），第 111 页，亦可参见第 91，99 页。

79 多克拍摄的甘地，1908 年

第四章　上　院

多克牧师是众多为甘地撰写赞誉性传记作者中的第一人，他曾给甘地拍过一张照片。该照片摄于1908年，这位忧心忡忡的大律师刚从帕坦人对他殴打造成的伤痛中恢复。这张照片中的甘地与世人所熟悉的甘地大不相同。他身穿休闲西服，懒散地斜靠在椅子上，盯着镜头，脸上挂着内省沉思的表情，这并不是十多年后在印度激起群众追随的、身穿裹布的公众人物的慈祥光辉形象。但是，当时的他脑海中已经形成了思想与领导策略的必要元素。对于不同宗教和各教派间的关系，他采取团结和开明的方式，按照自己的准则忠于大英帝国以及根植于英国法律体系的价值观，但是，对于该法律体系常常捍卫的但有悖于公正的殖民法律，他的反抗非常激烈。当时约翰内斯堡的甘地主张在生活各个方面跟从自己良心的权利——他对此有不同的叫法，如“内心声音”，或者简称为“真理”。但此时的他仍被称作“甘地吉”（Gandhiji）或“甘地巴伊”（Gandhibhai）[1]——这些后缀是对年长者或领导者的尊称，或者是对亲戚朋友表达友爱之情——尚未被尊为“圣雄”，他仍在不断完善自我，探寻自身以及所肩负任务的深刻意义。我们可以推断，在他看来，随着30岁末的逼近，不管是自我还是任务都仍不完善。

禁欲作为一项灵性上的戒律，是他那时日常生活中占据首位的事情，但仍未成为他公共话语的一个主题。他与他的浸信会传记作者的访谈从未涉及禁欲这个微妙话题，多克的著作也没有提到这一点。也许，甘地内心中作为政治家的一面
知道，这是他一直变动不居的学说中最鲜有吸引力的一面。他曾经历过性方面的 80
激情，但从未纵容自己的情欲，他已经做出选择，摒弃性欲。“婚姻不仅不是必需的，而且必然会对公共和人道主义事业造成障碍。”以上这些字句将出现在他之后的作品中。那些像他和嘉斯杜白一样卷入婚姻之中的人，可以这样拯救自己：保持贞洁地一起生活，如同兄弟姐妹一般。“不论男女，没有哪一个过着只重视

[1] 译注：甘地吉（Gandhiji）：亦译甘地翁；甘地巴伊（Gandhibhai），意为甘地兄弟。

肉体、犹如动物一般生活的人能够理解精神或道德上的事情”。[1] 甘地很爱孩子，但他认为，生育是道德堕落的初证。他常常以一种令人不甚愉快的方式反复嘱咐自己的儿媳及其他亲属，应该修正自己的行为，以防再犯。

他仍然奉行素食主义，如他在约翰内斯堡开头几年那样，只是出于道德上的偏好、卫生习惯和传统的原因。除了避免食肉并自己碾磨谷物外，他尚未对自己的饮食做出过于严厉的限制，还未认准这样的信条：抑制一种欲望有赖于抑制另一种欲望，克制性欲与饮食紧密相关。他仍然喝牛奶，仍在愉快的气氛中享受辛辣的食物。很快，这种安逸的生活就会戛然而止。首先，这位素食者将会在一段时间里试着成为果食主义者，并得出结论，认为牛奶和其他乳制品以及大多数辛辣的食物都含有激发性欲的物质。同时，他还会不再吃盐以及烹煮过的食物。其次，他后来用盎司称量自己的食物，并且反复咀嚼每一小口食物。这些食物是经过精心调制和磨制的糊糊——柠檬、蜂蜜和杏仁通常与谷物、菜叶放在一起，如此他就可以从尽可能少的食物中吸收尽可能多的营养。因此，咀嚼将成为他众多的次要戒律和事业当中的一条。

根据“神的经济学”和甘地自己对印度教经典《薄伽梵歌》（*Bhagavad Gita*）的阅读，他后来写道，“不暴食”是衡量饮食时应该采用的道德标准。这个标准要求坚持不懈的“部分绝食”，要求与“遗传的和后天熏染的从饮食中取悦自己的习惯进行冷酷的斗争”。[2] “冷酷”这个词恰如其分。甘地写道，一顿丰盛的餐宴是“对神和人类的一种犯罪……因为饕餮者剥夺了他的邻居应得的那一份食物”。这里你看到的是 1933 年的甘地，而非 1906 年的甘地。后来，这位制定戒律的阿什拉姆居民将认为美味的食物会引诱人暴饮暴食，他将因别人将自己描述为一个跟风者、一个怪咖而感到奇异的满足，他将在一人进餐中践行“少即是多”的原则。但是，他当时尚未登堂入室。他可能感受到某种冲动，驱使他疏离
81 自己的妻儿，但是在约翰内斯堡最初阶段的岁月里，他仍然是一个爱社交的人，据报道，他不但参加野餐，还骑自行车。

甘地在目睹了纳塔尔的针对祖鲁人的野蛮报复之后，便迁居约翰内斯堡，从 1906 年 8 月一直住到 1913 年 1 月，在其思想形成的这六年半时间里，他内心发

---

[1] 出自 1912 年 6 月 16 日甘地写给卡伦巴赫的信，引自亨特（Hunt）和巴纳（Bhana）：《精神上的走钢丝者》（*Spiritual Rope-Walkers*）。

[2] 《圣雄甘地全集》（*CWMG*）第 2 版，第 58 卷，第 118—119 页。

生的变化很难细考。但是，这位公众人物在这段时期内心所经历的变化与详细记载在文件中的种种变化，至少是具有同等的重要性。在这段时间里，甘地有 5 年是在德兰士瓦一人独居的。[1] 在他的自传中，甘地强调，他从一开始便决定到凤凰村定居，并放弃自己的法律事业，靠体力劳动养活自己以及一同定居的其他人。[2] 但随着反对德兰士瓦种族主义立法的萨提亚格拉哈运动越发深入，他要与他人保持距离，不愿被世俗的义务所限制，这些情感需要越发明显，而且，这对于他安心扎根于约翰内斯堡尤为重要。甘地将德兰士瓦视作主战场，因为在那里人们曾发起过反对歧视性立法的行动。如果说萨提亚格拉哈是他“对真理最重要的体验”，那当时的德兰士瓦便是他所属意要进行实验的场所。他对当地社群背负着繁重的义务，同时，他还陷入一场考验，与以扬・克里斯蒂安・史沫资为代表的白人省政府展开意志力角逐。扬・克里斯蒂安・史沫资曾为布尔人的将军，现已官至省内政部长。

除了以上这些显而易见的理由之外，对甘地而言，德兰士瓦还是他达成自己某些意图所需所想的一个地方。他本来可以将纳塔尔作为自己的基地，因为当时的纳塔尔是旅居南非的印度人的中心。纳塔尔的印度人社群以 10 : 1 的比例远超德兰士瓦的印度人社群（1908 年，前者有 110000 人，而后者只有 11000 人）。他在那里设置了凤凰村的定居点。同时，《印度舆论》也在那里编辑和付印。此外，几乎所有在纳塔尔的印度人仍处在契约劳工制下劳作，在某些场合，甘地称其为“半奴隶制”。事实上，在那段时期，纳塔尔处于契约劳工制度下的印度人比德兰士瓦的印度人总数的 3 倍还要多。而且，在同一时间段里，即在 1910 年南非联邦成立并使种族问题全国化之前，纳塔尔英语区立法议会在强化反印度人法律并通过类似的新法律方面不乏动力，不甘落后。

由于甘地大部分时间不在场，同时他将关注点放在其他问题上，纳塔尔的白人政治阶层用行动证明，至少在制定新的种族主义措施上，他们与德兰士瓦省使用南非荷兰语的白人一样“有创意”，一样冷酷无情。虽然战斗中的白人至上论者可能会在刚结束的英国人与布尔人的战争中各为其主，但在对待处于少数派 82

[1]　1910 年下半年，嘉斯杜白带着两个孩子搬至托尔斯泰农场，在那里住到 1912 年 9 月。之后，他们搬去了凤凰村。引自杜派莉阿 – 梅斯列（Dhupelia-Mesthrie）：《甘地的囚徒？》（*Gandhi's Prisoner?*），第 96、104 页。

[2]　甘地（Gandhi）：《自传》（*Autobiography*），第 270 页。

地位的印度人的平等公民权的问题上，他们都怀有敌意，无论选哪一边都是一样的。在纳塔尔殖民地这样的地方，当地的主要报刊《纳塔尔信使报》很乐意去刊登以“反对印度苦力”（Anti-Coolie）为笔名的来信。[1] 该信表示，允许印度人在德班城中心开商店就是一种耻辱（在种族隔离结束后的南非，《信使报》仍在发行。如今，在该报社大厅放置着一个比真人还大的甘地像和同等大小的曼德拉像，他们似乎在注视着报社的记者和游客，就像守护天使一样保佑着他们之前努力达成的事业）。

甘地时代的纳塔尔在经济上对印度契约劳工有着迫切的需要，因此，种植园主和矿主纷纷表达他们的渴求，而他们的喉舌正是《信使报》。但是，在限制印度人自由移民这件事情上，他们也不甘示弱。亨利·麦卡勒姆爵士是当时的统治者，甘地曾向他申请在民兵中给印度人安排位置，以表彰印度人在镇压祖鲁起义中的表现。但这位总督认为，“不论出于何种原因，我们也不能在不适当的地方被黑人事务折腾得不可开交”，[2] 哪怕仅仅是因为需要劳动力。因此，早在 1903 年布尔战争结束不久，一部新的移民法案就通过了。通过这部法案，官员们更容易将无法使用欧洲语言填写申请的移民拒之门外，这些移民无法满足官方相对宽松的标准。接下来几年里，数以千计的印度人因此被送返印度。紧接着，市政委员会法案想要剥夺印度人在地方的投票权——最后的权利剥夺又让印度人的处境重新退回到 14 年前甘地第一次南非之行时候的样子。而且，这一项法案像常规法案一样，给印度店主在执照上设置了诸多的法律限制，压迫感加剧。所有的契约劳工——不论是曾经有过这种身份的人，抑或是他们的后人（不论到多少代）——都被这些法案刻意地划归为“不文明种族”。为了使他们一直处于“不文明”的状态，拨给印度中学的公共基金被切断。后来在 1908 年有议案提出，让纳塔尔的所有“亚洲人”在 1918 年以后都无法拿到商业执照，哪怕是他们的家族已经有两代人在该省从事贸易活动。[3]

但是甘地仍停留在德兰士瓦，继续按着自己的路线走下去。1907 年，他三次来到德班，在纳塔尔印度人大会的每月例会上演讲。每一次到会他都义愤填膺地

[1] 《纳塔尔信使报》（*Natal Mercury*），1903 年 6 月 15 日。

[2] 赫滕巴克（Huttenback）：《甘地在南非》（*Gandhi in South Africa*），第 244 页，“黑人事务”一词加黑，以示强调。

[3] 同上，第 235 页。

指责他的听众，向他们说明德兰士瓦的运动需要他们的支持。他只是偶尔会在他
的文章里对纳塔尔的进展发表看法，而且往往都只是远观。到了1909年，一系 83
列最终的外交与议会程序均被开启，意在建立一个新联邦。该联邦是由纯白人组成的议会统治——这使得新联邦在本质上是一个按肤色划分、只为少数派的白人服务的民主政体，这一进程促使德兰士瓦和纳塔尔的印度人社群各派出代表团到英国伦敦去游说，他们只是提出地方性的问题，而不敢对国家问题置喙。当时，甘地在纳塔尔的影响力明显降低，他带领德兰士瓦代表团赴英。

是的，甘地专注于萨提亚格拉哈运动。但在这几年中，他也探索出一种新的家庭观念。1907年，他给兄长拉克希米达斯的信中写道：“我不知道你所说的‘家庭’是什么意思。”在不到一年前，他将自己的妻儿寄住在凤凰村。拉克希米达斯曾抱怨他在两个大陆都没有尽到对家庭的责任。当时他这样回应：“如果我可以不带一丝傲慢地说，我会说，如今我的家庭包括了所有众生。”

约翰内斯堡的甘地律师和泰姆比・奈杜

在整整十年多的时间里，他不断寄钱给他的兄弟，用于偿还各种债务，同时他还是大家庭主要的收入来源，在他远渡英国接受法律训练时他便承担起了这个责任。当时甘地承认，拉克希米达斯一直索要他的收入。但这有一个隐情——他不再认为自己有什么个人收入了。他并不否认他的法律事务能够带来不菲的收入，但他将这些收入用于自己想要的用途。“我把神赐予的所有钱财用在公共利益上。”[1] 他轻松地解释道。在这个语境中，“公共利益”是指填补《印度舆论》的损失，同时帮补凤凰村，使之得以继续维

[1] 《圣雄甘地全集》(*CWMG*)，第6卷，第433页。

持。（甘地在日后写道，如果眼睁睁地看着这份报纸停办，那将会是“一个损失，也是一件不光彩的事情”，“因此，我不断投钱，直到最终在上面花光了所有积蓄为止”。[1]）实际上，较之于印度教传统观念中的遁世者，甘地似乎更像是一个世俗中人——有人可能会说这是一种异端的观点，这个笃信宗教的徘徊者拒绝了一切享乐、消遣乃至家庭中的义务，以使自己全身心地投入到以冥想和祈祷为主的灵性修炼当中。自此以后，在自成一系的另类方式下，他既是一个遁世者，又是一个社会工作者。

在这几年里，他到访凤凰村定居点的时间变得越发不定期，而且只是短时间的逗留，因此他一来，凤凰村便呈现出一种欢迎皇室成员到访抑或是指挥官亲临视察的气氛。甘地的侄孙普拉萧达斯·甘地写道：“有一天有消息传来，甘地吉要回来凤凰村，全村都因此变得生机勃勃，人人都十分兴奋。村民们开始整理印
84 刷所，收拾自己的房子。”[2]普拉萧达斯已记不清“甘地吉逗留的时间是否有半个多月抑或超过一个月”。有时候，他“一连好几个月都不回来”，随后可能又回来待几天。甘地自己也坦言：“我只能在那里逗留几天。”[3]我们考虑到他已将约翰内斯堡作为活动基地，对于他不能经常造访凤凰村一点儿也不意外，同理，往日在德班追随他的人也没再怎么见到他。这两个活动中心之间的距离，如今也就是一个小时的飞机旅程，但在那个时候，却需要坐上 24 小时的火车。甘地晚上从约翰内斯堡出发，第二天晚上到达德班。[4]我们并不是十分清楚他当年是怎样往返两地的，但有一点很明确，他不再像以往那样频繁地往返两地了。类似的情况将在甘地的人生中反复出现，只有在某些时候，他到德班去是为了满足某些尊奉他为领袖的运动团体的明显需要。通常，他的行程——无论是在阿什拉姆，抑或是为了运动事业外出——都是根据个人日程进行安排。他的追随者也知道，他正投身于其他事情当中，或者他们也意识到了他的离群索居。这种感觉开始在纳塔尔的印度人群中蔓延，在穆斯林商人阶层中尤甚，这一些人是甘地最早期的主顾和支持者。他们对甘地的离群索居无法理解，也不理解甘地为何愿意妥协于史沫资的“黑色法案”，他之前曾告诉大家这是“决一死战”的问题。1908 年，在德班的第

[1] 甘地（Gandhi）：《自传》（*Autobiography*），第 252—253 页。

[2] 普拉萧达斯·甘地（Prabhudas Gandhi）：《我与甘地吉的童年》（*My Childhood with Gandhiji*），第 44—45、58 页。

[3] 甘地（Gandhi）：《自传》（*Autobiography*），第 270 页。

[4] 阿南德（Anand）：《圣雄甘地与铁路》（*Mahatma Gandhi and the Railways*），第 13 页。

一次会议上，另一个帕坦人挥舞着棍棒冲向讲台。当时会场中的人把灯熄灭，才使甘地免于再次受袭。

与此同时，他在约翰内斯堡组建了一个临时家庭。在那里，他的追随者（尤其是泰米尔人）仍然热情不减。泰米尔人是起源于南印度的一个民族，甘地在被监禁和乘船渡海时曾专门学习过他们难懂的达罗毗荼语言（Dravidian）[1]。在约翰 85
内斯堡的泰米尔人中，甘地最坚定的支持者是一个名为泰姆比·奈杜（Thambi Naidoo）的人，他是一个建筑工人，也是一个商人。他从印度洋上的岛屿毛里求斯来到南非。他的父母曾是毛里求斯的契约劳工。奈杜没有上过学，但他会说5种语言［英语、北印度的印度斯坦语（Hindustani）以及3种南印度语言］。他体格魁梧，脾气火爆，曾14次被捕。在德兰士瓦的萨提亚格拉哈运动中，他曾被捕入狱，因此1907—1913年间，他都在服刑。[2] 在90年后，白人统治结束时，他的孙子普瑞玛·奈杜（Prema Naidoo）被选为约翰内斯堡市议员。根据普瑞玛的说法，这位男权主义斗士在1908年为了保护甘地免受帕坦人的袭击，头部多次被重击，在余生中一直未能完全康复，受到间歇性头晕的困扰。[3] 随后，甘地写道："如果泰姆比·奈杜不是那么鲁莽，如果他能免受怒火干扰，那么，这个勇敢的人轻而易举地就能成为德兰士瓦社群的领袖。"[4]

但甘地在约翰内斯堡的临时家属并不是泰米尔人，而是西方人，大部分是不守犹太教律的犹太人，这些人十分乐意见到甘地涉足通神学这摊浑水。关于这段时期，甘地在他的自传中写道："本质上，我的这个大家庭被认为是一个多元的大家庭，不同民族、不同脾性的人自愿加入。当我们想到它的时候，会发现多元化民族家庭和同民族家庭之间的区别只存在于想象之中。我们都是一家人。"[5] 这是从根本上反对种姓制，但甘地并没用那些词说出来。按照最严格的印度教教义，甘地圈子里的这些西方人，包括那些已经加入到他的家庭中的西方人，都属于"不可接触者"，所有的黑人和南非白人都是。

1904年，甘地遇到了亨利·波拉克（Henry Polak）。这个年轻人是《评论报》

---

[1] 译注：达罗毗荼语言（Dravidian）：亦称作德拉威语，是印度中南部及斯里兰卡等原住民地区的语种。

[2] 米尔（Meer）:《南非的甘地》（*South African Gandhi*），第1202页。

[3] 对普瑞玛·奈杜（Prema Naidoo）的采访，约翰内斯堡，2007年11月。

[4] 甘地（Gandhi）:《南非萨提亚格拉哈》（*Satyagraha in South Africa*），第148页。

[5] 甘地（Gandhi）:《自传》（*Autobiography*），第274页。

的文字编辑。两人在阿达·比西克斯（Ada Bissick）素食馆相遇，该素食馆位于里斯克街（Rissik Street），就在甘地的律师事务所的对面。当时刚满 21 岁的波拉克到南非才一年，他在报上读到甘地发表的一封信，深受触动，信中介绍了一个暴发瘟疫的印度人聚居区恶劣的卫生环境。他们交谈的内容范围极广，很快，他们就发现对方都仰慕托尔斯泰，并且都对德国自然疗法（包括泥浆疗法）怀有极大的热情。数月之后，波拉克借给甘地一本《给那后来的》（*Unto This Last*）[1] 的复印本，约翰·拉斯金（John Ruskin）的这本小册子再次点燃两人的热情。甘地
86 在火车上彻夜阅读这本书，一闪念间受到启发，想到了凤凰村定居点这个构思。这是一个恍然大悟的时刻，更多的是源于甘地自身和他积极迅速的反应能力，而不是拉斯金。拉斯金之所以猛烈抨击工业社会形成种种有所偏颇的价值观，是因为工业社会过分注重资本形成，贬低体力劳动，但是，拉斯金从未想过要成立一个理想主义的乡村公社作为对工业社会的回应。在德班一门心思运营《印度舆论》的甘地立即就迈出了这一步。他将拉斯金对于农牧业的理想与托尔斯泰的思想相结合，找到了近期实践中难题的解决之道：他可以搬到一个自给自足的农村定居，借此以使自己的报刊继续运营。从那时开始，这位创办人选择了成为整个社区的父亲——日后，他将荣升为国父，因此，他和他的追随者组建了一个大家庭，这个大家庭既有西方人，又有印度人，既包括他的侄子，又包括他的表堂兄弟，最后他自己的妻儿也加入其中。所以两年后在与兄弟的通信中，他重新对家庭进行了定义，而这一定义实际上已被付诸实践。他希望农场上的工人做两份工作，一方面担任报社的职员，另一方面还要养活自己。从此，手工劳动将成为甘地应对不同问题的解决办法，不论是应对殖民剥削，抑或是农村地区的失业和贫困问题，他将手工劳动上升为一种道德上的必要。

在与甘地相遇的第一年里，亨利·波拉克与这位律师一家住在一幢租来的大房子里，房子带有一个阁楼长廊，为之增色不少。这幢房子就在当时约翰内斯堡白人区的高档住宅区托叶维尔（Troyeville）附近，应该是方圆数公里之内唯一的印度人家庭，而小区内的一些居民对此表示抗议，他们不愿意在住处附近有

[1] 译注：《给那后来的》（*Unto This Last*）：取名于《圣经》新约《马太福音》中“葡萄园工人的比喻”一节。葡萄园主给雇工们发钱，不管先来的还是后来的一律发一钱银子，而且从后来的发起，到先来的为止。先来的雇工们抱怨说：“我们整天劳苦受热，那后来的只做了一小时，你竟叫他们和我们一样吗？”葡萄园主回答其中的一人说：“我给那后来的和你一样，这是我愿意的。”“因此，那在后的将要在前，在前的将要在后了。”（《马太福音》20：1—16）

一户印度人家庭。根据法律规定，大多数印度人需居住在城镇另一端的“专门地区”，这是种族隔离时期设置隔离黑人城镇和“黑人种族区域”的先兆。值得注意的是，甘地律师并没有搬去那里的意思，他更喜欢生活在白人当中，按照他们的标准，他要住在一间与职业地位和收入相符的房子里。甘地的房子如今还在，位于现在各种族人口混居、略微有点破败的托叶维尔，这间房子距离阿尔巴马勒街（Albermarle Street）上另一间被人“摆乌龙”挂上牌子标明“甘地故居”的房子有半个街区之遥。[1] 波拉克与米莉·唐斯（Millie Downs）在那里结了婚。米莉·唐斯来自英国，是一位不守教法的犹太人。她于 1905 年末来到南非，甘地担任了她婚礼的男傧相。“他的声线柔和，尤其具有音乐感，犹如男孩的声音一般悦耳。”[2] 很久以后，米莉在接受 BBC 采访时如是地描述了她对约翰内斯堡的甘地的第一印象。那时，甘地当即欢迎她加入他的大家庭。亨利是在伦敦的伦理协会（Ethical Society）上遇见米莉的，他们结婚数月之后，亨利获派去编辑《印度舆论》，直到米莉对凤凰村和无尊严的乡村劳作感到厌倦为止。因此，到了 1906 年的晚些时候，当甘地从托叶维尔搬出来时，形势才开始有所转变。从所谓的祖 87
鲁战争的前线搬到约翰内斯堡，甘地没有带上家人，跟他一起搬走的还有波拉克，他们搬到了一个叫西贝尔维尔（Belleville West）社区的一所小房子。之后，他们带着这位受尊重的借宿者，又搬到了一个叫作海兰（Highland）的地方。嘉斯杜白在纳塔尔的“流放地”酸溜溜地评论道，甘地将波拉克视作他的“长子”。实际上，他在给波拉克的信中署名“巴伊”（bhai），意为兄弟。

甘地夫人显然暗指他们的实际长子哈里拉尔的被忽略感。鉴于哈里拉尔在人生的前八年中，与父亲一起生活的时间不到两年，因此，他已经感觉到父亲的忽略并且一直有这种感觉。1906 年，哈里拉尔于 18 岁生日的前几天在古吉拉特邦结了婚，失望的甘地从南非写信回去：“我不再认为他是我的儿子了。”[3] 多年以后，一位富有的支持者资助甘地，因此甘地的一个儿子能像他那样赴英留学，甘地在选择时绕过哈里拉尔而考虑送次子曼尼拉尔出去，但到最后他选择了一位侄子。甘地不再相信西方的方法与职业，他希望儿子能够跟随他的变化，在凤凰村进行手工劳作、参加萨提亚格拉哈运动和为民服务的同时，获取能够用古吉拉特语

[1] 伊茨辛（Itzkin）：《甘地的约翰内斯堡》（*Gandhi's Johannesburg*），第 61 页。

[2] 1954 年对米莉·波拉克（Millie Polak）的采访，来自 BBC 档案，放送于 2004 年 5 月 7 日。

[3] 达拉尔（Dalal）：《哈里拉尔·甘地》（*Harilal Gandhi*），第 10 页。

而非英语进行的教育。在一份 1909 年起草的遗嘱中，他希望他的儿子们都能够“将他们的一生奉献”给凤凰村和类似的事业。[1] 在一段时间里，哈里拉尔竭尽全力地证明自己是最完美的萨提亚格拉哈主义勇士，从而赢得他那疏远的、常常不在身边的父亲的赞赏。在为期 27 个月的德兰士瓦的运动中，他 6 次入狱，被监禁达 19 个月之久。出狱后，他稍事调整，于 1911 年独自一人动身回印度。在多年之后的印度，由于间歇性反叛的悲苦达到高潮，他酗酒无度，并短暂地改宗伊斯兰教。在他动身离开约翰内斯堡之前，父子俩有过一次会面。“他觉得我一直以来都让 4 个孩子感到特别压抑，我总是把他们和嘉斯杜白放到最后。”[2] 甘地写道，平心静气地总结儿子苦涩的怨言。

很明显，他不会把他们放在首位。不把他们放在首位是当时甘地的责任乃至信条，甘地在 1906 年写给拉克希米达斯的信中已经将此说得很清楚了。实际上，哈里拉尔没有带上他新过门的妻子，独身一人来到约翰内斯堡，加入他父亲的斗争事业，而此时甘地已经和波拉克一家住在一起。他们狭小的房子里，并没有哈里拉尔的容身之处，他很快就被下派到凤凰村。一个婴儿的诞生使波拉克的住处
88 变得十分狭窄，即使甘地这样追求朴素生活的人也感觉如此。于是，他搬去与建筑师赫尔曼·卡伦巴赫同住，在此期间两人建立的关系，可以说是他一生中最亲密、最充满谜一样色彩的关系。

“他们是一对伴侣。”研究甘地的学者特里迪普·苏赫鲁德（Tridip Suhrud）说道，“当时我在古吉拉特邦首府甘地纳伽（Gandhinagar）与他见过面。”这是对两人之间显而易见的关系的简练概括——随后，卡伦巴赫谈道，他们一起生活，“几乎是共寝一床”[3]。早些时候，甘地曾提到他销毁了卡伦巴赫写给他的“理性与迷人的情书”，因为他赞同他朋友的想法，这些信件不应让他人看到。[4] 但这位建筑师将所有甘地的信件都保留了下来，在他与甘地离世数十年之后，他的后人将这些信件拿去拍卖。直到那时，这些信件才被印度国家档案馆（National Archives of India）购得，并最终将其出版。对于精神分析学者爱利克·埃里克森来说，此时将这些信件纳入分析考量已经为时已晚，而且最近大多数的甘地研究对待这些

[1] 《圣雄甘地全集》（*CWMG*），第 96 卷，第 9 页。

[2] 达拉尔（Dalal）:《哈里拉尔·甘地》（*Harilal Gandhi*），第 30 页。

[3] 《哈里真》（*Harijan*），1937 年 5 月 29 日。引自马哈迪夫·德赛（Mahadev Desai）所写的关于卡伦巴赫拜访印度一文。

[4] 《圣雄甘地全集》（*CWMG*），第 96 卷，第 9 页。

信件，即使知道该怎么做，也常常是小心翼翼。一位备受尊敬的甘地研究者将这种关系定义为“清白的同性爱”而非“同性恋”，他希望通过这样对用词的选择来描述一种强烈的相互吸引，而非其他情感。[1]但是，在南非的印度人小型社群中，靠口耳相传的信息有时就不会那么注重这些微妙的差异。

在这样一个“柏拉图之爱”不甚为人所理解的时代，我们通过选择性挑选出两人的关系细节和书信中的对话，很容易就能联想到一个结论。卡伦巴赫在东普鲁士长大，并在那里接受教育，终身未娶，是一个体操与健美运动的好手。“他曾在山道（Sandow）门下接受训练。”后来甘地曾向人夸耀道。[2]这里提到的尤金·山道（Eugen Sandow）[3]身材魁梧，以“现代健美之父”著称。尤金·山道与卡伦巴赫同处一个时代，生活在旧时的哥尼斯堡（Königsberg）[今俄罗斯在波罗的海（Baltic）的飞地——加里宁格勒（Kaliningrad），该市与波兰（Poland）接壤]。终其一生，甘地都醉心于生理学，尤其关注与食欲有关的东西，但是无须多言，他从未关注过与健身相关的东西。他紧绷的身体——在往后的日子里，他的体重在106—118磅这个范围之内，具体要看他近期禁食的方式，身高大概不超过1.7米——最终将比山道的身体更为人所熟知。但是，山道先生是一个异常健壮的人，在其最成功的时候，他的海报在世界各地广为流传，他是查尔斯·阿特拉斯（Charles Atlas）[4]和阿诺德·施瓦辛格（Arnold Schwarzenegger）[5]的前辈 89
[他足够成为一个家喻户晓的人物，就在乔伊斯的名作《尤利西斯》（*Ulysses*）[6]中，他的名字多次从主人公利奥波德·布鲁姆（Leopold Bloom）的脑海里冒出来]。

卡伦巴赫是一个木材商的儿子，曾在德国军队中服役一年，然后在斯图加特

[1]　“詹姆斯·亨特（James D. Hunt）断定他们之间的关系是清白的同性爱，而不是同性恋。”可见于韦伯（Weber）:《作为信徒和导师的甘地》（*Gandhi as Disciple and Mentor*），第74页。

[2]　甘地（Gandhi）:《南非萨提亚格拉哈》（*Satyagraha in South Africa*），第301页。

[3]　译注：尤金·山道（Eugen Sandow，1867—1925）：原名为法德利·密勒，出生在德国的康尼斯堡（Königsberg，今俄罗斯联邦加里宁格勒 Kaliningrad）。他首创了通过各种姿态来展示人体美，而且为现代健美运动的发展奠定了基础，所以他被公认为“国际健美运动的创始人”和“世界上第一位健美运动员”。

[4]　译注：查尔斯·阿特拉斯（Charles Atlas），20世纪早期的健美运动员。

[5]　译注：阿诺德·施瓦辛格（Arnold Schwarzenegger），美国好莱坞男演员、健美运动员、前美国加州州长、政治家，多次获得环球健美及奥林匹克先生头衔。

[6]　译注：《尤利西斯》（*Ulysses*）是爱尔兰著名现代派小说家乔伊斯的代表作，题目来源于希腊神话中的英雄奥德修斯（Odysseus，拉丁名为尤利西斯），作品共三部分十八章。作为意识流小说的代表作，被誉为20世纪百大英文小说之首，并被奉为20世纪最伟大的小说。

（Stuttgart）接受成为建筑师的训练。1895 年，当时 24 岁的他来到了约翰内斯堡。自此，他在南非住了接近十年，当时的山道被弗洛・齐格飞（Flo Ziegfeld）发现并被塑造成国际巨星，并于 1904 年，山道将他的表演——一种男性脱衣舞，带到了约翰内斯堡。[1] 很难想象，尚未遇到甘地的卡伦巴赫居然错过了机会，去重新认识他的哥尼斯堡老乡。

1909 年，他从伦敦寄回的一封信件中写道："你的肖像（唯一的肖像）放在我卧室的壁炉台上，壁炉台在床的对面。"[2] 他随后说道，棉絮和凡士林"经常让我想到你"。接着，他继续说："这让你也让我想到，你是何等地完全拥有了我的身体。这是出乎意料的奴役状态。"我们应该如何理解"拥有"一词或是甘地提到的凡士林呢？这里的凡士林是在当时乃至现在常用的多用途的药膏吗？看起来最站得住脚的猜测是这样的：伦敦酒店房间的凡士林可能与灌肠有关，因为甘地定期做灌肠。或者这是以另外的方式预示着晚年的甘地对按摩的热爱，在阿什拉姆，按摩是他日常生活的一部分，并且也为人们所熟知，这也引起了一些人的窃窃私语，自从人们得知他主要依靠女侍从给他按摩，这些流言就从未停息。[3]

两年之后，甘地律师起草了一份故作严肃的协议书给他的朋友签字，协议中使用了戏谑的绰号和书信体问候语，这几乎肯定是这对伴侣中更为诙谐幽默的甘地发明的。由于比甘地小两岁，卡伦巴赫被称作议会的"下院"（这似乎是对他作为"拨款"源头的一个戏谑的比喻），甘地是"上院"（因此可以投票否决过分的支出）。下院可以对健身以及公社（当时他们创建的托尔斯泰农场）的每件实际事务发表意见。上院负责深思考量，制定战略，并在这一段感人的"两院制"关系中对他的另一半进行道德引导。这一份协议书的署名日期为 1911 年 7 月 29 日，正是卡伦巴赫启程赴欧的前夜，"上院"让"下院"承诺"绝不在此期间缔
90 结婚约"，也不"好色地关注其他任何女子"。[4] 随后，上下两院互相承诺给予彼此"更多的爱，还是更多的爱……这种爱如他们所希望的，是全世界不曾见过

[1] 查普曼（Chapman）:《华丽的山道》（*Sandow the Magnificent*），第 153—154 页。

[2] 《圣雄甘地全集》（*CWMG*），第 96 卷，第 28—29 页。

[3] "此外，甘地很关注便秘问题，他经常服用灌肠剂，至少部分是因为他觉得他的身体需要保持完全干净。"约瑟夫・奥尔特（Joseph S. Alter）:《甘地的身体：性、绝食与民族主义政治学》（*Gandhi's Body: Sex, Diet, and the Politics of Nationalism*），费城（Philadelphia），2000 年，第 36 页。

[4] 《圣雄甘地全集》（*CWMG*），第 96 卷，第 62—63 页。

的”。截止到那时，除去 1908 年甘地被捕入狱和 1909 年赴伦敦游说的时间之外，他们两人在一起的时间超过 3 年。

记住一点，我们只有甘地的信件（开头都是固定不变的：“我亲爱的下议院”）。因此，甘地在信中开玩笑的笔调很容易让人误解，尤其是当忽略信中的其他内容以及这些信件宏大的语境时，我们就会出现这种错觉。对此可以有两种解释，我们既可以一直猜疑下去，也可以更仔细地审视这段时间里这两个人实际上谈论的事情——他们为抑制性冲动所做出的共同努力。

1908 年，在甘地搬入其住处后不久，卡伦巴赫给他身处德国的兄弟西蒙（Simon）写了一封信。这封信表明，卡伦巴赫受到他住客的影响已经有一段时间了。“自两年前开始，我不再吃肉；自去年起，我也不再吃鱼了。”他写道，“在过去的 18 个月中，我放弃了性生活……我改变了我的日常生活，使之更加简单。”[1] 随后，正是卡伦巴赫向甘地指出，牛奶具有激发性欲的作用，会引起性唤起。[2] 甘地一向极其严厉地进行食物试验，他将巧克力纳入禁食的范围。“我在巧克力里看到了死亡。”[3] 他教导波拉克，波拉克在这期间并没有参与卡伦巴赫已欣然接受的饮食试验。很少食物会是“热的”，因为热的食物会刺激不必要的胃口。他给卡伦巴赫寄去一首关于不贪图“肉体愉悦”的诗。[4] 诗歌表明，我们拥有身体是为了学会“自我控制”。

这位来自波罗的海海岸加里宁格勒的犹太建筑师和这位来自阿拉伯海海岸博尔本德尔、出身于班尼亚种姓的律师，最初同住在奥查兹（Orchards），是约翰内斯堡北郊最古老的地区之一。他们住在一栋称为“克拉尔”（Kraal）的房子里，房子得名于荷兰语，本意是“家宅”，如今在非洲，这种房子被广泛地应用于乡村围场中。[5] 其设计的灵感也是来自非洲。当地有一种圆形茅屋——圆形的茅草盖结构，黏土筑起的墙壁，有的墙壁还用石灰粉刷过，卡伦巴赫以此为参照，建造了松树街（Pine Street）15 号的房子。他和甘地一同在那里居住了一年半。这

[1]　萨里德（Sarid）和巴托夫（Bartolf）：《赫尔曼·卡伦巴赫》（*Hermann Kallenbach*），第 16 页。

[2]　甘地（Gandhi）：《自传》（*Autobiography*），第 294 页。

[3]　《圣雄甘地全集》（*CWMG*），第 96 卷，第 71 页。

[4]　同上，第 129 页。

[5]　让·布兰福德（Jean Branford）：《南非英语辞典》（*A Dictionary of South African English*），开普敦（Cape Town），1980 年，第 147 页。

栋房子如今还在（最近被一家法国公司买下，准备将其建成一个旅游景点，又一个甘地博物馆）。实际上就是两座圆形茅屋，通过巧妙的手段连在了一起，同时通过一个高高的篱笆与外界隔离开来。篱笆上挂着警示牌，那时这种警示牌在北郊的篱笆和围墙上随处可见，警示牌警告外人擅自入内将受到“武装自卫攻击”。
91 很明显，这一警告不符合甘地的作风。当甘地发现卡伦巴赫自命为他的保镖，并在帕坦人袭击事件之后开始携带左轮手枪时，他要求卡伦巴赫停止这种行为。

之后，这对伴侣搬到了一处叫作林克斯菲尔德（Linksfield）的地方。在那里，卡伦巴赫建了一座名为“山景”（Mountain View）的大房子，不出所料，甘地对此表示有所疑虑。在这一段时期里，他给自己指定的任务之一就是要给这位与他同居一室的友人进行关于克己的教导。他反复教导卡伦巴赫，希望卡伦巴赫不再使用他的新车，并通过减少个人支出以践行两人均做出的安贫誓愿。“这次我希望，我们过的不是贵族式的简单生活而是真正单纯的简单生活。”在新房子真正开工之前，甘地如是写道。1910 年的一段时间里，他们就住在建筑工地的帐篷里。种种迹象表明，甘地真正所想的是要让卡伦巴赫停止他建筑师的工作——就像此刻的他一样，准备放弃律师的工作——然后与他一同回到凤凰村，共同为凤凰村的事业效力。甘地在《印度舆论》中满怀希望地用赞扬的口吻这样描绘他的伙伴：“看起来，卡伦巴赫先生会慢慢地放弃他的建筑师工作，然后完全安贫乐道地生活。”

卡伦巴赫承认他动心了，但尚未表示同意。他的办公室仍然开门待客，生意依然红火。原因之一是，他一次性竞标到一个新犹太会堂、一个基督教科学派教堂和一个希腊东正教教堂的项目。托尔斯泰农场一共有 11 平方千米土地，这些土地都是他买的。这样大手大脚的花钱方式恰好证明了他对自愿贫穷的理念抱有严肃的态度。他和甘地都写信给奄奄一息的托尔斯泰，将他们的计划告诉他。托尔斯泰农场满足了甘地的迫切需要。那时他有了一个地方去安置那些被捕入狱的消极抵抗者的家眷，这是日益淡出公众视线的萨提亚格拉哈运动的一部分，同时，他也可以借此处训练新的抵抗者。而且，这还是一个他可以试验教学法和小型经济方案的场所，他在名为《印度司瓦拉吉》（*Hind Swaraj*）的小册子中大力鼓吹这些东西。《印度司瓦拉吉》是他所写的长期以来最具争议的一部重要著作，书名可以翻译成《印度自治》，或者不那么严谨地译为《印度自由》。1909 年，甘地在白厅的游说徒劳无功，乘坐基尔多南城堡号（Kildonan Castle）轮船返回南非，他在回途的10天里迅速地写就了《印度自治》一书。

这本见解独到的小册子以一种苏格拉底式的谈话方式进行论述，表达了他对大英帝国体制、整个西方世界以及各地现代工业社会的失望，对暴力作为政治策略的反对，以及对印度乡村的浪漫感情，尽管当时他还没有亲自体验过乡村生活。他对现代生活方式全然排斥，包括现代医疗、律师（像他这样的人）、铁 92
路（他的余生十分依赖的铁路）以及议会政治（印度民族主义者一直在争取的体制）。除了这些复杂的、折中的思想来源以外，更令人惊讶的发现是，这本小册子的直接灵感来源既不是托尔斯泰也不是拉斯金，而是一位名为切斯特顿（G. K. Chesterton）的英国天主教徒。切斯特顿是一个多产作家，在《伦敦新闻画报》（*Illustrated London News*）当专栏作者，甘地在伦敦的时候刚好看到他的专栏作品。在其作品中，切斯特顿提出了一个问题：一个真正的印度民族主义者，即“一个真正的印度人”，会对一个试图在英国统治下建立英式机构、传播英式思维的帝国主义者说些什么呢？

“生命非常短暂，一个人必然是以某种方式活着，然后在某处死去。”针对上述反问，这位英国作家口中的“真正的印度人”如是回应道，“在你们最伟大的共和国，一个农民所能获得的身体上的享受并不比我多很多。如果你们不喜欢我们这种精神上的愉悦，我们不会强加于你。你可以离开，让我们享受这一切。”[1]在甘地的《印度自治》当中出现的叫作“编者”的人，就是一位真正的印度人。切斯特顿并没有给甘地什么新的点子，但是却向他展示了那些逐渐产生的新想法是如何去定义一个人的。甘地在这几页书中所写的一切，很快就会在现实生活中践行。这位编者很快就会成为圣雄，12年后，他第一次在印度发起不合作运动时，就会将书中的一个主题付诸实践。“英国人并没有拿走印度。”“编者”如是说，“是我们把印度给了英国人。”[2]他的答案是“停止愚弄被统治者”。这不仅仅是甘地随后将会开展的运动的前奏，也是对他们运动的基本主题的一个宣告。

前去英国为德兰瓦士的印度人争取权利的任务失败了，甘地在返回南非开普敦的路上完成了《印度自治》，尽管如此，“南非”这个词在书中并没有出现。在

---

[1]《圣雄甘地全集》（*CWMG*），第9卷，第426页，引用了1909年10月2日《伦敦新闻画报》（*The Illustrated London News*）上刊载的切斯特顿（G. K. Chesterton）的原创文章。同时可见于佩恩（Payne）：《圣雄甘地的生与死》（*Life and Death of Mahatma Gandhi*），第213页。

[2] 莫·卡·甘地（M. K. Gandhi）：《印度司瓦拉吉》（*Hind Swaraj*），第39、114页。

他心中，他已经开始考虑动身回印度的事，很快，他的这本小册子在印度被认为具有颠覆性而被禁。实际上，与对英国殖民统治的颠覆性相比，这本小册子对甘地之前的印度民族运动更具颠覆性，因为甘地之前的印度民族运动的领导层是英国化的，价值观也是从英国输入的。这本小册子的作者在过去的20年里只在印度待了不到5年，他大胆地承认："我们为之代言的人，我们并不认识他们，他们也不认识我们。"[1]这也暗中为他自己设置了挑战。但他的批评对他在南非领导的运动也同样适用——尤其是在纳塔尔的运动。建立托尔斯泰农场的一个很浅显的目的就是能够使甘地和卡伦巴赫——在《印度自治》手稿中第一个出现的人物——弥合印度人之间的社会鸿沟，这也是他最终会意识到的。从伦敦返回的6个月后，甘地着手起草了第一份与卡伦巴赫的非正式契约，为新社群建立基本的
93 规章制度。文件表明："对卡伦巴赫和甘地来说，到农场去的主要目标是要把他们自己训练成农场劳作工人。"[2]近一年之后的1911年5月，随着农场得以建立起来并开始运营，甘地告诉波拉克："我应该从大众视线里销声匿迹……将自己安身于农场之中，并把我的注意力放到农耕与教育事业上。"[3]农耕生活让甘地对非洲人民和印度人民（比如那些在土地上劳作的契约劳工）的天赋有了新的认识。"他们比我们当中的任何一个都要有能力的多。"[4]他在《印度舆论》上写道，并在文中将田野劳工与那些对他的领导提出批评的第二代印度白领职员做了详细对比。"如果这些伟大的当地农民停止工作一个星期，我们这些人大概都挣扎在饿死的边缘了"。

但是，甘地在其所创办的学校上倾注了大量的心血，他每周工作6个下午，外加每天晚上，这是他1911年下半年主要的精力所在。他于9月9日写给卡伦巴赫的信中提到"这是我的主业"。[5]学校招募的学生并不多。甘地在膳食上的一系列要求使入学率一直处于非常低的状态。在校学生必须保证无盐饮食，因为他发现盐"会使我们吃得更多，欲望也变得强烈"[6]。20年后，一次著名的示威游行

[1] 莫·卡·甘地（M. K. Gandhi）：《印度司瓦拉吉》（*Hind Swaraj*），第70页。

[2] 《圣雄甘地全集》（*CWMG*）第2版，第11卷，第428页。

[3] 同上。

[4] 莫·卡·甘地（M. K. Gandhi）：《致殖民地出生的印度人》（*To the Colonial Born Indian*），《印度舆论》（*Indian Opinion*），1911年7月15日。

[5] 《圣雄甘地全集》（*CWMG*）第2版，第12卷，第49页。

[6] 同上，第11卷，第169页。

展现了甘地在意识形态上的灵活性。他宣称，盐是生活必需品之一，同时盐成为他激进非暴力运动中最成功的一次实践的核心，这次实践就是1930年的“食盐进军”（Salt March）。那时在托尔斯泰农场，他放宽了限制，允许在饮食中添加适量食盐，学生入学人数随即增加到25人，他不无骄傲地提到其中有8个学生是穆斯林。[1]凉鞋制作也包含在学校的课程之中。甘地派遣卡伦巴赫去往凤凰村的一座特拉普派（Trappist）修道院学习手工制作，建筑师将技艺教给这位律师，然后这位律师又教给他的学生。很快他们就编出50双凉鞋，甘地将其中一双送给了他政治上的对手扬·史沫资将军。

甘地在托尔斯泰农场担任校长和首席医务官，当时这个农场一度在他生命中占据着重要的位置。反对德兰士瓦种族主义立法的萨提亚格拉哈运动已渐渐有所失色，退入幕后。甘地与时任新联邦政府国防部长及矿业部长的史沫资进行了非正式谈判，但是会谈的重点却集中在开设使用印度语言和文字的课程、采用印度饮食结构，以及用自然疗法代替过分自信的现代医学。与过着传统婚姻生活的政治斗士泰姆比·奈杜或者波拉克相比，卡伦巴赫更多地参与到了这些“实验”中，他看起来是在全心全意地贯彻着发展中的甘地主义价值观，而非有选择性的行动。他所做 94
的远超追随者所为，但还不够与甘地平起平坐。据我们所知，他从未对已成为他伙伴的这位精神探索者提出异议。

迈着大步的卡伦巴赫，1912年

最初达成的协定上明确写明，卡伦巴赫将住在远离定居者的地方，而甘地大部分时间都与他住在一起。之后，甘地夫人从凤凰村搬去托尔斯泰农场，在那里生活

[1]《圣雄甘地全集》（*CWMG*）第2版，第96卷，第96页，记述了甘地通知卡伦巴赫改变饮食之事。因为他早期坚持食用无盐食物，他说“要使血液高度纯洁”。可见于第11卷，第13C、150和507—508页。

了一年多。我们尚不清楚这带来了什么具体的影响。截止到那时，甘地夫人嘉斯杜白和她的丈夫分房而居长达 5 年多的时间。在托尔斯泰农场，他们睡在不同的走廊里，各自的走廊被甘地学校的学生围绕着。

甘地在托尔斯泰农场生活的这段时间里，有一样东西很容易被忽略，那就是他对卡伦巴赫的情感在他内心转变过程中产生了何等重要的影响。他不仅热衷于改变他的同伴，也尽力使他们的情谊长久不变。而建筑师则摇摆不定，过着两手生活。当他与甘地在托尔斯泰农场生活时，他也成了一名犹太复国主义者（Zionist），同时也变成了一个更加遵守教法的犹太人。在逾越节（Passover）的时候，他带着甘地去犹太教堂，同时还让甘地试吃无酵饼。有几周，为了移居印度，他学习印地语。在其他的几周里，当不确定在仍难以想象的独立印度的未来
95 里能够与甘地在一起生活多久时，他又去学习希伯来语（Hebrew），为巴勒斯坦（Palestine）的新生活做准备。这位建筑师的心情起伏变化，每天心情的最准确标示就是他所选择学习的那门语言——是印地语呢，还是希伯来语？当甘地花时间与他人相处并不吝赞美的时候，他就会非常沉郁（如果他不是嫉妒的话）。为了保持二人的亲密关系，两年多以来，甘地一直忍耐着这一切。

卡伦巴赫心情的起起落落可见于他在 1912 年和 1913 年保管的一本预约和账簿本，现存档于印度艾哈迈达巴德（Ahmedabad）[1] 的萨巴玛蒂阿什拉姆（Sabarmati Ashram）[2]。一方面为了生活节俭，另一方面则是为了强身健体，卡伦巴赫和甘地时常从农场（靠近一个名为劳利的火车站）出发，步行约 34 公里到约翰内斯堡城中心，其间他们会穿过一片辽阔的大草原，后来在种族隔离时期，这片草原演变成了索韦托（Soweto）[3] 的黑人城镇。每一次步行，卡伦巴赫都会记录时间。他和甘地步行时，凌晨 4 点就出发，每次都要花 5 个多小时才到达位于约翰内斯堡中心各自的办公室。他自己一人步行时，每次都尽量减少一个小时的时间。在这些记录中，甘地就只是“甘地先生”而不是“上院”。如此正式的称

[1] 译注：艾哈迈达巴德（Ahmedabad）：又译阿麦达巴，在郑和时代译作阿拨巴丹，是印度古吉拉特邦的第一大城市和重要纺织工业中心，交通枢纽，也印度的第六大城市。

[2] 译注：萨巴玛蒂阿什拉姆（Sabarmati Ashram）：甘地的静修院，也叫甘地阿什拉姆（Gandhi Ashram）、哈里真阿什拉姆（Harijan Ashram）或萨提亚格拉哈阿什拉姆（Satyagraha Ashram），坐落在古吉拉特邦艾哈迈达巴德市萨巴玛蒂郊区萨巴玛蒂河岸，离市政厅约 6 公里。

[3] 译注：索韦托（Soweto）：南非东北部城市，位于约翰内斯堡的西南方向，是南非最大的黑人城镇。

呼似乎坦言了两人的关系，无论如何为人所知，两人的关系并不是平等的。

如今，劳利仍是一个火车站点。它旁边是一个巨大的棚户区，建于种族隔离后，里面的小屋用金属块和泥土建成，挤压在一起，这片区域实际上是一个废弃的白人农场。当有人试着在此处重建托尔斯泰农场并树立一座纪念碑时，棚户区的擅自占用土地者很快就将土地抢占一空。2008 年，我拜访此处时，一个标志都没见到。那里剩下的只有这些东西：砖块堆成的长凳、旧农舍的地基、用篱笆精心围起来的房子（在附近砖窑工作的几名白人股东的房子），以及一些被烧焦的桉树和几棵果树，这些树大概是一个世纪前卡伦巴赫亲手种植的那些树的后代吧。最后，此地还有由此能够看到的小镇景色和挖矿挖出的矿泥堆，约翰内斯堡的甘地应该无法辨认出这一切。

在他们那个时候，甘地和卡伦巴赫继续进行节食试验，将每日一次的进餐量控制为一顿精心搭配的晚餐。大概每个月，卡伦巴赫都会记录下他与甘地先生的“长时间讨论”。记录里面没有具体的细节描述，但有时这些对话会让卡伦巴赫下定决心继续学习印地语，并放弃现有的职业。后来出现了一个人与他争夺他灵魂伴侣的注意，这让他陷入深切的怀疑之中。日记中最私密和有趣的记载见于 96
1913 年 8 月 27 日，即甘地搬回凤凰村 8 个月后。托尔斯泰农场关闭之后，卡伦巴赫回到了“山景”，甘地到访时跟他住在一起。之后，甘地的约翰内斯堡朋友圈中出现了另外一个犹太人，她就是甘地精明强干的秘书索尼娅・史丽新（Sonja Schlesin）。据记载，1905 年，正是卡伦巴赫将比他小 17 岁的索尼娅・史丽新介绍给甘地，他们两家在故乡相交甚好。但是，他逐渐注意到史丽新在与甘地共处的时间上很“霸道”，于是在某种程度上，他便将她视作一个对手。“鉴于史丽新小姐拜访‘山景’时，独自一人走去办公室。”卡伦巴赫写道，“关于她的讨论使得甘地先生起了誓，那对我来说真是难熬的一天。”

倘若这个记载是一段古老的楔形文字铭文，那些铭文也不会比现在的这个记载更难解读。他是在暗指甘地的禁欲主义誓言？还是上个月凤凰村发生的因涉及肉欲的行为而导致的最近的绝食誓言？（甘地认为，并没有什么“无罪的”的性行为，早些时候他便抱怨过凤凰村里一例“过分挑逗”事件。[1]）显然这两个誓言并不是卡伦巴赫所思考的问题。他可能指的是只有他和甘地知道的誓言。虽然事

[1] 《圣雄甘地全集》（*CWMG*）第 2 版，第 11 卷，第 190 页。

件背景非常模糊，但这一次，卡伦巴赫的感觉却跃然纸上。在日后的岁月里，这样的竞争和嫉妒将长期存在于甘地的随从们之间，但卡伦巴赫是与众不同的那个。当甘地离开约翰内斯堡时，甘地似乎是丢下了他，并与他一刀两断。事实上，早在 1913 年初，甘地在搬家时就假设了他最亲密的朋友最终会跟他一起搬走。察觉到卡伦巴赫“暧昧不明”的态度，甘地便用哄骗且消极抵抗的方式请对方“考虑像我们曾经拥有的那种共同生活”。但他的心绪线索是十分清晰的：在打包他自己的各色物品寄去凤凰村的时候，他同时也把卡伦巴赫的书和工具捎带上了。当“下院”向他要回这些东西的时候，“上院”感到很受伤。即使这样，他也没有交出这些物品。[1] 诚如我们所看到的那样，事情远未结束。卡伦巴赫最终投身于甘地在南非发动的最后一次也是最浩大的一次萨提亚格拉哈运动，然而后来又因为甘地与新结交的英国牧师查尔斯·安德鲁斯（Charles F. Andrews）交情甚密而感到心神不宁，由此再度退出。“虽然我喜爱安德鲁斯也深切仰慕着他。”甘地写道，“但我不会拿他来代替你。你仍然是我最亲爱且最亲近的人……我明白，我在这个世界的孤独旅程中，你会是最后一位与我道别的人（如果可以
97 的话）。我还有什么权利对你提出这么多要求！”[2]

如此这般，我们还有很多疑惑尚未解开。问题的答案只能是关于爱、奉献以及无条件的支持。用甘地的话来说，卡伦巴赫是“一个有着强烈情感和博大同情心，同时又像孩子般简单的人”。[3] 在另一场合，甘地抱怨他的朋友“病态的敏感”[4]，也就是说，他的嫉妒和多疑似乎产生了别的影响。在卡伦巴赫离开南非的 3 个月之前，甘地再次向他的犹太灵魂伴侣保证：“对我来说，你就是你，独一无二。我曾经告诉过你，只有你抛弃我的份儿，我绝不会弃你而去。”最终卡伦巴赫在甘地的劝说下妥协了。他同甘地一起乘船离开了南非，那时，他还抱着全程陪伴甘地去往印度的念头，但这个念头很快就消退了。

萨提亚格拉哈运动、托尔斯泰农场和卡伦巴赫，这三样连接甘地与德兰士瓦的纽带不会轻而易举地断掉。但是在 1913 年 1 月 9 日——这一天卡伦巴赫的日记匆匆带过，他写到“甘地先生及托尔斯泰农场剩下的人都去了凤凰村”——这

---

[1] 《圣雄甘地全集》（*CWMG*）第 2 版，第 96 卷，第 220 页。

[2] 同上，第 96 卷，第 166 页。

[3] 甘地（Gandhi）:《南非萨提亚格拉哈》（*Satyagraha in South Africa*），第 171 页，转引自韦伯（Weber）:《作为信徒和导师的甘地》（*Gandhi as Disciple and Mentor*），第 71 页。

[4] 《圣雄甘地全集》（*CWMG*），第 96 卷，第 118、183 页。

当中表达最强烈的是建筑师的个人因素。只有把这些因素考虑在内，我们才能合理地解释为何甘地长期远离纳塔尔的印度人政治运动。

甘地离开德兰士瓦返回凤凰村的时机对纳塔尔印度人政治运动的影响微乎其微，很显然是因为当时他离开纳塔尔已有 10 年之久。[1]1912 年，在为期 5 周的成功的南非巡回之旅的尾声，他未来的导师戈帕尔·克里希那·戈克利曾让他起誓，这让一切都受到了影响。当时，这位印度人领袖的到访使甘地走出了托尔斯泰农场的静修处，同时也受到了各种有组织的盛况接待——比如大批群众致敬、人们夹道欢迎，以及由当时高官显要出席的市政招待会（在当时，出席的几乎都是白人）。在南非，这种盛况一般用于迎接英国的内阁大臣。当访问结束的时候，戈克利乘船回国，甘地和卡伦巴赫一直陪同他直到桑给巴尔（Zanzibar）[2]。当时沿路的东非各港口的印度人社群纷纷来迎接领袖们，他们发现这位从约翰内斯堡来的律师穿上了印度服装，这是甘地在南非第一次这样着装。约 20 年前，这位从伦敦归来的绅士在从印度来到南非的次日就戴着头巾进入了德班的法庭。这位长辈（“他的双眼总是盯在我身上。”[3] 甘地在日后如是写道）利用船上的时间谈论了种种重要的政策。“通过这些谈话，戈克利让我做好准备回印度。”[4] 甘地说 98
道。当他们在桑给巴尔话别时，戈克利几乎是以命令的语气劝说甘地在一年之内把南非放下，回国完成他的使命。甘地似乎答应了会努力这么做。他于 1912 年 12 月中旬返回托尔斯泰农场，仅用了 4 个星期就结束了那里的真理试验，并将活动中心转移到凤凰村。在他自己看来，这仅仅是更长的向东旅程的开始，而这次旅程一直是不可避免的。“时机一到，我就回去。”[5] 当归国的这个话题被提出来以后，他如是写道。似乎是“内心的声音”在帮助他了解何时是他“撤回”的最佳时机，“撤回”一词是甘地在给卡伦巴赫的信中所提出的。[6]

然而，很多未竟之事仍然需要他去处理。甘地认为自己在 1911 年初时与史沫资达成的妥协能够让他为萨提亚格拉哈运动画上句号。该运动一直是他长驻

---

[1] 1903 年 2 月 16 日，甘地向约翰内斯堡法庭递交申请后便定居于此。米尔（Meer）:《南非的甘地》（*South African Gandhi*），第 37 页。

[2] 译注：桑给巴尔（Zanzibar），位于坦桑尼亚东北部的桑给巴尔岛，是印度洋沿海重要港口。

[3] 甘地（Gandhi）:《自传》（*Autobiography*），第 222 页。

[4] 甘地（Gandhi）:《南非萨提亚格拉哈》（*Satyagraha in South Africa*），第 269 页。

[5] 《圣雄甘地全集》（*CWMG*），第 11 卷，第 161 页。

[6] 纳亚尔（Nayar）:《圣雄甘地最后入狱的日子》（*Mahatma Gandhi's Last Imprisonment*），第 187 页。

德兰士瓦的公开说辞。那一年刚好是南非第一届政府——很显然，成员都是白人——成立的第二年。其实，甘地准备接受的这项妥协对于当时四面楚歌的印度人社群而言，几乎没有为他们真实的境遇带来什么改变。新的白人议会废除了要求在德兰士瓦的印度人登记注册的“黑色法案”（既然所有的印度人已经登记注册了，这部法案又有何价值），同时，那部毫不隐瞒地歧视亚洲人的移民法律将被一部似乎是不包含种族歧视术语的法律所替代，而新法律却隐含着歧视亚洲人的元素，实际上仍是用来歧视亚洲人的［比如，用欧洲语言进行文化水平测试，移民在测试时可使用的语言还包括意第绪语（Yiddish），但必然不包括印地语、泰米尔语以及任何印度的语言）。荒谬的是，为了摆出一副符合平等原则的样子，该法案仍保留着早期草案当中的条款——每年允许 6 个“受过教育”的印度人（指那些接受过英语课程的印度人）进入德兰士瓦。但在这种方法下，即使是符合西方标准的印度人，实际上十有八九仍然会被拦截在外。

从更广阔的背景来看，出生在南非的第二代印度人正准备行动，那项“妥协”并没有做出多少承诺。如果这项法案得到通过，印度人仍然没有投票权；拥有土地和从事商业的权利仍然受到种种严苛的限制；契约劳工制度仍然存在；印度儿童受教育的机会仍然在敌对的白人当局的控制之下。然而在 1911 年以来的
99 几个月里，法案似乎已经敲定。随后，政府提出了几项议案，似乎是要在极其有限的范围内实现甘地和史沫资所达成的协议目标，然后将其他法律中语言晦涩、模糊不明且交叉引用的法律条文拿出来分析、回溯、解读，唯一明显的一点就是，甘地的诚意再一次被利用了。那些在一项条款里被允诺给予的权利，又在另一项条款中被收回了。如果这一切有什么作用的话，那就是这项立法草案使得印度居民的境况更糟糕了，同时也拉高了移民的门槛，面临新的抵抗，甘地自己也不得不承认，他反复讨价还价推出的移民改革却导致了新的《亚洲人驱逐法案》（*Asiatic Expulsion Bill*）。[1] 之后，当局又承诺起草新的法案，随后又收回法案，又再次承诺，当局借此按兵不动，消磨甘地的耐性，试探印度人的决心。在发起萨提亚格拉哈运动 5 周年之际，他拿不出任何东西来展示由他的领导力所激发的抵抗运动。印度人被捕和入狱的次数达 2000 多次，有的人被判 6 个月的苦役，诸如泰姆比·奈杜和甘地之子哈里拉尔这些人，则反复入狱。成百上千的抵抗者被

[1] 《圣雄甘地全集》（*CWMG*），第 11 卷，第 229 页。

遣返回印度。[1] 整个世界曾一度十分关注印度，但新的白人政府又采用策略压制住了甘地。失望的情绪开始积累，在纳塔尔尤其如此，甘地于 1913 年初回到了该地。

随后，他做了一些令人印象深刻的事情，加高了他的“筹码”。他提出了新的质询，并将此放到了他任务清单的首位，因为该质询的分量更重。这份质询直截了当地问及核心的问题：南非的印度群体是被认作暂居者还是永久居住者？这份质询承载着更加激进的意义，对最贫苦的印度人——纳塔尔的契约劳工产生了极大的影响。甘地一直将这种置他们于辛苦劳作的制度称为“变相的奴隶制”。[2] 还有一件看起来有点突然的事情，那就是甘地制定了新的萨提亚格拉哈运动的目标——废除纳塔尔范围内对前契约劳工课征的每年 3 英镑的人头税。在之前两年的运动中，他一直威胁说要这样做。

这件事往往被描述成甘地在这 20 年里反对契约劳工制度以及人头税行动理所当然的、无可避免的高潮。当时甘地将人头税称为“血汗税”，这项税收政策自 1895 年就开始实行，用来驱使契约劳工在契约期满以后返回印度或者通过签订新契约延长契约期限。

事情远比此复杂。原本的提案是要在每个前契约劳工身上收取 25 英镑的人头税，这项征税远超出他一年的收入。因此，即使是甘地，也无法凑齐这笔钱。 100

甘地亲自起草了抗议声明，经由纳塔尔印度人大会提出，这份声明被提交至白厅的帝国当局后，男子、妇女和小孩的人头税减至每人 3 英镑——对于自认为幸运的工人而言，如果他们每月赚 1 英镑，这样的税收依旧很繁重。这些年来征收的税款一直参差不齐，但随着前契约劳工拖欠税款的罚金累积，白人法官以此为托词，以藐视罪名把他们投进监狱。早前，在关注契约劳工和前契约劳工的苦境方面，没有人比甘地更有说服力。“对于正在挨饿的人而言，实际上就是无家可归。”1903 年甘地写道，“哪里能够勉强糊口，哪里就是他的家。”[3] 从这一标准看，比起劳工们逃离的贫瘠的印度村落，纳塔尔貌似更像“家”。

但甘地在德兰士瓦的那些年，契约劳工并不是他关注的对象。契约劳工和他

[1] 赫滕巴克（Huttenback）:《甘地在南非》（*Gandhi in South Africa*），第 264—265 页。

[2] 《印度舆论》（*Indian Opinion*），1908 年 3 月 10 日；收录于米尔（Meer）:《南非的甘地》（*South African Gandhi*），第 964 页。

[3] 同上，1903 年 9 月 17 日；收录于米尔（Meer）:《南非的甘地》（*South African Gandhi*），第 969 页。

们遭受的痛苦都在纳塔尔，通常脱离了他的视野。1911 年，当纳塔尔土生土长的第二代印度人团体在德班发起废除人头税运动时，退居到托尔斯泰农场的甘地没有到场，他似乎对印度人请求他支持的呼吁无动于衷。也许他认为支持一场具有新要求的运动，可能会使他断送与史沫资行将达成交易的机会。或者，也许从利己的角度讲，当时他感受到了未来年轻领袖的挑战。不管动机何在，他就是不喜欢鼓动抗税的倡议者。这个倡议者就是艾亚尔，他是《非洲纪事报》桀骜不驯的独立编辑，在周报上表达了他对甘地的态度，他的态度变化莫测——从尊敬到批判，从批判到愤怒。《印度舆论》刊登了一条简讯，提到成立了一个旨在发动抵制人头税运动的委员会，由艾亚尔担任秘书。[1] 这场反抗 3 英镑人头税的运动以请愿和开会的形式蹒跚持续了数月，当此类事情牵涉到印度人利益的时候，通常是由甘地的报纸记载。但是，简讯上对以艾亚尔为首的委员会并没有进一步说明。后来，波拉克犯了个显而易见的错误，他给甘地写信，说了些对艾亚尔有利的话。甘地回答说："虽然你在其中一封信中有这样的评价，但是我仍然很不相信艾亚尔有诚信可言。他是一个变化莫测的人，可以今天写文章支持，明天就翻脸。"[2] 这封信表明约翰内斯堡时期的甘地仍然不仅受到白人的批评，而且受到他
101 自己同胞的批评，这是多么的异乎惯例。此外，这封信也证明，他曾经是《非洲纪事报》的读者。

艾亚尔的鼓动从未取得巨大进展，他似乎没什么组织才能，也没有那种能够把自己投进监狱做出个人牺牲的兴趣。但他的鼓动确实让甘地再次思考纳税问题。甘地一直最希望的是废止对妇女征收人头税，不是作为印度人抗议的结果，而是史沫资展示白人诚意的一种姿态。[3] 显然他们已经讨论过这个想法了，即甘地不接受采取更为积极方法的这些想法。当时《印度舆论》的一名英国编辑阿尔伯特・韦斯特（Albert West）建议甘地，他可以发起他自己的反抗纳税的运动。但这就意味着甘地要离开托尔斯泰农场，来到德班。那是 1911 年末，而甘地还没有为此做好准备。不同寻常的是，甘地对这个建议不予理睬。"我现在感觉不到那里印侨团体的活力。"他写道，"如果我想要随心所欲地领导这场运动，我就应

[1] 《印度舆论》(*Indian Opinion*)，1911 年 9 月 16 日。

[2] 《圣雄甘地全集》(*CWMG*)，第 10 卷，第 465 页；亦可参见斯旺（Swan）:《甘地：南非经历》(*Gandhi: The South African Experience*)，第 211 页。

[3] 同上，第 11 卷，第 130 页。

该毫不犹豫地投身其中。但此刻，我一点儿都不想这么干。”[1]他反驳道，也许韦斯特应该自己去发动一场运动，这样的建议不大可能是他给这个英国人提供的。但如果他当真如此说过，那么他“就绝不可能和艾亚尔对着干”。很明显，艾亚尔过去一直在向阿尔伯特、甘地抑或同时向两人寻求支持。甘地曾提到过“艾亚尔的信件”，他把这封信交给了韦斯特，说他不想留着它。然而，他并未就此作罢。一周后，他再次写信给韦斯特，让他收集可以用来引导白人舆论的有关人头税的数据，因此，关于这个问题的消极抵抗就可以避免。[2]

接下来近一年，甘地依然留在托尔斯泰农场，就 3 英镑人头税的话题在《印度舆论》上写了一系列文章后，他在这个问题上基本无所作为，最引人注目的是，《印度舆论》没有提及德班声势浩大的运动。[3]艾亚尔先是很愤懑，接着怒火中烧，他不久前还把甘地描述成“我们崇高且备受尊敬的领袖”和“无私高贵的灵魂”。

在甘地这位冷漠迷离的领袖遭到一位名叫尚卡拉南德（Shankaranand）的斯瓦米攻击的时候，这位持不同意见的编辑曾经站在甘地这一边支持他。尚卡拉南德最近从印度来到这里，他并不遵守甘地强调的与穆斯林和睦相处的准则。这位所谓的圣人从当地印度教徒那里得到一个机会，来展示一个新人要重新点燃教派间的紧张关系会有多么容易，尽管甘地满怀希望地吹嘘说，在他的领导下，南非的印度人已经解决了教派间的紧张关系。这位斯瓦米把自己摆在前面，在布道中说印度教徒需要“一个纯粹的印度教徒做领袖，而不是一个托尔斯泰派信徒”。[4] 102
艾亚尔马上站出来，为甘地辩护。他写道，这位新人的所作所为表明，他是一个“披着隐士外衣”的政客。如果这位斯瓦米臆断自己能够“顶替甘地先生”，他说：“无论开心或是讨厌，我们都不得不说这是痴心妄想。”

仅仅 10 个月后，艾亚尔就指责甘地和《印度舆论》“运用他们的权力控制 3 英镑人头税委员会”[5]。这位《非洲纪事报》编辑全力反对这位“伟大的凤凰村先知”，当时他在报纸上强烈但并非不真实地断言，他自己努力发起的运动并没

---

[1] 《圣雄甘地全集》（*CWMG*），第 96 卷，第 98 页。

[2] 同上，第 99 页。

[3] 《非洲纪事报》（*African Chronicle*），1909 年 5 月 19 日和 1911 年 3 月 25 日；报纸的微缩胶卷藏于大英图书馆（British Library）。

[4] 同上，1912 年 6 月 8 日和 15 日。

[5] 同上，1913 年 4 月 16 日。

得到甘地的认可，“仅仅是因为运动不是由甘地发起的”。他的严词谴责一发不可收拾，他的猛烈抨击令人瞩目。他谩骂甘地的“国际追随者”，显然是指有犹太背景的波拉克和卡伦巴赫，他嘲笑他们两个是这位领袖的“忠诚首相”。他问道：为何甘地发现依靠印度人那么难？这里流露出他个人的失望以及显而易见的妒忌。

“甘地先生在扮演圣人角色之前可能是一个好人。”艾亚尔最终反思说，“但由于他是通过自身努力，而非由神圣的修道院院长任命获得这个新角色的，所以他看起来漠不关心，尽管他对人类的苦难与缺陷并非冷酷无情。”[1]这段话写于1914年初，即甘地乘船离开南非7个月之前，最后一场萨提亚格拉哈运动导致纳塔尔的矿场和种植园暂时停业，人头税也被废除——这是艾亚尔一直竭尽全力推动的事情，而这件事将由已是他抨击对象的那个人来实现。那时，这位编辑已经完全被疏远，他明显觉得甘地偷走了他的事业和本可能属于他的那份荣誉。

转折点发生在1912年11月14日，当时戈帕尔·克里希那·戈克利的南非之行快要结束，他在比勒陀利亚的首相办公室谒见了前布尔指挥官路易斯·博塔和扬·史沫资。戈克利曾在印度发起了废除契约制的运动，他明白人头税的实际意义与象征意义，是为了将前契约劳工赶回到他们逃离的印度的贫困乡村。他告诉这两位南非荷兰裔白人，这是印度和南非之间无效的、不公正且害人的联系，所以应该被废弃。由于想要取悦对方，这两人没有辩护，他们给这位访客留下的
103 印象是，他们会做必要的政治工作来说服纳塔尔的白人们。戈克利认为这算得上是一个承诺。

戈克利的这次会面交谈很可能是他自己主动提出的，但更大的可能性是甘地引导他这么做的，在他的南非之旅中，甘地每天都陪伴在他左右。甘地是上述两位官员的老对手，虽然他们一致认为与官员会面时甘地不在场会更好，但他们还是在前一晚聚在一起为这次会面做了准备。[2]几天前，艾亚尔也有机会在公共和私下场合就3英镑人头税问题劝说戈克利，所以他写道，“甘地派所做的极体贴的照顾”是为了让这位访客避开像他这样讨厌的人。[3]也许艾亚尔对这一问题的执着有些价值，正如他所言，这一问题“相当长时间以来一直对我来说很珍贵”。无论如何，一年前在托尔斯泰农场不随意“投身”反对人头税运动的甘地，当时

[1] 《非洲纪事报》（*African Chronicle*），1914年1月10日和6月10日。

[2] 拉吉莫汉·甘地（Rajmohan Gandhi）：《甘地》（*Gandhi*），第158页。

[3] 《非洲纪事报》（*African Chronicle*），1912年11月16日。

即将返回纳塔尔。他之所以这样做，如果不是因为急于发动一场战斗，那么就是在上层解决问题的前景吸引了他，这样他不仅可以战胜惹人烦的艾亚尔，而且更重要的是，这次运动表明他从未放弃对贫苦印度人来说如此重要的事情。

除了自尊心的冲突以及考虑他在印度的声誉之外，问题本身也凸显出来。事件发生的 15 年后，甘地将会写“一场全新的战斗”对废除人头税本来就很有必要，即使史沫资已经达到了他最初妥协的目的，然而这一幕并没有发生。[1] 没有任何事物表明，甘地当时是那么斗志昂扬。事实上，他很快就带着明显的忏悔，承认他和其他自由的印度人把契约劳工问题和人头税问题搁置得太久了。“所有的这些难道不是我们的错吗？”[2] 甘地回到纳塔尔，审查了前契约劳工因未履行契约或未支付人头税被起诉而遭到的监禁判决之后，痛心疾首地发问，“我们没有听见在我们门口的呼救声，谁能说清我们得承担多少的愧疚感！所有宗教都告诫我们，看到身边有难，我们就要去分担。我们却没有这样做。”

从约翰内斯堡回到凤凰村的甘地，终于不情愿地认识到这一点。他没有抓住人头税问题。几乎可以这么说，人头税问题抓住了他。但毕竟正是这个问题使他在南非的最后一次行动达到了巅峰。如果他不打算余生在那里为争取平等权利而斗争，那么他至少可以尽力信守对契约劳工的诺言。他所学到的一切——关于种 104
姓和不可接触制、关于“高等的和低等的”、关于体力劳动的尊严——成为他斗争的全副武装。起初，这主要是从书本上学来的，是这位认真的律师从托尔斯泰和拉斯金那里获得的精华。当时，在经历了战争、监禁、托尔斯泰农场、与卡伦巴赫在黎明或偶尔的黄昏往返于市中心而穿越草原的长途跋涉、脱离通常意义上的家庭之后，这位律师兼请愿者已经变成了谙熟群众行动策略的精神朝圣者。

作为一位回忆录作家，甘地和我们当今的许多作家一样，有完全记住发生在 10 年前或 20 年前的对话的诀窍。好像他早已录好音，戈克利告诉他，让他继续与博塔和史沫资会晤，“你必须在一年后回到印度。一切都已安顿好……3 英镑人头税将会被废除”。[3]

“我对此非常怀疑。”甘地本人回答道，“您没有我那么了解这些官员。作为一个乐观主义者，我喜欢您的乐观态度，但之前有过那么频繁的失望，我对这件

[1] 甘地（Gandhi）:《南非萨提亚格拉哈》（*Satyagraha in South Africa*），第 242—243、270 页。
[2] 《圣雄甘地全集》（*CWMG*），第 12 卷，第 207 页。
[3] 甘地（Gandhi）:《南非萨提亚格拉哈》（*Satyagraha in South Africa*），第 268 页。

事并不像您那样抱有期望。”

“你必须在 12 个月内回到印度，我不会听你的任何借口。”在甘地的版本中，戈克利又重申了一遍。

就这样，舞台设置好了。1913 年 4 月，史沫资在白人议会中站起来，提出他的最新尝试，即把他与甘地及戈克利达成的协议编纂成法典。印度妇女和小孩不用再支付人头税，但是合同终止后没有重新续约或没有遣返回国的男性契约劳工仍然要交纳人头税；换言之，试图获得某种自由的男人依旧需要交纳人头税。这位部长说，从未承诺要完全废除人头税。甘地说，这是对戈克利的侮辱，从而也
105 是对印度的侮辱。怀着巨大的失望，他开始筹划他在南非的最后一场运动。

第五章　领导契约劳工

1913 年伟大的萨提亚格拉哈运动是甘地人生旅程上一个显著的里程碑，一个不能轻易略过的传记性事件。这场运动成为他有效政治行为的模范或原型。如果这场运动从未发生，那么这位已经转型的精神朝圣者可能永远不会找到领导印度群众运动的勇气或精神。然而，在南非联邦狂暴且独断专行的白人政治中，当时正处于民族国家的初期，萨提亚格拉哈只不过是一场过场戏——至多是临时的消遣。史沫资后来说，印度人的地位是“一个完全从属的问题”。[1] 他的意思是印度人的权利不可能脱离更大的黑人权利问题，而黑人权利绝对不予考虑。“在南非，我们体制的整个基础就在于不平等。”他轻松坦白地说，现在看起来可能很无耻，但在那时，他那不言而喻的正确推理是理所当然的。

在白人南非的政治历史中，1913 年并没有那么显著，尽管当年印度人为了废除现在已经被遗忘的人头税而游行进军。正是在这一年，当时统治这个国家布尔战争的将军们就南非在大英帝国的正确地位，以及具体哪些白人应该掌握这个国家的权力等问题产生重大分歧。史沫资和他的首相路易斯·博塔拥护英国的“和解”政策，这预示着南非的荷兰裔白人与说英语的白人的团结，也意味着在帝国和国际问题上继续对白厅言听计从。在“南非第一”的口号下，其实真正意味着南非的荷兰裔白人第一。另一派系想要布尔战争的失败者不听从任何人，从而着手实施一项更严厉的种族隔离计划。同年 11 月，自称民族主义者（Nationalists） 106
的一部分人从此派系脱离出来，他们被证明是未来的潮流，直到一个由被压迫的非洲大多数人组成的更强大的民族主义团体最终扑面而来。

1913 年，白人的不安与内讧并非仅仅局限在上层的前将军之间。在利润丰厚的金矿基础上建立起来的新工业社会，已经被 7 月份白人矿工短暂的大罢工严重动摇，6 个月后，白人铁路工人再一次发起罢工。在第一场罢工中，包括刚刚组

[1] 米林（Millin）:《史沫资将军》（*General Smuts*），第 230 页。

建的工会，以及所谓的无政府主义共谋者盟友，数以千计的白人矿工接管了约翰内斯堡市中心。他们放火焚烧火车站以及因关注矿主路线而闻名的《星报》办公室。接下来，他们将注意力转向兰德俱乐部（Rand Club），这里是那些具有相同利益的人的严密领地。这是阶级斗争，但只代表白人。（十年之后，在另一场料想中的大罢工期间，这种同一肤色的激进主义将表现在一句改编自马克思和恩格斯的无价口号中："全世界工人联合起来，为白人南非而斗争。"）

1913 年，史沫资尚未组建他的军队。这位前布尔指挥官不得不依靠两个团的帝国步骑兵，即英国军队，来镇压罢工者，有一些罢工者曾在史沫资或博塔的指挥下在布尔战争中与上述同样的军团作过战。军队拯救了兰德俱乐部，杀了 21 个罢工者，但仍无法控制暴乱。当博塔和史沫资在没有保安随同的情况下单独出现并对矿工的要求做出妥协时，暴乱才停止。史沫资说，这是"一个奇耻大辱"。

正是在这个动荡时期——在两次纯白人大罢工之间，随着统治阶层开始分裂——甘地发起了他的运动，后来他把这场运动叙述得好像发生在真空中，似乎这片土地只居住过印度人和白人独裁者。他大批的传记作家基本上都效法他本人，对南非背景很少关注甚至不关注。这并不是说，甘地没有记录发生了什么。他为《印度舆论》写了一篇很长的文章，总结了白人与白人的阶级斗争。[1] 借用甘地文集的编辑满怀希望所作的一个"古吉拉特谚语"脚注，他说这是一座由一粒芥菜籽做成的大山。[甘地是新约（New Testament）的学生，他自己很可能知道这出自马太福音（Matthew）17:20。[2]] 如果说白人的动荡景象对南非印度人有
107 任何影响，那么甘地没有把这点讲清楚。但是，到那时，从凤凰村发给官员和白人议会议员的电报源源不断，他已经开始在电报中威胁说，如果政府坚持征收 3 英镑人头税及限制性的新移民法案，他就发动新一轮的消极抵抗，这项限制性的新移民法案几乎把所有印度人变成了"被禁止的外国人"。

这些不满似乎还不够，开普省的一项司法裁决引发了又一场争议。这项司法裁定规定，传统的印度婚姻——印度教徒、穆斯林和拜火教徒（Parsi）[3]——在南非法律中没有效力，南非法律只承认由国家认可的法官和其他官员或基督教神职

[1] 《圣雄甘地全集》(*CWMG*)，第 12 卷，第 132—135 页。

[2] 译注：耶稣说："是因你们的信心小。我实在告诉你们，你们若有信心像一粒芥菜种，就是对这座山说，'你从这边挪到那边'，它也必挪去，并且你们没有一件不能做的事了。"《马太福音》17:20。

[3] 译注：拜火教徒（Parsi）：亦译帕西人，公元 8 世纪被穆斯林驱赶出波斯，后移居印度。

人员主持的婚礼。这意味着所有的印度妻子，除了少数印度基督教徒，都过着婚外生活，他们所有的孩子在收养他们的国度看来都是私生子，这进一步削弱了他们早就薄如蝉翼的居住权。

婚姻问题如当头一棒，促使南非的印度人走出沮丧与顺从的状态。在甘地隐退到托尔斯泰农场的这些年里，沮丧与顺从似乎就一直笼罩着印度人团体。尽管甘地本人当时已回到了纳塔尔，尽管他没有出席，但约翰内斯堡仍在四五月份举行了群众集会。根据他那时的一段描述，婚姻问题甚至使甘地当时隐退的妻子变成了一名活动家。“那么，根据这个国家的法律，我不是你的妻子。”他引用嘉斯杜白在 1913 年 4 月得知这件事后所说的话。“我们回印度吧。”[1] 她丈夫回答说，他们不能放弃斗争。然后，她自愿加入斗争，自寻被捕。故事也许就像他说的那样。甘地之前没有想到妇女能这样做。在他的指示下，一个妇女机动小组很快成立，准备追随嘉斯杜白入狱。在 40 名约翰内斯堡妻子签署了一封写给内政部长的请愿书后，他写道：“我们祝贺有胆识的姐妹敢于与政府斗争，不向凌辱屈服。”[2] 这封请愿书很有可能是甘地本人起草的（肯定不是嘉斯杜白写的，她目不识丁）。

甘地最早期消极抵抗的灵感一部分是源自他在伦敦目睹的妇女参政权论者游行的例子。此例可能与当时他对印度妇女自寻被捕的想法持开明态度多少有些关系，就反主流文化这点而言，这种想法很新颖。这也是一个标志，甘地再次开始思考策略和政治问题。最初他把注意力转向了托尔斯泰农场，在他年初回到凤 108
凰村后，他把注意力转向了传播他在健康与饮食方面的最新发现。截至 1913 年 8 月，甘地在《印度舆论》上连续 33 期，就冷水澡和泥浴的功效、接种天花疫苗的危害以及纵欲的危险侃侃而谈。但是，甚至在结束系列连载之前，他就暗示下一场运动不会是上一场的简单重演。“我已经草拟了一个详尽的计划，我没有时间在这里实施。”[3] 他在 4 月底写给赫尔曼 · 卡伦巴赫的信中谈论道。两个月后，在给他的知己的另一封信中，他说他“下决心为契约劳工做些事”。[4] 学者莫林 · 斯旺逮住这句话，把它看作是一个预兆、一个转折点。她写道：“甘地本人以前从未着眼于纳塔尔的底层阶级。”但他想做的“一些事”到底是什么呢？此外，

[1] 《圣雄甘地全集》（*CWMG*），第 12 卷，第 31 页。

[2] 同上，第 12 卷，第 66 页。

[3] 同上，第 96 卷，第 121 页。

[4] 斯旺（Swan）：《甘地：南非经历》（*Gandhi: The South African Experience*），第 242 页。

“为”契约劳工做这些事是否有必要，或者说是否甚至像他在早期战略中所预示的，他可能也会和契约劳工“一起”做这些事？在1913年运动前几个月所写的信件和文章中，除了这些意味深长但模糊不清的句子外，没有什么迹象显示将要发生什么。但15年后，甘地回到印度，抽出时间撰写这个时期内他自己的故事，根据他的回顾，一切都水到渠成，有条不紊。在这里，他没有承认曾经回避加入反对人头税早期运动的请求，他说在人头税问题上对戈克利的“侮辱”，推而广之也是对印度人的“侮辱”，打开了动员契约劳工的大门。

甘地在第二本自传体著作《南非萨提亚格拉哈》(*Satyagraha in South Africa*)中写道：“因此，当人头税问题被纳入斗争范围后，印度契约劳工有机会参与进来……至今为止，这个阶层一直被置于斗争之外。”[1] 从这句话中，我们可以合理地解读出，他承认一直被“置于斗争之外”是他自己一人深思熟虑后做出的选择。后来他回忆道，尽管契约劳工目不识丁，但他们对问题的理解比他想象中要好。他继续说，他们中到底有多少人真正地加入斗争还是个谜，他对此没有线索。从这里我们可以推测，甘地想召集契约劳工的想法可能发生在9月份运动开始的几个月前，但他对契约劳工是否会做出回应没有多少信心。

有详尽的证据表明，甘地思想上的转折点可能发生在约翰内斯堡白人矿工暴力罢工的前几天，罢工发生在7月3日。不久之后，甘地就给卡伦巴赫写了那封
109 诱人的“为契约劳工做些事”的信。甘地随后于6月30日前往约翰内斯堡，就他那长期未决的、更确切地说是慢慢失色的妥协方案，与史沫资进行谈判。政府专注于自身的纷争以及白人在矿山上愈演愈烈的斗争，因此这些谈判没有取得任何进展。[2] 但甘地在约翰内斯堡停留了下来，在卡伦巴赫的山景别墅里住了大约1周。卡伦巴赫尽职尽责地在他的日记里写道，连续几天，他们去泰姆比·奈杜——泰米尔人的领袖，已证明他自己是甘地最忠诚的萨提亚格拉哈主义斗士——的家里吃午饭。第三天，他们在那里吃了晚饭。[3] 卡伦巴赫没有告诉我们

---

[1] 甘地（Gandhi）:《南非萨提亚格拉哈》(*Satyagraha in South Africa*)，第273页。

[2] 米尔（Meer）:《南非的甘地》(*South African Gandhi*)，第47页。

[3] 卡伦巴赫日记现藏于艾哈迈达巴德（Ahmedabad）的萨巴玛蒂阿什拉姆（Sabarmati Ashram）的档案室。奈杜（Naidoo）是泰卢固（Telugu）人名，不是泰米尔（Tamil）人名，但泰姆比·奈杜（Thambi Naidoo）是约翰内斯堡泰米尔人福利协会（Tamil Benefit Society）的主席。在约翰内斯堡，“泰米尔”一词似乎一直不严谨地用于指代出生于南印度的所有人，在那个时代，他们也一直被叫作马德拉斯人（Madrasi）。

其他事情，也没其他的记载。但这几顿饭不同寻常，足够吸引我们的注意力。到1913年，甘地已是个挑剔的禁欲者，他早已不在外面吃饭了，甚至不在素食者家庭吃饭。而且，即使在他勉强称得上社交的生活中，他基本上是跟他的欧洲朋友和灵魂伴侣在一起，而不是和奈杜家的人在一起。连续三天的招待表明这些可能是有目的的进餐，即席的萨提亚格拉哈高层会议或首脑决策会议——今天可能称之为隐退静修。

南非泰米尔人的口述历史给人一种印象，即泰姆比·奈杜有时不得不强迫他的领导去领导运动。果真如此吗？7月5日是保卫兰德俱乐部的军队扫射的日子，甘地和卡伦巴赫从山景走到小镇又折回。卡伦巴赫简短地描述了这场扫射，只说有“更多的人死亡”。那天晚上，他和甘地“又长时间地讨论了一番”。[1]这是否包括当天的事件呢？我们无从得知。几乎同时，博塔和史沫资到达市中心的现场，什么都做不了，只能屈从于工人的要求。甚至不用因烧毁而瘫痪的《星报》发布消息，他们撤退的消息已经传开。布尔战争的将军在压力下屈服的消息包不住了。白人矿工的事例可能成为泰姆比·奈杜的“芥菜籽”吗？他无须被告知，纳塔尔矿区的印度契约矿工大部分都是泰米尔人。考虑到他和甘地在约翰内斯堡的会议与那里白人工人阶级的起义碰巧同时发生，我们认为他从白人无产阶级中汲取灵感也不牵强。我们确实知道的是，当11个印度妇女——其中10个是泰米尔人，包括泰姆比·奈杜的妻子——10月11日因非法穿越德兰士瓦边界小镇福尔克斯勒斯特进入纳塔尔而被捕时，奈杜陪伴着她们；当她们两天后到达纽 110
卡斯尔的煤矿中心并恳求印度矿工人罢工时，奈杜依然是她们的引路人。彼得马里茨堡省会出版的《纳塔尔见闻》（*Natal Witness*）把泰姆比·奈杜视作“罪魁祸首”。[2]

甘地用契约劳工罢工威胁、烦扰政府。[3]仅仅两周前，他给内政部长写信警告说：“我们即将采取的措施……充满危险。”这一措施，正如信里阐述的，包括“请求那些现在正在履行契约合同的人以及因此在履行完契约合同后有可能支付3英镑人头税的人罢工，直到人头税取消”。罢工一结束，他也承认曾制订了一 111

[1] 卡伦巴赫日记的记载，1913年7月3日至7日，源于艾哈迈达巴德（Ahmedabad）萨巴玛蒂阿什拉姆（Sabarmati Ashram）的档案室。

[2] 《纳塔尔见闻》（*Natal Witness*），1913年10月18日。

[3] 《圣雄甘地全集》（*CWMG*），第12卷，第214—215页。

个“计划”，派泰米尔妇女到纽卡斯尔，鼓动泰米尔契约煤矿劳工，“并说服他们继续为 3 英镑人头税罢工”。罢工开始的信号是，妇女们一铺好道路，几天之后，甘地就亲自来到了小镇。甘地写道：“然而，仅仅是这些女人的出现，就像火柴点燃了干燥的燃料……我到那儿时，两个煤矿的印度人已经停止了工作。”[1]

甘地严肃地警告内政部长：“可能很难控制运动的传播不超出人们可能设置的限度。”[2] 在这里，我们在行动中看到，消极抵抗中孕育着消极进攻。数年后，他
112 作为传记作家而不是活动分子写道，对早期爆发的罢工他是“欣慰与困惑参半”。“我没有准备好这场不可思议的觉醒。”他回忆道。在他看来，尽管他孕育了这场运动且预示了它的传播，但他对运动当前的进程没有责任。他会说，责任在于政府，因为政府回绝了本已承诺的关于废除人头税的合理请求。这可以理解为自欺欺人、机会主义或者狡黠，所有的这些都是这位领导人天性的一部分，根据形势需要不断转换。这也可以理解为他是个政治天才，事态的发展正如他曾警告过当局的那样。对此他也许真的感到惊讶，但他毫不犹豫地利用了已经预见的结果，即使他并不完全相信自己的预言。

因此，当在 1913 年 10 月 17 日到达纽卡斯尔时，他并不是事态发展的阶下囚。他此生第一次发现自己成为一场群众运动的领袖。最近在德班，律师哈西姆・希达特（Hassim Seedat）向我展示了甘地到达那天的照片，他的副业就是研究甘地的生活以及搜集甘地的材料。照片里，这位由律师转变而成的领袖再一次穿上他上次穿过的印度服装，10 个月前，他穿着这身服装在桑给巴尔向准备回国的戈克利告别。改变服饰的重点在于通过接受契约劳工的服装，表达他对契约劳工身份的认同。当时赫尔曼・卡伦巴赫把他的建筑业务暂时搁置，到那里迎接甘地。他比甘地早一天到达，并与泰姆比・奈杜一起参观了矿井。纳塔尔的首席检察官报道说：“犹太人卡伦巴赫……看上去在鼓动罢工。”[3]

---

[1] 《圣雄甘地全集》（*CWMG*），第 12 卷，第 512 页。

[2] 同上，第 214 页。

[3] 德赛（Desai）和瓦海德（Vahed）：《契约内幕》（*Inside Indenture*），第 363 页。

1913年10月，煤矿罢工刚开始，
甘地抵达纽卡斯尔

罢工之后，甘地可能在德班

甘地立即号召罢工，以扩展到还在运营的煤矿。罢工很快就蔓延到了矿区以外。从纽卡斯尔发到路透社（Reuters）的题为“甘地制造麻烦”的新闻报道第二天一早就发布在了彼得马里茨堡的《纳塔尔见闻》的头版。“这里出现了一个罕见的情况。”这篇报道以此开头，“宾馆里没有服务员，矿井里没有矿工。”[1]

随着这个消息传到早已关闭的两家煤矿之外，花名册上关闭的矿场名单越来越长：拜伦盖希（Ballengeich）、费尔利（Fairleigh）、德班导航（Durban Navigation）、哈廷斯普鲁特（Hattingspruit）、拉姆齐（Ramsey）、圣乔治（St. George’s）、纽卡斯尔（Newcastle）、寒武纪（Cambrian）和格伦科（Glencoe）。[2] 一周内，这9个矿场因为印度契约矿工的罢工，至少是部分瘫痪。据说2000名罢工者正在等待他们领袖的下一步指示。

大多数罢工者依然待在矿区，靠他们日益焦虑不安的雇主养活，依然拒绝工 113
作。接下来罢工蔓延到德班，由于契约制的印度传达员、服务员、清洁工、各种

[1] 《纳塔尔见闻》（*Natal Witness*），1913年10月18日。
[2] 德赛和瓦海德:《契约内幕》（*Inside Indenture*），第364页。

市政仆人都停止了工作，所以这里的大多数服务都中止了。泰姆比·奈杜最终在铁路营房被捕，当时他在征募更多的契约劳工，这威胁到了煤炭运往金矿和港口。

连续一周，甘地就像一阵机动式旋风，马不停蹄地奔波于各种会议和集会，在他 1893 年经历第一次重大冒险的铁路上奔忙。他从纽卡斯尔前往德班，目睹了不满的印度商人在 10 月 9 日召开的一次会议，他们是纳塔尔印度人大会的领导层，而甘地曾引领这个组织，独自起草宪章，以它的名义把早期所有的请愿书发送给殖民当局和帝国当局。纳塔尔印度人大会对甘地运动的根本转变（甘地对契约劳工的呼吁似乎代表了这一运动）感到害怕，于是通过了一个不信任动议，有效地驱逐了他（甘地的余党很快重组为纳塔尔印度人协会，即 Natal Indian Association）。这位领袖已经失去了大多数穆斯林商人的支持，尽管不是全部，这些人都是他最初的支持者，但当时他也没空亡羊补牢了。

不足为奇的是，正是《非洲纪事报》特立独行的编辑艾亚尔，极其愤怒地表达了他对甘地新进程的质疑。他深谋远虑地写道："我们可能采取的任何与 3 英镑人头税有关的轻率的举动，都无助于改善数以千计贫穷的、半饥饿的人民的生活。"[1] 艾亚尔督促甘地召开一次全国性的南非印度人会议，并注意会议在策略问题上达成的任何共识。甘地无视这个建议，说只有结果不与他的良心发生冲突时，他才能接受这个想法。这对艾亚尔来说太过分了。他怒不可遏："我们不知道在世界各地所有的负责任的政治家中还有谁能做出如此愚蠢的回答。"事实上，他说，甘地把自己表现得"灵魂如此完美……以至于他优越的良心四处弥漫，无处不在"。

在当时，这样敲边鼓式的抱怨不可能减缓甘地的步伐。甘地从德班冲回纽卡斯尔，巡视了几个矿场，然后飞奔到约翰内斯堡重振白人支持者，接着再回到德班面见矿主。6 天内，他花了至少 72 个小时在火车上。每到一个地方，他就发表演讲或用书面声明，希望早日结束混乱的局面，甚至他的助理人员也致力于吸引
114 更多契约劳工投身到仍在蔓延的抗议之中。他的书面声明与演讲里令人慰藉的段落似乎表明，罢工的目的不能更温和了。政府需要做的一切就是信守其废除人头税的诺言，并且修订他们正在重新编纂的婚姻法。他告诉矿主，工人们不是为了

[1] 《非洲纪事报》（*African Chronicle*），1913 年 10 月 18 日。

改善工作条件罢工，也不是针对矿主的政治性问题。“印度人不是为了平等的政治权利斗争。”他在发给路透社的一份公告中宣布，“他们认识到，由于现存的歧视，来自印度的新移民应该受到严格的限制。”[1] 这话实际上是说给当局听的。

尽管有这些信号与保证，一些矿区的负责人仍然表达了他们极深的恐惧。除了号召印度契约同胞之外，他最终力图囊括非洲工人来扩大罢工范围。[2] 甘地否认他有这样的意图。“我们不相信这样的方法。”[3] 他告诉《纳塔尔信使报》的记者。

约翰·杜布的《伊兰加报》对印度人罢工做出回应，暗自记录下了白人的担忧，即非洲人可能会效仿这一榜样。第一批评论以一句祖鲁语结束，翻译过来是：“我们衷心祝福你，甘地！”或者说：“放手向前吧，甘地！”后来，这些鼓动看起来可能会争取到一些特权，否定非洲人参与白人议会，同时议会正在试图通过恶劣的《土著人土地法》，这时一种隐隐约约的不满情绪悄然而生。

到 10 月 26 日，这位领导人已经回到煤田。那时，他派遣到这个地区去争取契约劳工支持的所有妇女都已被逮捕，并被判处长达 3 个月的监禁，包括他的妻子——与她们一起被捕和监禁的还有被矿区监工认定为“罪魁祸首”的大量的罢工者，他们中的许多人最终都会被驱逐回印度——但是，一位从容不迫、万人瞩目的领导人当时正准备和罢工者一起留在原地，作为战地指挥官接管《星报》在一个小标题中所嘲讽乱称的“甘地先生的军队”。[4] 在接下来的 11 天里，直到他自己最终于 11 月 11 日被关进监狱，甘地迎来了他在南非 20 年生涯里与契约劳工最漫长、最紧密的一次接触。

回到纽卡斯尔的那天，甘地突然想到一个把冲突引向决定性阶段的策略。这包括迫使当局考虑大规模逮捕，逮捕的人数远远超出监狱所能容纳的数量。鉴于这个目的，甘地督促矿工离开矿场，跨过德兰士瓦边界，向福尔克斯勒斯特进
军，以此招引逮捕。他说，矿工在人头税废除之前不愿意工作，但他们却食用矿 115
业公司供给的口粮，这一行为“不合适”。还有一点儿可能更重要，但却没有阐明：只要罢工者待在矿场，就存在可能被封锁在矿场里的危险，从而限制了交流

[1] 《圣雄甘地全集》(*CWMG*)，第 12 卷，第 240 页。

[2] 德赛和瓦海德:《契约内幕》(*Inside Indenture*)，第 364 页。

[3] 《圣雄甘地全集》(*CWMG*)，第 12 卷，第 253 页。

[4] 《星报》(*Star*)，1913 年 11 月 1 日。

和采取进一步群众行动的可能。10 月 28 日，第一批进军者从纽卡斯尔出发，向省界行进。第二天，甘地本人从拜伦盖希矿场率领 200 人出发。根据他后来制成的表格，队伍达到 500 人，其中包括 60 个妇女，他们边行进边吟唱宗教圣歌：

“胜利属于罗摩昌德拉（Ramchandra）！胜利属于德瓦卡纳特（Dwarkanath）！向母亲致敬（Vande Mataram）！”[1] 罗摩昌德拉和德瓦卡纳特分别是罗摩神（Rama）[2] 和克里希那神（Krishna）[3] 的别名，他们都是伟大的印度教史诗里的英雄。最后一个呐喊的意思是：“母亲，向你致敬！”或者更具体点说，向“母亲印
116 度”致敬，它融合了崇高的宗教与政治内涵。“他们不是以契约劳工身份罢工，而是以印度的仆人身份罢工。”甘地写道，“他们正在参加一场宗教战争。”[4]

1913 年罢工期间，甘地（左一）与卡伦巴赫（右一）在一起。中间是甘地的秘书索尼娅·史丽新

到 11 月 2 日，约 2000 名矿工和其他契约劳工聚集在纳塔尔铁路终点站查尔斯敦（Charlestown），年轻时的甘地曾于 1893 年从这里搭乘驿站马车踏上他的第一次德兰士瓦之旅。查尔斯敦距离纽卡斯尔约 55 公里，大部分是上坡路，有时很陡峭。在这里，《星期日泰晤士报》（*Sunday Times*）的一名记者发现，甘地戴着套袖，“在一个恶臭的锡制棚屋后院……坐在倒转过来的牛奶箱上”。[5] 他旁边是一个镀锌盆，“装满难闻的调和物，我以为是汤”，也有许多袋

[1] 巴纳（Bhana）和帕查伊（Pachai）：《南非印度人文献史》（*Documentary History of Indian South Africans*），第 143 页。

[2] 译注：罗摩神（Rama）：印度教毗湿奴神的三大化身之一，尤指他的第七个化身。

[3] 译注：克里希那神（Krishna）：亦译为“黑天”或“奎师那”，印度教崇拜的三大神之一，毗湿奴的第八个化身。

[4] 巴纳和帕查伊：《南非印度人文献史》（*Documentary History of Indian South Africans*），第 142—143 页。

[5] 《伟大的进军：甘地先生在工作》（*The Great March: Mr. Gandhi at Work*），《印度舆论》（*Indian Opinion*），1913 年 11 月 19 日。

子装着几百个面包。根据此描述，这位未来的圣雄，以“难以置信的速度”工作着，充当军需官，把面包切成 3 英寸块状，然后当每 12 个罢工者依次进来时，他用拇指在每一块面包上挖个小洞，填充上粗糖。

留在脑海中的是这样一幅画面：甘地在斗争最激烈的时刻，用他自己的双手喂养他的追随者——根据现场另一位记者描述，他的追随者“主要是最低种姓的印度教徒”，再加上“人数不多的穆斯林”。[1] 有一定比例的罢工者（也许 20%，也许更多）最初出生于泰米尔村庄，一度被视为不可接触者，由于甘地，他们不再被评头论足。在他看来，以这样的方式一个个喂养他们属于基本的后勤工作，而非故扮崇高。然而，无论如何，对成百上千直接从他手中接过食物的人来说，他为印度领导层也为世界各地的政治领导层树立了一个新的标准。后来他写道，他把在查尔斯邓迪供食物当作他的“个人责任”，因为只有他能够说服罢工者。如果所有人都要吃饭的话，每个人的份额不得不变得很少。[2] 他说：“面包和糖是我们仅有的口粮。”

11 月 5 日，他试图通过电话与比勒陀利亚的史沫资取得联系，以便给他最后一次机会，重新兑现人头税诺言。到那时为止，史沫资断然否定了诺言这回事。甘地吃了闭门羹，被部长的私人秘书冷漠地拒绝了。他被告知：“史沫资将军和你没什么好说的。”[3] 不管当时还是现在，省界是濒临福尔克斯勒斯特的一条小溪［根据多数原则，名称已经改变。纳塔尔现在已更名为夸祖鲁 – 纳塔尔省（KwaZulu-Natal）；德兰士瓦那部分现在叫姆普马兰加省（Mpumalanga）］。甘地很熟悉这块内陆的地理，1908 年就是在此地，他曾因未经许可穿越这块省界 117
被捕。

11 月 6 日早上，黎明刚过，他就带着 2037 个男人、127 名女人和 57 个孩子从查尔斯敦出发。甘地告诉他们目的地是托尔斯泰农场，距离此处约 241 公里。一支警察小分队正在边境等待着他们，但这些甘地所称的“朝圣者”蜂拥穿过边境。福尔克斯勒斯特的南非荷兰裔白人扬言要向行进者开火，但当队伍按照常规行列穿过小镇时，他们却在一旁看热闹。他们的第一次露营在小镇沿路约 13 公

[1] “英国媒体说了什么”（What the British Press Says），《印度舆论》（*Indian Opinion*），1913 年 11 月 19 日。

[2] 甘地（Gandhi）：《南非萨提亚格拉哈》（*Satyagraha in South Africa*），第 296、299 页。

[3] 同上，第 300 页。

罢工者来到福尔克斯勒斯特，进军德兰士瓦

里之处。那天晚上，甘地在那里被逮捕并带回福尔克斯勒斯特，他来到一个法官面前，这个法官批准了这位退休律师颇具专业论点的保释请求。逮捕、传讯、保释的顺序第二天又重复了一遍，就这样，在两天的时间里，他两次得以重返行进队伍。11 月 9 日，队伍已经穿过德兰士瓦的斯坦德顿（Standerton）镇，去往托尔斯泰农场的路已经走了一半多，他们的领袖再次被捕，这是四天内第三次被捕。这次保释被驳回，他被遣返回纳塔尔。两天后在曾属于英国的一个煤矿小镇邓迪，他在一个石灰粉刷过的小法庭被宣判有罪——该法庭在种族隔离期过后仍
118 在使用，三条罪状都与他带领契约劳工离开矿场和出省有关。如往常一样，甘地对每条指控都积极认罪，刑罚是服 9 个月的劳役，甘地欣然接受，他发现没有什么比自己处在被告席时更忠实于自己的原则。

如果当局以为拘留甘地以及他的犹太助理波拉克和卡伦巴赫就足以压制住这场罢工，那么他们很快就会发现罢工按照自身的势头在发展。来自纳塔尔的契约矿工在距离约翰内斯堡不到 80 公里时，一场大规模逮捕才开始筹划。波拉克不得不提醒他们，萨提亚格拉哈反对积极抵抗逮捕。在巴尔弗（Balfour）镇有 3 辆专用列车在等着他们，把他们装进专用列车花费了两天的时间。与甘地不同，当局没有给罢工者提供食物，当回到纳塔尔时，他们立刻因离开工作场所和非法穿

越省界的法定罪名被起诉。接着他们被判处在矿井下做苦役，为了图省事，这里被批准为人满为患的纽卡斯尔监狱和邓迪监狱的附属地，被称为“边远分站”，他们的白人工头被指派为狱吏。苦役意味着刑罚期间的6个月都没有收入。用棍子和粗牛鞭（用犀牛或河马皮做的鞭子）抽打，是鞭笞罢工者回去工作的常用手段之一。

第一批与甘地行进的煤矿契约劳工来自拜伦盖希矿区，他们从矿场离开到返回差不多用了两个星期。古拉姆·瓦海德（Goolam Vahed）和阿什温·德赛（Ashwin Desai）是两位对罢工后的镇压做了完整描述的南非学者，他们提供了一份证据，关于一个名叫马扎尔·赛义卜（Madhar Saib）的劳工遭遇了一个名叫约翰斯顿（Johnston）的白人矿场工头，这份证据是这个劳工后来提供给所谓的保护官的：“他用粗牛鞭抽打我的屁股，卡菲尔警察抓住我的一只手。然后他叫我去工作……接着，用脚绊倒我，我摔倒之后，他用脚踩住我的喉咙，挥鞭抽打我的阴茎。当我小便时，阴茎很疼。”[1]

当局发现饥饿与疲惫都不足以摧毁罢工，于是决定去镇压。史沫资说，“任何一个称职的政府都会采取行动”，这非常准确地表明，废除前契约劳工人头税的要求一直都是甘地的“事后想法”。[2] 史沫资在给矿主的电报中说，甘地把人头 119
税提升为他早期请愿表中的一个附加项，是一个政治花招，“意在影响纳塔尔印度人，对他们来说，甘地发起消极抵抗运动的真正理由从未涉及人头税，也没有吸引力”。

矿主们在听从甘地的甜言蜜语后遭受重大损失，幡然醒悟，当时迫切要求采取行动。纳塔尔煤矿业主协会（Natal Coal Owners Association）说，该是逮捕罢工者的时候了。[3] 社论作者抓住这条线索，要求了解为何政府的反应如此微弱。[4] 从来不愿派记者到现场的《星报》，在一篇以呐喊《苦力入侵》为头条新闻的社论中呼吁政府停止“犹豫不决”。报纸问道，“一撮狂热分子，不管多尽职”，怎么可能会停止宣传“蔑视联邦法律”？

即使甘地和他的助手被关押，纳塔尔的罢工者不仅作为契约劳工而且作为国

---

[1] 德赛和瓦海德:《契约内幕》(*Inside Indenture*)，第372页。
[2] 《德兰士瓦领袖》(*Transvaal Leader*)，1913年10月29日。
[3] 德赛和瓦海德:《契约内幕》(*Inside Indenture*)，第369页。
[4] 《星报》(*Star*)，1913年11月10日。

家囚犯被运回煤矿场之后，罢工的表面浪潮仍然在扩散，这加大了日益聚集的要求镇压的压力。[1] 当时这股浪潮从内陆煤田波及印度洋海岸的甘蔗田，在丰收季节高峰期，引发了种植园和制糖厂一系列看似自发的罢工，在这些地方，印度契约劳工依然占据全部劳动力的四分之三，罢工浪潮来到了甘地从未发起过运动的地方。

第一次罢工似乎是在 11 月 5 日发生于北海岸阿沃卡（Avoca）的一家糖厂，离凤凰村不远。[2]11 月 8 日，南部制糖厂也发起了罢工。到 11 月中旬，印度街道清洁工、挑水工、家仆、铁路工人、船夫的罢工，使德班陷入短暂的瘫痪状态，全省可能有 1 万多名印度契约劳工参加了罢工。最高行政官在 11 月 17 日报道称，在德班罢工“真的很普遍”。不时发生的甘蔗田纵火事件在种植园主间引发了恐慌，一些人把他们的妻儿转移到城市更安全的辖区。

当时当局已是心力交瘁。英国军队的分遣队不得不从遥远的东开普敦（Eastern Cape）的威廉王镇（King William's Town）和比勒陀利亚急速赶来。在最动荡的时期，德班发现这里仅有的会说印度斯坦语或泰米尔语的侦探已经被派
120 到邓迪处理被囚禁的甘地的案子，那时甘地已经被移至奥兰治自由邦的布隆方丹（Bloemfontein）[3]，这里基本上是禁止印度人进入的。[4] 拉吉莫汉·甘地认为，这样做“以便没有人能见到甘地，或者帮他传递消息”。[5]

蔗糖区的抵抗与冲突是自发的，甘地这个囚犯没有意愿也没有组织任何抵抗和冲突，这一印象表面看来貌似有理。他怎么能这么做？他哪里有时间这么做？然而，有零散的线索表明，号召种植园工人罢工的主意是他想到的。在他 11 月 10 日被捕前，赫尔曼·卡伦巴赫在约翰内斯堡的一次采访中就这样说过。据报道，他曾说：“运动的领导者们一点儿都不后悔把蔗糖种植园的印度人召唤出来。”[6] 这至少是在罢工两周前说的。印度人能“在任何地方的农场找到工作”，报

---

[1] 德赛和瓦海德：《契约内幕》（*Inside Indenture*），第 393 页。

[2] 《德兰士瓦领袖》（*Transvaal Leader*），1913 年 11 月 5 日和 8 日。

[3] 译注：布隆方丹（Bloemfontein）：南非的司法首都，奥兰治自由邦的首府，位于南非的中部。

[4] 11 月 17 日最高地方法官珀西·宾斯（Percy Binns）对德班警察的报道，存于比勒陀利亚（Pretoria）的国家档案馆（National Archives）。

[5] 拉吉莫汉·甘地（Rajmohan Gandhi）：《甘地》（*Gandhi*），第 167 页。

[6] 《罢工的进展：德班会议》（*Progress of the Strike: The Durban Conference*），《印度舆论》（*Indian Opinion*）1913 年 10 月 29 日。

道继续说着他的沉思默想："因为他们比本地人聪明。"在甘地身边待了 5 年，这位建筑师似乎还没了解在合同约束下的契约体系如何运作，也不懂得应该如何思考非洲人的心智能力。也许他的话只是吓唬人，只想给当局施加压力。然而，瓦海德和德赛找到了证据，虽然骚乱在蔓延，新成立的纳塔尔印度人协会中甘地的追随者对事态的发展了如指掌，在雇主切断口粮供给后，他们将食物运送给北部海岸一家糖厂的罢工者。[1]

收到食物救济的种植园恰好在艾基康山，8 年前甘地在此种植园主马歇尔·坎贝尔的引见下，在这里邂逅了南非领袖约翰·杜布。[2] 截止到那时，坎贝尔一直同情甘地的运动。前一年他设午宴款待了戈克利，他也一直反对向前契约劳工征收 3 英镑人头税。甘地出狱后，写信向他致歉，很遗憾坎贝尔的庄园是最早受到罢工波及的庄园之一。甘地在信中写道，他已经告诉德班的支持者，"应该最后召唤你们的人"，这非常清楚地表明，他在入狱前一直在讨论把罢工延伸到沿海蔗田的策略。[3]"如果我是自由身，让我来协助召集人群。"甘地告诉坎贝尔，"那么我就必须坦白承认，我也会尽量召唤你的人。但是，如我已经说过的那样，你的种植园将会是最后一个。"

对坎贝尔来说，这封信是最后一根稻草。这几周他的种植园一片混乱。甘地 121
关于非暴力的花言巧语是矛盾的，他回复道："有些人采取个人暴力，带来了严重威胁，我认为他们是你的代理人。"坎贝尔在他的回信中所写的，宛若他对他所了解的事实确信无疑。实际上，他早已离开纳塔尔，倚赖他儿子威廉（William）的证据，而威廉则反过来倚赖他最小的弟弟科林（Colin）的消息。"这些人不会听任何人的话，除了甘地(原文如此)或者枪。"威廉写信给他的父亲，他的父亲不再称甘地为伪君子，但是严厉谴责甘地给手无寸铁的印度人造成的伤害，甘地声称是这些人的领袖：

> 你已承认发起了一场运动，它不断发展……直到完全超出你的控制，以暴动、骚乱和流血告终。这场暴力狂欢的受害者曾经是而且将来也是无知的

---

[1] 德赛和瓦海德：《契约内幕》(*Inside Indenture*)，第 384 页。

[2] 在种族隔离时代，坎贝尔（Campbell）庄园旧址的土地上设立了一个黑人城镇，被称为"夸玛舒"（Kwa-Mashu）。在这里可能很少有居民知道"玛舒"（Mashu）是"马歇尔"（Marshall）的祖鲁语表达方式，是对那位把甘地引见给杜布的白人种植园主的致敬。

[3]《圣雄甘地全集》(*CWMG*)，第 12 卷，第 298 页。

> 劳工……以及聪明的纳塔尔印度人……在你领导的这些人中，越来越多的人正认识到你政策的缺陷……也逐渐得出结论，使用大量基本知足但无知的人作为获得政治权利的工具不是一项明智和有远见的政策，即使获得了这些权利，这些人中的大多数也绝不会从中获益。[1]

甘地的第二封回信显然比第一封少些歉意，流露出一位战地指挥官的敷衍了事的悲伤，这位指挥官被告知在他下令的军事行动中有平民伤亡。他生硬地提醒坎贝尔，消极抵抗是印度人团体“唯一的武器”。很明显，消极抵抗的大范围使用会比早前的萨提亚格拉哈运动造成“更大的痛苦”，不可能有别的情况。如他在写给坎贝尔的第一封信中所说：“在我们所有这一性质的斗争中，无辜者和判罪者都将受苦。”[2]

不管是甘地还是这位种植园主，都丝毫没有提及坎贝尔的儿子科林在艾基康山最致命的对抗中所扮演的角色。一位法官最终接受了这个解释，它承认这场暴力起因于小坎贝尔在骑警的支持下企图迫使罢工者回去工作。它也承认科林·坎贝尔拉动了左轮手枪，开了 4 枪。警察、法官和白人媒体毫无疑问地接受了科林·坎贝尔的证词，根据他的证词，开枪时他已遭到袭击。他说，由于他的马受到惊吓，他的枪走火了。[3] 印度人作证，他开的第一枪，打死了一个名叫帕奇阿
122 彭（Patchappen）的契约劳工，并打伤了一人。帕奇阿彭是 11 月 17 日早上 8 个被打死或是受了致命伤的印度人之一。尽管甘地后来追认这些在对抗中牺牲的契约劳工为烈士，但他克制自己不要只责备白人一方。半年后，甘地在告别南非之旅时，最后一次巡视了纳塔尔北海岸，听起来他似乎渐渐接受了老坎贝尔的苛评。根据刊载在《印度舆论》上关于他一段讲话的复述，他告诉听众蔗田契约劳工，用棍棒战斗和烧毁甘蔗田并不是消极抵抗。如果他不曾入狱，他就会“完全反对他们，宁愿自己的脑袋被打破，也不允许他们用一根棍子和对手对抗”。[4] 这

---

[1] 马歇尔·坎贝尔（Marshall Campbell）于 1913 年 12 月 30 日写给甘地的信的全文可以在德班的吉列·坎贝尔图书馆（Killie Campbell Library）的文件中找到，这个文件也包括科林·坎贝尔（Colin Campbell）写给他兄弟威廉（William）的信，以及后来威廉写给他们父亲的信。这些信都没有说明假定的弹道检测显示的是谁发射子弹打死了契约劳工帕奇阿彭（Patchappen），如果开枪者不是种植园主的儿子的话。

[2] 《圣雄甘地全集》（*CWMG*），第 12 卷，第 298—299 页。

[3] 《德兰士瓦领袖》（*Transvaal Leader*），1913 年 11 月 28 日和 29 日；12 月 19 日和 23 日。

[4] 德赛和瓦海德：《契约内幕》（*Inside Indenture*），第 394 页。

不是甘地在他的告别之旅中经常发表的观点，带着一种胜利者必胜的口气，但是它可能早已融入了他的良知。后来，在印度民族主义运动中，令他的助手们大为沮丧的是，他经常一看到有违背非暴力戒律的苗头出现，就马上中止萨提亚格拉哈运动。

坎贝尔来信的口吻充斥着殖民者的傲慢，但考虑到艾基康山发生的一切，他的来信没有预料中的那么敌对。在扫射前，印度人已经拒绝砍甘蔗有两周的时间了。[1] 当地种植园主很快便请求骑警以武力控制骚乱。据报道，在那几天，好几伙正在罢工的契约劳工一直在街区闲逛，带着棍子和砍甘蔗的锋利长刀，停在种植园主和他们的白人工头的家门口，要求印度家仆出来参与斗争。德班报纸也这样报道。

11 月 17 日，一支由“欧洲人和土著人”组成的警队从附近的维鲁拉姆（Verulam）“疾驰到艾基康山”，[2]《纳塔尔广告商》报道说，“本土警察……迅速到达了他们天敌的所在地”，天敌指的是印度契约劳工，直到印度契约劳工被制服。非洲土著人的武装包括长矛和重型祖鲁军棍，这种军棍被称为圆头棒，是一种雕刻木棒，末端为球状硬木，可以像中世纪权杖一样来使用。

根据记者和官员这几周发表的关于矿区和糖厂冲突的报道，一个标准的故事情节展现在我们面前。据描述，法律和秩序的力量只要处于白人的严厉控制下，就会受到限制。印度人极易被鼓动，很快就失去理智，无法控制，近乎疯狂，即使面对的是武装精良的警察，而且枪火已上膛。报道说，印度人用棍子和石头对抗，一小撮人还挥舞着砍蔗刀。这些主题频繁出现在英语媒体的头条。《德兰士 123
瓦领袖》（*Transvaal Leader*）向读者保证，即使“苦力们杀气腾腾地冲过来”，但“警察展现出堪称典范的耐心”。[3]

为什么在艾基康山冲突中印度罢工者必须被枪杀，下面是一家司法委员会给出的最终解释：“印度人相当兴奋和暴力，他们如此决绝，以至于尽管有人被杀，还有几个人受伤，他们依然没被吓倒。”[4] 委员会根据民兵指挥官的证词断定，不

[1] 11 月 14 日，根据德赛和瓦海德：《契约内幕》（*Inside Indenture*），第 382 页。

[2] 德赛和瓦海德：《契约内幕》（*Inside Indenture*），第 383 页。

[3] 《德兰士瓦领袖》（*Transvaal Leader*），1913 年 11 月 19 日。

[4] 1914 年 4 月提交给议会的《印度人调查委员会报告》（*Indian Enquiry Commission Report*），第 8 页［报告可以在下议院议会文件在线（House of Commons Parliamentary Papers Online）上获取，通过 ProQuest 数据库进入］。

开枪“可能会最终导致更严重的杀戮”。委员会坚持认为，弹道检测与印度人所说的坎贝尔的儿子开了第一枪的证词南辕北辙。委员会解释说，不得不请求骑警出面对付劳工，因为他们犯下了不遵守法律秩序回去工作的罪责。

《德兰士瓦领袖》恪守官方立场，告诉它的读者，警察作为南非步枪骑兵（South African Mounted Rifle）的成员，“在数量上一直被苦力所压倒”，苦力具有“典型的亚洲人脾气的突变性”。[1] 调查艾基康山冲突的委员会也调查了埃斯佩兰萨（Esperanza）附近比尼瓦糖厂（Beneva Sugar Estates）11 月 21 日的一次动乱，那里有 4 名罢工者被杀，当时印度人的突变性迫使警察在使用武器和丢下手无寸铁的白人之间做出选择，这些白人包括附近的妇女和小孩，他们“任凭一群近 200 名狂热的印度人摆布”。[2] 据官方描述，警察命令砍甘蔗的契约劳工行进到附近的一位地方法官那里，以便他们有序地接受擅离职守的控告，但他们抗拒了这一命令。相反，他们仰卧在地。根据官方说法，其中一个人莫名其妙地大叫，“下马来割我们的喉咙”，委员们轻易地接受了这一说法。后来当警察骑马走近时，一个看似着魔的印度人一跃而起，举棍猛抽骑警的马，用力够狠，把马打趴在地。接着，当骑警撤退时，其中一些人的左轮手枪套是打开的，他们被手拿棍子的劳工追赶。一个目击者告诉路透社，这些印度人像“托钵僧”一样战斗。[3]

印度人常常被描述得非常癫狂或者近似癫狂，可当媒体和官方着手解释这场暴力的起源时，他们总是持同一观点。在糖厂以及矿区，冲突与印度人脾气的
124 “突变”没有多大关系，反而与警察和军队命令使用武力围捕“罪魁祸首”及控告他们擅离职守有更大的关系，如果说那是他们用以压制罢工、使印度契约劳工回去工作的方式的话，那么矿区和糖厂的工头被委任为代理法警，而且获权任命非洲人为“特警”，因此法律实施和治安维持的界限很快就模糊了。一个名叫苏尔扎（Soorzai）的契约劳工到凤凰村寻求庇护，他是从附近的一个种植园逃出来的，在那里他遭到了毒打，不久就去世了。[4] 在纳塔尔，只有一个名叫阿姆斯特朗（Armstrong）的白人种植园主后来被控告做得太过分。从表面上看，他是随机地挑出了两名印度人——他们都不受他雇用，都是穆斯林，据说其中一个是伊玛

---

[1] 《德兰士瓦领袖》（*Transvaal Leader*），1913 年 11 月 28 日。

[2] 《印度人调查委员会报告》（*Indian Enquiry Commission Report*），第 10 页。

[3] 剪报存档于比勒陀利亚（Pretoria）的国家档案（National Archives）。

[4] 《印度舆论》（*Indian Opinion*），1913 年 12 月 12 日。

目（imam）[1]——他让两位非洲工人撕烂他们的衣服，然后按住他们，他则用粗牛鞭和拳头反复地打他们。后来，他追捕这两个已经被打的人，不止一次地反复施虐。阿姆斯特朗的案例引起了弗利特街（Fleet Street）[2]的关注。唐宁街[3]随之要求报道。最终，阿姆斯特朗被罚款 100 英镑。他在宣判前的证词中说，他试图“给整个部落一个教训”。

关于这次镇压的报道传到了伦敦，也传到了印度。在印度，总督哈丁勋爵（Lord Hardinge）主动承担责任，在马德拉斯发表演讲，声明印度对甘地的追随者“对令人反感和不公正的法律的抵抗”表示“深沉而诚挚的同情”。总督在演讲之后进一步跟进，发电报督促司法委员会调查枪击事件。没有殖民政府的许可，契约制度本不会存在，因此总督的干涉影响重大。南非的英国总督反应激烈，他或多或少是印度总督在印度洋彼岸的对手。[4] 格莱斯顿勋爵（Lord Gladstone）是维多利亚时代（Victorian）首相最年轻的儿子，他称赞博塔和史沫资的“巨大包容”，在发给伦敦的电报中愤怒地斥责“官方的信任被用于蛮横的指控上”。南非总督想要的只不过是驳回印度总督。帝国最高层的冲突发生时，罢工接近尾声。到 12 月 10 日，根据转发给伦敦的官方数据，24004 名“苦力”回到工作岗位，1069 人关进监狱，只有 621 人还在罢工。［这些被列入罢工名单的人，有些可能发现自己突然失业，因此很容易被驱逐出境。当时雇主正在雇用非洲人来填补印度人过去的工作岗位。在一家颇受欢迎的德班咖啡厅“模范乳品店”（Model Dairy）里，“白人姑娘”已经替代了罢工的印度服务员。］

这些都没有传到“始作俑者”那里。据甘地自己描述，他没有服被判处的苦役，而是在布隆方丹监狱为他预留的特别牢房里享受缓刑。他写道，他将大部分 125
的空余时间花在了学习泰米尔语上，泰米尔语是大多数契约劳工的语言，他已经有 10 多年没用这一语言了。[5] 罢工从煤田蔓延到蔗糖种植园，再加上史沫资的所

[1] 译注：伊玛目（imam）：伊斯兰宗教领袖，尤指率领伊斯兰教徒做礼拜的人。

[2] 译注：弗利特街（Fleet Street）：旧译舰队街，是英国伦敦的一条河滨马路。18—19 世纪以来，成为英国新闻和出版事业的中心。英国的《泰晤士报》《每日邮报》的总办事处均设于此。

[3] 译注：唐宁街（Downing Street）：位于英国首都伦敦的西敏内，是英国首相的官邸所在地，因此“唐宁街”是英国首相或英国政府代名词。

[4] 格莱斯顿勋爵（Lord Gladstone）的电报存档于比勒陀利亚（Pretoria）的国家档案（National Archives）。总督认定博塔（Botha）和史沫资（Smuts）对印度人罢工表现出“巨大的容忍”，他宣称：“我反对官方的信任被用于蛮横的指控上，而这些指控被此地那些应为罢工负责的人电传到印度。”

[5] 《圣雄甘地全集》（*CWMG*），第 12 卷，第 270 页。

作所为在国内外受到的负面报道——由于他对国内批评者以及对伦敦和帝国其他地方批评者的最初限制，由于他的镇压行动牵涉到枪击和鞭打——所有这些使总督意识到与甘地的斗争已经超出了他的控制范围，而且代价巨大。他需要用一个保全面子的方法来做出妥协，这个方法就是建立司法委员会。从其结果来看，司法委员会有两大任务：其一是要洗白枪击事件；其二便是提出一个足够有远见的解决方案来结束甘地在南非的萨提亚格拉哈运动。

总督发表讲话不到一星期，由三名白人（其中一人是甘地和印度侨民在德班的宿敌）组成的司法委员会成立。委员会任命不到一周，便建议释放甘地、卡伦巴赫和波拉克，尽管他们还有近 8 个月才服满因点燃罢工导火索而被判处的刑期。

甘地斗志昂扬地从为期 5 周的狱中冥想生活中走出来。一开始他并不清楚他在南非的运动岁月已经结束，也不清楚此刻距离他能宣布斗争胜利仅剩一个月的时间。12 月 18 日，他于比勒陀利亚被释放，当晚，甘地在约翰内斯堡科特街（Kort Street）上的欢乐剧院（Gaiety Theater）向他的支持者发表了演讲。他说他怀念监狱的隐居和宁静，这给了他反思的机会。[1] 但是他准备好了恢复“被判罪时所从事的工作”。两天后，他回到德班，告诉《纳塔尔信使报》，除非司法委员会扩大去“任命不持有反亚偏见的欧洲国籍人士”，否则他会寻求“再次被捕，再次入狱”。那似乎不是一个多大的要求。毕竟，他并未提出令人空前震惊的要求，如任命一名真正的印度人为司法委员会委员，以此来表达印度人的不满。他只是说印度人的情绪至少要得到司法委员会中一部分人的尊重。但是在 1913 年的南非联盟，这是一个激进的提议，一个政府不断镇压的提议。

一天后，他出现在德班跑马场，剃了个光头，再次穿得像个印度契约劳
126 工——松垮的无领长衫罩着布袋裤。他站在人群前，这次的人群规模比英勇进军时和他入狱之前吸引到这座城市的人群规模都大。一束束鲜花塞进他的手中，震耳欲聋的欢呼声淹没了他。这里也许仍然有一小撮反对者，特别是在旧纳塔尔印度人大会的商人中，但这次人群的规模达到了 6000 人左右，是他面对过的最大规模的人群。这清晰地表明，纳塔尔印度人在甘地上次运动前的岁月里对他支持明显下滑的局势当时已经大大地扭转了。不是没有任何挑战，但很明显甘地又一次表现得卓越超凡。这次进军是他非洲岁月里无与伦比的经历，而此次集会则使

[1] 《圣雄甘地全集》（*CWMG*），第 12 卷，第 272 页。

此次进军得以圆满。

甘地利用这次集会发动他的支持者为进一步的斗争做准备，敦促他们“再一次准备好承受战争、承受牢狱之灾、去游行……去罢工，即使这可能意味着死亡”。[1] 他解释说他穿上契约劳工的衣服来悼念那些被枪杀的人。他说，杀害契约劳工的子弹也刺穿了他的心。关于他的这番话，《纳塔尔信使报》如是总结道：“如果其中一颗子弹也打中了他的话，那会多么光荣，因为他自己可能就不会成为一个倡议印度人罢工的谋杀者了……”[2] 在此，他可能第一次但肯定不是最后一次，预料到 34 年后他将会遇到的结局。根据甘地此时的标准定义，“争取人类自由的斗争是一场宗教斗争”。关于这一点，《纳塔尔信使报》的白人记者在他的报道中插入了群众的呐喊“听，听”。甘地说，这是一场斗争，“甚至斗争至死”。

尽管“谋杀者”一词双关，在此，这位领袖像一位在战争墓地敬献花圈的国家元首一样，严肃且没有自责。从 1906 年开始，甚至在他创造出“萨提亚格拉哈”这个词之前，他就一直为他所说的“萨提亚格拉哈”提供注解：他提出的抵抗可能会激起暴力行为，此外特别强调，如果想成功维持非暴力原则，那么他就要求“自我受苦”，有时要求成为烈士，甘地说他自己也许最终会成为他们中的一员。他并没有说在纳塔尔枪击中倒下的契约劳工付出了太大的代价，也没有对那些幸免于难并且现已回到种植园和矿场的，甚至可能更加贫穷和更加没有自由的契约劳工表示太多的关注，将之称作宗教斗争包含了这一切。和往常一样，他没有用宗派或者教派术语来为他们代言。他更是一个普世宗教主义者，不会暗示这是一场印度教徒的斗争，或者是一场印度教徒和穆斯林的战争，又或者是他们 127
的斗争对象碰巧是基督徒。他称之为一场宗教斗争，是因为他的追随者或者说是萨提亚格拉哈主义勇士时刻准备做出牺牲。这是在用另外一种方式不断强调，他们的动机是纯洁而又无私的，他们挺身而出不是为了自己，而是为了一个他们可能分享也可能无法分享的未来。即使甘地曾想到过契约劳工在这次罢工中获取实在利益的可能性乃至概率——他们当中有些人也许已经意识到他们在南非的未来取决于人头税的降低——但他并未公开表达这种想法。在他看来，萨提亚格拉哈是自我牺牲，而不是自我提升。

在这个取得了象征性胜利而实际上处于僵持阶段的时刻，甘地正表现出自己

[1] 《圣雄甘地全集》（*CWMG*），第 12 卷，第 276 页。

[2] 同上，第 274 页。

是一个铁石心肠的硬汉。他是一位不循规蹈矩的政治家，但是对于一个身陷悬而未决的冲突中的领袖来说，他所说的话是非常循规蹈矩的。随着惯常的耸人听闻的事件的发生，他说如果需要更多的死亡，印度人已经准备好付出这个代价。几周后，在回顾一个名叫赫贝特辛格（Hurbatsingh）的70岁契约劳工在牢中死亡的事件时，甘地详细说明了这一主题。“如果一个像赫贝特辛格这样的印度老人为了印度入狱并在狱中死去，我从中看不到任何悲伤。”[1] 他说。这是一种成就。

只要“这一宗教斗争”仍在继续，他就身穿契约劳工的衣服，立誓一天只吃一顿饭，他这样做远远超出了自己宣称的哀悼。他完成了20年来他在南非一直追寻的公众角色和内在自我探索的结合。这位与基督教传教士一起静修并埋头于托尔斯泰农场的衣着考究的律师，这些年来一步一步地成为一场运动的领袖，能够在一个大众传播仍依靠印刷机和电报的时代获得群众支持和国际关注，不管国际关注是如何转瞬即逝。正如他自己后来所说的，他找到了自己的天职。他不间断的自我创造当时或多或少已经完成了。

其中之一是对最贫困的印度人有了一种新的关怀，最贫困的印度人在南非就是契约劳工。不久，他再次责备他们对于食肉、抽烟和喝酒的“沉迷”。但是刚出狱时，他在给戈克利的电报中写道，“印度契约劳工在缺乏有效领导层的情况下，在行动决心和纪律方面所表现出来的出乎意料的能力”令他感到“吃惊”。[2] 他们表现出了“出乎意料的忍受苦难的力量”。

128 他仍然需要应对由白人统治南非的这个现实，结局并非清晰明了。甘地穿上契约劳工、被压迫者和不可接触者的衣服，但是这些人只是德班跑马场上的听众的一小部分。他可能谈及他们或者为他们说话，但是，大多数情况下，他没有与他们对话。他的话传不到千千万万追随他却从未听过他声音或从未目睹他尊容的人那里，也传不到那些此刻正在矿场和蔗糖种植园艰苦劳作的人那里。当他们向德兰士瓦进军时，他们一路高歌宗教和爱国的口号，因此甘地有依据将之称为一场宗教斗争。而且甘地从来没有保证过给他们的生活水准或者雇佣期限带来任何改变。后来，甘地将他进军早期时候的逸事当作寓言故事来讲时，也阐明了这一点。一位罢工者问甘地要一种叫作印度雪茄（bidi）的手卷香烟。“我解释说，他们不是以契约劳工的身份而是以印度公仆的身份出现。他们正在参与一场宗教战

[1] 《圣雄甘地全集》（*CWMG*），第12卷，第320页。

[2] 同上，第315页。

争，在这个时候，他们必须戒掉烟酒及其他的瘾，这些善良的人接受了建议。再也没有人问我要钱去买印度雪茄”。[1]

运动结束时，在给罢工者的起义指定一个纯粹的宗教动机，并且宣布自己的独权时，甘地正在常态政治（包括抗议政治）中寻找捷径。[2] 从他漫长的一生和他仍然需要进行的斗争来看，这也可以被称作典型的甘地主义（Gandhian）。很快有一天他会离开南非，而此地他的追随者会记住他的话，那便是他们已达成了一些重要目标。他们在响应他的号召时，毫不怯懦，勇敢地站出来，他们也会保留这种骄傲。他们大多数人可能已得出结论，这不是一桩小事。同时，当这位领袖在赛马场被赞颂尊奉时，省内对他的追随者的控告一直不断。甘地被释放的那天，32 名消极抵抗者，其中包括 5 名女性，因非法进入德兰士瓦被判 3 个月的监禁。

随着甘地的复出，艾亚尔的《非洲纪事报》的读者数量急剧暴跌。在印度人中，对他们领袖尖锐的、独立的批判再也没有市场。然而，艾亚尔战斗不止。关于德班的演讲，他写道：“对于失去了家庭经济支柱和挚爱之人的那些人来说，甘地先生的苦修行为只是一种可怜的安慰。”[3] 当被要求停止他的吹毛求疵时，这位编辑发誓他“只有踏进坟墓时才会闭嘴，甚至于到那时，我们的精神也不会死”。

随着日历翻到 1914 年，甘地做了一场抵制司法委员会的秀，但很快便畅快 129
地和史沫资重新进行了谈判。不久后，他们讨论中预示的协议大纲成了委员会正式的倡议。在这一最新的妥协下，之前对契约劳工征收的 3 英镑人头税终将被废除。婚姻法也将做出修改，给印度传统婚姻习俗提供空间，但穆斯林实行的一夫多妻制除外，一夫多妻制不会合法也不会被禁止。对于少数先前在南非有居住记录的印度人来说，移民将会变得容易些，而且极少数的“受过教育的”印度人将会被认可，因此人种歧视将不会那么明显。政府以更加宽泛但完全含糊不清的方式正式保证会公正执法。出狱一个多月后，甘地和史沫资达成了他们最新也是最

[1] 巴纳（Bhana）和帕查伊（Pachai）：《南非印度人文献史》（*Documentary History of Indian South Africans*），第 142 页。

[2] 《圣雄甘地全集》（*CWMG*），第 12 卷，第 660 页。

[3] 《非洲纪事报》（*African Chronicle*），1913 年 12 月 27 日和 1914 年 1 月 10 日。1944 年 9 月，艾亚尔（Aiyar）还在他德班的旧住址。当时，战时审查办公室拦截了一封信，是他写给印度国大党驻纽约办公室的。他写此信是为了出版一本关于南非种族冲突的书而寻求帮助的。该信现存于比勒陀利亚的国家档案馆。

后的协议。6 月底，白人议会颁布了《印度人救助法案》（*Indian Relief Act*），于是，甘地宣布其 8 年来断断续续的萨提亚格拉哈运动结束。他说，这项新法案是“印度人的大宪章”（20 年前，他用同样的词描述了维多利亚女王更为彻底的宣言。对于新的南非联盟来说，女王的宣言什么都不是）。甘地也将新法案称作“我们的自由宪章”[1] 和“最终方案”[2]。

很快，由于艾亚尔等反对者指出，甘地曾一度为之奋斗的“最终方案”现如今跌落到如此缺乏法律公平的程度，甘地就算不咽下他夸张至极的话，也不得不做出修正。他最后一次运动之前的境况一直持续着：印度人不仅仍没有政治权利，而且他们在南非跨省出行时仍需要得到许可，不准在奥兰治自由邦定居或者在德兰士瓦扩展他们的人口，在德兰士瓦他们仍然需要在甘地曾谴责的“黑色法案”下登记。而且，他们仍将受制于一系列的地方法律法规，这些法律法规规定他们可以在哪里拥有土地或者在哪里做生意。《印度人救助法案》一点儿也没有改善合同期内的契约劳工的境况，而这些契约劳工一直都是罢工和游行的主体。

然而，契约制度本身已明显走向穷途末路。纳塔尔早在 1911 年就已经停止从印度输入合同工。于是，维持这一制度运行的唯一方式就是说服正在契约期内
130 的劳工在 5 年期满的时候签署新的合同。此时，人头税不再算在此类交易中，也不再悬在契约劳工的头上。印度最终在 1917 年决定全面停止契约制度，不再向斐济和毛里求斯等殖民岛输送契约劳工，我们也许可以说甘地值得某种程度的颂扬。然而在南非停止契约制之后，斐济和毛里求斯仍继续招募契约工。甘地在南非的运动让印度的统治者在印度人中激起了民愤。但是，契约制的终结从未是这些运动宣称的目标之一。

在一封给南非印度人的告别信中，甘地承认还有未达成的目标，他将这些目标称为在这个国家的任何地方贸易、旅行和拥有土地的权利。他说，如果印度人在 15 年之内“培养出”白人民意，这些目标便可实现。[3] 关于政治权利，他的告别信中没有任何的高瞻远瞩，这是一个可望而不可即的话题。告别信中建议道：“我们无须为选举权或者印度新移民的准入自由而奋斗。”[4] 甘地在《德兰士瓦领

[1] 《圣雄甘地全集》（*CWMG*），第 12 卷，第 483 页。
[2] 同上，第 442 页。
[3] 同上，第 478 页。
[4] 同上，第 479 页。

袖》上说："我坚信消极抵抗要远远胜过选举。"甘地在这里表达的是《印度司瓦拉吉》[1]中的主张，他曾开诚布公地藐视大多数印度民族主义者认为他们正在奋斗争取的议会制度。最终，他不得不坦承"最终方案"并不是真正的终结。[2]虽然"从结束一场伟大斗争的意义上来说，这是一个终结"，他自己改述道，尴尬地模糊了起作用的形容词。"但从给予印度人有权得到的一切这个意义上来说，这并不是终结"。

考虑到甘地再次背叛他们所达成的一致意见，史沫资允许自己将这个"印度问题"束之高阁，留到可预见的将来解决。甘地无法再用他往常的直白语言来解释"最终方案"究竟从何种程度上来说是一个终结，因为在这件事上，他的"真相"不是那么简单：由于他的离开，斗争不得不结束，他已得到他能得到的一切。没有人直截了当地指出，但是他的离开是交易的一部分。

白人民意持续坚定，而甘地的乐观预计却被证明远远偏离了目标。当甘地的注意力转移到印度时，印度人在南非的处境非但没有好转，反倒更加恶化。他们的地位比不得二等公民并且常常比之更低。在种族隔离制度下，尽管没有像非洲人一样被残酷地压迫和被对立歧视，但相比以往更无情的是，他们被集中在少数民族居住区隔离起来。他们花了 60 年的时间才可以在这个他们几乎所有人唯一知道的国家里自由出入，花了 70 多年的时间才废止了印度人持有土地的最后约束。自甘地第一次寻求平等的政治权利开始，整整一个世纪后，平等的政治权才 131
最终到来。自甘地一离开，在往后的岁月里，白人政府挂出自由通行和补助金这两大承诺诱惑印度人跟随其回国。1914—1940 年间，将近 4 万印度人上钩。[3]移民一度中止，但印度人数量由于自然增长持续攀升。自然，那时绝大多数人对于祖国仅有的流传下来的模糊记忆。1990 年，随着种族隔离制度的瓦解，南非估计有超过 100 万印度人。在纳尔逊·曼德拉的第一届内阁中，就有 4 个部长是印度人。

尽管对于南非印度人来说，接下来几代人的前途都将被证实是黯淡的，但

[1]　译注：《印度司瓦拉吉》（*Hind Swaraj*）是甘地 1909 年写的小册子的名字，意为《印度自治》。

[2]　《圣雄甘地全集》（*CWMG*），第 12 卷，第 477 页。

[3]　邬玛·杜派莉阿－梅斯列（Uma Dhupelia-Mesthrie）：《从甘蔗地走向自由：印度人的南非生活编年史》（*From Cane Fields to Freedom: A Chronicle of Indian South African Life*），开普敦（Cape Town），2000 年，第 16—17 页。

这位领袖自己几乎是自由的。他原本的设想是带着约 20 名随从直接航行至印度，并定居在印度西部的浦那（Poona，现拼写为 Pune），以便靠近病中的戈帕尔·克里希那·戈克利。他们一致认为甘地会对印度事务保持一整年的完全沉默（正如甘地所言，“倾耳听，闭上嘴”）。[1] 此时甘地提出照顾戈克利并担任他的秘书。但是戈克利径直去了欧洲，并专门去了维希（Vichy）[2]，希望那里的水土给他将要枯竭的心脏带来一些好处。他让甘地去伦敦与他会面。

在出发去南安普顿（Southampton）前，甘地所要做的是整整一圈的道别。在约翰内斯堡，泰姆比·奈杜夫人是一位敢于在甘地到达现场之前去往纳塔尔的矿场呼吁契约劳工罢工的女性，据说，当她的丈夫在宴请甘地时起身请求这位老盟友收养奈杜家的 4 个儿子并将他们带到印度时，奈杜夫人昏倒在地。他从未征求她的意见。[3] 甘地感谢这位“监狱老鸟”给他的“珍贵礼物”。[4] 随着他离开日期的临近，和他一起进军的契约劳工成了他关注的重心。在他给南非印度人的告别信中，他在署名的上方写下这些话，以此作为信的结尾：“我依然是这个团体的契约劳工。”[5] 在德班，他用“兄弟姐妹”来称呼契约劳工，并保证道：“余生我都会履行和你们的契约。”[6]

132 最后一次给他最忠实的支持者——约翰内斯堡的泰米尔人讲话时，甘地在结束前讲到了种姓问题。他说，泰米尔人“展现出了十足的勇气、十足的信念、十足的责任奉献和如此高尚的质朴”，他们“在过去 8 年里坚持不懈地斗争”。但是在鸣谢这些之后，还有“一件事”，他知道他们延续了印度的种姓区分。如果他们“划出这些区分界限并且彼此以高等或低等相称，那么这些区分将会毁灭他们。他们应该记住，他们不是高等种姓或低等种姓，他们都是印度人，都是泰米尔人”。

由于时隔遥远，我们已经无法知道在那样的环境和情形中，是什么引发了这种警告，并由此牵扯出一个问题，这个问题甚至差点儿让甘地同意大幅缩短他在南非的时间。在那场伟大的进军中，甚至在这次告别聚会中，有没有一些泰米

[1] 南达（Nanda）：《三个政治家》（*Three Statesmen*），第 467 页。

[2] 译注：维希（Vichy）：坐落于法国中南部，是阿列省（Allier）管辖的一个城镇，位于阿列河的河岸，其水疗远近闻名。

[3] 2007 年 11 月于约翰内斯堡采访普瑞玛·奈杜（Prema Naidoo）。

[4] 《圣雄甘地全集》（*CWMG*），第 12 卷，第 474 页。

[5] 同上，第 486 页。

[6] 同上，第 472 页。

尔人表现出对礼制破败的恐惧？或者说对于将在印度面对的一切，他是否有所预见？这中间的确切联系难以确认，但是从更广泛的意义上来说，它们却是显而易见的。于甘地而言，正如他表明的那样，在南非的这些岁月里，这种半奴隶制（契约劳工现象）已和种姓隔离制融为了一体。不管潜在的人口统计事实显示高等种姓、低等种姓和不可接触者在这些契约劳工中占有多少比例，在他看来，这些不再是两件事，而是一件事，是一个仍然需要应对的社会多头怪。

终于，1914 年 7 月 18 日在开普敦的码头上，当他准备登上 SS 金法恩斯城堡号（SS Kinfauns Castle）时，他一手搭在赫尔曼·卡伦巴赫的肩膀上，跟他的祝福者说："我没有带走我的血脉兄弟，而是带走了我的欧洲兄弟。这难道不是南非给予我的足够的真诚吗？我又怎么可能会有一刻忘记南非？"他们乘坐的是三等舱。卡伦巴赫带了两副双筒望远镜准备在船上使用。甘地把它们当作是恶劣的自我放纵，会把他的朋友带向沉迷奢华的堕落，他把望远镜扔到了水中。他的孙子拉吉莫汉·甘地写道："大西洋因此而丰富。"[1] 似命中注定一般，SS 金法恩斯城堡号在世界大战爆发的第二天靠岸。卡伦巴赫和甘地一家搬进了一所印度学生公寓，而且，为了做好与甘地在印度开始新生活的准备，他努力集中精力学习印地语和古吉拉特语。甘地给比勒陀利亚、新德里和英国白厅写信，想要在官僚壁垒上寻找到一丝裂缝，因为这个壁垒妨碍了他实现将犹太建筑家纳入自己印度阵营的梦想。战争期间，没有人愿意或者能够准许一个德国护照持有者在他那里住 133
下。总督也不会冒"这个险"。甘地虽推迟了他离程的日期，但他的门还是被砸开了。最终，卡伦巴赫被关进了英国属地马恩岛（Isle of Man）的敌国人集中营，1917 年通过犯人交换才被送回东普鲁士。这两个人直到 1937 年才再次会面。在回到印度的第五年，甘地哀悼说："我失去了卡伦巴赫。"[2]

---

[1] 拉吉莫汉·甘地（Rajmohan Gandhi）:《甘地》(*Gandhi*)，第 173 页。

[2] 《圣雄甘地全集》(*CWMG*)，第 15 卷，第 341 页；转引自萨里德（Sarid）和巴托夫（Bartolf）:《赫尔曼·卡伦巴赫》(*Hermann Kallenbach*)，第 64 页。

134

甘地夫妇离开南非

6 个月后，甘地夫妇抵达孟买

下　篇

印　度

第六章　唤醒印度

甘地曾发誓回印度后第一年用来适应印度生活的旋涡。他曾向他的政治导师戈克利保证，在这段时间内，他不会发表任何政治声明、不选边站队、不投入任何运动。他要游历印度各地、创建联络、推介自己、倾听和观察。站在更高的角度来说，这可以看作是甘地在试图尽自己最大的可能来拥抱无限的印度现实。这足以证明许多，远远超出了当时印度在位的任何其他政治人物曾经的尝试。

最初，甘地被当作一名外部人士被接待。由于他在南非的斗争，他成了市民午宴和茶会的常客，走到哪里都大受欢迎。对此，他的标准回应是得体且不过分明显的谦逊抗议，他认为在另一片次大陆上“真正的英雄”是契约劳工——穷人中的赤贫者，他们甚至在他被捕后一直坚持斗争。在第一次的此类讲话中，他声称，比起此时他所面对的观众——孟买的政治精英和时髦人士，和契约劳工待在一起，更让他感觉“像在自己家里一样舒适自在”。[1] 很明显，这是一个让人怀疑的声明，但是，从他在印度的早期宣言来看，这一声明将甘地塑造成了一个心系大众的人物。这大约和他在 1915 年期间，也即回国第一年所允许自己表现出来的一样引人争论。该演讲 5 个星期后，他本可以将戈克利的去世作为解除誓言的契机，但是他克制住了推展任何诸如声明自己领导权的行为。然而，随着 1916 年初誓约期满，他便明确说明了他得出的一些结论：“印度需要觉醒。”他还在古吉拉特邦苏拉特（Surat）镇的市民招待会上说过：“不觉醒就没有进步，要让这个国家觉醒，就要有人在此之前设计出一些方案。” 140

他又一次明确地引用了两年前他在纳塔尔的斗争经历。要推动这个国家前进，他就要给赤贫的人带去教育——就像他当时声称的他在南非对契约劳工所做的——“教会他们认识到为什么印度变得越来越不幸”。[2] 他已经走上把自己的南非经历变成一个寓言故事的道路，其中删除了一些不幸的细节，比如糖厂暴力事

[1] 《圣雄甘地全集》（*CWMG*），第 13 卷，第 5 页。

[2] 同上，第 195 页。

件的爆发，运动结果的不清不楚，尤其是契约劳工实际利益的明显缺失。他是一个经验老到的运动家，此刻并没有回望过去，而是勇往直前，瞻望着印度大众政治的出现。不管他所用的南非类比多么错漏百出，他正在昭示自己计划颠覆印度的野心。那时要讲出他计划的具体内容还为时过早，但是我们从他一直关注的一些事物上还是可窥见一斑。其中最显著的是他对印度教徒和穆斯林团结的关注以及他对不可接触制的谴责，他认为不可接触制是对印度的诅咒。从此，明显的不同便是，在一个几乎无望改变的系统里，他不仅仅要为边缘化的少数人努力开拓出一些喘息的空间。在印度，他还将有机会也有担当来带领大多数人，努力推翻并取代殖民统治者。尽管他从未讲过自己从政的野心，但对于一个最终由他指派的人领导的社会，对于其发展方向以及其改革的需要，他将有很多话要说。

值得注意的是，除了他的亲信，这位归国的政治家在没有任何组织、没有任何随从的情况下，登上这个远远扩大了的舞台，而且只花了 6 年不到的时间就完成了他所追求的“觉醒”的复制。他大无畏的目标得到了已经复兴的民族运动的认可——实际上民族运动也在他的形象中得到了重振，我们从“一年内实现自治（swaraj）”的口号中也可以捕捉到这个目标。甘地重新解释道，自治仍然是一个模糊的目标，是自治政府尝试的某种形式，但是不一定包括完全独立。激进的地方是，他承诺全民总动员可以使之在一年内成为现实。而那决定命运的一年就是 1921 年。

到那个时候，甘地已经被刮目相看。他不再是茶会的荣誉客人。自 1917 年 4 月的炎热夏季开始，他着手拯救比哈尔邦[1]北部偏僻地区靛蓝种植园内被压榨的农民的伟大事业，到 1919 年 4 月时，他发动了第一次全国性的非暴力罢工运
141 动——在仅仅两年的时间内，他已经在印度声名鹊起。当时他去推行他的自治时，成千上万的群众出现，数量是他曾在德班跑马场面对的人群的 10 倍，甚至 20 倍。他坚持说地方话，用古吉拉特语或者仍然不太流利的印地语——后来，当他了解了这些语言的共同特性后，他将通俗的印度斯坦语[2]指定为他最爱的通用语——但是，只有前排的人群能听到他讲话，而且，在北印度巡回演说时，他不得不讲在他音量可及范围内很少人能听懂或根本无法听懂的语言。

---

[1] 译注：比哈尔邦：位于印度东北部的一个邦。

[2] 印度斯坦语（Hindustani）是印度北部街区以及宝莱坞（Bollywood）的口语，其词汇来自梵语（Sanskrit）和波斯语（Persian），衍生为印地语和乌尔都语。

这看起来没有一丝影响，人群持续膨胀。从独特的印度舆论来看，他激发起骚动，归根结底是因为人们不是来听他演讲而是来一睹尊容：获得或体验“达显”（darshan）[1]，这是进入“里希”（rishi）[2] 或圣贤的精神力量领域而产生的一种功绩或升华。对于人群中的一些人来说，甘地的形象简直就是一尊神。他们认为他们看到的不是一个凡人，而是从拥挤的印度万神殿而来的一尊神的真实化身。到 1921 年下半年，当他不成熟的自治承诺到期时，这位先知发现，对于自己被奉若神明，他有必要抗议一下。他写道：“我本应该想到，我强烈拒绝所有关于神的称号。我声称自己是印度和人类的谦卑的仆人，而且我愿意为履行这一服务而鞠躬尽瘁。”[3] 这不是神化的时候，他坚持道：“在印度，我们现在需要的不是英雄崇拜，而是服务。”[4]

早期的时候，对于领袖和那些消极地沐浴着他光辉的人之间昙花一现的接触，他曾表示过怀疑：“我认为人们从‘达显’中获取不到任何利益，而施恩之人的情形甚至更加糟糕。”[5] 但是他允许了此类行为，这几乎成了他的日常生活，有时甚至是夜晚生活的特色。不仅仅当他在公众场合现身的时候，而且常常当他在自己住所外工作、休息的时候，就有一群虔诚的观众目瞪口呆地盯着他看，全然不顾他忽视他们的决心。

偶尔，一群群人汹涌而来，表达着他们的奉承之意——其中有人伸出手，用他们的手指甲摩擦着领袖的脚，将之作为谦卑和崇拜的标志，这超出了甘地的忍受范围。在其周报《青年印度》（*Young India*）英文版中——仍在南非凤凰村刊印的《印度舆论》的化身——他抱怨了“摸脚的弊端”。[6] 后来，他警示道：“就摸脚这一举动而言，仅仅体现了此人的堕落而已。”[7] 这种堕落已经够多了。路易斯·费舍尔报道称：“晚上，他的脚和小腿上布满了伤痕，这是由人们卑躬屈膝地抚摸而致，他的双脚不得不用凡士林擦拭。”[8] 后来，他忠实的英国追随者马德 142

[1] 译注：达显（darshan）：见到圣人或圣物而获得或给予的功德，沾光、得福。

[2] 译注：里希（rishi）：（印度教）智者，圣仙。

[3] 《圣雄甘地全集》（*CWMG*），第 21 卷，第 14 页。

[4] 同上，第 21 卷，第 73 页。

[5] 同上，第 16 卷，第 282 页。

[6] 同上，第 20 卷，第 511 页。

[7] 马哈迪夫·德赛（Mahadev Desai）：《与甘地一起的日子》（*Day-to-Day with Gandhi*），第 3 卷，第 286 页。

[8] 费舍尔（Fischer）：《圣雄甘地的生平》（*Life of Mahatma Gandhi*），第 233 页。

琳·斯莱德（Madeleine Slade），后来又被他改名为米拉贝恩（Mirabehn），在接受弗利特街的记者采访时说："事实上，他每晚都用香波洗腿。"[1]

甘地的首位印度传记作者兼那些年的忠实秘书马哈迪夫·德赛，透过喧嚣的人群看到了"人们走火入魔的傲慢"的反应。[2]他在他的日记里记录了1921年2月，在戈勒克布尔（Gorakhpur）和贝拿勒斯（Benares）之间的最后一个乡村火车站所发生的事件的具体细节。在那里的每个火车站点，都有一群人一直等着，他们堵住铁路，要求见甘地，而甘地此前在巴特那（Patna）已经接见过了近10万人。"我们为神的'达显'而来。"[3]其中一个人告诉马哈迪夫。为了让那些从未目睹英雄尊容的追随者返回，马哈迪夫甚至在车站假扮甘地，但徒劳无用。

当时已经过了午夜。然而，另一队庞大的人群在等待了几个小时之后，聚集在甘地所坐的三等车厢里。这位巡游的圣雄并没有计划或意向发声。马哈迪夫请求他们保持安静以便甘地在劳累一天后可以睡一会儿，但是"甘地奇加伊"（ki jai）——"甘地万岁"——这一震耳欲聋的呼声响彻整个夜空。最终，突然蛮横起来的甘地一怒之下站起来，他的面孔扭曲，怒气冲天。这样的甘地是马哈迪夫从未见过的。还有一次，由所谓的追随者组成的喧闹的民众吊在火车的脚踏板上，阻止火车前行。这位非暴力的信徒后来承认，那个时候，他不再想用语言去痛斥他们，而是有要打人的冲动。于是，他当着群众的面一次又一次地拍打自己的脑门儿。"人们害怕了。"他写道，"他们请求我原谅他们，开始安静下来并且让我去睡觉。"[4]

凌晨时分，暴怒的圣雄为了阻挡一群盲目崇拜而又无法抗拒的乡下人而自我攻击，很明显，这样一幅画面使人们对他呼吁的基本性质产生了质疑。至此，甘地已经清楚地表述了他似乎在苏拉特承诺过的计划。实际上所有的这些在他离开南非的时候就已经是他思考的重心，或者说，可以很容易地从他在托尔斯泰农场聚焦的事物上追根溯源。当印度加固了穆斯林和印度教徒之间牢不可破的联盟时，当扫除了不可接触制时，当非暴力原则被接受，成为一种生活方式而不是一种策略时，并且在无数的村庄倡导将土布纱线和手工纺织品作为自给自足的村庄

---

[1] 《新闻纪事报》（*News Chronicle*），伦敦，1930年9月7日。

[2] 马哈迪夫·德赛（Mahadev Desai）:《与甘地一起的日子》（*Day-to-Day with Gandhi*），第3卷，第265页。

[3] 同上，第264页。

[4] 《圣雄甘地全集》（*CWMG*），第19卷，第374页。

工业时，自治便会实现。他将这些称为“自治框架赖以支撑的四大支柱”。[1] 而民族运动将会正式采纳他的计划作为民族运动的计划，但这并非出于信仰，而是 143
为了取悦他。1921 年 12 月在艾哈迈达巴德，虽然这是他向自己和印度承诺实现自治的最后期限，但国大党绝不会将他视为失败的预言者而将其抛弃。相反，它会投票授予甘地在运动期间的“唯一行政权”。在这段时间，他大部分助理和昔日的对手由于被英国当局逮捕而退出时局，这实际上使他成为一人政治局（英国当局还没想好如何处置圣雄本人）。在他的文章和巡回演说中，甘地身体里的复兴主义思想一直在孜孜不倦地推动着这个囊括四个部分的计划前进，每一部分都循序声明了他的思想精髓——自治的显著必要。其中的逻辑关系有时只有他自己能懂。甘地可以争论说，没有纺织，印度教徒和穆斯林的联合无法实现。其他时候，不可接触制的废除成为最为优先的事情。并不是每个人都能懂得，但是他的话成为他所游历之地的越来越多活动分子的信条。同时，到 1921 年，这位新授权的政治谋略家正在酝酿着文明不服从运动。为了表达甘地所肩负的使命和实行的纪律，他的计划提出了清晰的愿景。作为实际的政治，温和地来说，它如果不是一种不可能的戏法，也应该是一种狡黠的行径。

但是，在当时恒河平原上的那条铁路（现在人们已经不知道它叫什么名字了）沿线，数以千计的民众在长夜中守候，他们并不是来表达对甘地的四大支柱的热诚，也不是来表达对穆斯林和不可接触者的同情，甚至不是应招下一次的非暴力运动。他们来到这里是对这个人表达敬意，不仅如此，而且也是对一个圣人表达敬意。他们认为他以一种不同寻常的新方式关心他们，这种想法已经不胫而走。他们认为他对他们有要求，如果真有其事的话，这种想法已经以一种缥缈、模糊并且不经意的方式被广泛接受。甘地的真实目标可能处在这个乌托邦的边缘，但是在印度这个复杂的环境中，这些目标也可能不切正题——有时候在他打算改变的真实世界中几乎不被接受。为他而奔走呼吁的民众对于他的承诺有他们自己的观点，他们常常似乎是在等待一个救世主开辟一个黄金时代，以使重压在他们身上的债务、赋税和当前的物质匮乏一去不返。[2] 有些时候，他们会将这个安逸而自足（如果不是丰足）的黎明时代称为甘地时代。在定期与他的追随者对话时，甘地发现自己成为他所唤起的期望的囚徒。

[1] 《圣雄甘地全集》（*CWMG*），第 23 卷，第 53 页。

[2] 阿敏（Amin）：“作为圣雄的甘地”（Gandhi as Mahatma），第 290—340 页。

144 在他自己的顺从和理性的思想中，精神朝圣者和大众领袖这两个角色之间极少会出现剑拔弩张的时候——他既是民族运动的先锋，也是他最初想象的团结的印度的护民官。当甘地的这两个角色确实产生冲突的时候，几乎毫无例外的是，做出退让的是大众领袖这一角色，而不是精神朝圣者的角色。他的事业时不时地被打断，他经常表面上退出积极领导层，就像1910—1912年在南非他隐退到托尔斯泰农场一样。但政治上的撤退并不是最终结局。他会论述道，考虑到印度的贫穷，对于一个蒙受宗教启发的人来说，唯一的使命就是通过政治为大众服务。“没有任何一个立志追随真正宗教理想的印度人能够远离政治。”[1] 他说道。这是甘地对达摩（dharma）——正义之人的职责——与众不同的诠释。对此，英国学者朱迪丝·布朗（Judith Brown）在她的文章中讲得好，对他来说，这是“行动的美德”。[2]

那些被甘地称作“政治僧侣”的宗教追求者放弃了尘世的舒适，却为完善尘世而生活在尘世之中，他们有责任“与大众融为一体，就像他们其中的一员与他们一起工作”。[3] 首先，这就意味着说他们的语言，而不是殖民压迫者的语言，而这一语言，甘地恰巧擅长。这一强调是甘地独创的，可以被称作甘地主义。正是这位从非洲出来的自行创造的甘地，这位写出《印度司瓦拉吉》的甘地，亲自给纳塔尔的契约矿工发放面包和糖，他们因跟随他穿越违禁边界而大量被捕。

在印度场景下，所有的这些似乎一开始就将他推向了边缘，使他成为一种外来的被孤立的生灵。甘地主义强调和农村的穷人对话时要用他们自己的语言，这马上让他在一场用英语处理大部分事务的大规模英语化的民族运动中逆流而行。一位印度国大党主席最近热情地提及“英语教育的传播”，将其说成“可能是英国给印度人民最伟大的礼物”，而甘地最终将成为印度国大党的舵手。这位前甘地主义者说：“它指引了我们的思想，并激发出我们新的希望和抱负。”他的评价是对伟大的英国历史学家托马斯·麦考利（Thomas B. Macaulay）的愿景的一种完成。该历史学家曾在他1835年写的里程碑式作品《印度教育备忘录》（*Minute on Indian Education*）中争论说，只有当英国人成功地“在我们和千千万万我们所统治的人之间培养出一个可以充当解释者的阶层，一个流着印度人的血、有着印

[1] 《圣雄甘地全集》（*CWMG*），第14卷，第201页。

[2] 布朗（Brown）：《甘地》（*Gandhi*），第82页。

[3] 《圣雄甘地全集》（*CWMG*），第14卷，第80、201页。

度人的肤色但是有着英国人的品位、观念、道德以及智慧的阶层”，他们才能真 145
正统治印度。

作为伦敦内殿律师学院的毕业生，甘地自身曾被算作是这一阶层的一员。然而，他抗拒殖民者语言的主导地位。在紧接着的一篇少有引用的文章中，麦考利同样说到这一英国化的新阶层将有责任“改善本土方言……并且一步一步地将其变成适宜为广大群众传递知识的媒介工具”。这一训诫与甘地的平民主义思想产生共鸣。任何时候，只要有可能，甘地都回避使用英语，尽管在他成年后的大部分时期一直在使用印度统治者的语言。他尖锐地指出，当时 3 亿印度人当中，不足 100 万人懂英语。他可能会说：“现在所有的骚动仅局限于我们人民当中无限小的一小部分，他们只是沧海一粟。”[1]

如此冷酷的现实令人难以接受，甚至连戈克利也要退缩了。戈克利发现《印度司瓦拉吉》落后而又差强人意，然而，他似乎又将甘地视为潜在的继任者，视为一个小型改革先锋组织——众所周知的“印度公仆社”（Servants of India Society）[2] 的领袖，戈克利组建该组织的目的是在印度公共生活中引入一个完全自律、完全无私的民族主义者干部阶层。但是在这位伟人去世之前，这个新来者（甘地）渐渐明白，他可能不适合接手这个组织。他的过于势单力薄、他斗争和消极抵抗的历史、他将自己当作真理（萨提亚格拉哈）的唯一仲裁者的倾向，以及他在语言问题上的坚持，这些都使他甚至在投入印度政治之前就与众不同。换句话说，他带着自己的信条而来，但这却不是印度公仆社的信条。

在他的古鲁（guru）[3] 死后的几个星期内，甘地去哪里都是赤足而行，以此来表达对戈克利的悲痛之情。这一姿态虔诚而又衷心，但也突出了甘地的奇特之处，好像在声明自己作为戈克利的首要哀悼者的地位。这样看来，甘地更有可能引起印度公仆社残存者的反感而非令他们感动，就像他后来所说的，他们发现他是“一个干扰因素”。[4] 回国 4 个月后，就在甘地申请加入印度公仆社被断然拒

---

[1] 《圣雄甘地全集》（*CWMG*），第 14 卷，第 203 页。

[2] 译注：印度公仆社（Servants of India Society）由戈帕尔·克里希那·戈克利（Gopal Krishna Gokhale）于 1905 年 6 月 12 日创立。他离开德干（Deccan）教育学会建立此组织，与之一起的还有一小批立志推进社会和人类进步并推翻印度英国统治的受过高等教育的人士。印度公仆社组织了很多活动来推进教育、卫生、健康发展，同时与不可接触制、歧视、酗酒、贫困、女性压迫和家庭暴力进行抗争。

[3] 译注：古鲁（guru）：印度教的宗教导师或领袖，这里指的是戈克利。

[4] 《圣雄甘地全集》（*CWMG*），第 13 卷，第 200 页。

绝不久后，这位新来者写信给赫尔曼·卡伦巴赫，承认他来到印度时所持的观点“坚如磐石，无法改变”。[1]

“我正在经历一个不同寻常的阶段。”他继续写道，“我在周围表面上看到的只是虚伪、欺诈和堕落，然而在这个外表之下，我在追索我在其他地方（南非）
146 失去的神。这是我的印度，它可能是我盲目的爱、我的愚昧或者是一幅我自己想象的画面，但是不管怎样，它给予我安宁和快乐。”在这一封信中，他还提到了他在家乡古吉拉特邦艾哈迈达巴德郊区建立的第一个印度阿什拉姆。“我是一个局外人，不属于任何政党。”[2] 一年后他如是评价道。

科赤拉布阿什拉姆（Kochrab Ashram）只有两间农舍，人口不足 50 人。但是，甘地对之怀有很大的抱负，他写道：“我们想把它办成全印度的机构。”[3] 在他一如既往的自封的规矩制定者的角色里，他也曾起草过一份 8 页的章程。这一章程可以看作是他对导师为印度公仆社制定的规则的改写，明显带有甘地主义思想的痕迹。在戈克利去世之时，只有 24 位候选人在这位“第一成员”（创始人这么称呼自己）的严厉监督下完成了 5 年的严格训练计划。[4] 他们立下了 7 个誓言，其中之一便是靠微薄薪水维持生计。[5]

在他的章程草案中，甘地宣布自己是阿什拉姆的“总管”，公布了更多且影响更深远的誓言。他要求所有的“同住者”完全禁欲，甚至已婚者也一样。“控制味觉”（可以理解为“吃饭仅仅是为了维持身体机能”），“不占有的誓言”（意为“如果可以站着，就不用椅子坐着”）；“反对不可接触制的誓言”（其中承诺“将不可接触者群体视为可接触人群”）。成员要讲他们自己的印度语言并且学习新的语言。他们还要开始纺纱和手工织布。这些规则是甘地到达孟买 5 个月内写下的，如果这些规则得到严格遵守，那么这个阿什拉姆就有望源源不断地培养出甘地式的人物。阿什拉姆的最初成员约一半是甘地的亲戚以及从南非就追随甘地的拥护者，其中包括泰姆比·奈杜的儿子们和一位来自约翰内斯堡的穆斯林神职

[1] 《圣雄甘地全集》（*CWMG*），第 96 卷，第 212 页。

[2] 南达（Nanda）：《甘地》（*Gandhi*），第 165 页。

[3] 《圣雄甘地全集》（*CWMG*），第 13 卷，第 33 页。

[4] 南达（Nanda）：《三个政治家》（*Three Statesmen*），第 170 页；海姆塞斯（Heimsath）：《印度民族主义和印度教社会改革》（*Indian Nationalism and Hindu Social Reform*），第 241—243 页。

[5] 《圣雄甘地全集》（*CWMG*），第 13 卷，第 91 页。

人员伊玛目阿卜杜勒・喀达・巴瓦兹（Abdul Kader Bawazir）。[1]

甘地写道：“科赤拉布阿什拉姆的目标是学习怎样为祖国奉献自己的一生。”[2]他打算在给那些被他定位为“见习僧”所上的课程中加入自我克制，因此这一呼吁必定会对双方教派都有严格的限制。食肉的穆斯林必然将阿什拉姆看成是印度教徒的修行地，毕竟这就是阿什拉姆的字面意思。印度教徒必是会反抗甘地对不可接触制的观点，更不必说性了。（对于此话题，至今已独身了 10 年多的甘地有着更怪异的想法。他劝告他的二儿子曼尼拉尔说：“我想象不出有任何一件比男 147
女交合更加丑陋的事。”[3] 曼尼拉尔认为自我克制是一种磨炼）。当谈及人类的粪便问题以及他所持有的托尔斯泰式的立场，即清扫粪便应被看作是普遍的社会责任时，不管是穆斯林还是印度教徒都不愿意与甘地站在同一条战线上。简单来说，对于阿什拉姆而言，大众呼吁从来不会成为期望，也不会成为问题。

甚至在 1915 年 5 月科赤拉布阿什拉姆低调创办之前，甘地便已经与正在兴起的穆斯林领导层打过第一次照面。事实上，在他回印度的第一个星期，穆罕默德・阿里・真纳（Mohammed Ali Jinnah），这位巴基斯坦的未来创始人便主持了一场由孟买的古吉拉特人为古吉拉特之子甘地举办的招待会，并致了欢迎辞。表面上看，这两个人有很多共同点。他们的家庭都来自古吉拉特邦的同一地区——沿海的卡提亚华地区，现在通常被称作索拉什特拉（Saurashtra），他们俩都是在伦敦接受过教育的律师。但是，他们的相同之处却止于此。真纳的祖父是一位印度教徒，后来皈依了伊斯兰教。真纳穿着定制的西服，衣冠楚楚，讲着殖民地绅士的优雅英语来欢迎这位新来者。而甘地则打扮得像一位古吉拉特村民，穿着背心和无袖长衫，身缠腰布，头戴扁平头巾，用他的本土方言通俗地回答问题。无须赘言，这已暗示了此英国化的职业精英靠一己之力无法实现印度自由。

此次相遇时，真纳是印度国大党的一位新起之秀，而甘地尚未加入这一民族运动。委婉地说，无论此时还是以后，他并未怀有很多的宗教热情。在政治方面，那个时候他可能会坚持认为，他是一个印度民族主义者，他也很接近戈克利。然而两年后，在自尊心受到伤害和一场有些愤世嫉俗却确实有效的争论的推

---

[1] 约翰内斯堡的哈密蒂亚清真寺（Hamidia Mosque）内有一幅伊玛目阿卜杜勒・喀达・巴瓦兹（Abdul Kader Bawazir）的简笔素描，画像可见于戈帕尔克里希那・甘地（Gopalkrishna Gandhi）的书中，《诚挚的友谊》（*A Frank Friendship*），第 75 页。

[2] 《圣雄甘地全集》（*CWMG*），第 13 卷，第 91 页。

[3] 同上，第 23 卷，第 102 页。

动下，甘地被说服退出穆斯林联盟，而这一运动最终由他带领走向了世界。该争论认为甘地已经将国大党变成了“印度教复兴和印度教统治建立的工具”。[1] 印度分治的道路将会迂回曲折，但最难描述的是，把民族主义者真纳引入坚定的宗派主义穆斯林联盟的人士之一，是一位叫作穆罕默德·阿里（Muhammad Ali）的泛伊斯兰主义者，此人后来成了甘地在国大党最亲密的穆斯林盟友。

阿里出生在兰布尔（Rampur）土邦一个相对卑微的家庭，后来在牛津大学获得学位，与他的哥哥，即著名的板球运动员绍卡特（Shaukat）一起，在印度
148 内外，他已经被穆斯林公认为是伊斯兰教的发言人。尤其要提到的是，在世界大战爆发的前几年，对于奥斯曼帝国的没落，这对阿里兄弟激发并表达了穆斯林团体的日益担忧。权力的日渐被侵蚀曾在 19 世纪最终导致印度莫卧儿帝国（Mughal）[2] 国王一蹶不振，在当时这一幕似乎正在君士坦丁堡（Constantinpole）重演。在宗教角色上，苏丹（sultan）[3] 就是哈里发（caliph）[4]，被奉为逊尼派伊斯兰教（Sunni Islam）的最高权威，依旧是阿拉伯半岛各个圣地的宗主和先知（Prophet）[5] 的继承者。尽管很少有印度穆斯林真正访问过君士坦丁堡，但是他们可能比大多数土耳其人更严肃地对待这一宗教联系。对他们来说，奥斯曼的苏丹地位成了伊斯兰教立足于现代世界的一种标志，因此也成了占少数的穆斯林团体焦虑他们在印度的地位的原因。

到 1915 年 4 月甘地会见穆罕默德·阿里时，也就是甘地的阿什拉姆成立前一个月，阿里兄弟对奥斯曼事业的热情认同使他们与印度的英国政权势不两立，这吸引并普遍赢得了穆斯林的忠诚，尽管这些穆斯林曾接受英国式的教育。毕竟，苏丹自己及其军队刚与德国皇帝及奥匈帝国（Austro-Hungarian Empire）结盟，而包括很多穆斯林的英印军队即将与之战斗。因此，几乎一夜之间，阿里兄弟在殖民当局的眼里，由效忠者变成了潜在的叛乱煽动者。随着主场对远方态势

[1] 拉吉莫汉·甘地（Rajmohan Gandhi）：《八个穆斯林》（*Eight Lives*），第 150 页。

[2] 译注：莫卧儿帝国（Mughal）：1526—1857 年，由突厥化的蒙古人帖木儿的后裔巴布尔在印度建立的封建专制王朝。在帝国的全盛时期，领土几乎囊括整个南亚次大陆以及阿富汗等地。莫卧儿帝国上层建筑是穆斯林，而基础则是印度教，波斯语是宫廷、公众事务、外交、文学和上流社会的语言。

[3] 译注：苏丹（sultan）：一些伊斯兰国家统治者的称号，这里指奥斯曼土耳其帝国的皇帝。

[4] 译注：哈里发（caliph）：伊斯兰教执掌政教大权的领袖的称号，哈里发是先知穆罕默德的继承者，是阿拉伯帝国政教合一的领袖。

[5] 译注：先知（Prophet）：指伊斯兰教创始人穆罕默德先知。

回应的变化，阿里兄弟也发现他们自己更加接近以印度教徒为主的印度民族主义者，而他们当中仅有一人能对他们感同身受并且认同他们，这个人就是新来的甘地，他曾经一度是德班和约翰内斯堡的穆斯林商人的喉舌，一直是清真寺政治集会的老将。“我认为印度教徒应该向穆斯林让步，不管后者有什么要求，而且他们应该很高兴这么做。”1909 年甘地曾在南非这样说，“只有表现出如此的宽宏大量，我们才能期待团结。”[1] 时至今日，印度教民族主义者回想起这番言辞仍然心酸。

穆罕默德·阿里精通英语和乌尔都语（Urdu），是一位举止优雅且有时候辞藻华丽的辩论家，他曾经充满崇拜地写到“那位长期饱受苦难的人，甘地先生”，用此指出甘地在南非的领导力。[2] 当时，他欢迎甘地来到德里（Delhi），这个曾经的莫卧儿帝国首都，如今的英属印度首都。这就是甘地所说的“一见钟情”。此后 4 年多，这两人再未会面，因为阿里兄弟在他们第一次会面之后不久便被监禁——以本宅软禁的宽松形式。于是，甘地将呼吁释放这对兄弟当作自己在印度 149
的早期政治承诺之一。他和穆罕默德·阿里一直保持通信，到阿里兄弟从监禁中释放出来之时，甘地和他们已经准备好开始彼此的事业了。

他与穆斯林的这一联系很快显示出重要性，它将被证明是甘地接管印度国大党的关键因素。这里至关重要的是，有证据表明，甚至在他于印度发起第一次运动之前，甚至在他加入国大党之前，甘地就无比坚信，如果印度人想要建立统一的民族，印度教徒就必须要和穆斯林共创伟业。毫无疑问，他夸大了在南非印度人中所发生的这一现象的程度，但是，这是他在那里学习到的第一堂政治课，也是他的民族主义信条的试金石。

他对于不可接触制的紧迫感也是源自在那片次大陆上学到的教训。很早以前他就总结过，那里白人对待印度人的方式，比印度人对待不可接触者、拾荒者以及其他被逐种姓者的方式差不到哪里去。在他自己看来，这些感情只因为他曾热忱地加入到纳塔尔的契约劳工而更加深刻。严格地说，他们当中只有少数人算是不可接触者，但是他们大多数人都是低等种姓者，而且，在甘地的观念中，他们在等级制度下受到十足的压迫，以致沦为实际上的奴隶。当他们和甘地一起穿越

[1]　转引自拉贾拉姆（Rajaram）:《甘地，基拉法特和民族运动》（*Gandhi, Khilafat, and the National Movement*），第 8 页。

[2]　南达（Nanda）:《甘地》（*Gandhi*），第 202 页。

南非草原进军的时候，种姓界限不再那么明显。这就是对甘地称之为“高等与低等”的辩驳，而且他最终找到了将自己和“低等种姓”联合起来的方法。

因此可以说，关于南非以及1913年罢工的鲜活记忆，帮他填补了他回到印度后对不可接触者的感情。回到印度不到两个月，他在大壶节（Kumbh Mela）[1]期间去了喜马拉雅山脚下的哈尔德瓦尔（Hardwar），每12年举行一次的大壶节吸引了近200万印度教朝圣者。那令人窒息的壮观场景令他感到震惊，不仅仅是因为他对于卫生状况以及随处可见的不卫生现象不厌其烦的关注。他后来写道：“我来到这里，与其说看到了朝圣者的虔诚，毋宁说看到了他们的心不在焉、虚伪和懒散。”[2]他随即召集他从凤凰村带来的小型随从队伍（他们一直住在他附近），充当拾荒者，铲除粪便，用土掩埋朝圣者使用的露天茅坑。[3]从更深远的意义上来说，这是他14年前在加尔各答第一次与印度国大党幻灭性会面的重复。

150 他在印度引发的第一次真正的争议，是他更为直接地挑战了针对社会污染的传统禁令，从而引起了一场流言蜚语。这场争议是从他刚建立几个月的阿什拉姆传出来的，起因于甘地接纳了一家戴德人[4]，允许他们住在阿什拉姆。戴德人的传统职业是皮革匠，与动物尸体和皮毛打交道，这一点足以在他们身上留下烙印，使他们以及他们的子孙后代永远成为不可接触者，不管他们的谋生手段是否与皮革相关。接纳戴德人住在阿什拉姆本非甘地自己的主意，而是源于古吉拉特的改革者塔迦尔（A. V. Thakkar）的一封来信，这位改革者通常被人称为塔迦尔父亲（Thakkar Bapa），在不可接触制问题上，在长达30年的时间里，他一直是甘地的得力助手。“一个谦恭诚实的不可接触家庭渴望加入您的阿什拉姆。”塔迦尔写道，“您会接纳他们吗？”[5]

对甘地而言，只有一种回答的可能。他称他的戴德人是“有学问的人”。这可能只意味着他能识字而已。这个戴德人名叫杜达巴伊·玛尔吉·达夫达（Dudabhai Malji Dafda），简称杜达（Duda）。“比消极抵抗更伟大的工作开始了。”

---

[1] 译注：大壶节（Kumbh Mela）：又称为圣水沐浴节，是世界上最大的印度教宗教集会，也是世界上参加人数最多的节日之一。在节庆期间，印度教徒在恒河沐浴，清洗旧日罪孽。

[2] 甘地（Gandhi）：《自传》（*Autobiography*），第349页。

[3] 坦杜卡尔（Tendulkar）：《圣雄》（*Mahatma*），第1卷，第162页；普亚里拉尔（Pyarelal）和纳亚尔（Nayar）：《以甘地吉为镜》（*In Gandhiji's Mirror*），第101页。

[4] 译注：戴德人（Dhed）：印度贱民阶层的表列种姓，属于不可接触者。

[5] 纳拉扬·德赛（Narayan Desai）：《吾生即吾意》（*My Life Is My Message*），第2卷，《萨提亚格拉哈》（*Sytyagraha*），第17页。

甘地在每周写给赫尔曼·卡伦巴赫的一封信中这样写道，卡伦巴赫因为战争被困在了伦敦，“我接纳了这片土地上的一个帕里阿，这是一个极端的举措。这使我跟甘地夫人之间的关系出现了裂缝。她老惹我，让我大发雷霆。”[1]

第一次冲突导致了另一次冲突，正如甘地一周后所说的，这次冲突几乎是德班情景的重演，那时他妻子拒绝为他之前的一位不可接触者法律职员清洗夜壶，这位律师甘地便将她拖到了门口。显然，嘉斯杜白在这个问题上的态度18年来没有发生多大变化。一周后他在信中说：“我已经告诉甘地夫人，她可以离开我。”[2] 两个星期后，他依然抱怨：“她让我生活在地狱之中。”[3] 最终，一个多月之后，他找到了一个让嘉斯杜白完全顺从的方式。他本来就节食，在受限的几种食物中他又减少了一种主食，这便是，他放弃吃坚果，坚果！他告诉卡伦巴赫：“我不得不在一定程度上挨饿。”[4] 在这里，他意在表示他的情形充满了痛苦，因为他经历过。

破裂不仅仅限于夫妻之间。在阿什拉姆成立差不多4个月之后，即甘地回到印度9个月之后，甘地的信徒因对戴德人的到来不满，使甘地面临了一次信徒几乎出走的危机。“我被大多数帮手抛弃了。”他抱怨说，“除了两三个人依然坚定地支持我，所有的担子全落在了我的肩上。”[5] 多数人最后还是回归了，但唯一永远离开的是甘地的妹妹拉莉亚贝恩（Raliatbehn）。[6] 他后来在给她的信中说道：“你的离开给我留下了一道永不愈合的伤口。”[7]

阿什拉姆得以维持依赖于艾哈迈达巴德商人的资助，而那时这种资助中断 151
了。那些激愤的邻居们不仅阻拦杜达，而且阻拦阿什拉姆的所有成员，不让他们使用附近的水井。这对甘地产生了重要影响，一旦他放弃了对印度事务保持沉默的誓言，那么他将更加坚定不移地谴责不可接触制。他说他本人要搬出去，“搬到其他戴德人的居住区，与他们共命运”。[8] 但一笔来自艾哈迈达巴德成功企业家阿姆巴拉尔·萨拉巴伊（Ambalal Sarabhai）的匿名馈赠使他的阿什拉姆得以维

[1] 《圣雄甘地全集》（*CWMG*），第96卷，第223页。
[2] 同上，第13卷，第127—128页。
[3] 同上，第96卷，第225页。
[4] 同上，第96卷，第227页。
[5] 同上，第96卷，第225页。
[6] 普亚里拉尔（Pyarelal）和纳亚尔（Nayar）：《以甘地吉为镜》（*In Gandhiji's Mirror*），第102页。
[7] 《圣雄甘地全集》（*CWMG*），第14卷，第190页。
[8] 同上，第13卷，第128页。

持下去。杜达的妻子达妮（Dani）也跟着来了，最后嘉斯杜白完全妥协了，只能遵照甘地的要求收养了杜达和达妮的女儿拉克希米，并视如己出。“她识相地放弃了原本不必要的挣扎。”[1] 甘地给他在南非的前秘书索尼娅·史丽新的信中说道。嘉斯杜白虽然发生了转变，但仅是表面而已。7 年后，甘地抱怨说：“她怎么也无法像我一样爱拉克希米。”[2]1924 年，他声称她依然“满怀偏见”。[3]

这位社会改革者在接纳不可接触者到他的阿什拉姆中遭遇到的抵制，并不能让他保持沉默。但他也是个精明的政客，如果他曾经心怀幻想，认为与不可接触制的斗争可能成为一项大众事业的话，那么当时他意识到，当言辞变成行动时，从印度复杂微妙的区域平台能够轻易得出的道德论断很可能会事与愿违。在他早期在印度乡村发动的运动里，甘地从不回避不可接触制的问题。他直言不讳地称之为“这个难以消除的罪恶”。[4] 然而，在大多数情况下，它一直是他当前事业的附带物，不管当前事业是什么。

以居住在比哈尔邦北部喜马拉雅山脚下受压迫的查姆帕兰（Champaran）佃农的事业为例：查姆帕兰佃农饱受当地法律、税收、长期债务和恶势力的多重压迫，被迫用他们耕种的一部分土地种植几乎没有任何收益的靛蓝作物。靛蓝是一种用于精细纤维织物的染料，在欧洲很畅销，而这些靛蓝都归英国种植园主所有。种植园主从称作“柴明达尔”（zamindar）[5] 的印度地主那里租赁大片田地，包括整个村庄，与田地一起租来的还有佃农，佃农失去了任何与种植园主讨价还价的权利。我们很难说这些被称为“莱特”（ryot）[6] 的农民的处境比非洲的契约劳工好一些，在许多情况下，他们的处境可能更糟糕，这种体系在最近一个世纪里逐渐形成。“运到英国的靛蓝，无不染着人类的鲜血。”[7] 一位英国官员曾经这么写道。

152 甘地于 1917 年初受邀来到查姆帕兰。在此之前他从没听说过这个地区，那里也没有人听说过他。作为当地殖民当局的代表，收税官命令他离开，甘地礼貌地公然反抗这个命令，然后通宵达旦给各方发送公文，直到民族运动和总督辖区

[1] 马哈迪夫·德赛（Mahadev Desai）:《与甘地一起的日子》（*Day-to-Day with Gandhi*），第 1 卷，第 153 页。

[2] 《圣雄甘地全集》（*CWMG*），第 25 卷，第 514 页。

[3] 同上，第 26 卷，第 295 页。

[4] 同上，第 13 卷，第 233 页。

[5] 译注：柴明达尔（zamindar）：印地语，意为土地拥有者。

[6] 译注：莱特（ryot）：印地语，印度佃农。

[7] 庞奇帕达斯（Pouchepadass）:《查姆帕兰和甘地》（*Champaran and Gandhi*），第 6 页。

的每个人都知道他面临被逮捕的处境。大批五大三粗和胸无点墨的佃农们聚集起来保护他，作为未来的萨提亚格拉哈主义勇士，年轻气盛的民族主义者奔赴查姆帕兰。然后总督出面干预，取消了对他的驱逐。

不出几个星期，甘地本人被任命为一个官方委员会的成员，对佃农的积怨进行调查。委员会建议，佃农不用强制性地种植靛蓝。刚投奔甘地的工作人员在查姆帕兰村庄开办学校并举办卫生讲座，有些工作人员来自印度另一边的遥远的艾哈迈达巴德郊区的阿什拉姆。一位甘地主义工作人员在给这位圣雄的信中说道："我们开始让人们相信，我们亲自帮他们用土掩盖排泄物，这对他们来说完全无失尊严。"[1] 多少村民自己动手参与此事没有任何记载。

在他们领袖的坚持下，工作人员也学着打破常规，与低级种姓的人一起进餐。这些早期的甘地主义者之一，一位年轻的律师，留下了如下证据："我们所有与他共事的人，在此之前都遵守这一戒律，只与我们同一种姓的人一起用餐。现在我们放弃了这一戒律，开始一起共同进餐，不仅与所谓的高等种姓成员一起进餐，甚至还与就连一起饮水都不被接受的人共同进餐。而且，重要的是，我们公开这样做，而非暗中或私下这样做。我们经常在来自远方的村民的围观下这样做，我们当着他们的面一起用餐。"[2] 这位年轻的律师拉金德拉·普拉萨德（Rajendra Prasad）回绝了法官的职位，坚持留下来做一名甘地的追随者。数年后他成为印度国大党的主席，1948 年成为独立印度的第一任总统，即印度象征性的国家领袖。

凭着以身作则和人格魅力，甘地开始聚集发起一场运动的核心团队。我们不能说这一切是自发发生的，他辛勤工作，常常早晨 4 点起床。他极度关注各种斗争的细节，关注追随他足迹和大量的作品及演讲纲领的人，这清楚地表明，他的背后有一股强大的推动力。但是，在回到印度早期的这些年里，他更多的是提供方法和树立榜样，而不是制订计划，看到哪里需要他，他就立刻奔向哪里。在 153
他自己投身于这些即兴的冒险事业的过程中，他发现了像年轻有为的普拉萨德那样的门徒，他们中有些人将成为后殖民地印度的领袖，也许除了甘地之外，其他

[1] 《圣雄甘地全集》（*CWMG*），第 14 卷，第 538 页。

[2] 普拉萨德（Prasad）：《在圣雄甘地的脚下》（*At the Feet of Mahatma Gandhi*），第 148 页。近年，一位对印度有深入体验的瑞士记者再访查姆帕兰区，考查甘地和他的同僚们几十年前发起的行动是如何发展起来的。他实际上没有发现任何发展的痕迹，反而发现了四处蔓延的政治腐败和压迫。参见伊穆哈斯里（Imhasly）：《再见甘地？》（*Goodbye to Gandhi?*），第 57—86 页。

人都没有这样的视野。查姆帕兰事件数月之后，爆发了另一场农村运动。这场运动针对古吉拉特邦凯达（Kheda）地区在暴雨毁掉农作物后又征收毁灭性的殖民税。这次甘地委派了刚刚吸引到自己阵营里来的另一位年轻律师瓦拉拜·帕特尔（Vallabhbhai Patel），此人后来成为印度国大党的另一位主席并在国家独立后成为副总理。

据估计，甘地 1917 年在比哈尔邦待了 175 天，致力于查姆帕兰斗争。[1] 后来，他称该地为自己的“出生地”，意思是那是他第一次专注于印度的乡村地区。[2] 回顾纳塔尔的罢工运动，他曾说到印度受过教育的人有必要与“穷人中的赤贫之人”共事。[3] 当时，他终于在祖国的土地上身体力行地这样做着。他说，印度要养成“无畏的习惯”。[4] 最重要的是，新的追随者在他身上看到了这一点。“他学说的精髓是无畏和真理，以及与之相结合的行动。”[5] 贾瓦哈拉尔·尼赫鲁如此写道。这也是他这个人的精髓。“这声音与其他人有些不同。”尼赫鲁说，“这声音虽然很轻微而且低调，但它却在群众的呼喊声中清晰入耳。它虽然很柔和，却蕴藏着钢铁一般的坚毅……在叙说和平友谊的言论背后是一股力量，是震撼人心的行动光环，是绝不向谬误低头的决心。”[6]

对“无畏”的这种专注，也许可以解释甘地在两个大陆漫长生涯中的另一个惊人的、表面上费解的曲折事件，这一次他所做的选择与他 1906 年投身于镇压祖鲁人的战役时所做的选择异曲同工。甘地有自我重复的习惯，有用老答案解决新问题的习惯。这一次，他似乎把他让门徒们立下的非暴力誓言抛在一边，承诺全力招募印度军队参与欧洲的战争，填补英国在这场残杀中耗尽的兵力。这位坚定的亲英国的甘地曾表示效忠帝国，曾在两次南非冲突中招募担架队，但当他 1909 年代表德兰士瓦“英属印度人”最后一次赴伦敦之行无果而终后，似乎
154 就退居幕后了。那个甘地在《印度司瓦拉吉》的书页里也完全消失了，《印度司瓦拉吉》是他那年在返回南非的旅途中撰写的一部民族主义小册子，在这本小册

[1] 尚卡尔·达亚尔·辛格（Shankar Dayal Singh）：《甘地的第一步》（*Gandhi's First Step*），第 5 页。

[2] 《圣雄甘地全集》（*CWMG*），第 19 卷，第 88 页。

[3] 同上，第 13 卷，第 210 页。

[4] 同上，第 13 卷，第 232 页。

[5] 尼赫鲁（Nehru）：《圣雄甘地》（*Mahatma Gandhi*），第 23 页，选自尼赫鲁的《印度的发现》（*Discovery of India*）。

[6] 同上，第 12 页，选自尼赫鲁的《世界历史一瞥》（*Glimpses of World History*）。

子中，他将英国议会比喻为娼妓。战端再起，当时他重新现身了，并于 1918 年 4 月底给总督和总督秘书写信，甜言蜜语地承诺他的忠诚支持，作为政治交易的一部分，他身上的班尼亚商人种姓气质一览无余，这些信件使人想起他在某些时候对史沫资的呼吁。

出于实际目的，甘地在印度仍然是一个独立的执行者，还不是一场运动的领袖。大约与此同时，他在其他场合承认，在印度政治舞台他“只是一个 3 岁的小孩”。[1] 虽然如此，他写信时带着自信，认为他能够为国家和人民代言。这并非装腔作势，而是近期他所深信不疑的信念。“我曾广泛游历。”一个月前他这样说，“因此逐渐了解了印度人民的想法。”[2] 几年后，基于他在查姆帕兰和凯达的经历，以及随后的跨越印度乡村之旅，他的这种自夸语气更加彰显无遗：“实不相瞒，我可以说自己比任何一个受过教育的印度人更加了解印度民众的想法。”[3] 这时已是 1920 年底，他回到印度已经差不多 6 年了，活跃于乡村运动也有大约 3 年了。然而，这个断言此后被接受了，也许是因为答案已经非常明显，他在那么相对短暂的时间里就和印度乡村建立了联系，没有哪一位资历更长的政治家可以与之匹敌。尽管如此，只有在查姆帕兰和凯达的特定背景下，我们才能理解尼赫鲁的评论，这位最近被从非洲遣返回国的前律师“并非从天而降，他似乎是从印度的千百万人中涌现出来的”[4]。处理偏远地方的晦涩问题，坚持信念行动果断，这是源于他的意愿，而非巫术。他坚信，他在其他地方学会的发动一场群众运动的做法，也可以运用于国内。

1918 年 4 月，他向总督切姆斯福德勋爵（Lord Chelmsford）提出的政治筹码可归结如下：凯达地区农民的土地和家畜被没收，他们许下甘地主义诺言，拒绝纳税，如果殖民政权赋予凯达地区稍微有利的结果，如果殖民政权能够对战争期间加深的穆斯林积怨表现出新的谅解，允许他去访问被囚禁在印度中部的阿里兄弟，推进他所称的“伊斯兰国家”（Mahometan states，指土耳其 Turkey，但没有用这个词，因为当时土耳其是英国的敌人）事业，如果殖民政权做到这些事，表示出他所需要的姿态，那么这位萨提亚格拉哈主义学说的创始人就会作为总督的 155

[1] 《圣雄甘地全集》（*CWMG*，）第 14 卷，第 392 页。

[2] 同上，第 14 卷，第 298 页。

[3] 同上，第 19 卷，第 104 页。

[4] 尼赫鲁（Nehru）：《圣雄甘地》（*Mahatma Gandhi*），第 23 页。

“招募总代理”，投身于战争行动。[1] 这位班尼亚人坚称，他的支持是“慷慨而不含糊的”，但随之他提出了上述这些条件。“我爱英吉利民族，我也希望激起每一个印度人对英国人的忠诚。”[2] 这位特别的辩护人如此辩解。

英国人和史沫资一样老谋深算，他们利用了甘地想要达成交易的迫切心情，却没有给他任何实质性的回报。阿里兄弟还是被扣押着，他请求见他们也不得到任何回复。一条发还凯达没收物的命令已经逐级传达下来，但这是在暗中进行的，从而否认了甘地以及他所推动的文明不服从运动取得的任何胜利，也否认了他所发挥的作用。政府对甘地的忠诚立场表示感激，用此来哄骗甘地，但留下甘地去兑现他的诺言。

继而发生的是一段令人沮丧的经历，这位招募总代理回到凯达，目的是从 60 个村庄中各招募 20 个男丁，即招募新士兵总数 1200 人。[3] 几个月前他在那里还被认为是个救星，如今却时而遭到诘难。无畏是他一直在反复灌输的理念。他当时发现，为了“重获无畏的精神”，有什么方法比军事训练更好呢？[4] 在 3 个月的大部分时间里，他冒着炎热和尘灰，顶着季风雨，一个村庄接一个村庄地长途跋涉，派发一系列传单，发表一系列演讲，表达他的观点，他的观点得到广泛的传播并引发争议。他恳求妻子们让她们的丈夫为帝国做出牺牲，他愉快地承诺：“他们来世还会是你们的丈夫。”[5] 他如今宣称，为帝国而战是“通往自治最直接的道路”。[6] 他继续论断，一个表现出精良的军事技能的印度，将不再需要英国的保护。战斗是通往非暴力之路的必要一步。“这非常清楚，那些丧失杀戮能力的人无法践行不杀戮”。[7] 圣雄进行合理化解释的能力依然能够令人吃惊和困惑，这种能力永不枯竭，可他本人却并非如此。

最终，他在 1918 年 8 月承认自己“一个新兵也没征到”，之后他得了痢疾卧床不起。[8] 他在后来描述自己“不是一个很快会绝望的人”[9]。这一次，他力争从他

[1] 《圣雄甘地全集》（*CWMG*），第 14 卷，第 377—382 页。
[2] 同上，第 380 页。
[3] 同上，第 443 页。
[4] 同上，第 476 页。
[5] 同上，第 454 页。
[6] 同上，第 440 页。
[7] 同上，第 485 页。
[8] 同上，第 473 页。
[9] 同上，第 23 卷，第 4 页。

的经历中吸取正面的教训。“到目前为止，我的失败说明了人们还没做好准备接受我的建议。然而，他们已经做好准备在适合他们的事业中接受我的服务。本来就该如此。”[1] 他在给第四个儿子德夫达斯（Devadas）的信中这样写道。这是一个基本的政治教训。

最终，他还是走了过场，提交了一个约百人的新兵名单，主要由同事、亲人 156
和阿什拉姆的成员组成。在他快 50 岁生日之时，他自己的名字列在新兵名单的首位。[2] 但那时战争实际上已经到了尾声，而甘地因痢疾病倒在床数月，人们普遍认为他迷失了方向，他正处于人生的低谷。在这种沮丧和脆弱的状态下，他还做了痔疮手术，直到第二年的 2 月才重新参与政治。他略带愧色地将身体恢复归因于他对饮食原则的妥协。十年前，他放弃喝牛奶，因为他认为牛奶具有引起性欲的功能。当时他听从嘉斯杜白的劝说，只是发誓不喝牛奶，而不是羊奶。即使他怀疑接受她蹩脚的理由有点自私自利，但他还是屈服于她的压力。羊奶含有恢复身体健康的效力。在一年多时间里，他东山再起，不仅仅是民族主义运动中最充满魅力和独创性的人物，而且成为具有支配地位的人物，成为一个有时可能被质疑甚至被规避但从此不再可能被挑战的领导者。

这次了不起的东山再起的另一个关键——超过了他短期内在实际的乡村条件下所聚集起来的深刻印象——是他与印度穆斯林建立的联系，他从重返印度政坛一开始就留意与印度穆斯林的联系，随时准备为他们而战斗，他认为没有比这更好的方法来推动民族团结。世界大战的结束免除了甘地强加给自己的招兵义务，这也加深了印度穆斯林在土耳其问题上越陷越深的疏远。战败后，奥斯曼帝国面临解体，奥斯曼帝国的苏丹被许多穆斯林视为哈里发，在他们看来，他具有不亚于罗马教皇的精神权威，但战后他正在失去对麦加（Mecca）和麦地那（Medina）以及其他圣地的控制。哈里发的职权或其领域在次大陆被称为基拉法特（Khilafat），拯救哈里发的斗争在印度清真寺里被描述为一场不亚于保卫伊斯

[1] 《圣雄甘地全集》（*CWMG*），第 14 卷，第 480 页。

[2] 拉吉莫汉·甘地（Rajmohan Gandhi）:《甘地》（*Gandhi*），第 202 页。

兰教的斗争，一次“吉哈德”（jihad）[1]甚至“希吉拉特”（hijrat）[2]的机会，意味着如果劳合·乔治（Lloyd George）[3]的帝国政府对次大陆信徒的呼吁保持无动于衷的态度，那么他们就自愿迁徙到像阿富汗（Afghanistan）等真正的伊斯兰教国家去。

印度之外没人真正在乎印度穆斯林在这个问题上的感情，或让这种感情引起
157 人们的关注。不仅当时主导和谈的胜利方盟国如此，而且阿拉伯世界也如此，他们对解除土耳其统治几乎没有什么伤感，甚至多数土耳其人也是如此，他们厌倦了苏丹及其官僚的统治。对多数印度教徒来说也是如此，如果他们不是听了甘地孜孜不倦和精明巧妙的说理，将保护基拉法特作为印度民族运动的首要目标，那么基拉法特的未来将会是一个无足轻重的问题。即使到那时，也很少有人真正地了解这到底是怎么回事。甘地对伊斯兰教历史的理解源自在南非时对华盛顿·欧文（Washington Irving）的《穆罕默德的生平》（*Life of Mahomet*）及英译本《古兰经》（*Koran*）的阅读。他没有试图为基拉法特提供理由。他提出了一个简单的三段论，告诉印度教徒这对他们的穆斯林同胞来说至关重要，从而也对民族团结至关重要，因此也对他们至关重要。他使用了一个印度度量衡单位（crore）[4]，提问道：“如果 8000 万穆斯林同胞处身于水深火热之中，那么 22000 万印度教徒怎么能拥有和平与幸福？”[5]

虽然在今天看来这可能是无比的不切实际，但是在当时印度维护奥斯曼苏丹权威的斗争成为印度穆斯林一项突出的事业。简单来说，这项事业从一开始就注定会失败，但在当时他们并没有看到这一点。直到 1924 年，致命的一击降临了。那时被称为阿塔图尔克（Atatürk）[6]的穆斯塔法·凯末尔（Mustafa

[1] 译注：吉哈德（jihad）：阿拉伯语意思是“奋斗”，指通过口头、笔头和刀枪传播伊斯兰教，现在一般译为“圣战”。

[2] 译注：希吉拉特（higrat）：意为“迁徙”，指穆斯林从不神圣之地出走。伊斯兰教创教伊始，穆斯林遭到麦加贵族的残酷迫害，为了摆脱迫害，公元 622 年，穆罕默德率领其追随者从麦加迁到麦地那，被称为“希吉拉特”。

[3] 译注：劳合·乔治（Lloyd George）：英国自由党领袖，时任英国首相，第一次世界大战后半期在国际政坛叱咤风云。

[4] 译注：crore 是印度度量衡单位，代表 1000 万。

[5] 《圣雄甘地全集》（*CWMG*），第 16 卷，第 306 页。

[6] 译注：阿塔图尔克（Atatürk）：土耳其国会向穆斯塔法·凯末尔（Mustafa Kemal）赐予“Atatürk”一姓，在土耳其语“Ata”就是父亲，“Atatürk”就是“土耳其人之父”之意。

Kemal）[1] 正式解除哈里发政权，将最后一代苏丹流放。然而，基拉法特运动（Khilafat movement）仍然在印度持续着，把运动所激起的热情与不满交给新改良主义团体，其中有些团体的影响范围超出了印度，反弹到阿拉伯世界，在许多方面产生了重大影响。其中之一是被称为“穆斯林信仰传播协会”（Society for the Propagation of the Muslim Faith）的运动团体，通常被叫作“伊斯兰传道会”（Tabligh Jamaat），根据法国专家吉勒斯·凯佩尔（Gilles Kepel）的说法，它在印度从一开始就成为“世界范围内再伊斯兰化的最重要的组成部分”，是“一次流动的、跨国的和非正式的伊斯兰运动”的“杰出榜样”。[2] 这听起来有点熟悉：这是一个复杂的宗教和意识形态世系，可以追溯近一个世纪。

遥远的基拉法特事业在他的崛起中同样重要。1918 年他写信给总督时，对此念念不忘。一年后在他所号召的全国罢工期间，他在孟买的一个清真寺讲话时，此事依然在他心中。1919 年 4 月的一天，甘地祈祷并绝食，主要目的在于 158
抗议新的立法，该立法赋予殖民政府大量独断专行的权力，用我们这个时代另一个难以忘怀的类比来说，就是政府所声称的需要用来对抗恐怖主义的独断专行的权力。这场计划中的非暴力运动很快在孟买和艾哈迈达巴德演变为暴动和“交火”，在冲突中，警卫队或军队以维护秩序的名义把武器对准蜂拥而出、手无寸铁的群众。第一次开火发生在德里，打死了 5 人；两个星期后，在锡克教徒（Sikh）的大本营阿姆利则（Amritsar）[3] 发生了另一次开火。1919 年 4 月 13 日，那里发生了印度民族斗争中最为臭名昭著的大屠杀。在一个叫作贾利安瓦拉花园（Jallianwala Bagh）的封闭广场上，379 名印度人参加了未经授权但和平的聚会，但因为藐视抗议禁令，惨遭英国统帅指挥下的廓尔喀人（Gurkha）和俾路支人（Baluchi）士兵枪杀。那时甘地正准备号召停止全国性罢工，他说自己犯了一个“喜马拉雅般的（Himalayan）错误判断”，以为群众已经为萨提亚格拉哈运动做好准备。住在德里的重要的印度教精神领袖斯瓦米·什拉德哈南达（Swami Shraddhanand），对甘地起伏不定、貌似冲动的打打停停的策略提出质疑，圣雄不屑一顾地回应：“巴伊阁下！你将会承认我是萨提亚格拉哈事务的专家，我知道我

[1] 译注：穆斯塔法·凯末尔（Mustafa Kemal）：现代土耳其缔造者，土耳其国父。

[2] 凯佩尔（Kepel）：《吉哈德》（*Jihad*），第 44—45 页。

[3] 译注：阿姆利则（Amritsar）：印度西北部旁遮普邦的一座城市，靠近巴基斯坦边境，是锡克教徒的朝拜圣地。

要做什么。”[1]

甘地仅用6个月就开始为恢复运动铺好路。他想到了一个新的策略，称之为“不合作”（non-cooperation）。他首先向参与基拉法特运动集会的穆斯林概述了这一策略，然后向在德里参与有关基拉法特问题的印度教徒和穆斯林联席会议概述了这一策略。这一概念可以在《印度司瓦拉吉》中找到原型，最初非常简要，但甘地很快就做了充实。不合作意味着分阶段地退出殖民机构，不在这些机构供职，使它们成为无用的空架子；可以要求律师和法官们抵制法庭；未来的立法委员不参与英国人承诺的现存议会和省议会；学生逐渐退出公立学校，转入按照甘地路线临时组建的新学校，当然是用印度语言教学而不是用英语教学；官员们将放弃自己的地位和工作保障；最后，印度人将拒绝服兵役，特别是拒绝在英国人从苏丹手中夺取的美索不达米亚（Mesopotamia）服兵役，这里就是后来人们所熟知的伊拉克，号召那些从殖民政府手中获得勋章的人，将勋章退还给政府，宣布放弃荣誉头衔。这是一幅令人振奋的愿景，英国统治下的支柱将一个接一个被废
159 除。这个愿景改变了成百上千印度人的生活，他们把所有时间都投入到运动中，它也鼓舞了千百万更多的人。

穆斯林不是无条件地改信萨提亚格拉哈。毕竟，《古兰经》认可用“圣战”从事正义事业，而且它也不排斥暴力。然而，在两年的大部分时间里，印度教徒圣雄被接纳为他们运动的首席谋略家，不合作的提出者。而且，在他们的支持下，他第一次登上民族运动的前台，来到一个欣然接纳他所有事业的团结的平台。在他所有的事业中，为印度穆斯林保留君士坦丁堡的哈里发职权，这个着实古怪的事业在当时脱颖而出，首屈一指。甘地成立了一个名为“萨提亚格拉哈协会”（Satyagraha Sabha）的特别委员会，从事反对恐怖主义法律的早期鼓动。此时是1919年12月，第一次基拉法特会议召开一个月后，他参加了在阿姆利则召开的国大党运动年会，他后来称之为“我真正进入国大党政治”。[2]

在那里，刚刚被释放的阿里兄弟——穆罕默德和绍卡特加入了他的行列。阿里兄弟在阿姆利则造成的轰动，甚至比甘地还大。据一位学者记载，“人们用欢呼、泪水、拥抱和成堆的花环”欢迎他们。[3]印度教徒和穆斯林团结的潮水此时

---

[1] 乔登斯（Jordens）:《斯瓦米·什拉德哈南达》(*Swami Shraddhananda*)，第114页。

[2] 甘地（Gandhi）:《自传》(*Autobiography*)，第439页。

[3] 米诺尔特（Minault）:《基拉法特运动》(*Khilafat Movement*)，第82页。

涌出海面，我们很难想象后来会出现以印度教徒为主的印度和以穆斯林为主的巴基斯坦作为核大国彼此对抗的时代。按照计划，三个会议同时进行：除了印度国大党，穆斯林联盟（Muslim League）和基拉法特委员会（Khilafat Committee）也在开会。6 月，基拉法特中央委员会（Central Khilafat Committee）任命了一个 8 人小组，其中包括阿里兄弟，把不合作纲领“付诸实施”。[1] 甘地是 8 人中唯一的印度教徒，名列第一位。

甘地即将成为国大党领袖，1920 年

随后的 9 月，在国大党加尔各答特别会议上，穆斯林的投票确保了甘地的不合作纲领以微弱的优势被采纳，保卫哈里发职权在当时成为民族运动的主要目标。“以各种合法的方式帮助穆斯林兄弟们，努力消除突然降临在他们头上的宗教灾难，是每一个非穆斯林印度人的责任。”[2] 甘地所写的决议如此声明。如果没有穆斯林的投票，甘地的第一次挑战——要求国大党采纳萨提亚格拉哈策略，几乎肯定会触礁。圣雄一直没有赢得政治精英的支持，在阿里兄弟的支持下，他终于赢得了他们的支持。就是在加尔各答，他首次提出“一年内实现自治”的愿景。

3 个月后，即 1920 年 12 月，绍卡特·阿里采取预防措施，逮捕了一支由不 160
信奉非暴力的精壮的穆斯林“志愿者”组成的飞行军，以挫败国大党年会上任何反甘地的示威者，这次年会在印度中部讲马拉地语（Marathi）的城市那格浦尔（Nagpur）举行。[3] 所谓的志愿者，其实并不需要。对不合作的质疑依然存在，但是对甘地的政治反对已经渐渐消除。他以身作则，立场坚定，对民众的影响与日俱增，并且获得了穆斯林的坚定支持，所有这些结合在一起使得他的领导地位无懈可击。国大党那格浦尔年会忠实地采纳了甘地起草的新章程，至少在理论上第一次将运动扩展到了农村。另一个最初由他发起的会议也采纳了他的建议，将废

[1] 《圣雄甘地全集》（*CWMG*），第 17 卷，第 543 页。

[2] 同上，第 18 卷，第 230 页。

[3] 南达（Nanda）：《甘地》（*Gandhi*），第 238 页。

除不可接触制作为一个全国性的目标。甘地反复说，不废除不可接触制，自治就无法实现，然而事实上不合作运动所针对的目标是英国人所犯下的两个错误——对基拉法特的威胁和没有惩罚阿姆利则大屠杀的始作俑者。用甘地的话说，不可
161 接触制可能是一个“丑恶的习俗”，但它是印度教的一个错误。毫无疑问，它是一个紧迫的问题，但是在计划激发尽可能多的印度人投身非暴力抵抗殖民政权的日程中，它并没有显著的位置。

此时有一位引人注目的持不同意见者，穆罕默德·阿里·真纳在一次演讲中冷冰冰地提到甘地“先生”而不是“圣雄”甘地时，受到了刁难。[1] 那格浦尔年会之后，他离开了国大党，再也没有回来，他预言甘地的大众政治会导致“完全的无序与混乱”。[2] 他的离去在那时几乎不被察觉，但在民族主义者阵营中撕开了一道小小的裂痕。随着基拉法特运动激情的逐渐熄灭，正统的穆斯林分子逐渐从运动中离去，这道裂痕变成了一道巨大的裂缝。在这一阶段，并不是国大党的民族主义目标使真纳感到希望破灭，他依然是一位信仰坚定的民族主义者，是印度教徒和穆斯林和解的诚挚信奉者。然而，他是基拉法特运动的怀疑者而非支持者。印度教徒特别是甘地对基拉法特运动的利用，是导致他疏离的一个原因。

1921 年伊始，英国化的孟买律师真纳开始掌控印度穆斯林，这一点几乎无人预知，甚至连他自己都没有预见到。当时，正是穆罕默德·阿里激起了穆斯林的想象，而阿里依然在追随圣雄。轻描淡写不是阿里的风格。“先知是平安所在，在先知之后，我把实施甘地吉的指令看作是我的责任。”[3] 他声明。[正如我们曾指出的，在印度，最后一个音节“吉”是对长者或圣贤表示尊敬的一种普遍方式。即使在当今的交谈中，甘地也常被称为圣雄吉（Mahatmaji）或甘地吉。] 作为对甘地和所有印度教徒的一种友好姿态，穆罕默德·阿里曾一度放弃食用牛肉。接着，他与甘地一起并肩战斗，足迹遍及印度大地，他开始穿“卡迪”（Khadi），即手织布。圣雄将手织布奉为一种家庭手工业，一种实现司瓦德西（swadeshi）[4] 或自给自足的方式，而且在拓展的甘地主义愿景中，这也是使印度乡村实现大规模

[1] 拉吉莫汉·甘地（Rajmohan Gandhi）:《甘地》(*Gandhi*)，第 234 页。
[2] 南达（Nanda）:《甘地》(*Gandhi*)，第 242 页。
[3] 拉吉莫汉·甘地（Rajmohan Gandhi）:《甘地》(*Gandhi*)，第 237 页。
[4] 译注：司瓦德西（swadeshi）：意为自产、自力更生、自给自足。

自主就业的一种方案，因此也是拯救印度乡村的方案。卡迪土布（有时也叫“卡达尔”，即 Khaddar）的纺织和穿用不仅可以养活纺纱工、织布工和他们的家人，而且也使印度能够抵制从英国纺织厂进口的布料，从而成为不合作的另一种抵制形式。这位大胡子的毛拉纳（maulana）——对学过伊斯兰教法（Islamic law）的男子的尊称——不仅仅穿着土布，而且向穆斯林听众传播“查卡”（charkha）即手纺车的福音。“我们卖掉了手纺车，为受奴役留下了根基。”穆罕默德布道说，“如果你想摆脱奴役状态，那就重新拿起手纺车。”[1] 他对甘地主义信条的支持，不
可避免地引起了穆斯林同胞的批评。最终，这位毛拉纳因被指控为“印度教的崇 162
拜者，也是甘地的崇拜者”而不得不为自己辩护。[2]

保卫哈里发一直是穆罕默德·阿里最迫切的事业，但在纺织或保护母牛等跟穆斯林没有多大关系的问题上，他对甘地的大力支持成为对圣雄言辞跨越的某种确认，他不断地将貌似没有联系的运动兼顾与融合在一起，尝试为印度教徒和穆斯林建立一个稳定的共同基础。不合作是殖民政权面对的最严峻的挑战，而甘地是运动无可争议的领导者。但是当时，他所搭建的印度教徒和穆斯林团结的大帐开始下沉和塌陷，这两个教派之间暴力冲突频繁发生，这是次大陆特有的一种现象，教派冲突似乎拆穿了他代表君士坦丁堡的哈里发在印度所允诺的一切誓言和承诺。甘地建立和激发的这一非凡的教派联盟，事实证明是不牢靠的。到 1921 年 8 月，依然抱有希望的甘地不得不承认，有些印度教徒“对基拉法特事业无动于衷”，而且“除非以基拉法特的名义，否则不可能吸引穆斯林对自治感兴趣”。[3]

该时期最严重的暴力冲突于同月发生在印度洋海岸的马拉巴尔（Malabar）农村地区，在那里一个叫马彼拉（Mappila）或莫普拉（Moplah）的穆斯林群体揭竿而起，他们高呼自治的口号并高举基拉法特的旗帜，他们与警察发生了几次小冲突，在冲突中两名英国警官被杀。随后，起义者宣布成立了几个小型的基拉法特王国，在一些王国，印度教徒家庭和寺庙被烧毁，妇女被强奸，小孩被屠杀。非暴力学说从未触及马拉巴尔地区，实际上那里禁止政治集会。据报道 600 名印度

[1] 马哈迪夫·德赛（Mahadev Desai）：《与甘地一起的日子》（*Day-to-day with Gandhi*），第 3 卷，第 290—291 页。

[2] 《圣雄甘地全集》（*CWMG*），第 23 卷，第 567 页。

[3] 同上，第 21 卷，第 10 页。

教徒被杀，2500 名印度教徒被强迫改信伊斯兰教。[1] 当甘地和穆罕默德·阿里号召起义领袖放弃暴力时，他们两人皆被指责为异端。殖民政府严厉地对付起义，谴责不合作运动，并吊死约 200 名起义者。

次月，穆罕默德·阿里以共谋罪在印度东南部泰卢固语地区（今天的安德拉邦，即 Andhra Pradesh）的一个火车站被捕，罪名包括“密谋作乱”，当时他和
163 圣雄正在从加尔各答到马德拉斯的旅途中。英国人一直在寻找机会重新施展他们的权威，他们在毛拉纳一系列的话语中找到了这种机会，毛拉纳称伊斯兰教法禁止穆斯林应征或在军队中服役。甘地的反应充分说明，作为一位政治谋略家，他想象力丰富，抱负宏伟，适应能力超强。目睹阿里在车站被警察支队带走的一个星期后，甘地出现在印度南部的小镇马杜赖（Madurai），上身赤裸，仅围了一条腰布，这一装束将是他余生里不变的装束。这是他多年来在艾哈迈达巴德郊外萨巴玛蒂河畔阿什拉姆里的着衣方式，在公众场合，他继续穿着库尔塔，裹着兜底，戴着帽子。这次是他第一次穿着新的、最基本的服装在公众面前出现。

作为圣雄，他赶忙解释这种改变的象征意义，赤身光膀可以从几个方面来解读：这是向入狱的毛拉纳和他身边被捕的其他基拉法特领袖的一种致敬，或者是重心的一种微妙转移，承认基拉法特运动很快就会结束，至少在印度教徒看来是如此，更大规模的全国运动需要一个新的动员工具。甘地已经利用纺车来实现了这一目的。他说，为了实现司瓦德西目标，在全印度必须有足够的手工纺纱和手工织布，以替代在流行的司瓦德西运动中被烧毁和抵制的机器生产的进口布料。当时的他认为，没有司瓦德西和它所带来的一切，就不可能实现自治。自治可以赋予印度与世界建立外交联系的能力，只有实现自治，才能解决基拉法特问题。保留哈里发职权曾一度是不合作运动的首要目标，此时却被视为不合作运动成功的一个潜在的副产品。甘地指明了“完全司瓦德西”的道路，即向穷得无法用新的手工织布遮盖全身的千百万民众表明，衣服其实并不是必要的。[2] “对衣着打扮，不要太拘谨，不要大惊小怪。”他当时说，“印度从不要求男子把全身裹得严严实实，这可以作为一种文化的考验。”

---

[1] 米诺尔特（Minault）:《基拉法特运动》(*Khilafat Movement*)，第 145—149 页；南达（Nanda）:《甘地》(*Gandhi*)，第 311—320 页。

[2] 《圣雄甘地全集》(*CWMG*)，第 21 卷，第 180—181 页。

后来，他解释了赋予腰布的象征意义：“我希望接触印度赤贫之人的生活……我们的责任是先给他们衣服穿，然后再给我们自己衣服穿，先填饱他们的肚子，然后再填饱我们的肚子。”[1]

如果印度穆斯林能紧跟他曲折的逻辑思路，那么他们可能会将他身穿腰布看作是继续献身于基拉法特事业的证明。反之，这则是一个良好机会，借此他们可以认为甘地正在疏远他们。如果穆罕默德·阿里此时不是被拘留在卡拉 164
奇（Karachi）[2]的话，他可能会指出，甘地如此生动地描述的文化无疑是印度教文化。“双膝赤裸这种方式和我们的信仰完全相违背。”[3]毛拉纳阿卜杜勒·巴里（Maulana Abdul Bari）后来告诉圣雄。阿卜杜勒·巴里是一位重要的宗教权威，在基拉法特运动中表现突出。

甘地不断地从各种主题中谱写出赋格曲，此时他开始谱写一首新的赋格曲变奏曲。也许回想起 1913 年萨提亚格拉哈运动中他穿越德兰士瓦边界的时候，站在他旁边的南非穆斯林多么寥寥无几，从不合作运动一开始，他就明白他只能通过某些穆斯林，例如穆罕默德·阿里，与其他穆斯林对话。“除了通过某个穆斯林，我无法对穆斯林们产生影响。”[4]他说。他也明白基拉法特不大可能成为印度民族的事业。对他而言，与其说它是一项事业还不如说是一种投资：是印度教徒向穆斯林展示他们坚定信念和诚实品质的“终生难得的机会”，他一直表示（如果不是特别承诺的话），穆斯林可能会用同样的方法回应，会尊重印度教徒对神圣的牛的温柔感情。[5]因此，依照这一逻辑，保卫哈里发就是保护牛最可靠的方式。没什么能像这次机会那样“再隔数百年重现”，这是一项他可以“在今日为之牺牲吾儿、吾妻和吾友”的事业。[6]短期而言，这也是将穆斯林纳入民族运动的一种方式，由于他们的巨大支持，他当时成了这场运动的领袖。阻碍运动发展的几率仍然很大，但考虑到自从印度教徒和穆斯林冲突以来所发生的一切，在当时谁能说甘地的重点放错了呢？

他渐渐地脱离了基拉法特运动，然而印度教徒和穆斯林的团结一直是他

---

[1]　《圣雄甘地全集》（*CWMG*），第 24 卷，第 456—457 页。

[2]　译注：卡拉奇（Karachi）：位于巴基斯坦东南部，是巴基斯坦的第一大城市。

[3]　南达（Nanda）：《甘地》（*Gandhi*），第 289 页。

[4]　拉吉莫汉·甘地（Rajmohan Gandhi）：《八个穆斯林》（*Eight Lives*），第 111 页。

[5]　《圣雄甘地全集》（*CWMG*），第 20 卷，第 90 页。

[6]　同上，第 19 卷，第 92 页。

的重要主题之一，直到可以称之为他悲剧的最后一幕，这两大教派在印巴分治时期相互屠杀。1924 年 9 月，甘地第一次但不是最后一次为反对印度教徒和穆斯林的暴力而绝食，这次暴力冲突源于科哈特（Kohat）的骚乱，在白沙瓦（Peshawar）南部的一个边境小镇，位于今天的巴基斯坦（Pakistan）境内。他说，他要绝食 21 天，作为一次个人的“忏悔”。根据官方记载，这次冲突最终导致 36 人死亡和科哈特整个印度教徒群体逃走。虽然这事与甘地没有一点关系，但他认为自己难辞其咎，因为他“激发了人民的巨大能量”，现在这个能量转变
165 成了“自我毁灭”。[1] 为了表明这次绝食并不是针对穆斯林，也不是代表这次冲突中的主要受害者印度教徒，他一定要在绝食仪式期间住在穆罕默德·阿里位于德里的小屋。“我努力成为两个团体之间最好的凝合剂。”[2] 他写道。24 年后，他在德里又为了同一目的进行绝食。每一次，印度教徒和穆斯林的领袖怕失去这个“凝合剂”，都聚集在他床边，并起誓为了和平而奋斗。随之而来的是一次短暂的休战，一直持续到某位不知名的煽动者在次大陆的某处重新点燃战火。

基拉法特事业消退之后，政治家甘地对自己在这一代价巨大的领域里的局限性保持着冷静的现实主义者的认识，这一点在 1926 年展示得再清楚和冷静不过了。那时他的次子曼尼拉尔在南非重新定居下来，他爱上了开普敦的一名穆斯林女孩，数年前这个女孩家曾接待过他父亲。她的名字叫法蒂玛·古尔（Fatima Gool），也被叫作蒂米（Timmie）。当这一跨宗教的爱情传到古吉拉特邦阿什拉姆的甘地那里时，他写信给儿子，告诉他可以根据自己的意愿自由行事。随后，正如他的曾孙女邬玛·杜派莉阿 – 梅斯列在她精心制作的曼尼拉尔传记中所观察的那样：“事实上，这封信的其余部分关上了自由决定的大门。”[3]

通常而言，甘地悲叹婚姻是自我控制的失败［自从他单方面宣布自己是一个婆罗摩恰立（brahmachari）[4] 开始］，改变宗教信仰是律己的失败（自从他在比勒陀利亚居住时对这个问题进行短暂思考时起）。所以，他不可能将跨信仰婚姻作为实现印度教徒和穆斯林的团结来庆祝。他的信读起来像一份干巴巴的律师声明或像一份政治顾问备忘录，缺乏对儿子或古尔家族的情感表露。在信的几个论点

---

[1] 《圣雄甘地全集》（*CWMG*），第 25 卷，第 200 页。

[2] 同上，第 25 卷，第 202 页。

[3] 杜派莉阿 – 梅斯列（Dhupelia-Mesthrie）：《甘地的囚徒？》（*Ganhi's Prisoner*？），第 175 页。

[4] 译注：婆罗摩恰立（brahmachari）：遵守“婆罗摩恰立亚式生活”的人，即完全自制的人，禁欲者。

中，最有力和最难反驳的是政客的观点：“你的婚姻将对印度教徒和穆斯林问题产生重大影响……你不能忘记，全社会也不会忘记，你是我儿子。”尽管他是坚韧的理想主义者，但是他极少心软，尤其是对他的儿子们。

这位宗教复兴主义者真的相信自治可以在一年内实现，或者哈里发可以保留下来吗？这与问现代政治候选人是否相信他们在运动高峰时许下的梦幻般的承诺得到的答案几乎没有什么不同。对于将现代政治引入印度的甘地而言，这一问题非常难以回答，因为他在自己的时代和地盘被自己的人民视为宗教人物，更像圣 166
人而非先知，更多的是鼓舞人心而不是一贯正确。因此，人们期望他能创造无法满足的条件，从而取得无法企及的目标。在某种抽象层面（这种抽象来自我们习惯上所称的现实），他在 1920 年和 1921 年所提出的愿景是一目了然的，是无可辩驳的，即使或者尤其是当它挑战着人们惯常的期望。毕竟，如果 1 亿辆纺车在数月之内生产出足够的纱线，让 3 亿印度人有衣服穿，如果公立学校和法庭都空无一人，而且所有殖民官员发现他们无人可召唤——如果印度教徒和穆斯林如此团结一致并以身作则，那么独立就指日可待。甘地告诉他的同胞们，命运就抓在自己的手中，这一点他深信不疑。这些事情没有像他所说的那样发生，那时幻灭已经开始蔓延，运动脱离轨道并放慢了步伐。

甘地的众多传记作者之一罗伯特·佩恩（Robert Payne）将甘地的腰布称为“象征装束”，当圣雄穿上他的“象征装束”不久，拉宾德拉纳特·泰戈尔在现实层面对他提出了挑战，这位获得诺贝尔奖的伟大孟加拉语诗人于 1915 年与甘地相遇，后来这位甘地的崇拜者给甘地冠予了圣雄的称号。[1] 泰戈尔当时写道，甘地曾“用爱赢得了印度的心”，但他还是问甘地，如何能够证明他的追随者在一个千百万人衣不蔽体的国度里宣传焚烧外国布的合理性。泰戈尔这番高尚论点的主旨在于，印度人需要自己思考，不能盲目接受像纺车这种过分简单化的自许解决方案，即使这一解决方案来自他们所敬仰的圣雄。“需要慎重考虑焚烧布料，成堆的布料就在我们祖国母亲眼前焚烧，而我们的祖国母亲在衣不蔽体中颤抖与

[1]　佩恩（Payne）：《圣雄甘地的生与死》（*Life and Death of Mahatma Gandhi*），第 355 页。

羞愧。”[1] 他写道。甘地很快用他可能是最为激动人心的英语散文进行了回应，在尚未提升的现实层面即印度乡村层面提出了他的反驳：

> 对于饥肠辘辘和无所事事的人来说，唯一可接受的神显现的方式就是给他们提供工作，并承诺以食物代替工资。神创造人，使其凭工作获得食物，并说那些没有劳作而获得食物的人是小偷。80% 的印度人一年中有半年是被强制成为小偷。如果印度变成一个巨大的监狱难道有什么值得惊奇的吗？饥饿是驱使印度接受纺车的理由……千百万饥民呼唤一首诗歌——令人振奋的食物。他们不能被赐予食物，他们只能挣得食物。而且，他们只能通过他们额头上的汗水挣取食物。[2]

167 就这场辩论交流而言，甘地也许胜过了泰戈尔，但不久之后，他不得不面对自我怀疑。他面临来自急切的追随者特别是基拉法特积极分子的压力，要求发动一场力度更大的群众文明不服从运动，将殖民者监狱填满。甘地极力推迟这场运动，或至少限制它的范围。他不确定是否有足够的守纪律的工作者受他指挥，他担心自己的非暴力运动演变成一场大暴动，就像 1919 年那样，示威者最后与警察展开了对抗。与泰戈尔争论停止一个月后，孟买的暴动导致了他暂停文明不服从运动。不到 3 个月，暴动再一次发生。

当局禁止了公众集会，这反而给萨提亚格拉哈运动创造了机会。在整个印度，国大党领袖和成千上万的追随者公然反抗这个禁令，导致他们被捕并入狱。当监狱关满犯人，甘地给最杰出的狱友们发去祝贺电报，就像祝贺一班新毕业生那样祝贺他们。他的电报表示，他们的入狱是最令人高兴的消息。随后，在印度北部一个叫乔里乔拉（Chauri Chaura）的名不见经传的地方发生了一场严
168 重的冲突，导致甘地不得不违背亲密助手们的建议，将他的运动再次中止，这是在不到三年时间里的第三次。

---

[1] 拉吉莫汉·甘地（Rajmohan Gandhi）:《甘地》(*Gandhi*)，第 241 页。经济学家阿玛蒂亚·森（Amartya Sen）就圣雄和诗人之间关于手纺布与机织布的争论提供了当代视角。他写道：“除了优质手纺布具有很小的专业市场外，手工纺织很难有经济效益，就算用的纺车不像甘地用的手纺车（charkha）那么原始。”但是，森承认甘地的核心观点不仅有经济学意义，而且有社会公正意义。森的讨论参见:《好辩的印度人》(*The Argumentative Indian*)，第 100—101 页。

[2] 《圣雄甘地全集》(*CWMG*)，第 21 卷，第 289 页。

甘地用手纺车纺线，1925 年

1922 年 2 月 5 日在乔里乔拉发生的事让他感到极度恐惧。一个警察分遣队向民众开火，然后撤退到一栋小型的乡村警察所的大楼内，把自己掩护起来，大约 2000 名愤怒的民众包围了警察所。挫败的民众这时变成暴徒，很快便放火焚烧大楼。警察被大火赶出大楼，有些被打死，有些被丢回火中。最后，22 名警察被杀死，据后来传言所说，攻击者高喊着不合作口号，包括“荣耀属于圣雄甘地”。

根据甘地源自印度教阿希姆萨（ahimsa）或非暴力的价值标准，乔里乔拉事件是一次突出的、糟糕透了的甚至令人恐怖的失败。在他眼中，这表明整个国家特别是民族运动从未真正掌握萨提亚格拉哈的价值。因此，随着 15000 多追随者被关进监狱，他突然中止文明不服从运动，暂停 10 个多月，到 1922 年底。只是由于他坚持中止运动，尚未入狱的国大党领袖才支持他的决定。“我得到投票，因为我是甘地，而不是因为人们被我说服。”[1] 他以自我挖苦式的坦诚语气写道，这是他在人生低谷时刻可以赖以示人的。作为对“谋杀是以我的名义犯下的”事

[1] 南达（Nanda）:《甘地》（*Gandhi*），第 347 页。

实的“忏悔”，随后他进行了 5 天的绝食。

在对这次退却表示失望的人中，有些人（既有穆斯林也有印度教徒）清楚地理解，这是甘地对他所认为的道德律令做出的回应。他们似乎是说，如果他们有一位不那么典范、不那么讲原则的领袖就好了。“我们的失败与我们领袖的崇高精神成正比。”[1] 一位印度教徒兼前国大党主席拉杰帕特·拉伊（Lajpat Rai）以这种嘲讽的方式说道。北印度（North India）中心勒克瑙（Lucknow）的穆斯林领导人毛拉纳阿卜杜勒·巴里说：“对我而言，甘地就像一个瘫痪的病人，肢体已经不受他控制，但思想依旧活跃。”[2] 这两个说法无不带着一丝崇敬，但每个说法都是幻灭大于崇敬。甘地曾给他们提供了萨提亚格拉哈这一武器，作为“萨提亚格拉哈事务的专家”，这时他却要把这一武器收回去。

甘地以他惯常的勤劳风格，写了一系列信件和文章，向他的主要追随者和全国人民解释他的立场，承诺这次中止不会是永久性的，文明不服从运动最终会
169 恢复，自治也会实现，但不是在一年内实现。他的立场得到了最清晰的表述，而这个表述变成了一个预言。包括甘地在内，可能没有人意识到，他在 1922 年所说的话精准地描绘了印度独立的境况，或者说描绘了他自己对独立成就的矛盾反应，尽管那还是四分之一世纪之后的事。“就我个人而言，我绝不可能成为一场暴力与非暴力参半的运动的参与者。”他说，“尽管这场运动可能带来所谓的自治，但那不是我所构想的真正的自治。”[3]

甚至“所谓的自治”也是一条漫长的道路，比起他在南非为之奋斗的目标都要远大得多。他所构想的自治——纯粹且纯洁的独立，将发展成一场社会变革——绝不会到来。它将作为一个永恒的、渐行渐远的目标，栉风沐雨，永存
170 人心。

---

[1] 同上，第 346 页。

[2] 米诺尔特（Minault）：《基拉法特运动》（*Khilafat Movement*），第 185 页。

[3] 《圣雄甘地全集》（*CWMG*），第 23 卷，第 350—351 页；南达（Nanda）：《甘地》（*Gandhi*），第 344 页。

第七章　不可接近

假如那个在19世纪最后10年前往南非的律师莫罕·甘地（Mohan Gandhi），在比勒陀利亚被他的福音派朋友说服改宗基督教，然后留在约翰内斯堡开办一个营利的律师事务所，生活在种族隔离制度下，在隔离区最大的房子里寿终正寝，那么今天印度次大陆的印度教徒和穆斯林之间的关系是否会有所不同？如果不同，是变糟还是变好了？提出这种大脑游戏的唯一要点就是强调机遇、意外和品格在人类事务中的作用。当然，这些问题没有答案，但如果我们坚持现代印度没有甘地这一前提的话，那么就有可能想象穆罕默德·阿里·真纳依旧是一位印度民族主义者，不会产生巴基斯坦想法。或者有可能想象贾瓦哈拉尔·尼赫鲁代表精英运动团体接受印度独立，身穿西服和领带而非手纺土布，手纺土布是在圣雄到来之后成为心怀大志的领袖必需的衣着。这并不是说，这些场景比我们设定为历史的那个场景更可取，而只是为了表明其他的结果也是可能的。我们至少可以合理地断定，如果没有甘地，印度教徒和穆斯林团结的事业就不会这么早蓬勃发展，就像甘地即将实现民族运动和基拉法特运动的融合，或是说幻想两者合二为一的那短暂几年间里所发生的那样。在大多数年份的大多数日子里，印度大多数地区的印度教徒和穆斯林依然相邻而居，相安无事，相互尊重彼此的生活习惯。由于甘地的艰苦努力，他们的领袖曾一度也能够做到如此。

事后回过头来仔细看，虽然双方领袖都希望和解，但当时一直存在着巨大 171
的暗流使这两个最大的教派群体无法相容。这种趋势有一定的指导意义，有助于追溯到一位印度教领袖的生活。这位宗教领袖的声望当时可能仅次于甘地，他就是斯瓦米·什拉德哈南达，一位名副其实的宗教复兴主义者，之前被称为圣雄蒙希·拉姆（Munshi Ram），尤其在旁遮普（Punjab）邦和北印度邻近地区享有盛誉。他的观点跟甘地很接近，如果有什么区别的话，那便是他对不可接触制的憎恶更加不妥协。在甘地之前，他就已经勇敢地表示同意不同种姓的人一起进食甚至联姻，而且除此之外，他主张在更为宽容和大度的印度教的名义下完全抛弃种姓制度。尽管两位圣雄都很有同情心，但他们却很难在策略或对穆斯林意向的解读上达成一致见解。

什拉德哈南达虽然容易冲动，但也勇气十足。他打算追随甘地，却并不放弃自己的判断。他的生活为说明甘地早期努力把印度教徒和穆斯林团结在一起的经历提供了两个可圈可点之处。在甘地 1919 年发动总罢工拉开了第一次全国性非暴力政治行动的帷幕之后，什拉德哈南达接受邀请到印度最大且最重要的德里贾玛清真寺（Jama Masjid）布道演讲。几天前，他成为德里穆斯林和印度教徒的英雄，军队试图阻挡由他带领前行的队伍。但是他袒露胸膛，无视他们的枪火［他们是廓尔喀人还是东北部的曼尼普尔人（Manipuri），对此说法不一］。还从来没有印度教的领袖受邀在贾玛清真寺发言，而且这种跨宗教邀请未来再也没有发生过。当时，这位高大健硕、剃着光头、穿着棕色袍子的斯瓦米象征着甘地一直孜孜不倦呼吁的教派团结。他吟诵了一段祈祷和平的梵文（Sanskrit）祷词——“唵，和平”（Om Shanti）。“所有的听众都跟着我一起念了起来，声音荡气回肠。”这位斯瓦米写道。[1] 仅仅 6 年后，什拉德哈南达被一个穆斯林射杀，因为他后来所写的针对一桩穆斯林阴谋的文章激怒了这个穆斯林，因此他的死成为隐现的教派冲突的象征。

“我的心并不悲伤。”甘地听说这起谋杀后说道，“它反而祈祷让我们所有人都这样死去。”[2] 他称这是一种“神圣的死亡”，一种烈士式的死亡，仿佛预测到他自己的人生结局。

杀手于 12 月的某天下午来到斯瓦米在德里的小屋门口，并用各种说辞想方设法进入卧床不起、正在恢复的什拉德哈南达的屋里，说他有宗教问题要讨
172 论。斯瓦米礼貌地劝他先回去，等他恢复点儿力气再来。这时，来访者要求喝点儿水。剩下他和这位伟人单独相处时，他掏出手枪向什拉德哈南达的胸膛开了两枪。结果表明，刺客是一位穆斯林书法家，名叫阿卜杜勒·拉希德（Abdul Rashid）。在接受审判时，这名书法家解释说，他认为受害人应该为其传播亵渎先知的言辞而受到惩罚。随后，他被判处绞刑，成千上万的穆斯林出席了他的葬礼，欢呼他为真正的烈士，而不是欢呼遇害人为烈士。《印度时报》（*Times of India*）报道称，学生和教师们在德奥班德（Deoband）的穆斯林神学院诵读了 5

[1] 加斯万特·辛格：（Jaswant Singh）：《真纳》（*Jinnah*），第 111 页。

[2] 《圣雄甘地全集》（*CWMG*），第 32 卷，第 452，473—474 页。

遍古兰经，以确保刺客在“七重天”有一个位置。[1]

非常清楚的是，斯瓦米在贾玛清真寺演讲的殊荣和刺杀者最后仪式的庆祝，蕴含着多年来教派情绪的摇摆。在那些年里，什拉德哈南达与甘地在立场上分分合合。每当他们有了分歧，都是因为什拉德哈南达认为甘地要么对穆斯林过于软弱，要么没有履行他代表不可接触者的诺言。在他看来，这两个过失具有因果关系。

甘地投身于反对不可接触制的斗争可能会受到质疑，他很早就在民族运动中具有支配地位，但对不可接触制的反对却是半心半意，这个想法可能会令人大吃一惊。这并不是标准故事的组成部分。根据甘地自己的所说和所写，他仿佛从早年南非岁月以来就把称之为“高等和低等”的问题作为他独具特色的事业之一。人们对他在这个领域的良好动机表示质疑，他可能从未习惯这一点。然而，在当今印度的达利特人中，甘地是一个不能共患难的朋友或者压根就不是朋友，这个观念已是老生常谈，也是一个逾期的重新评价。在这个背景下，他与什拉德哈南达的关系为讲述一个还没有被充分探索的故事提供了一个有用的出发点，也为他那被大量研究的人生进行更加全面的研究提供了一个有用的出发点。

一开始，两位圣雄之间的联系似乎很牢固。甘地本人将他们的联系追溯到1913年，当时他在纳塔尔和德兰瓦士发动了最后一次萨提亚格拉哈运动，收到了来自圣雄蒙希·拉姆学校里学生们的捐赠，这个学校就是古鲁库尔（Gurukul），离喜马拉雅山脚下的哈尔德瓦尔朝圣中心很近。蒙希·拉姆把学生派出去，不辞辛劳地筹集经费，支持远方正在行军的消极抵抗者契约劳工。他在附信中称甘地为“我亲爱的兄弟”。[2] 甘地永远忘不了这件事，他比圣雄蒙希·拉姆小12岁，173
那时候尚未被如此尊称过。当甘地最后离开南非时，他从凤凰村派出的第一批追随者，就是派往古鲁库尔学校的。甘地到达印度不到3个月，就于1915年现身古鲁库尔，这是他第一次与蒙希·拉姆见面。亲自会见那位受人赞美的印度教改革者，是他访问哈尔德瓦尔的真正目的，附带目睹了规模壮观的大壶节，大壶节导致的臭气熏天的不卫生状况令他感到震惊。

[1] 译注：七重天（the seventh heaven）：伊斯兰教的天堂、天园；加斯万特·辛格：（Jaswant Singh）：《真纳》（*Jinnah*），第113页。

[2] 马哈迪夫·德赛（Mahadev Desai）：《与甘地一起的日子》（*Day-to-day with Gandhi*），第9卷，第304页。

这位斯瓦米一直与民族运动保持着一定的距离，却因为支持即将成为圣雄的甘地而卷入其中。在他看来，甘地正领导着一场神圣的斗争（dharma yudha）。[1]1919 年 4 月，不合作运动开始之际，正是泰戈尔号召印度人承认甘地为圣雄之时。[2] 什拉德哈南达在德里运动中发挥了重要作用，受到人们的欢呼致敬。然而此后不久，他突然退出了运动，以抗议甘地突然决定中止运动。斯瓦米认为，这场运动还没有做到训练有素，不足以阻止大面积爆发的暴乱。他所抗议的不是决定本身，而是甘地做出决定的专横方式。“成千上万的民众因信任你而受到鼓舞……而且放弃了一切尘世顾虑。”他给甘地写信说，他退出了萨提亚格拉哈委员会，“遗憾的是，你立刻做出了决定，甚至不问一下这些人是否同意。”

这不是第一次也不会是最后一次甘地听到最重要支持者的抱怨。然而，什拉德哈南达不久就在甘地和其他人的恳请之下让步了，再一次投身于民族运动之中，但结果发现，在与一位只习惯于听从自己意愿的领袖发生战略分歧时，等待他的总是失败的结局。在他看来，其中最重要的是在不可接触制问题上的分歧。在这个问题上，甘地从回到印度的第一个月起就一直立场坚定。随之，甘地遭到了什拉德哈南达的第一次批评，说他并不愿意用实际行动支持他自己的强有力的戒律。斯瓦米甚至比甘地还执着。在 20 多年里，他一直是被称为“淑涤”的净化仪式的坚定推动者，这个仪式的目的是将不可接触者和低种姓印度人纳入基础广泛的印度教信众群体之中，在这里种姓区分就算不能根除也能得到弱化。这个曾在贾玛清真寺发言的人已经表示愿意在基拉法特事业中与甘地和穆斯林站在一
174 起。然而，当开始怀疑对甘地来说这个事业比反对不可接触制斗争更优先时，他悬崖勒马了。

因此，1919 年 12 月在阿姆利则召开的印度国大党例会上，正是斯瓦米而非甘地对这个问题做了论述。[3]“难道不对吗？”他挑衅地问，“你们当中许多人获得了政治权力，发出了振聋发聩的声音，却无法克服对遭受不公、被你们视为不可接触者的 6000 万印度人的反感情绪？这里有多少人真心把这些可怜的兄弟当作自己人呢？”[4]9 个月后在加尔各答国大党特别会议上，什拉德哈南达尝试把

[1] 乔登斯（Jordens）：《斯瓦米 · 什拉德哈南达》（*Swami Shraddhananda*），第 110 页。

[2] 廷克（Tinker）：《爱的考验》（*Ordeal of Love*），第 151 页。

[3] 乔登斯（Jordens）：《斯瓦米 · 什拉德哈南达》（*Swami Shraddhananda*），第 117 页。

[4] 同上。

这一主题列入议程，但最终并未成功。甘地和其他人觉得应该讨论更为紧急的不合作运动，讨论其他事都是偏离了主题。鉴于保卫哈里发是运动已宣布的目标之一，这等于说穆斯林的事业比反对不可接触制的斗争更加重要，至少此时是如此。“那是天大的错误。”失望的斯瓦米悲叹道，“只有当我们自己实现了完全合作，与敌国的不合作才能成为可能。”[1]

甘地明确表示，在加尔各答集会数月后的定期年会上，也就是那格浦尔年会上，国大党多少都会认真讨论不可接触制问题。但什拉德哈南达并不是唯一担心圣雄可能会弱化这一问题的人。甘地称之为“查理”（Charlie）的英国牧师查尔斯·安德鲁斯，在南非遇到甘地之前已经在印度与蒙希·拉姆建立了密切联系，后来由他介绍二人相识。安德鲁斯给甘地写了一封称对方为“亲爱的莫罕”的信，他是圣雄数百名通信者中唯一轻松愉快地使用如此熟悉称呼的人，他在信中表达了自己对不可接触制可能会在甘地的日程中一滑而过的担忧。甘地对此批评感到不安，在那格浦尔会议一个月后的一天，他凌晨 2 点就醒来，在通常的起床时间 4 点之前，躺在床上开始打腹稿，寻思答案，以写下一封动情的立场辩护信。虽然信函态度强硬，但它明确表明，他现在将不可接触制看作是一项不得不等待时机的事业。基拉法特运动必须优先，因为它是印度教徒和穆斯林团结的先决条件，而这反过来又是独立的先决条件。然而尽管如此，甘地展现了他化解合理性的惯有才能。他说并不是因为不可接触制不重要，而是因为“它是一个比获得印度独立更大的问题”。[2] 他说，如果在“中途”获得独立的话，他能够“更好 175
地处理这个问题”。因此，他预言：“在消除不可接触制的祸根之前，印度可能已摆脱英国的统治。”

四分之一个世纪之后，在战争中损耗严重并且厌倦了战争的英国最终承认了印度的独立，那个预言被证明是正确的：不可接触制的祸根继续存在。然而，甘地当时几乎没有时间“处理”它。在 1921—1922 年这个时局紧张的时期，什拉德哈南达开始怀疑，相比提升社会无种姓者的地位，甘地更加热衷于恪守使穆斯林留在民族运动中的承诺。和泰戈尔一样，什拉德哈南达反对焚烧外国布的运动，那些布本可以分发给贫民。然而，他进一步质问，甘地怎么可以温和地对待穆斯林领导人，他们不但没有焚烧进口布，反而被允许用船把布运给土耳其的同

[1] 乔登斯（Jordens）:《斯瓦米·什拉德哈南达》（*Swami Shraddhananda*），第 119 页。
[2] 《圣雄甘地全集》（*CWMG*），第 19 卷，第 289 页。

胞。“当涉及原则性问题的时候，圣雄吉立场坚定，丝毫没有重视印度教徒的感受。”他写道，“然而对于穆斯林的玩忽职守，他总是非常心软。”[1]

斯瓦米·什拉德哈南达在对待正统印度教徒的问题上也存在自己的困难。他被任命为一个国大党委员会的委员，负责处理不可接触制问题。他发现从来都没有为此而下拨过足够的资金，他自己的倡议和提议也总是莫名其妙地被破坏。在他看来，国大党没有认真对待他认为纲领中“最重要的条款”。因此在1922年1月，也就是甘地在印度第一次被捕入狱的一个多月前，斯瓦米再一次辞职。甘地被监禁了将近两年的时间，这是当局为了阻止他发动另一轮的文明不服从运动。在沮丧之际，什拉德哈南达于是加入了印度教大会（Hindu Mahasabha）[2]，这是一个印度教徒至上主义者的组织。他猜想他的新盟友一定会理解他将不可接触者纳入印度教大家庭这一努力的紧迫性。在他看来，从本质上说，被剥夺种姓的印度教徒正在待价而沽。如果种姓印度教徒不能为他们伸张正义的话，他们将会沦为穆斯林劝诱改宗者的牺牲品。最终，次大陆的权力危如累卵。斯瓦米写道：“如果所有的不可接触者都成了穆斯林，那么穆斯林的数量将会与印度教徒的数量相等，而且在独立的时候，他们就不会依靠印度教徒，而是能够自食其力。”[3]然而，一个意想不到的困难是，什拉德哈南达的淑涤形式或者说是净化仪式，要求社会平等。这不是印度教大会力所能及的。国大党至少口头承认他的目标，而印度教大会断然拒绝了他，他再一次陷入困境。

176 甘地入狱期间，穆罕默德·阿里担任国大党的主席。在争取不可接触者的灵魂——最终争取他们选票的激烈竞争中，他主张维护印度教徒—穆斯林的团结。这一议案将要达成的协议是一半的不可接触者将会成为穆斯林，另一半被接纳为印度教徒。显然，征求不可接触者的意见是没有必要的。援引阿里的话说，他祈祷甘地看到伊斯兰教的光芒，到那时候最摇摆不定的穆斯林可能比最纯净的印度教徒更加坚信救赎，什拉德哈南达被阿里的这番话进一步激怒了。这导致了这位斯瓦米和毛拉纳之间的公开信件交流，但是双方都在濒临冲突的边缘又退却了。在他们的信件交流中，更为引人瞩目的是谨慎的礼貌用语、尊敬的表达、宗教陈

[1] 乔登斯（Jordens）：《斯瓦米·什拉德哈南达》（*Swami Shraddhanand*），第119页。

[2] 译注：印度教大会（Hindu Mahasabha）：印度教民族主义政党，旨在保护在英属印度统治下的印度教民众的安全。

[3] 乔登斯（Jordens）：《斯瓦米·什拉德哈南达》（*Swami Shraddhanand*），第119页。

词滥调的反复重申，而不是挑起事端的火药味。[1]

在同一时期，这位斯瓦米两次拜访甘地，就滞后的反不可接触制活动试图游说他，并且似乎讨论了穆斯林的意图（第一次是 1923 年 8 月甘地在耶罗伐达监狱期间；第二次是 1924 年早期，甘地因阑尾切除手术修养期间，后来因手术而获释）。特别是，他抱怨穆斯林的塔布理格簿（tabligb），即劝诱人们改宗的努力。甘地在《青年印度》中做了书面回答，责备双方的劝诱改宗，不管是净化还是传教，在很大程度上引起了印度教徒和穆斯林之间的紧张局势。甘地说道，宣扬源于炽热信念的教义是一回事，以不可避免地破坏国家团结的方式误传其他宗教是另一回事。他写道：“绝不允许任何辱骂其他宗教的宣传。”[2] 甘地说，虽然什拉德哈南达是“无畏勇敢的”，但他为印度教的雅利安社运动代言，一直以来与此运动密切相关，分享着此运动的“狭隘的观点和好斗的嗜好”。

这位斯瓦米的政治盛衰值得详述，因为它揭示了甘地的进退维谷。年轻的圣雄此时已年届五十，羽翼丰满。作为一名民族领袖，他通常所讲的言论似乎表明，他争取印度教徒和穆斯林团结的运动，以及为千万被压迫的不可接触者争取基本权利和公正的运动，两者相互补充，共同巩固了自治的基础。事实上，这两个运动常常发生冲突，不仅关乎他所领导的运动的关注点或重点，而且关乎地方上宗教说客和宗教改革者之间的信徒灵魂之争。而且，说实话，这两个事业——印度教徒—穆斯林的团结和不可接触者的公正——对种姓印度教徒特别是农村种姓印度教徒都没有什么吸引力，而他们是甘地及其助手所领导的运动的中坚力量。甘地的政治复兴或许已经明确地阐述了国家的最高抱负，但是从地区或是 177
当地的层面上仔细审查后发现，它是一个相互竞争的且常常是相互冲突的教派利益构成的脆弱联盟。激发运动是甘地的任务之一，将参加运动的各方团结起来是他的另一任务。印度教的改革者什拉德哈南达不需要肩负这一任务，他决心妥协少一点或是一点儿都不妥协。比姆拉奥·拉姆吉·安贝德卡尔（Bhimrao Ramji Ambedkar）不久后成为不可接触者的现代领袖，他后来称什拉德哈南达为他们

[1] 《圣雄甘地全集》（*CWMG*），第 23 卷，第 567—569 页。

[2] 同上，第 24 卷，第 145、148—149 页。

“最伟大和最忠实的斗士”。[1] 安贝德卡尔是在与另一个圣雄做对比，他认为另一个圣雄诡计多端且靠不住——换句话说，他是狡黠的政客。

这位斯瓦米本人常常对甘地所抱的希望大过对他的失望。所以甚至在甘地公开斥责他削弱民族团结之后，什拉德哈南达继续督促圣雄更多地关注不可接触制的问题。这是甘地不能忽视的一种压力，并且可能是他欢迎的一种压力。他采纳了什拉德哈南达的建议，但在谈论关于印度教徒—穆斯林紧张局势的长篇论文中，一次也没有提及不可接触者的困境。然而，5 个月之后，我们发现甘地详细地回答了斯瓦米的提问。他使用个人独创的萨提亚格拉哈方法，给代表不可接触者的第一次斗争提供了更公开的支持和领导。这场斗争的矛头对准的是对不可接触者的长期禁令，包括禁止他们在通往特拉凡科尔（Travancore）王国的瓦伊科姆（Vaikom）古庙的道路上行走，该古庙位于现在印度南部的喀拉拉（Kerala）邦。尽管甘地将不可接触者的事业称为“我一生的热情”，但是他却很不自在地劝告瓦伊科姆的示威者，为了他表面上所捍卫的事业，他们要自如地使用他本人所发起的萨提亚格拉哈方法。[2] 当时他写信给什拉德哈南达说“我正在努力为瓦伊科姆做必要的安排”，什拉德哈南达可能已经催促他前往还没有涉足的特拉凡科尔。[3] 如果是那样的话，他的答复是不明朗的。甘地只是说：“我希望萨提亚格拉哈主义勇士们会很快得到帮助。”

甘地给时而比较任性的斯瓦米写了一封信，这封信是在德里穆罕默德·阿里的平房里写的。甘地刚刚在那里结束了为期 21 天的“忏悔”绝食，起因是一系列日益恶化的印度教徒和穆斯林之间的冲突。时值 1924 年底，他已经出狱半年了，但他仍然在努力修补在耶罗伐达监狱度过两年沉思时光时民族运动中出现的裂缝——不仅是印度教徒和穆斯林之间的分裂，还有那些承诺继续他早期不合作策略的人（被称为不变派，即 No Changers）和渴望殖民体系下权力标志的政治

[1] 译注：安贝德卡尔（Ambedkar）：印度宪法之父，现代印度佛教复兴倡导人，“不可接触者”的领袖。1893 年生于不可接触者家庭，后来成为该阶层民众中第一个获得大学学位的人。1927 年和 1930 年曾两次领导争取不可接触者平等权利的“萨提亚格拉哈运动”。1935 年号召不可接触者脱离印度教，改信佛教，后来在印度各地发起“不可接触者改信佛教运动”。1947 年印度独立后出任首届司法部部长和宪法起草委员会主席，负责起草了印度的第一部宪法。安贝德卡尔（B. R. Ambedkar）：《国大党和甘地对不可接触者做了什么》（*What Congress and Gandhi Have Done to the Untouchbles*），第 23 页。

[2] 《圣雄甘地全集》（*CWMG*），第 19 卷，第 289 页。

[3] 同上，第 25 卷，第 228 页。

派别（称为自治派，即 Swarajists）之间的分裂。自治派是在这位领导人缺席期间形成的，当时他们决定参与曾在民族运动中立誓抵制的立法委员会。甘地设法起到单人平衡轮的作用，但这个时候的他不仅身体虚弱，而且在政治上几乎也是举步维艰。他一直坚持推进的一个策略是手纺车，印度教徒、穆斯林、不变派、自治派都被责令通过手纺来实现自力更生。（1924 年 6 月，即瓦伊科姆示威游行的几个月之后，实际上是甘地提议，要求每个国大党成员每天要完成一定量的手纺任务。这一提议引发了一位自治派成员抗议离席。虽然为了不使这位受人尊敬但已不再是最高领导者的人感到丢脸，这个提议最终做了缓和修改并且通过，但它很快成为一纸空文。） 178

此时此刻，有待甘地亲身见证的瓦伊科姆的孤立斗争，不再得到他的密切关注。所有这些都证明斗争是次要的。甘地通过在《青年印度》上撰写文章遥远地声援这一斗争，但是在其他方面尽自己最大努力使之处于他的掌控之中。对于他来说，瓦伊科姆所争议的问题是一个威胁他余生领导权的问题：他可以继续发挥国家领导人的作用吗？还是由于受到印度多样性和复杂性的牵制，特别是由于教派和种姓区分所导致的所有相互冲突的抱负，他被迫将自己定义为印度教徒的领

1924 年甘地从狱中释放之后，在珠湖海滩（Juhu Beach）修养

179 导人？他是否可以同时领导独立斗争和社会正义斗争？如果上述斗争意味着要接纳正统的高种姓印度教徒的话，这会不可避免地破坏并且可能使他的运动团体分裂。在那个问题之后潜藏着一个持久的且更加令人不安的问题，而且这一问题仍然被达利特人和印度社会改革者争论不休。即使甘地付出这么多努力使不可接触制在现代化的印度人中声名狼藉，但除了向压迫者说教之外，甘地究竟打算为不可接触者做什么？他一直尝试在远方巧妙处理瓦伊科姆的这些问题，结果，第一次采用萨提亚格拉哈策略对抗不可接触制的斗争正在面临着衰弱的危险。

瓦伊科姆的湿婆神庙（Shiva temple）坐落在筑有围墙的院子中央，院子面积大约是 4 个足球场那么大，三面环路，通往科钦（Cochin，现称 Kochi）东南部小型贸易城镇的集市。除了几棵遮阳的菩提树、几块草地以及一条水泥人行道，这条水泥道可能会烫伤那些被要求在门口脱掉鞋子或者拖鞋的正午来访者的赤脚，其他大部分地方都是结实泥土，看上去似乎是定期打扫的。神庙本身是一个椭圆形的木质结构，网格状的外墙坐落在石制的平台上，上面的斜面屋顶是由传统用于喀拉拉邦坚固房屋的陶土瓦构建而成。神庙四角各有一只斜倚在梁腋的涂金的公牛雕像——这一动物象征性地与湿婆联系在一起。在里面的圣所中，婆罗门神职人员帮助礼拜者朝拜神。在今天，常见的礼拜者中包括达利特人、从前的不可接触者和其他低种姓成员。在 1924 年，他们是被禁止进入湿婆神庙的。有时候，院子大部分的拜访者都是这些群体，吸引他们的是神庙免费的午餐。

最近，一个看似异端的问题已经成为公众争论的议题：是否应该准许非婆罗门行使违背种姓规定的神职。毕竟当今的神职人员是公务员，受雇于邦政府。邦政府自称为马克思主义者（Marxist），募集朝拜者的捐献物，除去维持费用，剩下的作为收入。这样的问题在瓦伊科姆萨提亚格拉哈期间想必是难以想象的。当时神庙由四大神职家族管理，其次种姓那姆布迪里（Namboodiri，有时候
180 也拼作 Nambuthiri 那姆布斯里）广为人知。他们募集的收入归特拉凡科尔的大君（maharajah）[1] 掌管。作为一个土邦，特拉凡科尔历经殖民时期，在英国的戒备监管下幸存下来，大约占据了现在的喀拉拉邦南部的一半疆域。

甘地在古吉特拉邦成长时了解到的不可接触制，以及后来长期旅居非洲期间从印度洋彼岸对这一问题的观察，都没有为他处理喀拉拉邦实行的错综

[1] 译注：大君（maharajah）：对印度土邦主的尊称。

复杂的种姓问题做好准备。不可接触制是一回事，而所谓的“不可接近制”（unapproachability）甚至“不可见制”（unseeability）又是另一回事。特拉凡科尔的婆罗门应该是永远无须正眼看最低种姓的不可接触者，实际情况就是这么愚昧和绝对。如果他正眼看了不可接触者，他不得不认为自己受到了污染，并且要举行净化仪式。一个拥有土地的纳伊尔（Nair）种姓成员如果允许艾资哈瓦（Ezhava）[1]——发音介于艾莱瓦（IRR-ava）和艾拉瓦（ILL-ava）之间——靠近自己 40 步以内的距离，他就会被污染；对更低阶层的不可接触者普拉亚（Pulaya）规定的距离是 60 步。明文规定禁止普拉亚种姓成员在公共道路上行走，这一禁令一直持续到 20 世纪初。他们要敲钟、敲棍子或者鸣喇叭，警告附近的种姓印度教徒有受污染的危险。他们的流动性受到很大限制，比种植园的奴隶有过之而无不及。实际上，作为田间的劳动农民，他们隶属于某个特定的地主。艾资哈瓦（传统职业是采集棕榈汁，是一个向上层阶级流动的群体）、泰亚（Tiyya，采集椰子）、普拉亚和其他在喀拉拉邦金字塔底层的次种姓一律被禁止涉足婆罗门朝拜地奉若神明的区域，例如瓦伊科姆的湿婆神庙。如果他们涉足的话，会被认为是玷污了神殿，必须要净化神殿。然而，令人惊讶的是，那些被禁足的人构成了现在喀拉拉邦被算作印度教徒的大多数。1924 年的萨提亚格拉哈运动证明他们对这种压迫状态已经无法容忍了。

甘地写道，由于多年在国外，他不了解“作为一名印度人我本应该了解的很多事情”。[2] 在萨提亚格拉哈运动之前，他从来没有听说过不可接近制。他说道，它的存在“使我感到吃惊和困惑”。因为特拉凡科尔土邦在促进识字和教育方面享有良好的声誉，所以他感到尤为困惑。如果把阿拉伯海看作整个世界的话，那么特拉凡科尔土邦也是可以被称为世界范围的。现在的喀拉拉邦是水道滨海区，是一块拥有海湾、运河、咸水湖、内陆岛和填了一大片海来开垦的玻璃状稻田的土地，几个世纪以来一直都从事香料贸易。如果不可接触者是按那个比例来计算，那么印度教徒勉强超过人口的半数。穆斯林和基督教徒加在一起计算的话， 181
占人口的 40% 或者以上。这里甚至有犹太人的小社区，最新一批的犹太教徒自从 17 世纪以来一直定居在科钦附近。马克思主义史学家认为，水滨区域不可接触者的压迫与控制田间劳工的需求相关联。显然，拥有土地的种姓不用耕地、种植、

[1] 译注：艾资哈瓦（Ezhava）：印度南部的低级种姓，属于不可接触者。

[2] 《圣雄甘地全集》（*CWMG*），第 26 卷，第 408 页。

播种或者收割。特拉凡科尔也许看起来是田园诗般的，但是仅有一小部分人口有那样的体验。

甘地反复斥责不可接触制的邪恶，这给瓦伊科姆运动提供了启发。他也给运动提供了抵抗方法，毕竟，多年前他在南非创造了“萨提亚格拉哈”一词（这一术语第一次在喀拉拉邦使用时，甘地对它的最新定义是“容忍或者忍受苦难”[1]）。但最终推动运动的是艾资哈瓦种姓人，鉴于他作为国家领导人的声望，毫无疑问圣雄不是他们的摩西（Moses）[2]。他们有自己的摩西，他被称为师尊斯里·那拉扬（Sri Narayan Guru），是一位艾资哈瓦，他创立的宗教运动有自己寺庙、教义和社会价值观。师尊那拉扬可以被视为印度教的新教徒。他对 20 世纪的喀拉拉邦的影响与约翰·卫斯理（John Wesley）对 18 世纪英国的影响不分伯仲。他的真言是“人类只有一个种姓、一种宗教和一位神”。[3] 在甘地回到印度之前，他就一直在布道那个教义。他的追随者崇拜他，但是并没有自始至终地追随他，尤其是他们不允许普拉亚或者是其他更低等的种姓进入他们的寺庙。他们从不可接触制中自我提升的部分做法是，把这些较低阶层的人当作无可救药的不可接触者来对待。据他的传记作家萨努（M. K. Sanoo）所说，师尊那拉扬对瓦伊科姆的萨提亚格拉哈运动起初是有矛盾情绪的，他告诉他的教徒，在要求那姆布迪里和其他高等种姓让路给艾资哈瓦之前，他们应该对不可接触者开放自己的寺庙，尽好自己的职责。[4] 但他最终为运动祈福，援助金钱，并且在一次破天荒的政治远足中甚至前往瓦伊科姆为示威者祈祷。

最先构想瓦伊科姆非暴力抵抗这一想法的好像是师尊那拉扬的一个虔诚支持者，他早在 1921 年就和甘地有联系，追随着印度国大党及其喀拉拉邦分部。他名叫马达范（T. K. Madhavan），正是在他的倡议下，1924 年初，国大党支持成立作为运动先锋的不可接触制委员会（Untouchability Committee）。马达范对国大党的支持充满了感激之情，以至于他一时冲动用国大党主席穆罕默德·阿里的名字
182 给自己儿子取了名。尽管是在印度教徒—穆斯林团结的全盛期，给印度教徒取名

[1] 《圣雄甘地全集》（*CWMG*），第 26 卷，第 264—265 页。

[2] 译注：摩西（Moses）：《圣经》故事中的犹太人古代领袖，现指摩西式人物、神圣的领袖。

[3] 门德尔松（Mendelsohn）和维克兹亚尼（Vicziany）：《不可接触者》（*Untouchbles*），第 97 页。

[4] 于埃尔讷古勒姆（Ernakulam，印度喀拉拉邦南部城市）对萨努（M. K. Sanoo）的采访，2009 年 1 月 18 日。

为伊斯兰教先知的名字，这一做法也太令人震惊了，以至于无法让人接受，事实证明也是难以理解的。在马达范宗族，没有人会用这个名字。因此，当甘地最后访问喀拉拉邦时，他被请求给这个孩子重新起名。[1] 当时的那个小男孩已经变成了老年人了，现在已经 90 多岁了，这是我去喀拉拉邦的哈里帕德（Harippad）镇看望他时，他告诉我的。维杰亚那斯（Babu Vijayanath）先生当时正坐在用新做的花环装饰的师尊那拉扬画像下面，他强调师尊那拉扬对他父亲的鼓舞远远超过甘地。

现今，游客会惊奇地发现，在喀拉拉邦的很多辖区，师尊那拉扬几乎使甘地黯然失色。但是在 1924 年初，拥有国家领导人地位和权力的是圣雄。在一个获得国大党批准的政治行动方案中，他的话就是法律。但是，这是一个对所有支持者都开放的政治行动方案吗？首次提出这个问题的是甘地，但他的回答是否定的。他下达告示，非印度教徒无权参加示威游行，这令他的追随者甚感意外。这道告示是第一次发起瓦伊科姆萨提亚格拉哈运动后不到一个星期时下达的，当时在甘地的敦促下，这次运动的规模已经比马达范委员会最初计划的缩减了。

那个计划非常谨慎，并没有试图进入有围墙的院子，更不用说接近神殿。计划只是沿着通往寺庙的三条大路行进，并在寺庙大门前祈祷。这意味着，在一次经典的文明不服从行动中，忽视每条大路上的官方提示，即最低种姓和不可接触者在离大院大约 140 米的时候禁止再往前靠近。一条以排水沟形式延绵的护城河仍然清晰可见，勾画出无法逾越的边界，精神污染的危害被认为实在太大了（毗连寺庙的排水沟和大池塘一片死水，颜色发黑，令人作呕。朝拜者仍然在这里沐浴，这一景象很容易让人联想到其他污染）。道路被认为不是公共的，而是属于寺庙的。荒谬的是，道路却对牛、狗、穆斯林和基督教徒开放，包括不可接触者改宗后的非印度教徒。对于运动的许多参与者来说，在公共道路上行走的公民权利比在婆罗门神庙朝拜的宗教权利更加重要。

早在 10 年前，甘地在非洲率领两千多名罢工的契约工人进军，越过禁止边界游行。此时，在这个他称之为一生的“热情”问题上，在自治的“四大支柱”之一的问题上，他正在编造理由，抑制群众行动，虽然是非暴力的行动。他对游 183
行这一想法保持谨慎的态度，劝阻任何试图越过路侧标志的行为，这个路标命令

[1]　于哈里帕德镇对维杰亚那斯博士（Dr. Babu Vijayanath）的采访，2009 年 1 月 17 日。1927 年 10 月 15 日的《美丽马拉雅拉报》（*Malayala Manorama*）上的文章描述了起名仪式。

潜在的污染携带者由此返回。为了响应他的信号，1924 年 3 月 30 日，计划及时改变，群众发起了瓦伊科姆的第一次萨提亚格拉哈游行示威。游行队伍在不到标志之处就停下了，然后三位指定的萨提亚格拉哈主义勇士——一个纳伊尔、一个艾资哈瓦和一个普拉亚，向无形的污染分界线迈进。稍过片刻，他们坐在那里祈祷直到特拉凡科尔当局强制拘留他们并判每人监禁 6 个月。往后的每一天，都会有三个志愿者走向前去，坐在他们曾坐过的位置，等待他们的是相同的结果。正统教徒也被要求信仰甘地经常引用的不杀生或者非暴力的印度教价值观，但这未必是他们的习俗。好几次，暴徒团伙打着为了正统教徒的旗号，用木棍、铁棒和砖头袭击萨提亚格拉哈主义勇士，但是特拉凡科尔的警察没有介入。一些受害者的种姓地位是足够符合条件进入寺庙的，但他们一直受到甘地启发的新思想的感染。一个纳伊尔男人被绑在树上被踢腹股沟。另一个名为拉曼·伊拉亚特胡（Raman Ilayathu）的婆罗门因眼睛被涂上生石灰膏而瞎了。据报道，一个名为艾玛查尔·提梵（Amachal Thevan）的普拉亚，是不可接触者的领袖，也是这样被弄瞎的。[1]

从在孟买附近的海滨平房休养开始，甘地就诚挚地赞扬瓦伊科姆萨提亚格拉哈主义勇士的纪律和勇气。但他差一点把他最熟悉的运动领袖开除。这个人是乔治·约瑟夫（George Joseph），他可能是印度基督教徒中甘地最忠实的追随者。作为喀拉拉邦一千多年以来非常著名的叙利亚基督教徒（Syrian Christian）社区的一员，约瑟夫放弃了利润丰厚的律师职业，加入了艾哈迈达巴德附近甘地的阿什拉姆。受贾瓦哈拉尔·尼赫鲁的父亲莫提拉尔·尼赫鲁（Motilal Nehru）聘用，在阿拉哈巴德（Allahabad）编辑一份叫作《独立报》（*Independent*）的民族主义报纸。接下来他在监狱度过了两年多的时间，然后在圣雄入狱期间代替他编辑《青年印度》。此时，在这一切之后，甘地叫他退避，告诉他在瓦伊科姆萨提亚格拉哈运动中没有他的容身之地，因为这是印度教徒的事。

“我觉得你应该让印度教徒去做这件事。”甘地写道，“他们必须要净化他们自己。你可以用你的同情和笔杆子来帮助他们，但是不要组织运动，当然也不要

---

[1] 于戈德亚姆（Kottayam）附近对科初（K. K. Kochu）的采访，2009 年 1 月 19 日。拉文德兰（T. K. Ravindran）在他的书《八弗隆的自由》（*Eight Furlongs of Freedom*）的第 108 页写道，眼瞎可能是暂时性的。

提出萨提亚格拉哈运动。”[1]

这封信并没有及时送达约翰·约瑟夫的手里。[2] 到了 4 月 10 日，随着马达 184
范和其他人均已被捕，这位基督教徒领导人发现自己成了运动的负责人，而且面临战术上进退维谷的境地。警察搭建起了路障，而且为了平息对特拉凡科尔的负面宣传，不再施行逮捕。因此，他发电报给甘地，说已经告诉示威者开始绝食。“请告知是否需要改变行动。”他的紧急求救信这样写道，“紧急。”第二天，警察或是改变了他们的策略，或是给约瑟夫破了一次例。他在电报上说道，他已经被逮捕了，催促甘地派遣一位有名望的领导人或是可以派他儿子德夫达斯来替代他。

瓦伊科姆萨提亚格拉哈运动开展不到两个星期，这些阴差阳错的信息便得以澄清。最终清楚明了的是，甘地不仅反对像约瑟夫这样的非印度教徒发挥任何作用，而且反对用绝食作为武器来加快斗争的步伐。甘地这位规则制定者此时规定，绝食不是用来强制对抗政治上反对你的人，而是仅仅用来对抗违背誓言的盟友和所爱之人。因此，甘地制定了一个标准，但正如我们将看到的，他最终偏离了这个标准。这个事件中还存在其他的非难。他也反对从特拉凡科尔以外的地区蜂拥而至、作为志愿者援助运动的国大党支持者，尽管他之前曾邀请外地人支持他在比哈尔邦和古吉拉特邦的早期运动。一些来自旁遮普邦的锡克教徒长途跋涉，跨越次大陆，来搭建厨房给萨提亚格拉哈主义勇士提供食物，却被催促回家。此外，他故意迟迟不任命外地人担任领导，认为领导人应该由本地人担任。尽管得到了马达范煞费苦心组织的国大党的支持，但甘地那时认为，不能把瓦伊科姆的斗争看作是恰当的国大党计划。[3] 他说，民族运动不应该“被牵涉进来”。民族运动的目标是结束英国的统治，但他分析说，特拉凡科尔处于英国统治权之外，严格来说，它仍然是印度的一个土邦。个别的国大党成员可能参与了运动，领导人似乎从上面指导运动，但仅仅是作为个人行为。最近这场因遥远的君士坦丁堡哈里发的命运而在全国范围内动员起来的运动，必须与之撇清关系。

和往常一样，甘地对于每一个立场都提出了巧妙的合理解释，所有解释都指

---

[1] 《圣雄甘地全集》(*CWMG*)，第 23 卷，第 391 页。

[2] 约瑟夫（Joseph）:《约翰·约瑟夫》(*John Joseph*)，第 166—169 页。甘地对这些事件的看法可以参见《废除不可接触制》(*Removal of Untouchability*)，第 107—114 页，这是他写的关于这个主题的文集。

[3] 《圣雄甘地全集》(*CWMG*)，第 23 卷，第 471 页。

向同一个结论：尽管他认为瓦伊科姆运动是正义的，但他想把瓦伊科姆运动限定为一个地区性的小事件。这个事件不能夸张为一个反对不可接触制纲领（这是他
185 自己赋予民族运动的纲领）的试验案例，特别是在他觉得对运动有点失控的这个时期。

他的考虑是出于民族和政治的考虑，也有宗教的考虑。迫于压力，他表明了对种姓问题的立场，他用正统派的术语定义自己，然后添加了模棱两可的限定条件，避免使用让种姓制度的保守信徒听后对他的声明产生怀疑的话语。他说“我个人信仰瓦尔纳什拉马（varnashrama）”，指的是所有印度教徒的四种分工，根据他们的世袭职业分为祭司、武士、商人和农夫。接着他补充道：“不过，我的确对此有自己的见解。”[1] 他没有详述他“自己的见解”，因为更多是出于政治而非宗教的原因。他竭力消除高等种姓印度教徒的疑虑，又不抛弃他基本的改革主义者的立场。

含糊其词的陈述是有意为之。在理论层面上，他关于四种瓦尔纳（varna，即种姓）的观点，更多的是源于约翰·拉斯金而不是印度教经文。从这个观点看，四种种姓基本上是平等的而不是分等级的，甘地希望这个有弹性的架构可以使印度村庄成为稳定的社会合作团体，而印度村庄的实际情况并非如此。村庄是根据不同次种姓的狭义行业划分的。在村庄里，每一个极小的社会利益都要奋力争取或者捍卫，而不是根据广义的瓦尔纳类别划分的。甘地后来不知怎么了，竭力将瓦尔纳重新定义为“真正的社会主义”。[2] 他还辩论道，传统的瓦尔纳什拉马是“基于绝对的地位平等”，之后他承认这样的一个种姓制度“在当今的实践中是不存在的”。[3] 翻译成世俗的措辞，这就好比说，真正的资本主义将会是乌托邦式的（utopian）社会主义。甘地提出的是复兴运动者的愿景，在现实中的村庄不存在这样的平等。不管他最深层的意图是什么，这可以容易地解释为对种姓的美化。甘地意在哄劝高等种姓，而不是对抗他们。他以此保证社会的稳定，而不是动荡。因此，他强调在这个时期废止不可接触制，高等种姓不一定要与前不可接触者一起进餐，更不用说把女儿嫁给他们，尽管他自己毫不犹豫地蔑视种姓的进

---

[1] 《圣雄甘地全集》（*CWMG*），第 23 卷，第 519 页。

[2] 鲁德兰舒·穆克吉（Rudrangshu Mukherjee）编：《企鹅甘地读本》（*Penguin Gandhi Reader*），第 221 页。

[3] 甘地：《政治著作选集》（*Selected Political Writings*），第 124—125 页。

餐规定。下面含糊其词的陈述似乎蕴含着他在接下来的20年间一直与之斗争的一个矛盾：他坚持认为在保留种姓的同时可以消除不可接触制，对种姓制进行一些整修和人性化改造后，种姓制可以作为印度社会的一个组织原则。

他真的是这样想的吗？或者这是战术上的伪装？在圣雄去世多年以后，贾瓦
哈拉尔·尼赫鲁告诉采访者，甘地不止一次向他透露，他反对不可接触制的最终 186
目标是一劳永逸地消灭种姓制度。尼赫鲁1955年的叙述如下：

> 我反复地对甘地说：为什么不直接猛烈地抨击种姓制度？他说除了一些理想化的形式，他一点儿都不信奉种姓制度……现在的种姓制度是彻底糟糕透了，必须废除。他说，我正在通过处理不可接触制从根本上彻底地摧毁种姓制度。你知道……他有办法抓住一件事情然后全神贯注于这件事。他说，如果不可接触制消失，种姓制度也会消失。所以，我正在那上面集中精力。[1]

人们可能会怀疑，尼赫鲁在这里尽力粉饰甘地立场的模棱两可。但是在1934年写给一位美国人的信中，圣雄所使用的话语非常接近尼赫鲁后来的话语。“现存的种姓制度确实是印度教徒生活的祸根。”他写道，“废除不可接触制的伟大运动是打击潜在于种姓制度之中的邪恶。”[2]在同一年，在和他的一个随从的谈话中，他的话语更加接近。他说：“如果不可接触制消失，那么我们现在熟悉的种姓制度也会消失。”[3]最终，他放弃了对瓦尔纳的理想化。他在1936年说道，种姓对“精神和国家的成长都是有害的”。[4]在1942年有人引述他的话，如果种姓继续存在，他的“生活将没有意义”。[5]最后，他在1945年说道，仅存的瓦尔纳包括首陀罗和“阿提–首陀罗”（ati-shudra，也叫作哈里真或不可接触者），首陀罗是传统上最低等的种姓，基本上都是农民。[6]在这个语境中，阿提的意思是之外、等而下

---

[1] 芒德（Mende）：《与尼赫鲁先生的谈话》（*Conversation with Mr. Nehru*），第27—28页。

[2] 《圣雄甘地全集》（*CWMG*），第59卷，第45页。

[3] 昌德拉尚卡尔·舒克拉（Chandrashanker Shukla）：《甘地吉谈话录》（*Conversations of Gandhiji*），孟买（Bombay），1949年，第59页。

[4] 《哈里真》（*Harijan*），1936年7月18日。也可以参见甘地（Gandhi）：《废除不可接触制》（*Removal of Untouchability*），第36页。

[5] 卡沃德（Coward）：《印度人对甘地的评论》（*Indian Critiques of Gandhi*），第61页。

[6] 《圣雄甘地全集》（*CWMG*），第80卷，第222—224页。转引自马丁·格林（Martin Green）：《甘地在印度：他的自述》（*Gandhi in Indian: In his own words*），新罕布什尔州汉诺威市（Hanover, N. H.），1987年，第324—326页。

之。他再一次说道，相信“高级和低级”之别是罪恶的。甘地承认他的看法改变了，他决心不再装作接受种姓制度。他一直坚持认为，他对问题思考的唯一可靠的向导就是就此问题发表过的最后言论。

那可能是他关于种姓问题的最后思考，但种姓并不是18年前他在瓦伊科姆萨提亚格拉哈运动时期必须要说的重点。那时甘地言论上谴责“对盲目的正统派观念的愚蒙无知”，行动上严格限制那些努力信守他戒律的人，这两者之间的鲜明对比把特拉凡科尔的追随者弄糊涂了，以至于他们派了两个人坐在这位尊敬的领导者的脚下，聆听他的布道与他一直敦促的战术管制是如何一致的。[1]

会晤是在运动开始后的第八个星期举行的[2]。甘地被问道：为什么印度教徒可
187 以游行示威支持遥远的哈里发，而非印度教徒却不可以支持“不可接近者”使用特拉凡科尔公共道路的权利呢？为什么必须要考虑不可接触制和不可接近制呢？鉴于国大党对这个问题的公告，这是瓦伊科姆的地方问题而不是广泛的全国性问题。如果他们的大君是受人尊敬和爱戴的仁慈的统治者，为什么他忠实的臣民不能按照甘地的萨提亚格拉哈主义学说，使用绝食“融化（他的）心，并通过他们的自我受苦征服他”？

圣雄的回答追求的是信手拈来的曲折逻辑，这些回答也是不容反对和确信无疑的。当他遇到回避不了的问题时，他会改变这些问题，然后把它们抛回去，寸步不退。他声明：“外来的援助会削弱你们奉献的力量。”同样，“这是一个纯粹的印度教问题，因此，非印度教徒在这场斗争中没有位置”。

他是作为印度教徒的领导者还是作为民族运动的领导者在这里发言，尚不清楚。因为他是甘地，所以在这一点上没有人要求澄清。从他对正统印度教徒的担心之情来看，他的回答可以从两方面解读。他说“非印度教徒的介入会冒犯必须通过爱来转变和征服的正统印度教徒”。此处甘地似乎是作为一个印度教徒发言的。他进一步争辩，即使瓦伊科姆的问题被视为全国性的问题，“要让整个印度或者中央机构通过斗争解决这些问题，既不可取也不实际。这会导致混乱和骚乱”。此处他是作为国家的领导人，暗示（如果不是明说的话）国大党早已四分

---

[1] 马哈迪夫·德赛（Mahadev Desai）:《与甘地一起的日子》（*Day-to-Day with Ganhdi*），第6卷，第86页。

[2] 《圣雄甘地全集》（*CWMG*），第24卷，第90—94页。这几段中的引文全部来自一份总结甘地与两位瓦伊科姆（Vaikom）特使谈话的文件。

五裂了。

会见甘地的两个特拉凡科尔代表都是高级种姓的印度教徒，同情不可接触者的事业，对于如何推进甘地实际上已经降级的运动，他们几乎没有获得清晰的思路。他们回来后发现，萨提亚格拉哈运动营地“一片混乱”。[1] 喀拉拉邦的历史学家拉文德兰（T. K. Ravindran）这样写道，他对特拉凡科尔的马拉雅拉姆语（Malayalam）[2] 档案进行了广泛研究，然后根据这些原始资料撰写了有关这场运动的绝无仅有的叙述史著作。为了解释和遵循甘地的指令，运动逐渐放缓。斯瓦米·什拉德哈南达出现在一个由数千名低级种姓艾资哈瓦和高等级种姓纳伊尔组成的联合集会上，为运动祈福，这次联合集会不经意间树立了一个新标杆。集会派遣了一个代表团去拜会大君，以支持萨提亚格拉哈运动，并且呼吁改革。[3]

接下来，大君在 8 月份去世了。由于继承人还是个孩子，他的姑姑被任命为摄政者。她的第一个法令就是释放因参与萨提亚格拉哈运动而入狱 5 个月以上的人。这些被释放的领导者忙于收集高等种姓印度教徒的请愿签名，“恭敬且谦卑 188
地（祈求）仁慈的殿下可能会高兴地下达指令，所有的道路和所有等级的公共机构可以对殿下的所有等级的谦卑臣民开放，不分种姓或者教派”。[4] 官方的冷漠回应使这些希望破灭。就在这个时候，不屈不挠的斯瓦米·什拉德哈南达力劝甘地不要让瓦伊科姆事业衰弱消沉。

1925 年 3 月 9 日，甘地最终乘坐摩托艇抵达瓦伊科姆的码头，距离他一直遥控指挥的萨提亚格拉哈运动的开始已经过去了将近一年，他最近故意表现出要放弃民族运动的领导权。这是圣雄很多次被信以为真的要从国家政治活动中隐退的第一次。

1924 年 2 月，甘地被释放出狱之时，就已经向印度国大党提交了他所称的“当将军的就职申请”。[5] 当然，他指的是主将。然后，他强调将军“必须要有服从命令的士兵”。到年底时，他仅仅把自己描述为“一个非暴力的士兵”，承认他

---

[1]　拉文德兰（Ravindran）:《八弗隆的自由》（*Eight Furlongs of Freedom*），第 86 页。

[2]　译注：马拉雅拉姆语（Malayalam）：属于达罗毗荼语系（Dravician），是与泰米尔语有紧密联系的印度西南部语言，喀拉拉邦州的语言。

[3]　拉文德兰（Ravindran）:《八弗隆的自由》（*Eight Furlongs of Freedom*），第 95 页。

[4]　同上，第 99 页。

[5]　《圣雄甘地全集》（*CWMG*），第 24 卷，第 268—269 页。

不再“掌控全体的认同”。[1] 从运动的内部来看，甘地已经后退了一步，几乎从日常的政治活动中退出来了。从外部来看，他仍然是国家领导者。在喀拉拉邦，他的到来是一件大事。一个由几艘渔船和一艘运送大米及其他货物的平底船组成的小船队，向载着这位领导者的船只靠拢过来，船队两侧是两条装饰华丽的长长的“蛇形船”，这是两艘特大号的赛艇，可以装载数十位桨手、舵手，甚至音乐家，用于重大的仪式场合。显然，甘地的抵达就是这样的重大场合。

瓦伊科姆那个时候的人口不到 5000 人。根据重要的当地马拉雅拉姆语报纸《美丽马拉雅拉报》（*Malayala Manorama*）第二天的报道，聚集在码头的群众绵延将近 3 公里，这个码头现在是瓦伊科姆萨提亚格拉哈运动纪念碑的所在地，2008 年开始对外开放。每一个人都渴望见到甘地，或者说几乎是每一个人。缺席的人有理想破灭的乔治·约瑟夫，他悄无声息地退出了国大党，重返律师行业。缺席的还有掌控该寺庙的婆罗门，以及他们的正统派支持者。该寺庙的祭司站在
189 合乎他们优越地位的礼仪角度，坚持应由甘地去拜会他们。[2]

这是他做的第一件事，寺庙做出正式回应，允许他去正统派领导人尹丹土鲁提尔·那姆比亚提里（Indanturuttil Nambiatiri）的家里拜访，在寺庙禁止不可接触者进入的区域。甘地经勉强容许来到那里，作为非婆罗门，这位班尼亚先知还不够种姓资格被邀请进入神职人员真正的家。取而代之的是，会面不得不在外面花园的凉亭里举行。特拉凡科尔的警察准备了一个在场速记员。拉文德兰教授从这个旧土邦的档案馆救回了一份 3 个小时的会谈文字记录。现今，这份记录可以被解读为甘地对种姓问题既吸引人又全面的阐述，或是作为迫于压力之下他理性机智的实例。记录提出的问题是，甘地是否在寻求与这位正统派的共同之处，就像一位美国政客与福音派基督教徒会面时手舞足蹈，还是把他自己的正统派立场明确阐述出来。有时候，他是苏格拉底式（Socratic）的，给他们提出问题，瓦解他们的定性。但是，事实证明，尹丹土鲁提尔·那姆比亚提里是更加坚持不懈的盘问者。[3]

“圣雄吉相信印度教圣典（经文）吗？”他开始问道。甘地回答：“是的。”

---

[1] 《圣雄甘地全集》（*CWMG*），第 25 卷，第 349 页。

[2] 马哈迪夫·德赛（Mahadev Desai）：《与甘地一起的日子》（*Day-to-Day with Ganhdi*），第 6 卷，第 58 页。

[3] 拉文德兰（Ravindran）：《八弗隆的自由》（*Eight Furlongs of Freedom*），第 164—191 页。

“圣雄吉相信羯磨法（Law of Karma）[1]吗？”答案再一次是：“是的。”

“你相信轮回转世吗？”

“是的。”

如果是那样的话，呈现给甘地的是常见的有人甚至会说是规范的印度教推论：被逐出种姓的悲惨大众是因为上辈子做的坏事而受到惩罚。“让我们赞同那个说法。”他回答道。接下来他反问，那个说法又是如何赋予高等种姓执行惩罚的权力。这位婆罗门回避了这个问题。“我们相信这是神的法令。”他说。

“的确，的确。”甘地回答道，仍然争论着，仍然试图重获主动权。

随后，被问到同一问题，他的回答听起来仍旧处于守势：“我同意你的看法，不同的出身归因于不同的行为。但这并不意味着你可以认为这个人低贱，那个人高贵。”在这里，甘地似乎陷入了自己话语的困境。如果他的两个论点——不可接触者之所以是现在这样是由于前世的罪恶，还有高等和低等的人必须被认为是平等的——不是完全矛盾的，那也近乎矛盾。我们不得不提出疑问：哪个最令甘 190
地信服？这里谁打算为不可接近者争取在公共场所接近同胞的权利？如果他一生至此时在这个问题上被认为是前后一致的，答案应该是显而易见的。他曾在写给比勒陀里亚一家报社的第一封信中说道：“没有哪个印度人天生就是苦力。”那时他还不到 25 岁。回国不到两周，他在孟买的一次游园会上说，比起高等种姓出身的印度人，他觉得和曾经在南非一起游行的契约劳工在一起更加“舒适自在”。第二天，他重复着多年以前在南非第一次使用的话语，对特拉凡科尔的女王即女土邦主（maharani）说：“我把自己称为拾荒者，一点儿都不感到羞耻。”[2]然而在这里，我们发现他在面对宿命论学说时，喃喃自语：“的确，的确。”这一学说认为前世的罪恶是不可接触制以及它助长的极度不平等的基本原因。很有可能，印度以及对印度古老经文的深入解读，已经使他成为更加正统的印度教徒。较为可能的解释是，正如他曾经所言，他仍然相信“清洁印度教社会”的可能性，并且想到自己此时正在从事的这种公共卫生实践。[3]不管怎样，对他来说，称自己为萨纳坦派（sanatani）或者正统派印度教徒，并没有什么新奇的。4 年前，在一次

---

[1] 译注：羯磨法（Law of Karma）：羯磨（梵语：karma），也译为羯摩，（佛教和印度教的）业，也是因果报应、因缘。

[2] 马哈迪夫·德赛（Mahadev Desai）：《与甘地一起的日子》（*Day-to-Day with Ganhdi*），第 6 卷，第 84 页。

[3] 《圣雄甘地全集》（*CWMG*），第 19 卷，第 571 页。

“受压迫阶级”的大会演讲中，他就是这样说的。他当时说“只要印度教徒蓄意地把不可接触者视为他们宗教的一部分”，就不可能实现自治。这里与以往不同的是，他调整了自己的时间表——正如他给查尔斯·安德鲁斯的建议中所说，不可接触制的结束可能要等到英国撤离——因此，即使他倾向于就前世影响无法改变论展开理论辩论，但现在并不是时候。如果他可以说服神职人员开放道路那就足够了。

也许尼赫鲁对1955年会谈的总结与甘地在瓦伊科姆令人惊讶的手舞足蹈和左躲右闪有一定的关系：“他的方法是不要去刺激民众坚定的信念……甘地总是考虑群众，考虑印度的精神。他设法把它提升到正确的方向，逐渐赋予它越来越多需要思考的东西，然而又不会搅乱它，或者有挫败感。”[1] 换句话说，他相信可以使用道德的劝告以及自己的榜样来建立一种包容性的印度民族观念，婆罗门和不可接触者共享之。

191 他解释道：“我设法让自己成为盲目的正统派教徒与他们的受害者之间的桥梁。”[2] 引述他在《美丽马拉雅拉报》所说的话，“我来这里是为正统派教徒和运动抗议者创造和平与友谊”。[3] 换而言之，他表明他不是作为正义斗士而是作为调解人来到这里。在这样的自我定位下，他不会与一方站在一起反对另一方，在瓦伊科姆，对他来说显而易见的是，正统派教徒代表的仅仅是小部分的人口。为了打破僵局，他提出了“体育精神式的”建议，由仅限于种姓印度教徒的公投来解决开放公共道路的问题。[4] 这位大祭司固执地坚持原则。“我们绝不允许这个问题由投票支配。”尹丹土鲁提尔·那姆比亚提里回答说。

甘地走出大门后，婆罗门立即对举行会谈的凉亭进行净化仪式，以便消除圣雄可能带来的污染。今天，按照这位老祭司的标准来看，这个地方已沦为名副其实的污染区，因为自1957年他去世之后，住所的所有权便转给了一个隶属于共产党的商会“瓦伊科姆税区棕榈酒庄联盟”（Vaikom Taluk Toddy Tappers Union）。一面绘有锤子和镰刀图案的红旗在商会外面飘扬。

在考察了这个无疑是非甘地主义遗迹的盛衰史之后，我来到隔壁的另一栋陈

[1] 芒德（Mende）：《与尼赫鲁先生的谈话》（*Conversation with Mr. Nehru*），第28—29页。

[2] 马哈迪夫·德赛（Mahadev Desai）：《与甘地一起的日子》（*Day-to-Day with Ganhdi*），第6卷，第83页。

[3] 《美丽马拉雅拉报》（*Malayala Manorama*），1925年3月14日。

[4] 拉文德兰（Ravindran）：《八弗隆的自由》（*Eight Furlongs of Freedom*），第187—190页。

旧建筑，那姆比亚提里年迈的女儿和女婿仍住在这里。我在那里听到的并不是顽固抗拒转变的故事。在甘地初次拜访的10年之后，特拉凡科尔的所有寺庙依据王室法令对印度的任何阶层开放，包括被逐出种姓的人。在他们看来，随着这些不可接近的乌合之众的到来，精神污染在所难免。为了避开精神污染，许多那姆布迪里式的人随即停止在湿婆神庙祈祷。尹丹土鲁提尔·那姆比亚提里与甘地会面时曾发誓，如果王室下令开放寺庙与通往寺庙的道路的话，他就不再踏入湿婆神庙。他说：“我们将会遗弃那些寺庙和道路。”[1] 但是，当那个时刻真的到来的时候，这位祭司结果并未参与抵制，他继续督导湿婆神庙的仪式。换句话说，他坚守着他的工作。“他准备去适应变化。”他女婿克里希南·那姆布斯里（Krishnan Nambuthiri）说，他是一位退休的植物学家，“他的心智是非常稳定的，他从不为情绪所动。”[2]

我问道：尹丹土鲁提尔·那姆比亚提里对甘地的态度怎么样？老人说：“他一点都不讨厌他。”在甘地拜访隔壁住所85年后，在他被谋杀61年后给出的这个 192
答案中，他在那天邂逅的正统观念如最终即将熄灭的余烬只剩幽幽之光。

甘地一无所获地结束了与婆罗门的会晤，来到一直在附近等待会晤结果的两万名群众面前，发表演讲。[3] 人们听到的是他承认失败，但不承认被击败。他开始道：“正如你们所知道的，我背井离乡在南非生活了很长一段时间，自从我踏足印度土地，论及不可接触制这个问题，我一直都是实话实说，无所畏惧，无拘无束。”

令人惊讶的是，圣雄觉得有必要以这种方式来确立他作为改革者的凭证。他可能已经意识到来听演讲的听众不止一类。第一类由萨提亚格拉哈示威游行者和他们的支持者组成；第二类是正统派教徒；最后一类可能占大多数，他们是来沐浴伟人的高贵气息而沾光得福。“我称自己是一名萨纳坦主义印度教徒。”他接着说，把话题转向另一个方向，“因此，我来这里是和我的正统派朋友讲道理的。我来这里是恳求他们……我抱歉地承认我没有能够对他们产生我所期待的影

[1]　莱蒙（Raimon）：《瓦伊科姆萨提亚格拉哈文件选》（*Selected Documents on the Vaikom Satyagraha*），第112页。

[2]　于瓦伊科姆（Vaikom）对克里希南·那姆布斯里（Krishnan Nambuthiri）的采访，2009年1月14日。

[3]　《美丽马拉雅拉报》（*Malayala Manorama*），1925年3月14日。

响。”[1] 他与婆罗门会谈时已经开始展示出来的自信，是典型的甘地主义式的自信。在这里，这一自信也没有离他而去。他祝贺那些发动“绅士般的战役”并进行了一年游行示威的人，并且劝告他们要有耐心。没有政府的干预，他们也许已经找到了所谓的“合理的解决方案”。自然而然，他告诉他们必须等待，直到他们的痛苦感动那天下午他未能感动的那些拒不让步的神职人员。尽管他很虔诚，但有一些听众还是沮丧地、不赞同地摇头。

第二天，甘地与萨提亚格拉哈主义勇士在他们的阿什拉姆会面时，甘地陷入了更多的疑惑。一位勇士想知道斗争还会持续多久。“几天或者没有尽头。”[2] 他不假思索地说。他设定了一个无私牺牲的标准，但也把自己置于超然境地。然而，这再一次让他回想起在南非的时候。那时候，他原以为第一次的萨提亚格拉哈运动将在一个月内结束。“它整整持续了 8 年。”他说。接着，有人询问关于绝食至死的事。圣雄无助地答道：“我应该建议人们允许你去牺牲。”

到底是什么困扰着他？当我们追随着甘地的脚步，走过他三次特拉凡科尔之旅中的第一次走过的旅途时，这个问题一再出现。他的回答模棱两可，不仅在当
193 时而且到现在都不能令人满意。在喀拉拉邦以外，甘地在瓦伊科姆萨提亚格拉哈运动中所扮演的角色经常被不加批判地看作是他的价值观念的实现：他对不可接触制坚定不移的反对，对非暴力的坚持。在喀拉拉邦以内，这段历史更为人所熟知，他通常被认为对种姓制度表现出既掩饰又明显的依恋。这两种观点都没有说服力。这里实际上表露出来的是作为甘地的困难，平衡他的各种目标的困难，尤其表露出印度社会变革的困难，不用分裂他的运动和激起他所担心的“混乱和骚动”就可以废除不可接触制的困难。自 3 年前的乔里乔拉暴力事件导致他的隐退以来，他一直不愿意亲自发动非暴力抵抗运动。

当他来到提倡“一个种姓、一种宗教”的本地先知师尊那拉扬的总部时，种姓、不可接触制和社会行动成为讨论的话题。[3] 这是两位圣人的首次会面。他们交谈了几个小时。接着，甘地出面给师尊那拉扬成百上千的追随者进行演讲。想必他们大部分都是艾资哈瓦，实际上是从不可接触制中脱离出来的一个群体。虽

[1] 马哈迪夫·德赛（Mahadev Desai）:《与甘地一起的日子》(*Day-to-Day with Ganhdi*)，第 6 卷，第 68—70 页。

[2] 同上，第 77、81 页。

[3] 同上，第 84—88 页。

然如此，甘地称他们为“受压迫阶级”的成员。他谈及“不耐烦的热潮不仅在特拉凡科尔持续，而且遍及印度的四面八方，盛行在‘受压迫阶级’之中”。他指的是对正统派教徒的不耐烦。“我向你们保证这是错误的。”他说道。他还宣布他已经从师尊那拉扬那里获取到承诺，让人们开始纺纱。

这次会面的场景被师尊那拉扬的追随者代代相传，但却是一个充满偏袒的版本，被置于导师角色的是师尊那拉扬而不是圣雄。据说，就在那天，甘地对种姓的理解最终深化和革新了。“他在那天成为圣雄。”运动最初组织者的儿子维杰亚那斯先生告诉我，他对这个以师尊为中心的观点很是得意。事实上，参加完会面的甘地和会面之前的甘地完全没有两样：对自己很确信，对直觉很信赖，不太可能为他人言论所动。[1] 师尊那拉扬告诉他，不可接触制不会在一代人的时间内结束。“他认为我只有在下一个轮回转世后才能看到这个痛苦的结束。”甘地挖苦地说道，“我希望在我的有生之年看到它的结束，就在这一代。”[2]

没有证据表明两位圣人是否讨论过他们可能持有的策略分歧。根据在特拉凡科尔档案馆发现的一份警方报告，师尊在早前对甘地的限制策略表示怀疑，他不知道萨提亚格拉哈主义勇士为什么不“维护自己的权利，并且强制进入禁止区
域”。[3] 圣雄这次到访的结果给这份不透露姓名的报告提供了间接的支持。在瓦伊 194
科姆萨提亚格拉哈运动结束之后，他在特拉凡科尔的直接影响减小。然而，师尊那拉扬的艾资哈瓦追随者继续要求进入其他寺庙，使用更富有攻击性的策略，有时与种姓印度教徒发生冲突。1926 年在特里瓦尔布（Thiruvarppu）发生的一次冲突中，瓦伊科姆运动的创始人马达范遭到了一顿毒打，据他儿子说，他再也没有从这次毒打中完全康复。[4]

那时就像现在一样，师尊那拉扬的追随者倾向于抬高他们当地的这位先知而贬低圣雄，因为圣雄不愿对抗正统派教徒。流传着这样一个故事：这位印度领导人被禁止进入次大陆南端坎尼亚库马里（Kanyakumari）的提毗神庙（Devi temple），理由是他商人种姓的身份太低了，因此不许进入，而他做出的反应比

[1] 于哈里帕德（Harippad）对维杰亚那斯先生（Babu Vijayanath）的采访，2009 年 1 月 17 日。

[2] 同上。这次访问也可以参见马哈迪夫·德赛（Mahadev Desai）:《与甘地一起的日子》(*Day-to-Day with Ganhdi*)，第 6 卷，第 124—125 页。

[3] 马哈迪夫·德赛（Mahadev Desai）:《与甘地一起的日子》(*Day-to-Day with Ganhdi*)，第 6 卷，第 88 页。

[4] 拉文德兰（Ravindran）:《八弗隆的自由》(*Eight Furlongs of Freedom*)，第 340 页。

较消极。当地一家报纸是这样叙述的：他想在神庙里朝拜，但却逆来顺受地服从了这一法令，停在神庙外面，站在那里祈祷。甘地几乎从不去寺庙祈祷，因此这个没有卷宗记载的故事的真实性值得怀疑。至今仍为人们所记得的是，当地一名改革者对不可接触制的强烈斥责，他就是马拉雅拉姆语诗人萨霍达兰·艾亚潘（Sahodaran Ayyappan），早前他因为邀请普拉亚和其他不可接触者出席公众筵席而背负恶名，并险些遭到驱逐。听到圣雄所谓的隐退，艾亚潘书面上表达了对甘地两种态度差异的疑惑，甘地勇敢地挑战“英国狮”，却“给婆罗门舔脚……比一只摇尾乞怜的狗还恬不知耻”。[1]

的确，正是甘地越过当地活动家的首领，与特拉凡科尔警察署长达成休战协定，终止了最初的运动，警察署长是一个名叫皮特（W. H. Pitt）的英国人，这与甘地在1913年纳塔尔罢工之后与史沫资的谈判何其相似。[2] 协定的条款故意写得模棱两可：在示威者继续从通向神庙的道路上撤离的条件下，警察和他们设置的路障就会撤走。与此同时，禁止他们的法令会从书本上去除，但不会写入任何权利。然而，在正统派教徒习惯了如下观念之后，所有的种姓阶层和无种姓阶层都会被允许使用这些道路，这个观念就是，不可接触者可以在大部分道路上通行这件事，如果还没有成为一项公民权利，但现在可能已经成为一种现实。这就是在接下来的11月份大致发生的事情，尽管除了高等种姓之外，大多数印度教徒仍被禁止进入寺庙。

195 在整个瓦伊科姆运动中，显而易见的一点是，缺乏有组织的努力去征募普拉亚和其他比地位正在上升的艾资哈瓦地位更低的不可接触者。有些人确实参加了运动，但特拉凡科尔一位公认的普拉亚领袖却与瓦伊科姆和消除印度教徒朝拜障碍的运动保持距离，这个人名叫艾安卡利（Ayyankali），为了纪念他，现在他的大雕像矗立在首府特里凡得琅（Thiruvananthapuram）的一个重要的环形交通枢纽上。他的目标是通过人民自己的努力来提升他们的社会地位，而不是通过印度教改革。我在戈德亚姆（Kottayam）附近遇到一位达利特学者科初（K. K. Kochu），他曾经写道，艾安卡利放弃瓦伊科姆——他的“沉默”——在达利特人中流传了

[1] 这一说法是萨努（M. K. Sanoo）向我提出的，经由记者翻译后刊登在《美丽马拉雅拉报》（*Malayala Manorama*）。

[2] 莱蒙（Raimon）:《瓦伊科姆萨提亚格拉哈文件选》（*Selected Documents on the Vaikom Satyagraha*），第203页。

多年。[1]那个放弃反映了冷漠以外的东西。它反映了他们日趋强烈的按照自己意愿行动的冲动。在甘地后来的一次访问中，他最终被介绍给艾安卡利，据说甘地称赞他为“普拉亚的国王”，并请他宣布他最伟大的愿望。这位普拉亚的国王冷冷地答道：“我只是希望我们的群体中能够有十个人获得学士学位。”[2]

这并非甘地在喀拉拉邦之旅中遇见不可接触者时所描绘的未来。1913年末，他与纳塔尔蔗糖契约工谈话时一再重复的主题是，力劝他们改掉自己的坏习惯，以便达成期望，获得平等，这是他们当时作为良好印度教徒应当具备的品质。

“你们当中有多少人能读会写？”[3]正在谴责坏习惯的圣雄开启了这样一次谈话。

“有多少人是酒鬼？”

“有多少人吃死肉？”

“有多少人吃牛肉？”

“我知道你们当中有许多人不是每天都洗澡。我可以从你们头发的状况看出这点……我知道你们闻起来会有异味。”

但他也同样说道：“许多印度教徒认为接触你们是一种罪恶。我认为把接触你们视为一种罪恶的这种说法或想法本身就是一种罪恶。”

这是甘地主义式的辩证法，是调整欺压社会底层人民的印度教社会秩序的一种实践。他以自己的方式，在有争议的事业道路两边做工作，一方面设法废除不可接近制，另一方面希望不可接近者能够达到通常被认为是超出他们能力范围的标准。他并没有号召通常所称的“受压迫阶级”，为他们自己做一些除了洗澡和注意往嘴里塞东西之外的其他事情。顺带提一下，他曾经谈到他们可以为了自己的利益尝试消极抵抗的可能性，但他没有鼓励他们这样做。在南非游行反对白种人统治者以争取有限的权利是一回事，现在游行反对印度教传统主义者则是另一回事。

他在特拉凡科尔的最后一站是阿尔沃耶（Alwaye），现在称为阿鲁瓦 196
（Aluva），位于瓦伊科姆以北大约64公里处，当时一位在当地基督教会学院任教

[1] 《美丽马拉雅拉报》（*Malayala Manorama*），1999年4月2日。

[2] 于卡杜图鲁里（Kaduthuruthi）的戈德亚姆（Kottayam）地区对科·初（K.K.Kochu）的采访，2009年1月18日。

[3] 马哈迪夫·德赛（Mahadev Desai）：《与甘地一起的日子》（*Day-to-Day with Ganhdi*），第6卷，第114—115页。

的年轻的剑桥毕业生在这里目睹了他的到来。“甘地盘腿坐在三等火车车厢，从他古怪的滴水兽般的面容可以看出，他没有特别留意群众、名人显贵以及学生的欢呼声。”[1] 多年以后，马尔科姆·马格里奇（Malcolm Muggeridge）如是地回忆了当时的情景。

在他的叙述中，成千上万的贫困村民和往常一样奋力向前，“从他脚下捧起尘土”。[2] 接下来甘地“看见一些不可接触者被绳子围在的围栏里”。他与高喊政治口号的学生以及等待给他头上戴万寿菊花环的名人显贵擦身而过，他走向不可接触者，“与他们一起开始唱听起来相当悲哀的圣歌，这显然让名人显贵大吃一惊”。

在他晚年所写的回忆录中，这位英国作家没有详述那个时刻，他的叙述畅谈了对独立运动进程和他所经历过的历史的反思。然而，在蓄意用模棱两可的信息把甘地藐视为种姓制度的支持者之前——换句话说，把甘地藐视为伪君子之前——这和喀拉拉邦的一些学者在随后多年中对瓦伊科姆运动进行考察时所倾向的想法一样，我们不妨先停下来考察一下阿尔沃耶的现场。如果真的如马尔科姆·马格里奇后来叙述的那样，那甘地说了什么？向谁说的？在用绳子圈起来的围栏里，他提出的是常见的人性问题，不仅是为了不可接触者，还关乎学生、名人显贵以及从他脚下取尘土的村民。而且，正如在他被人非常详细记录的生活中经常出现的那样，正是他的行动而不是言辞跃然纸上，这些言辞一向真挚，但有
197 时候自相矛盾，有时候感人肺腑。

[1] 这一描写非常好，但是马哈迪夫·德赛（Mahadev Desai）同时期的日记清楚地记录了他们是乘船和汽车抵达阿尔沃耶（Alwaye）的，马哈迪夫·德赛（Mahadev Desai）：《与甘地一起的日子》（*Day-to-Day with Ganhdi*），第 6 卷，第 118 页。

[2] 马格里奇（Muggeridge）：《蹉跎岁月记事》（*Chronicles of Wasted Time*），第 109—110 页。

第八章　向救星致敬

正如甘地曾经所说，尽管他“不是一个轻易绝望的人”，但有时候也会浮现出绝望的意念。他从不会长时间屈服于它，但是在访问瓦伊科姆的前一年，他一直处于近乎绝望的边缘。最糟糕的时刻是 1924 年年中，那时艾哈迈达巴德正在举行印度国大党会议，这次会议淡化了甘地提倡将日常纺纱作为运动成员身份的绝对先决条件的决心。如果甘地不能说服潜在的追随者们相信手纺车是印度自立和自由的必要工具，那么他的独断专行性格会随时要求追随者们至少表现出假装相信他。当发现他们愿意迁就他但不愿意听他指挥之后，甘地将自己描述为“失败的和卑微的”。[1]

证明他情绪低落的事实正是甘地自己淡化了自己的决心，以此来避免自己被击败以及可能的分裂。他承认这是一种屈服。在毫无意义的争论以及随之而来的操作中，他感觉自己听到了神跟他说话的声音，不久后，他模仿英国的詹姆斯国王（King James）写道：“无知的人啊，竟然不知道你无能为力？你快没有时间了。”[2] 他在公开会议中所说的话几乎同样黯然神伤：“我不知道自己身处何处，也不知道该做什么。”

他失去的不仅仅是运动的指挥权和方向感，似乎也失去了坚定的信念。他之前深信自己掌握了运动的精确方向，他的内在要求最终与印度的要求相一致。针对这种不确定性的出现，他的反应是从国家政治中退出来，表示他在 6 年服刑期 198
满之前不会扮演积极的角色。他是 1922 年被判刑的，1928 年最终刑满。虽然他入狱两年后就被释放了，但他的表现完全前后矛盾。获释之后，他马上提出恢复作为运动“将军”的角色。[3] 他说在自我规定的隐退期间，他将自己局限于三个议题：不可接触制、手纺车和印度教徒—穆斯林的团结。不久后，由于教派暴力

[1]　坦杜卡尔（Tendulkar）：《圣雄》（*Mahatma*），第 2 卷，第 140 页。

[2]　同上，第 142 页。

[3]　同上，第 327 页。

冲突广泛蔓延，印度教徒—穆斯林的团结不得不从正在执行的计划列表中划掉。悲伤的甘地问道："在一个人无助的时候，他该做什么呢？"[1]

有时候，他看起来怒不可遏。他责备"印度知识分子"倾向于"分裂为不同派别"。[2] 他自己仍能看到前行的"唯一途径"，他的途径就是"自下而上地"做起。他接着谴责英国人，他们是印度教徒—穆斯林纷争中的"第三方"，总是设法寻找分而治之的新途径。[3] 他说"印度政府建立在不信任的基础之上"。[4]（在这里，他的观点是，通过支持穆斯林播撒不信任的种子。当然，如果他自己不支持穆斯林的话，那民族运动绝不会与基拉法特运动结合起来。）他夸大其词，最终使自己的话听起来像是在责备神：

> 印度教徒—穆斯林的团结是我这一生为之努力的使命。我在南非曾为之奋斗，我在这里为之辛苦付出，我为之苦修。但是神不满意，神不想让我在这份事业上获取功劳。因此，我现在已经洗手不干了。我无能为力，已经竭尽所能了。

出人意料的是，当甘地发表这些看似有些悲惨情绪的话语之时，他实际上已经着手准备复出了。他中断了旨在宣传手纺车的无休止的全国巡访，然后在1926年一整年待在位于艾哈迈达巴德郊外的阿什拉姆，他解释说需要静养和反思。这一年被称为"沉默的一年"，但是他几乎没有沉默。他每周都会在《青年印度》上发表新的文章，包括每周连载一次的自传部分。到1927年1月，当谈及已经"竭尽所能"的时候，他已经准备重返选举活动，继续把信息传递到印度各地。他提及在印度教徒—穆斯林问题上的无助以及远离政治的话题越多——印度教徒—穆斯林问题以及政治问题这两者在这一时期通常是同义词——越加清楚地表明他把自己的隐退视为暂时的现象。一个跨文化的比较问题浮现在我的脑海中，这个比较似乎没有什么帮助，甚至很不恰当。甘地在20世纪20年代中期坐
199 在萨巴玛蒂阿什拉姆，让自己远离民族运动的政治事务，他追求的策略在几十年

[1] 《圣雄甘地全集》（*CWMG*），第31卷，第504页。

[2] 同上，第369页。

[3] 费舍尔（Fischer）：《圣雄甘地的生平》（*Life of Mahatma Gandhi*），第241—242页。

[4] 《圣雄甘地全集》（*CWMG*），第32卷，第571页。

之后被另一位有主见的政治家采纳了，那是在法兰西第三共和国（Third Republic in France）日趋衰落的时候，地点不是在阿什拉姆而是一个名为科龙贝双教堂村（Colombey-les-Deus-Eglishes）的村庄。我们无法想象百折不挠的夏尔·戴高乐（Charles de Gaulle）跷着二郎腿的画面。但是甘地显然与后来的戴高乐一样，不只是让自己远离政治而是等候时机，等待他的国家召唤他回来，按照自己的条件重掌领导权。

甘地说话直截了当，只不过有时候会用宗教语言来表达这一想法。不管他在1924年多么疑惑重重，此时他似乎很肯定国家需要他。“我是乐观主义者，因为我相信虔诚思想的功效。”1926年末在阿什拉姆隐退时，他给一位支持者写信说，“当行动的时机到来之时，神会给予光明和指引。因此，我在观察、等待和祈祷，让自己随时可以准备行动。”[1]在同一时期，在辩护对手纺车的积极推广时，他说道：“我现在看似没有行动，实际上是在全神贯注地行动。”[2]

“我在等待时机。”他最后在一封注明时间为1928年5月的信中写道，“当国家做好了准备的时候，你会发现我在政治领域领导着国家。我的谦虚是货真价实的。毫无疑问，我是一个按自己方式做事的政治家，为了实现国家自由，我制订了计划。”[3]

大约5个月之后，他被召唤重返领导层，这大概也是他6年监禁刑期结束的时候。到那时为止，持续了数年的第一次萨提亚格拉哈运动取得成功，迫使政府在古吉拉特邦巴多利（Bardoli）地区的高地税问题上让步，就是在这同一战场上，6年前为了应对乔里乔拉暴力事件，甘地突然从这里撤退，终止了煞费苦心准备的运动。最后，在甘地的信徒瓦拉拜·帕特尔的领导下，巴多利再次对激进的非暴力策略恢复信心，当时一位年轻的孟加拉煽动者苏巴斯·钱德拉·鲍斯（Subhas Chandra Bose）刚刚开始获得关注，并且支持抵抗的号召，这次抵抗承诺与消极抵抗背道而驰。鲍斯豪迈地说：“给我鲜血，我保证给你们自由。”[4]

印度国大党出现了严重的分裂，不仅出现在印度教徒与穆斯林之间，而且

[1] 《圣雄甘地全集》（*CWMG*），第31卷，第504页。

[2] 同上，第368页。

[3] 布朗（Brown）：《甘地》（*Ganhdi*），第213页。

[4] 费舍尔（Fischer）：《圣雄甘地的生平》（*Life of Mahatma Gandhi*），第261页。

出现在代与代之间。在宪法改革提案问题上，年轻一代与年长一代之间出现了分裂，这个提案旨在给英国人提出一整套要求，实际上是最后通牒。这一提案由莫提拉尔·尼赫鲁为主席的一个委员会起草，莫提拉尔·尼赫鲁是未来总理贾瓦哈
200 拉尔·尼赫鲁的父亲。作为年轻一代的先锋，儿子并不支持父亲的报告，以真纳和穆罕默德·阿里为代表的穆斯林也不支持，此时他们与甘地的关系正处于破裂的边缘。这场戏剧性的场面以及这一时期的重要性，从长远看来比当时更为明显。人们都清楚，当时在印度，甘地是一位有机会掌管《尼赫鲁报告》(*Nehru Report*)并使之被国大党正式通过的人物。因此，1928 年，老尼赫鲁请求甘地的援助。对甘地来说，他将这一召唤视为自己重获积极领导权的开始，他为此已经等待了 4 年的漫长时间。

所以甘地并没有抓住穆斯林占少数的邦立法大会中给穆斯林保留多少席位这个问题不放，其实，穆斯林在大多数邦都占少数。《尼赫鲁报告》违背了 12 年前甘地还未出名时国大党对穆斯林的承诺：他们能从单独选举区中选出自己的代表。与此相反，报告提出，在印度教徒占多数的省份，按照穆斯林的人数所占比例，给穆斯林保留最低数量的席位；在全国立法机关，准备给穆斯林让出四分之一的席位。真纳认为莫提拉尔·尼赫鲁为这次改变提出的价码太低，尤其体现在全国立法议会为穆斯林保留的席位问题上。这是能再次在印度教徒—穆斯林问题上积极表现的一个时机，甘地说这个问题过去早已败坏了他在政治方面的名声，以致使他到了“不敢看报纸”的地步。[1] 但他一直以来对宪法体制都没有太大兴趣，而且，虽然他时常准备着在与穆斯林团结方面让步，但此时他把精力放在国大党政治的实际需求及自身地位的恢复上，因此，甘地放过了这个时机。

1928 年底，在加尔各答举行的一次大型的各党派会议(All Parties Convention)上，真纳提出了一系列的修订案，其中最重要的一个修订案是确保穆斯林在未来的中央立法机构中有三分之一的席位，这与莫提拉尔·尼赫鲁设想的 25% 针锋相对。[2] 这并不是一项按照“要么接受要么放弃”的方式提出的提议，这种方式后来逐渐显露特色。在加尔各答，甘地听起来再爽快、再通融不过

[1] 《圣雄甘地全集》(*CWMG*)，第 31 卷，第 554 页。

[2] 威尔斯(Wells)：《印度教徒—穆斯林团结大使》(*Ambassador of Hindu-Muslim unity*)，第 177 页。

了。“我们是这片土地的子民，我们必须一起生活。”他说，“我相信如果穆斯林和印度教徒没有团结在一起，印度就不能发展进步。”[1] 声称代表所有印度人（包括穆斯林）的国大党对他的观点充耳不闻。真纳的修订案被投票否决了，而甘地也与此事保持距离。

真纳觉得自己碰了钉子，便离开了，带走了穆罕默德·阿里。穆罕默德·阿 201
里曾是甘地的盟友，他穿着印度土布，提倡纺车，不吃牛肉。甚至在 1924 年当甘地为了印度教徒—穆斯林的和谐而在阿里的家中举行“忏悔”绝食的时候，他也考虑把一头从屠场中救出来的牛赠予圣雄，作为穆斯林尊重印度教价值观和感情的象征。在这关系破裂的数周之内，他的哥哥绍卡特·阿里（Shaukat Ali）承诺一年内不与印度教徒一起参加任何会议。[2] 当时真纳写道：“这是分道扬镳了。”[3] 出于对政治的厌恶，并且痛心于与非穆斯林背景的年轻且心爱的妻子分离，以及妻子随后的英年早逝，真纳搬到英国住了 4 年。[4] 他对朋友说：“要怎么做呢？印度教徒目光短浅，我觉得他们不可救药。”甘地对于国大党对待真纳的方式并不满意。但这些年来，他是否曾把这位骄傲的孟买律师视为穆斯林潜在的领导人，这还是有疑问的，更不用说把他当成一个可能的盟友。穆罕默德·阿里·真纳并没有在他裁剪精致的袖子上佩戴宗教标识。圣雄又怎能设想通过这样的人与穆斯林对话呢？

在国大党内部，关于《尼赫鲁报告》的细节问题，仍然有一场战斗即将打响，该报告要求英国赋予印度在英联邦（British Commonwealth）范围内自治领的地位。贾瓦拉哈尔·尼赫鲁和鲍斯希望国大党立即宣布赞成完全独立，走上立即斗争的道路，只要非暴力能够取得成功，这场斗争将保持在非暴力的范围内。甘地则提出一个拖延决议表示反驳，他发誓如果两年后英国没有赋予印度自治领的地位，印度到时候就宣布独立。最后，各方达成协议，只给英国一年时间，即到 1929 年为止，若英国不予承认，则采取行动。于是，另外通过决议承诺，这一年

[1] 莱昂纳德·戈登（Leonard A. Gordon）：《反对殖民政权的兄弟：一部印度民族主义者的传记》（*Brothers Against the Raj: A Biography of Indian Nationalists*），第 189 页。

[2] 坦杜卡尔（Tendulkar）：《圣雄》（*Mahatma*），第 2 卷，第 334 页。穆罕默德·阿里（Muhammad Ali）于两年后在伦敦去世。

[3] 菲利普斯（Philips）和温莱特（Wainwright）：《印度分裂》（*Partition of India*），第 279 页。

[4] 露迪·真纳（Ruttie Jinnah）原是印度拜火教徒，属于一个由波斯血统的印度人组成的少数民族，该民族保留了崇尚拜火教的传统，但露迪·真纳在婚前改宗伊斯兰教。她死后埋在穆斯林墓地，她的前夫在坟墓边啜泣。

将致力于甘地的“建设纲领”的训练，包括废除不可接触制、抵制外国布、推广土布、禁酒，以及提升妇女地位。这都是甘地的坚决主张，表明他再次登上制定条款的位置。

然而，这一年过后，印度自然仍未获得自治权，社会改革也处于被搁置状态。一年之内实现自治的愿望再次落空。[1] 因此，此时只能宣布 1930 年 1 月 26 日为象征性的独立日。在这之后，如何进行这场具有持久威胁力的不合作运动，完全留待圣雄去决定。这场运动比甘地初次接管时的规模更大，但也更难领导。由于纯粹的惯性，运动在向着民族主义这个重要目标汇集的同时，也向着许多方
202 向发展。不过，甘地实际上是回到了 10 年前就正式授予他的主导者的位置。正如他在处于边缘化时期所说的“对我而言，只有一条路”。[2] 这条路本质上就是对抗性的，尽管它是用爱和非暴力这样的词汇表达出来的。它包括萨提亚格拉哈、不合作及文明不服从。这些术语并不完全是同义的，它们相互混合，包含着印度人及其殖民统治者到那时为止早已理解的一系列含义。但是，即将来临的运动的具体策略让他迷惑了数周。

他的灵感——他说是神赋予的——产生于两个阶段。在第一阶段，他考虑的是对国大党持续的失望。他觉得国大党仍是一个没有纪律的、摇摇欲坠的联合体，追求私利，几乎没有或者丝毫没有对社会改革的严肃使命感。他在给小尼赫鲁的一封机密信件中写道：“就国大党目前的状态而言，任何文明不服从运动都不能或者不应该以它的名义来进行。”[3] 而尼赫鲁刚被甘地指定为国大党主席。乔里乔拉暴力事件的火焰虽然已经过去了 8 年，但仍然在圣雄的心中留下了可怕的阴影。因此，他的思绪将他带到了久远的过去，回到了南非。在这里，他率领着精挑细选的 16 名曾在托尔斯泰农场和凤凰村受过训练的阿什拉姆弟子（ashramites），宣布发动纳塔尔运动。而此时，政治上的利害关系完全不一样了。在那里，一个渺小又四面楚歌的小团体寻求着最低限度的权利——废除从土地中压榨的沉重赋税，承认最基本的公民权益，争取跨越省界的许可（如果不是权利的话）。作为交换，它默认政治平等并未摆上桌面，甚至不能作为长远目标而提

---

[1] 布朗（Brown）：《甘地》（*Gandhi*），第 222 页；与 1921 年的运动对比，1 月 26 日依然被当作印度的“共和日”（Republic Day）来庆祝；8 月 15 日是 1947 年印度独立的实际日期，被当作“独立日”（Independence Day）来庆祝。

[2] 《圣雄甘地全集》（*CWMG*），第 31 卷，第 368—369 页。

[3] 同上，第 42 卷，第 382 页。

及。在这里，甘地以3.2亿印度人的名义，包括他习惯性为之代言和谈及的贫穷的“沉默的大多数”，他追求的奖赏不仅仅是平等，还有主权（在完全自决意义上的自治）。

甘地在另一个次大陆上颇为美好的个人英雄史与他对印度命运的憧憬融为一体。至少在此刻，它们是一致的。他对尼赫鲁说，文明不服从“应该由我一人或者与几个同伴一起发起，甚至就像我在南非所做的那样”[1]。

第二次的灵感产生阶段——这位“自我受苦”的萨提亚格拉哈主义先驱会采取什么实际行动，怎样处理数百万人的共同需要，以及可能被如何效仿的细节——最终完成于1930年1月26日这个象征性的独立日之后。甘地对眼前的追 203
随者和整个运动团体发表了鼓舞人心的号召，以便他们做好斗争的准备。当斗争到来的时候，鲜活的艺术视觉及基础科学发现的美感和质朴感第一次得到了实现。这位自称“萨提亚格拉哈事务的行家”这次超越了自我，象征性地把追求政治自由的民族主义诉求包裹在“建设纲领”的基本价值观之中，旨在提升印度最底层人民——也是印度最无助阶层——的地位。

这次的灵感来自一个字——盐。甘地曾亲自定期试验没有食盐的饮食，并且强制要求托尔斯泰农场的信徒这样做。但是现在，他准备为这样的信念发动一场运动，即“仅次于水和空气的盐，也许是生活中最重要的必需品”。[2] 盐是很珍贵的，因为所有人都需要它，并且外来政权对它征收沉重的赋税，这削减了当地的生产。自从东印度公司（East India Company）成立的那一天起，殖民当局就指望着从他们的食盐垄断和盐税中获取收益。哪怕是最贫困的家庭，不管是印度教徒还是穆斯林，都要缴纳盐税。甘地的灵感就是，他可以从萨巴玛蒂阿什拉姆行军到阿拉伯海岸，在那里一个叫作丹迪（Dandi）的地方，仅通过拾起一大把盐，向法律挑战，同时统一印度。

他坚持在南非的做法，先给总督欧文勋爵（Lord Irwin）写信，说明他的意图和要求，正如他1913年给史沫资写信一样。他写道：“我的雄心不仅是通过非暴力手段使英国人转变，并且由此让他们看到，他们对印度的所作所为是错误的。”总督也坚持了之前的做法。[3] 他没有直接回复圣雄，而是像史沫资的秘书曾

[1] 布朗（Brown）：《甘地》（*Gandhi*），第235页。
[2] 拉吉莫汉·甘地（Rajmohan Gandhi）：《甘地》（*Gandhi*），第303页。
[3] 费舍尔（Fischer）：《圣雄甘地的生平》（*Life of Mahatma Gandhi*），第271—272页。

经做的那样，让自己的私人秘书给甘地送了一封言语生硬的信，信中说欧文勋爵很遗憾得知甘地的计划违反法律，使公众和平处于危险之中。

因此，自从16年半前他第一次带领契约劳工罢工者越过德兰士瓦边界以来，甘地准备再次进军。1927年，他那时可能就已经患有轻微的中风，健康情况不断恶化。此时，在将近3年后，即61岁时，在3月一个阳光明媚的早晨，他出发了，步行约322公里到达海边，并承诺印度不获得自由他绝不会返回阿什拉姆（由于1947年印度真正独立之后在甘地所剩不到半年时间里的事态发展，他再也没有回到艾哈迈达巴德）。“他的内心中燃烧着坚定决心的火焰，超越了苦难同胞的爱。”[1] 贾瓦哈拉尔·尼赫鲁这样写道，他目睹了这次事件的发起过程。甘地的行列中有78个或可能是80个信徒，据他的孙子同时也是传记作者的拉吉
204 莫汉·甘地所言，其中包括2个穆斯林教徒、1个基督教徒、4个不可接触者（因此，通过简单的计算，其中有71个或73个是种姓印度教徒）。很快地，数千人就聚集在他所走过的泥泞的大小道路上，共同见证这决心要推翻帝国的既谦逊又未武装的队伍。甘地拄着一根竹杖，光着脚，每天步行约19公里，穿过了许多村庄，所经之处，鲜花和树叶早已铺满了他的道路，仿佛是在欢迎一位征服敌人的英雄。甘地用了24天抵达丹迪，1930年4月6日早晨，他弯腰收获了一小把盐，这一简单的反抗举动迅速地被数以万计次大陆两岸上下的人们竞相模仿。

“向救星致敬！”[2] 诗人萨罗吉尼·奈杜说道，她是甘地的好友，就站在他的身旁。也许传说中是这样的。

不到一年之后，国大党运动指定甘地为其唯一的代表，拥有完全的谈判权，
205 前去参加一个英国政府所称的通向印度自治之路的大会。他的声望和权威达到了前所未有的高度。这是异常忙碌奔波的12个月，但在5月5日被捕之后，甘地本人有差不多9个月是在浦那附近的相对安静且与世隔绝的耶罗伐达监狱度过

[1] 拉吉莫汉·甘地（Rajmohan Gandhi）：《甘地》（*Gandhi*），第309页。

[2] 费舍尔（Fischer）：《圣雄甘地的生平》（*Life of Mahatma Gandhi*），第273页。托马斯·韦伯（Thomas Weber）质疑这些话是否真的有人曾经说过。他指出，这些话并未在当时的记录中出现过，第一次出现是在一位英国记者的文章中，而在甘地到达丹迪（Dandi）的那天，这位英国记者实际上身在柏林。参见《甘地、甘地主义和甘地信徒》（*Gandhi, Gandhism and Gandhians*）中的“史学与丹迪进军”（Historiography and the Dandi March）。

的。甘地的食盐进军（Salt March）[1]催化了一场规模巨大但基本上和平的运动，它动摇了英国殖民统治的支柱，导致印度全国近9万人被捕入狱。甘地在被捕之前，曾下令对一个国家垄断的盐场发动非暴力突袭，该盐场距孟买海岸约241公里，位于一个叫作达拉萨纳（Dharasana）的地方。诗人萨罗吉尼·奈杜取代了被囚禁领袖的职位，成为大元帅，指挥着2500名反抗者。她命令反抗者面对当地警察的打击，不要抬起手臂来护住脑袋，但这些警察是用铅制头的长竹警棍，即众所周知的印度警棍武装起来的。

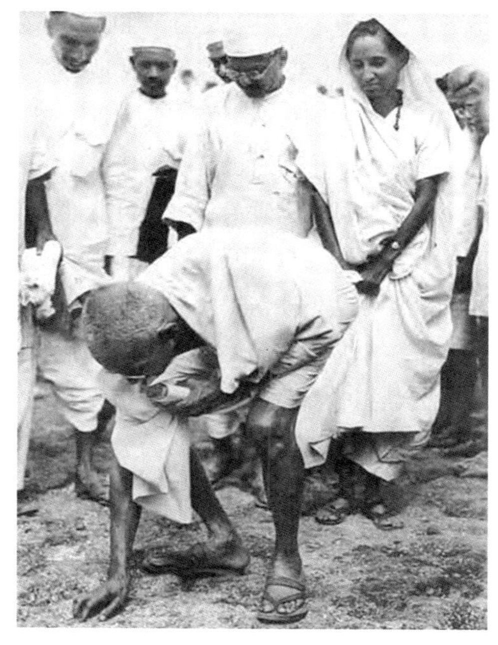

1930年，丹迪海滩，通过拾盐来反抗法律

那天，数百人的脑袋被打破，还有许多流血事件。当反抗者效仿伟大的训练有素的非暴力榜样，排列有序地行进时，他们遭到了官方许可的警方的暴力殴打。这比美国的民权运动进军者行进到亚拉巴马州（Alabama）塞尔玛（Selma）外的埃德蒙·佩特斯大桥（Edmund Pettus Bridge）早了35年。这一壮景的影响立刻遍及全世界，也极大地影响了整个印度，激起了两岸上下大规模的非法制盐，也引起了更进一步对峙的局面。在次大陆的大多数区域，政府只能被迫使用暴力去镇压非暴力抵抗者，以此恢复它逐渐衰弱的统治权威。

贾瓦哈拉尔·尼赫鲁和他父亲被关押在阿拉哈巴德监狱，他在7月底给耶罗伐达监狱的甘地写了一封信。他说："印度过去的这4个月使我心情愉悦，我为印度的男人和女人，甚至是孩子感到前所未有的骄傲……请让我祝贺您，是您的魔力创造了新的印度！将来会怎样我不清楚，但是过去发生的事情已经让生命更有

[1]　译注：食盐进军（Salt March）：1930年，印度殖民当局制定了《食盐专营法》，大幅度提高了食盐的价格和税收。在这种形势下，甘地于1930年3月12日发动了"食盐进军'，旨在迫使当局取消《食盐专营法》。

活下去的价值，我们平凡的存在已成为这其中无比伟大的东西。”[1]

直到1931年1月26日，甘地才被释放。这是一个装饰音符，总督选择了国大党所宣告的满怀希望的“独立日”来释放甘地及其他领导人。这是个原本很可能被忽视的日子，这也是一种信号，英国人希望借此打破文明不服从所产生的僵局，希望通过展示政治和解的可能性来清空监狱，甚至还有可能通过承认一定程度的自治——“自治领”这个模糊的词可能也归咎于此——来达成一种统一的表
206 象。欧文如法炮制了早些年史沫资释放甘地的方式，亲自与甘地进行直接协商，达成了一个后来不得不向民族运动的不同群体进行解释和兜售的模糊协议。甘地及国大党拒绝参加那一年在伦敦举行的第一轮所谓的“圆桌会议”（Round Table Conference），该会议原本要为英属印度的辽阔疆土——从阿富汗（Afghan）边境一直延伸到缅甸（Burmese）边境，其中涵盖了今天的印度、巴基斯坦及孟加拉国——规划一条通往自治之路。对于总督和白厅而言，甘地在第二轮会议的出席至关重要。

英国的讨价还价并非是因为其地位强势，而只是出于一种统治的习惯。华尔街股市泡沫破裂引发的国际经济危机不断恶化，作为少数派的工党（Labor Party）政府正深陷其中：当时的英国还不是一个福利国家，绝望的失业人员的人数已达几百万，而且还在不断增长，这让工党政府分身乏术。还有关于英镑的挥之不去的诸多问题，例如它能保持多长时间的金本位制，又能保持主导多长时间的储备货币的地位。从英国的角度来看，它很可能已经开始把印度当成一种负担。工党是最不具有皇权思想的英国政党，工党的许多成员，包括首相拉姆塞·麦克唐纳（Ramsay Macdonald）在内，已经表达过可以理解为反皇权主义者的思想。它领导的是一个松散的联盟，而且印度在它的计划表上并非真正重要。尽管如此，我们还是可以设想一下它倾向的行动场景。

如果有那种可能性存在的话，那也在甘地于1931年8月29日在孟买登上拉杰普塔纳号（SS Rajputana）远洋班轮的5天前彻底消失了。这是甘地回印度16年以来第一次去欧洲，也将是最后一次。首相拉姆塞·麦克唐纳让自己的政党分崩离析，组建了一个工党残余力量不得不与托利党（The Totries）共同掌权的

[1] 《圣雄甘地全集》（*CWMG*），第44卷，第468页。

国家政府。托利党在英国政治中大体上充当着帝国的高教会派（High Church）[1]，尤其支持英国对印度的统治。在甘地来到伦敦的10天里，英国停止了金本位制，让英镑贬值，使其大肆吹嘘的关于英属印度未来何去何从的圆桌会议还没能完成首轮的开场演讲，就成了一场过场表演。

甘地在会议的第一场演讲中巧妙地提及了这些发展情况，他说他理解英国的政治家们正“专心致志于国内事务，努力维持收支平衡”。[2]他以调侃的语气建议，要想平衡预算，放弃对印度的控制是一个办法。此后，他很少把注意力放在英国内政这些麻烦事上，正如后来他的传记作者们所言。当甘地还在海上航 207
行时，他在船上的采访中已经表达了与温斯顿·丘吉尔见面的愿望——丘吉尔是托利党在印度问题上最强硬的“顽固分子”，但是丘吉尔没有时间会面。此二人上一次会面是在25年前，那也成为他们唯一一次的会面。甘地没有如自己希望的那样见到他在英国公共事务中最大的对手，反而在威斯敏斯特宫（Westminster Palace）和已变成对立党的一小支工党的左翼余党“谈情说爱”。一直以来，甘地似乎都明白，在帝国慢慢丧失对印度牢牢把控的过程中，英国的政治浪潮最终使得大会草草收场，只成为一段小小的插曲。

以前，甘地抵达伦敦的消息会占领报纸头版好几天，但不可避免地，现在他的来去及声明的重要性越来越低，在内页新闻中的篇幅越来越简短。“任何目前在世的人，无论是通过戒律规范还是榜样作用，都没有如此直接和深远地影响着如此多人。这15年来，印度的历史很大程度上是甘地个人的历史。”[3]哈罗德·拉斯基（Harold Laski）在亲工党的《每日先驱报》（*Daily Herald*）上如此写道。他是伦敦经济学院（London School of Economics）的政治理论家，社会关系优越，或者更确切地说，他获得了广泛的支持。

但是拉斯基说，甘地所完成的只是“他任务中最简单的部分”。他接二连三地反问，这些问题都是甘地自己经常向他的支持者提出的：“他是否能将印度教徒和穆斯林团结起来？他是否能打破种姓这个不幸的障碍？……他将要为社会自由做些什么？”

---

[1]　译注：高教会派（High Church）：基督教新教圣公会派别之一，专指英格兰教会和英国国教会中的信徒，与“低教会派”对立。

[2]　《圣雄甘地全集》（*CWMG*），第48卷，第18页。

[3]　哈罗德·拉斯基（Harold Laski）于1931年9月11日发表在（伦敦）《每日先驱报》（*Daily Herald*）上的评论性文章。

这些问题构成了此次大会的真正议程。如果今天的印度人民认为圣雄的最后一次伦敦之旅有任何重要之处的话，这并不是因为他在会场外遇见了拉姆塞·麦克唐纳，或者查理·卓别林（Charlie Chaplin）和乔治·萧伯纳（George Bernard Shaw）。这是因为在宪法问题上毫无实质性进展的圆桌会议变成了一种政治对峙的局面，对峙的一边是以甘地为代表的民族运动，另一边是满怀抱负的不可接触者，其代表是全国闻名的第一任真正领导者比姆拉奥·拉姆吉·安贝德卡尔。这两位印度人之间的冲突可能在几十年前就发生了，在圣詹姆斯宫（St. James Palace）富有的皇家的支持下，但这早于任何如今在世的印度人的记忆。他们中的一人可能在自己的祖国相对无名，而另一人早已被称为那个时代本国乃至全世界的伟大灵魂人物。然而，此事对印度政治的影响直至今日依然存在，它的含义也仍存在争议。并且，此事从核心上动摇了甘地，让他看到，自己在声明为
208 “沉默的大多数”代言时，不无骄傲自大之罪。在接下来的几年里，即使他没有对这个问题的解决方式进行再次审视，也可以说他在反抗不可接触制的个人斗争中投入了加倍的精力，一部分是为了向自己证明他发出的声明是合情合理的。

甘地的抵达有一点胜利的意味。有时候甘地被怀疑有沽名钓誉之嫌（比如他与卓别林的会面中只说了些陈词滥调，在确定会面前，他根本不知道卓别林是谁）。如果谁以为甘地会被伦敦吓倒，那他一定是忘了，或者从来不知道，甘地在前几次作为南非印度人的请愿者拜访伦敦时，已经艰难地走进了权力的中心。这次的区别更多在于服装，而不是人。他与其他圆桌会议的代表被邀请到白金汉宫（Buckingham Palace），与乔治五世（George V）一起喝茶。他受到了国王本人态度生硬的警告——不要在君王优雅圈定的统治范围内制造麻烦。甘地非常清楚这是谁的统治范围，他默默地坚守自己的阵地，于是不卑不亢地回答："陛下，关于这一点，我不会与您争辩。"[1] 之后，当他被问到自己的服装是否与皇室的环境相称时，他已经准备好以一句双关语作为回答："国王陛下的衣着足够我们两个人的了。"

甘地访问皇宫后不到两个月，殖民当局准备第三次将他关到他自己所说的"国王宾馆"——耶罗伐达监狱，以此来平息他即将发起的一场运动。在那之后的几年，他感觉再次受到排挤，因此又上演了从印度国大党辞职的戏码。20 世纪

[1] 坦杜卡尔（Tendulkar）：《圣雄》（*Mahatma*），第 3 卷，第 127 页。

30 年代时他 60 多岁，那时他的朝圣之路比以往任何时候都充满着起起落落。在所有事情里，他与安贝德卡尔的相遇是最为关键的。

1923 年底，安贝德卡尔第二次从西方学成归来之时，他已然是当时获得学位的印度人中的最优秀者之一。他有哥伦比亚大学（Columbia University）的博士学位和伦敦经济学院的博士学位，两个学位都是经济学。此外，他还在伦敦的格雷律师学院（Gray’s Inn）接受了法律培训。[1]［在后来的几年里，他有时会跟从印度人的潮流去炫耀学位，在信纸上自己的名字后附上一连串的英文大写字母：“M.A.（文科硕士）、PH.D（博士）、D.Sc.（理学博士）、LL.D（法学博士）、D.Litt.（文学博士）。”］作为一个不可接触者，他不仅仅是杰出的，还是独一无二的，明显是注定的领导人物。年仅 32 岁的他，在为自己和妻子找到生计后，立 209
即谋划进入政坛。他的妻子 9 岁时与他订婚，结婚时他才 14 岁。[2] 而她就像甘地的妻子嘉斯杜白那样，当丈夫远赴海外时独自留在印度。他的学术成就——部分是由两位在种姓问题上倾向于改革派的在位君主［巴罗达（Baroda）的大君和戈尔哈布尔（Kolhapur）的大君］赞助——反映出了他自己的勇气和决心，这与马哈尔的文化抱负不无联系。马哈尔是一个处于上升地位的不可接触者的亚种姓，如今在印度西部的马哈拉施特拉邦，因为这些都传承自他的父亲——一位前军需官。

对于 20 世纪早期的一名不可接触者少年而言，他已得到相对较多的庇护。但在早年的学校生活中，他仍有过被当作潜在污染源的经历。[3] 他在教室里的位置位于角落，坐在一个粗麻袋上（他被要求带着这个麻袋往返学校，以防种姓印度教徒不小心接触到他碰过的东西）。他想学习梵文，但却被迫学习波斯文（Persian），因为吠陀本集（Vedas）的语言是最早的神圣经文，不能出自一个不可接触者的口中或笔下。[4] 因此当从政的机会最终来临时，毫无疑问，他已把自己，并且别人也把他看作是扫除种姓障碍运动的领导者。

然而，他也知道婆罗门教（Brahmanism）与婆罗门有时候是有区别的：个别

---

[1]　安贝德卡尔（B. R. Ambedkar）：《书信》（*Letters*），第 220 页。

[2]　可以确定的是，婚礼在订婚 3 年后举行。当时他应该是 17 岁，而她 12 岁，不过传记作家们并没有在年龄问题上取得一致意见。科尔（Keer）在《安贝德卡尔博士》（*Dr. Ambedkar*）第 20 页说他 17 岁；奥姆维德特（Omvedt）在《安贝德卡尔》（*Ambedkar*）第 6 页说他 14 岁。

[3]　安贝德卡尔（B. R. Ambedkar）：《主要著作》（*Essential Writings*），第 52 页。

[4]　科尔（Keer）：《安贝德卡尔博士》（*Dr. Ambedkar*），第 18 页。

高级的神职种姓成员可能认可一个不可接触者的才华，并提供帮助。实际上，他的姓氏就是这种可能性的一个证明。他原来的名字叫作比玛·桑科帕尔（Bhima Sankpal）。由于他的家族姓氏在种姓制度中处于下等位置，他的父亲决定用本村的村名作为他的姓氏，这是马拉地人的普遍做法。因此，姓氏桑科帕尔就变成了安巴瓦德卡尔（Ambavadekar）。新姓氏的发音和一位姓安贝德卡尔的婆罗门老师相近，这位老师回应了这个年轻不可接触者的期待，每天为他提供午餐。因此，比玛就使用了这位受人尊敬的老师的名字。[1] 在后来的人生中，他还不断有婆罗门的支持者，并且在他第一任妻子去世的几年后，当时他已经是印度内阁的一员，他还越过了种姓的界限，娶了一名婆罗门女子。即便是在今天，“异种姓通婚”的罕见和带给人的震惊也不比当时好多少。

安贝德卡尔最早期的请愿书和声明反映
210 出其训练有素。与甘地首次代表纳塔尔所谓的英属印度人提出的请愿书如出一辙，它们都措辞正式而严谨，如同出自律师的笔下。一开始，他并不具备任何像甘地撰写时事评论和将自身戏剧化的天资，但可能是通过模仿，这些都变成了他后天学来的特质。甘地在哪里鼓励焚烧政府许可证和外国布料，安贝德卡尔和他的追随者就在哪里焚烧《摩奴法典》（*Manusmriti*）——一本涉及种姓的印度教传统法卷。这一举动并没有引起广泛关注或模仿，但是对于听说此事的印度教徒来说，毫无疑问，这将更加激进并具有煽动性。

安贝德卡尔在伦敦

他在独立印度的第一届内阁中担任了宪法主要起草人的职务，从内阁卸任后过了很久，在他人生中的最后一年，通过皈依佛教（Buddhism）并呼吁不可接触者追随他，他为自己树立了一个永久的宗教领袖的形象。在接下来的半个世

[1] 奥姆维德特（Omvedt）：《安贝德卡尔》（*Ambedkar*），第 4 页。

纪，数百万的马哈尔人和其他一些人也是这样做的。通常，这要求物质上的牺牲。随着不可接触制被宣告是非法的，独立印度建立了积极行动的体系，在学校和政府机关中为达利特“预留了”席位，官方也将达利特视为“表列种姓”中的成员。但是大部分印度官僚机构已经减缓认证佛教徒对这些利益的享有权。如今，安贝德卡尔改宗的地点已成为一个圣地，而改宗的纪念日也成为朝圣的日子。每年的 10 月 14 日，至少有 10 万人，也许有 20 万人蜂拥聚集到那格浦尔市一栋叫作迪克沙之地（Deekshabhoomi，马拉地语，意思是“改宗的地点”）的建筑里，庆祝“群众改宗仪式纪念日”（马拉地语 Dhamma chakra pravartan din，英语为 Mass Conversion Ceremony Day）。

这栋建筑直到 2001 年才投入使用，现在是安贝德卡尔运动的大教堂。乍一看，这个巨大的、倒扣的水泥碗看起来更像是城郊的冰球场，而不是人们期望的佛塔。碗下有一个开放的圆形大厅，众多立柱上饰有石膏的莲花图案、一尊端坐 211
的佛像及记录着巴巴萨希卜・安贝德卡尔（Babasaheb Ambedkar）生平的逼真图画。追随者们现在用这个满怀爱意的敬称来称呼这位运动发起者，以表达恭顺敬畏之情。佛教起源于古印度，之后几乎消失了几个世纪，直到安贝德卡尔再次将它兴起。如今，佛教依然没有在仪式上找到归属。迪克沙之地香火不旺，僧侣人数也不足，比起科伦坡（Colombo）、曼谷（Bangkok）及金边（Phnom Penh）的众多佛寺，这座神殿看起来冷冷清清，了无生气。然而，佛教已毫无疑问地在此扎根。在附近的纪念品货摊上，同佛教宣传册一起出售的还有石膏和木制的安贝德卡尔小立像。它穿着双排扣的铁蓝色套装，系着红色领带，和端坐的黄铜佛像一样畅销。还有刻印着安贝德卡尔的钥匙环、奖章和画像。有时候他以侍立在如来佛祖（Lord Buddha）身旁的形象出现，沐浴在佛祖的光环下。即使不是半神，他也至少是一位菩萨或一位圣人。

去往那格浦尔的游客如今会在崭新的巴巴萨希卜・安贝德卡尔博士国际机场（Dr. Babasaheb Ambedkar International Airport）降落，机场有飞往曼谷和迪拜（Dubai）的定期航班。一个培养佛僧的学院近期刚刚成立，招收了 35 名侍僧。学院由一个改宗的达利特领导，名叫维姆基迪・古纳斯里（Vimalkitti Gunasiri），他的巴利语（Pali），即神圣佛经的语言，是自己在泰国（Thailand）学的。此外，那格浦尔大学（University of Nagpur）对官方称为巴巴萨希卜・安贝德卡尔博士思想研究生部的学生授予博士学位。从这所大学或者迪克沙之地的有利地位看来，甘地与安贝德卡尔，哪一位对印度的宗教生活具有最大的影响力，这个问题的答案似乎是不言而喻了。

1930 年，哪怕是安贝德卡尔自己也无法想象会出现这样的结局，早年间他的灵感似乎在一定程度上是源自甘地和甘地主义。他多次领导萨提亚格拉哈运动，打开公共水源，把水库或水井中的水提供给不可接触者。据说，其中的一场运动吸引了 16000 名不可接触者来到马哈拉施特拉邦的一个叫作马哈德（Mahad）的城镇，镇上一位受人尊敬的传记作者写道，他们“有史以来第一次由一位属于自己的伟大领袖所带领”。[1] 由他指挥的另一场萨提亚格拉哈运动旨在推动印度圣城纳西克开放其主要寺庙，甘地年轻时的净化仪式就是在这里进行的。在马哈德的
212 一场示威游行中，据说安贝德卡尔还展示了甘地的画像。还有消息称，安贝德卡尔发起或领导的示威运动曾唱诵过圣雄的名字。然而，在他对甘地的看法中早已流露出明显的失望情绪。他承认“在圣雄甘地以前，这个国家没有任何一位政治家主张必须摒除社会的不公正，以结束紧张和冲突的局势”。但是，他大声质疑：为什么甘地没有争取把宣誓废除不可接触制作为成为国大党成员的前提，就像他在日常纺纱问题上所坚持的那样？

他的结论大打折扣，到了听起来有点挖苦的程度。1925 年，甘地访问瓦伊科姆后，年轻的安贝德卡尔说：“当一个人被所有人唾弃的时候，哪怕是圣雄甘地表现出的同情也非常重要。”[2] 到了 1927 年，安贝德卡尔被任命为当时被称为孟买管辖区（Bombay Presidency）的省议会成员，但是并没有明确的迹象表明甘地注意到了他或者他的运动，哪怕那些运动采用了萨提亚格拉哈的方法且以萨提亚格拉哈之名发起。甘地当时基本上仍然信奉对任命职位的联合抵制，不管怎么说，他也声称要放弃报纸行业。圣雄也接收弟子，虽然通常来说他不会对他们一一点名。安贝德卡尔在此时还没有接近过甘地，也没有参加过民族运动，不曾将自己看作潜在的领导者去检测民族运动公然反对不可接触制的实效。

因此，直到 1931 年 8 月，在甘地动身前往参加伦敦会议的两周前，这两位领导人物才在孟买第一次会面。一脸严肃的安贝德卡尔是一个自负且有点情绪化的人，通常对追随自己的核心团体甚是冷淡，对怠慢非常敏感。（后来他在一次尝试进行的自我描述中这样写道：“我是一个很难相处的人。平常，我会像水一

[1] 科尔（Keer）：《安贝德卡尔博士》（*Dr. Ambedkar*），第 74 页。

[2] 伊利奥特（Zelliot）：《从不可接触者到达利特》（*From Untouchable to Dalit*），第 163 页。

样平静，像小草一样卑微。但是，当我发脾气的时候，情绪就很难调整，很难控制。”[1]）这次首次会面似乎是在圣雄的倡议下进行的——他甚至提出要拜访这个年轻人——但是根据安贝德卡尔的一位传记作者流传下来的记录，当安贝德卡尔走进房间时，甘地继续自己的谈话，甚至没有看向来访者一眼，这让这位不可接触者的领袖倍感冷落。当获得甘地的注意时，他回避了甘地希望他陈述对宪法问题看法的邀请。根据一份现存的记录，他说：“你叫我来听你的意见。”[2]然后，当圣雄对他代表不可接触者所做出的努力进行总结时，安贝德卡尔听得很不耐烦，最后明确表示他认为那些努力都是徒劳无功的，也没有尽心尽力。

他说：“甘地吉，我没有祖国。”[3]他的语气可能很悲伤，或者很生气。圣雄甘 213
地可能吃了一惊。

根据这份记录，甘地说：“我知道你是一位真正的爱国者。”显然，这份记录是源自安贝德卡尔的一位支持者。

“我怎么能把这片土地称为我自己的祖国，把这个宗教称为我自己的教派？我们在此的待遇还不如猫狗，我们在此连水都没得喝。”根据这份记录，安贝德卡尔这样反驳道。（从两处“在此”来看，也许这段话被律师改写或者翻译过，也许就是安贝德卡尔本人。）

甘地对于这次会面的一则评论流传了下来，它忽视了安贝德卡尔情绪爆发时使用的“我们”一词。甘地的评论是在这件事情发生的几年之后，那时他开始使用一个新的名字来称呼不可接触者，称他们“哈里真”或者“神的孩子”（这个称呼因其自命不凡之意而被当今的达利特所拒绝）。提及安贝德卡尔，甘地说：“直到前往英国时，我才知道他是一个哈里真。我以为他是某个对哈里真有很大兴趣的婆罗门，因此说话的时候没有太注意。”[4]

美国学者盖尔·奥姆维德特（Gail Omvedt）把那种反应称为“甘地对达利特的固有观念的体现”。[5]这种判断可以理解，但也许太简单了。安排这次会面的中

[1]　奥姆维德特（Omvedt）：《安贝德卡尔》（*Ambedkar*），第 119 页。

[2]　科尔（Keer）：《安贝德卡尔博士》（*Dr. Ambedkar*），第 165 页。

[3]　同上，第 166 页。

[4]　马哈迪夫·德赛（Mahadev Desai）：《马哈迪夫·德赛日记》（*Dairy of Mahadev Desai*），第 52 页。

[5]　奥姆维德特（Omvedt）：《安贝德卡尔》（*Ambedkar*），第 43 页。

间人曾是对安贝德卡尔很友好的种姓印度人。[1] 在瓦伊科姆等地，甘地遇到过一些代表不可接触者、尽心尽力从事运动的婆罗门。这本来也可能是另一个类似的团体。他也遇到过像特拉凡科尔土邦的艾安卡利这样的不可接触者领袖。更早之前，有一位非常受人尊敬的、改宗的不可接触者——文森特·劳伦斯，曾是甘地在德班的职员，在甘地家中暂住，后来成为那里的社区领导人。甘地知道不可接触者的衣领也可以上浆，但是他以前从来没有遇到过任何一位像安贝德卡尔这样充满智慧的不可接触者，没有人遇到过。

约一个月后，他们在伦敦第二次会面，这次会面的情况并没有任何好转。[2] 据奥姆维德特所说，这一次是甘地向安贝德卡尔提出见面，安贝德卡尔滔滔不绝地讲了三个小时，“而甘地边纺纱边默默地听着”，安贝德卡尔冗长的独白并没有以任何形式保存下来。他的目的是提升不可接触者的社会地位，而不是独立。关于独立，他已经有所动摇。他是否考虑过一种情况，即这两个目的可以合二为一？或者他是否正愤愤不平？至于甘地，他是否对安贝德卡尔说了建议他要为民
214 族大业做贡献的话？这些显而易见的问题的答案就留给我们来想象了，还有甘地是否真的可能三个小时一言不发地坐着听安贝德卡尔长篇大论地说这个问题。我们所知的就是，第二次会面断然称不上成功。不管这两人的意图何在，他们都继续各说各话。

如果圣雄甘地没有要说的话，那么他为什么邀请安贝德卡尔去拜访他呢？这位不可接触者领导人对即将在圆桌会议上发生的公开交战已经是急不可耐，他推断精明的甘地也正希望为辩论做好万全准备。这是有可能的，但并不是唯一的可能性。甘地也许一直希望找到共同点，而不是发现安贝德卡尔坚持自己的立场。[3] 他曾经反对单独选举区（separate electorates）[4]，这或多或少是出于民族主义者的原则。他在第一次圆桌会议上说过，他要的是普选权以及确保充分的代表席位。国大党拒绝了他温和的提议，因此，此时他要的是单独选举区，这与穆斯林的追求一致，尽管安贝德卡尔之前反对过穆斯林的要求。

甘地没有在这一点上讨价还价，这本可以作为一种勉强尊重的表征。而这正

[1] 伊利奥特（Zelliot）:《从不可接触者到达利特》（*From Untouchable to Dalit*），第 166 页。

[2] 奥姆维德特（Omvedt）:《安贝德卡尔》（*Ambedkar*），第 43 页。

[3] 伊利奥特（Zelliot）:《从不可接触者到达利特》（*From Untouchable to Dalit*），第 166 页。

[4] 译注：单独选举区（separate electorates）：一个国家的选民依据特定的因素，如宗教、种姓、职业等，被划分成不同的选举区。每个选举区只选出他们自己的代表。

是甘地的立场：种姓印度教徒必须整顿他们自己的行为，不能主宰被压迫者的政治活动。甘地已经跃跃欲试，要在饮食和卫生问题上进行教育宣传。但他还问道：“我们是谁，竟要提升哈里真的地位？”[1]“我们”在这里指的是种姓印度教徒。“我们只能对自己向他们犯下的罪进行救赎，或者偿还欠他们的债。要想达成这些目的，我们唯一能做的就是接纳他们为社会的平等成员，而不是在他们面前发表慷慨激昂的陈词”。

在南非，甘地曾有过一次这样的经历：当时他代表受困的少数派向一位政治领导提出要求，这位领导认可甘地主张的合理性，但出于政治原因的考虑，对此采取了不置可否的态度。两相对比，甘地说安贝德卡尔对印度教徒的怒气使他想起了自己“早年在南非被欧洲人穷追不舍”。[2] 圣雄是否曾经想过，为了追求自己所领导的运动的和谐性，在反对安贝德卡尔时，他使自己扮演了史沫资的角色？在那次对抗中，他在表达反对意见时可能态度坚决，但是并没有出言不逊，后来他还这样描写过安贝德卡尔：“安博士所说的话总是博得我的同情。他需要用最温和的方式来对待。”[3]

还有一次他写道：“他甚至有朝我吐唾沫的权利，每个不可接触者都有这样的权利。如果他们这样做，我会保持微笑。”[4] 这张坚决保持微笑的脸并不是一副面具，这是他采取的一种措施。然而当甘地在圆桌会议上面对安贝德卡尔时，他的 215
笑容消失了。

甘地可能原本是打算给予安贝德卡尔“最温和的对待”，也可能压根没有考虑过安贝德卡尔。他以政治性的讥讽开场，用尽可能礼貌的措辞指出，英国人只在会上讨论一些政治上无足轻重和子虚乌有的事，以此来贬低、回避民族运动。甘地——这位公认的国家领导人——仅仅是 56 位代表中的一位，由皇家的会场管理员将他安排在与英国商人、土邦大君、众多少数派和教派代表一样的平等位置上。因此，甘地说的也对，但这位不可接触者的代言人可能再次感到了对方自以为高人一等的态度，并为此发了火。之后，他毫不在意地夸大其词地声明：“最重要的是，国大党从根本上代表了散布在全国约 70 万个村庄中沉默

[1] 马哈迪夫·德赛（Mahadev Desai）:《马哈迪夫·德赛日记》（*Dairy of Mahadev Desai*），第 53 页。

[2] 《圣雄甘地全集》（*CWMG*），第 48 卷，第 224 页。

[3] 同上，第 208 页。

[4] 同上，第 160—161 页。

和挨饿的数百万人。”[1]如今我们明白这并不是他对印度现实的真正解读。国大党对于甘地在村庄层面上进行革新的“建设纲领”只是停留在口头上，但在圣詹姆斯宫中，甘地明显掩饰了自己的失望之情。在不到两年之前，他已经跟尼赫鲁说过，运动不能只是进行文明不服从运动。但是在这里，作为国大党的发言人及全党代表，他使用了修辞手法，言之凿凿说出的话只不过是一个美好的愿景。

对于敏感的安贝德卡尔而言，这是一种宣传方式，目的在于贬低他本人和他为了被区别对待及被迫害的印度少数派不可接触者的地位得到承认所做出的努力。因此，这番话是需要驳斥的。如果国大党代表了劳苦大众，那他还有什么作用呢？他所做的努力要被置于民族运动之外吗？ 3 天之后，甘地隐隐地摆出了安抚的姿态，他说：“当然，国大党将会与代表不可接触者利益的安贝德卡尔博士共享这份荣誉。” [2] 然而话音未落，他又彻底推翻了安贝德卡尔代表不可接触者的观点。他说，他们的“特殊代表形式”将会与他们的利益背道而驰。

安贝德卡尔和甘地的冲突私人化是在 1931 年 10 月 8 日的少数派委员会（Minorities Committee）的会议上，会议的前一天，首相麦克唐纳（MacDonald）仓促召集选举，考虑到托利党在新下议院（House of Commons）占有超过四分之三的席位，所以从表面上看，选举是由国家统一政府进行，实际上托利党占据了
216 压倒性的优势。正是安贝德卡尔点燃了导火索，他无视圣雄提议的“共享”代表不可接触者的“荣誉”。他本可能被英政府任命职位，然而，安贝德卡尔却说：“我完全代表我的教派的主张。”[3] 他此时似乎是辩称，甘地没有对支持不可接触者发表过什么主张：“圣雄一直在说国大党代表受压迫阶级，还说国大党比我或者我的同僚更能代表受压迫阶级。对于这种说法，我只能说这是不负责任的人一直发表的众多错误言论中的一个。”

[1] 《圣雄甘地全集》（*CWMG*），第 48 卷，第 16 页。

[2] 同上，第 34 页。

[3] 安贝德卡尔（B. R. Ambedkar）：《著作与演讲》（*Writings and Speeches*），第 3 卷，包括此处提及的圆桌会议各分会的会议记录。甘地与安贝德卡尔的交流可见于此卷的第 661—663 页。

安贝德卡尔（右下）、甘地（左上第三）出席圆桌会议

这位不可接触者的领袖并没有就此打住。他继续表明，由种姓印度教徒接
管英属印度，可能会对他的人民——大多数是甘地所称的“沉默的大多数”——
造成威胁。根据当时的估计，不可接触者有五六千万人。“受压迫阶级并不急切，
也没有吵嚷。”他说，“他们还没有发起任何运动，要求立刻将权力从英国人手中 217
移交到印度人民手中。”

甘地并没有提高嗓音——这从来都不是他的方式——但是他明显很痛苦。在半个多世纪的公众生活中，他也许从来没有任何时刻像应对安贝德卡尔下战书时那样言辞尖锐或主观。这一次他没有再提及“共享”代表不可接触者的“荣誉”。“我以个人的名义声明，我代表众多的不可接触者。”他说，“在此，我不仅代表国大党发言，也代表我自己。同时我声明，如果不可接触者进行公投，我将会得到他们的选票，并且是最高选票。”在那气氛高度紧张的时刻，圣雄的自负感正如他本人的身体一样赤裸裸地展现在眼前。

无论人们怎样看待这次冲突——两个政治领袖在对双方使命感都至关重要的问题上的挑战及回应，或者是那时殖民印度村庄和贫民窟的一种现实描述；或者

是一个与少数派最大利益相关的重大宪法问题；或者是印度未来的征兆——这次冲突都承载着许多含义。80 年后，这些含义需要一一理清。

印度当时正处于大萧条时期，从这个世俗的现实层面来说，那天早晨甘地在旧都铎宫殿里发表的与他行动一致的声明无疑是正确的。“当安贝德卡尔博士设法为印度全体不可接触者代言的时候，他的声明并不恰当”。印度的大多数不可接触者那时可能还没有听说过安贝德卡尔，在他的地区以外几乎没有人认识他。如果大多数不可接触者曾听说过哪位政治领导人的话，那一定是甘地。因此，他很可能得到他想象中的“最高的”选票。尽管这千真万确，他坚持认为不可接触制的问题来自种姓印度教徒扭曲的价值观而非不可接触者自身。但是，他几乎没有组织和领导过不可接触者，虽然他一再坚称不可接触者的事业“就像我的生命一样宝贵”。

尽管不乏野心和手腕，安贝德卡尔在选举政治中却一直进展不顺，他建立的党派也从未获得全国人民的追随。甚至在今天的那格浦尔市，在安贝德卡尔故乡的中心地区，他的最后一个党派——共和党（Republican Party），也演变成不少于 4 个不同的教派。每个教派各有一名达利特领导人，坐在安贝德卡尔的画像下方，
218 声称是他真正的继承人。然而，如果今天在前不可接触者，即现在自称为达利特的人民中，我们尝试比较圣雄甘地与这个被尊称为巴巴萨希卜的人之间的地位高低，那么毫无疑问，安贝德卡尔最终赶上了甘地，将会获得“最高的”选票。他坚持认为，他们自己的命运掌握在自己手中，他们应当发起自己的运动，推选自己的领导人，就像其他的印度教派、种姓和亚种姓一样。他的观点在四五代人之后——尽管这个以种姓为基础的“世界上最伟大民主的”选举政治已经分裂和腐朽——似乎最终获得了大多数达利特的欣然接受。

在宪法问题以及不可接触者的最大利益问题上，那天早晨在宫殿里，甘地比他的挑战者有更多的话要说。甘地的核心论点是，任何针对不可接触者的特殊代表形式——无论是单独选举区还是仅为不可接触者保留席位——都将延续不可接触制度。他说：“要让全世界知道，如今有大批印度教徒改革者承诺要清除不可接触制这个污点。我们不想在我们的人口调查和登记中把不可接触者归类为一个被隔离的阶层……不可接触者是否永远都是不可接触者呢？我宁可印度教就此灭绝，也不希望不可接触制延续下来。”

这条关于不可接触制的原则声明清晰洪亮、掷地有声，是甘地做出的最富

有真知灼见的宣告。但是他并没有就此打住。这次会面让他受到了震撼。此前一周，他与真纳、阿迦汗（Aga Khan）[1] 以及其他穆斯林领导人就宪法条款进行的协商都是徒劳的。现在他正与一位不可接触者发生冲突，即使他暂时占据辩论的上风，他也精明地明白，他对不可接触制即将瓦解的预告仍然只是牵强的大话。他已经宣布了他在印度教徒—穆斯林团结问题上的无助感。此时他在反不可接触制斗争中是否看到了相似的僵局？教派团结的目标以及种姓迫害的终结已经成为他提出的印度自由的四大“支柱”之二。身处伦敦这一转折点上，他对这两个目标中的任何一个几乎都没有什么信心。

那天在他对这位异常坚定的对手不得不说的一番话中，他的真实感受显露出一丝端倪。甘地在赞扬了安贝德卡尔的奉献精神及卓越能力后说：“他在极不公正的对待下艰难前行，也许还遭受过痛苦的经历，这暂时歪曲了他的判断。”圣雄再一次感到出现了警示，在瓦伊科姆运动中，正是这个警示使他预测到，如果把寺庙准入的事业交由民族运动，可能最终会引发“混乱和骚动”。他现在说，如 219
果不可接触者因单独的政治权利而奋起，那将“在印度教中划分一条分界线，那是我不乐于见到的……那些谈及不可接触者政治权利的人并不了解他们的印度，也不了解今天的印度社会是如何构成的”。这段话的字里行间含有丰富的意义。虽然甘地还未解决不可接触者的问题，但是他已经创立了民族运动，并且不仅是运动，他还唤起了以此为基础的民族意识。他需要相信这最终可以成为解决不可接触制的答案，他害怕种姓冲突可能会成为失败的原因。他含蓄地表示问题还有待解决，并再一次保证用热情和榜样的力量来解决问题。

他以一种模糊但不详的警告作为结论：“我要着重强调的是，如果我是唯一个抵制此事的人，那么我将用我的一生去抵制它。”此处他改述了 25 年前在约翰内斯堡帝国剧院发表的改变他人生的演讲中的一句话。甘地在政治生涯的诸多转折点上，总是面临“决战”。

我们不清楚英国人、安贝德卡尔或其他参加圆桌会议的人在听到这句话时是否理解了其中的警告意味。他们也许将之当作华丽的辞藻不屑一顾，没有理解誓言在圣雄人生中的重要性。然而阻止“此事”——此举要给予不可接触者预想的合法保证，不仅是平等的权利，还有单独的政治权利，可使他们在一定程度上获

[1] 译注：阿迦汗（Aga Khan）：伊斯兰教伊斯玛仪派领袖的世袭封号。

得政治权利——已经成为甘地主义式的誓言，使他结束不可接触制的誓言更加复杂化，也更加迫切。

双方在离开时都受到了伤害。甘地那晚说：“这是我人生中最丢脸的一天。”[1]就安贝德卡尔而言，之后他被指出形容甘地是“一个更无知、更笨拙的代表，本不该被委派”在会议上代表国大党发言。[2]安贝德卡尔继续说，甘地自称拥有统一的力量，且富有人道主义精神，但是他已经表现出自身的气量是多么狭小。[3]安贝德卡尔并不是第一个对甘地如此冒犯的人。如果回想20多年前的南非，我们能听到德班的艾亚尔对甘地做出过和安贝德卡尔同样尖锐的攻击性评论。这位特立独行的印度编辑抱怨甘地把自己当作是“一个完美的灵魂”，虽然他“没有对任何人带来什么实际的好处”。

220 甘地并没有注意到这位编辑曾试图反抗强加在前契约劳工身上的人头税，正如他之后也没有留意到安贝德卡尔采用萨提亚格拉哈策略向不可接触者开放印度教寺庙以及村庄的水井。一片大洋隔开了安贝德卡尔和艾亚尔。他们也许从未听说过对方，但是最终都对甘地产生相同的怨恨。他们觉得甘地难以捉摸又固执己见，觉得对于甘地来说，为契约劳工或不可接触者进行的斗争——他一直自称这是他的事业——如果没有经过他的批准，没有按照他的计划表来执行，那么就都是非法的。安贝德卡尔最终吐露了他多年来承受的伤害，正像艾亚尔一样。他写道：“甘地先生使萨提亚格拉哈成为一纸空谈。”[4]这指的是圣雄拒绝支持安贝德卡尔某次的寺庙准入运动。“为什么甘地先生要这样做？只能说是因为他不想惹恼和激怒印度教徒”。

随着伦敦会议的结束，贾瓦拉哈尔·尼赫鲁写信给这位不可接触者领导的一个支持者，指责安贝德卡尔“对甘地吉的行为是非常无礼的”。[5]利害攸关的不仅仅是尖锐的语言。在新德里的尼赫鲁纪念馆（Nehru Memorial）的档案室中，我偶然读到尼赫鲁在正式成为全印国大党委员会秘书长几天后写的一封信，在不可

[1] 夏伊勒（Shirer）：《甘地》（*Gandhi*），第194页，转引用自赫尔曼（Herman）的《甘地与丘吉尔》（*Gandhi and Churchill*），第372页。

[2] 纳拉扬·德赛（Narayan Desai）：《吾生即吾义》（*My Life Is My Message*），第3卷，《萨提亚之路》（*Satyapath*），第169页。

[3] 安贝德卡尔（B. R. Ambedkar）：《书信》（*Letters*），第215页。

[4] 同上：《国大党和甘地对不可接触者做了什么》（*What Congress and Gandhi Have Done to the Untouchables*），第275页。

[5] 同上：《书信》（*Letters*），第215页。

接触制的问题上，他对一位崭露头角的孟买青年议员帕蒂尔（S. K. Patil）的热情呼吁泼了冷水。这位青年议员只是想要在支持纳西克萨提亚格拉哈运动中表明清晰的立场，这场运动是安贝德卡尔在去伦敦之前发起的。他写道，该是国大党在寺庙准入问题上“表明立场”的时候了，我们需要一份支持纳西克萨提亚格拉哈运动的“权威声明”。30 年后，帕蒂尔以一位孟买强硬政治首领的身份出现，同时也是尼赫鲁内阁中强有力的成员。他曾特别被一位国大党领导人的声明激怒。声明中说，萨提亚格拉哈这个武器应该使用在独立大业上，而不是浪费在寺庙准入这样次要的、局域性的问题上。他写道，如果这就是这个运动的立场，那么“我们中的许多人还没有理解圣雄吉，对他而言，萨提亚格拉哈是抵御一切邪恶的灵丹妙药”。

这位崭露头角的青年政治家并没有意识到，圣雄吉的立场并没有他满怀敬意所想象的那样明确。在 7 年前的瓦伊科姆萨提亚格拉哈运动中，甘地实际上已经规定民族运动不得卷入“当地的”寺庙准入运动中。尼赫鲁并没有在他的回复中探究那一段历史。[1] 他完全回避了不可接触者的寺庙准入问题，只是说萨提亚格拉哈“不应该被当作廉价的武器滥用”。这个问题明显使他偏离了民族斗争的主 221
要目标。他出身于婆罗门，也是克什米尔（Kashmiri）的梵学家，他早已将种姓一词从他的词汇表中划去，转而支持阶级。在他看来，废除不可接触制是独立印度的一项任务，是可以推迟到那期待已久的黎明到来时再解决的事情。尼赫鲁对帕蒂尔置之不理的态度适时地提示了安贝德卡尔如此恼火的原因。实际上，不能依赖国大党代表不可接触者来“共享荣誉”。那是——并且将一直是——甘地在其他方面的热情立场中的弱点。

伦敦不过是第一回合。甘地和安贝德卡尔将很快再次发生冲突，甚至是在有更大利害关系的问题上。此后，这位身材圆胖的未来佛教徒将很快对寺庙准入的运动不再抱有希望，也会在总体上对印度教尤其对国大党感到绝望。曾承诺用一生去抵制“此事”的甘地，也许是唯一觉察到了未来将要发生什么的人。

“甘地的今日告别”的大标题出现在 12 月 5 日伦敦的《每日先驱报》上 [2]。在一个告别采访中，圣雄说，在普通英国人对印度的态度中，“一些难以名状的东

[1]　1931 年 11 月 30 日，尼赫鲁致信帕蒂尔（S. K. Patil），尼赫鲁纪念馆（Nehru Memorial Museum）档案室，全印国大党委员会文件（AICC Papers），G86/3031。

[2]　《每日先驱报》（*Daily Herald*），伦敦，1931 年 12 月 5 日。

西”已经改变了。很多年后，乔治·奥威尔（George Orwell），一位并非对甘地抱有天真崇拜之情的学者似乎认为，甘地的伟大成就也许就是他在英国制造了“一大批同情印度独立的观点……通过坚持不懈的、不带任何憎恨情绪的斗争，甘地净化了政治空气”。[1] 奥威尔的观点可以从甘地在经济萧条的顶峰时期在英国度过的 3 个月中找到最有力的证据。

在巴黎和瑞士停留之后，甘地于 12 月 11 日到达意大利，希望会见罗马教皇和墨索里尼（Mussolini）[2]。伦敦的日子使他对自我在世界舞台上的地位认知有些膨胀。此时他又听到了让他尽己之力去阻止欧洲另一场战争的呼声。他对法国作家罗曼·罗兰（Romain Rolland）吐露，希望能在罗马停留期间引起一些注意。罗兰曾写过一本圣徒传记称颂甘地为印度的弥赛亚（Messiah）[3]，甚至还把他与佛陀和基督相提并论，称他为“凡间的半神”。但是他怀疑圣雄甘地是否有打动墨索里尼的能力。[4]

1931 年 12 月，从欧洲返回孟买参加集会

教皇庇护十一世（Pope Pius XI）表示了不能见面的遗憾，但是安排甘地访问了西斯廷教堂（Sistine Chapel）。[5] 不幸的是，没有相关的图像资料，我们只能凭自己的想象力，想象甘地瘦削的身体包裹着缠腰布和大披巾，沉思地凝视着《最后的审判》（*The Last Judgment*）
222 中和他装扮相似却无比健壮的基督。

这很有可能是圣雄第一次，也是唯一一次实际体验宗教主题的西洋绘画——如果不算他在约翰内斯堡律师事

---

[1] 乔治·奥威尔（George Orwell）:《散文集》（*A Collection of Essays*），（纽约州加登城 Garden City，1954 年）中的《反思甘地》（*Reflections on Gandhi*），第 180 页。

[2] 译注：墨索里尼（Mussolini）：1922—1943 年期间任意大利王国首相，1925 年获得称号“领袖”（Il Duce）。

[3] 译注：弥赛亚（Messiah）：救世主。

[4] 罗兰（Rolland）:《圣雄甘地》（*Mahatma Gandhi*），第 248 页。

[5] 纳亚尔（Nayar）:《食盐萨提亚格拉哈》（*Salt Satyagraha*），第 403 页；斯莱德（Slade）:《精神朝圣》（*Spirit's Pilgrimage*），第 151 页。

务所的办公桌上方保留的耶稣画像的话。他耐心地仔细咀嚼着，后来他说自己被一副圣母哀子像深深触动，这幅画像也许是圣彼得教堂（St. Peter's）中米开朗基罗（Michelangelo）的作品，也可能是梵蒂冈博物馆（Vatican Museum）中贝利尼（Bellini）的作品。然后在 6 点的时候，他被领进墨索里尼宽敞的办公室［“像一个舞厅那么大，除了一张大写字台外空荡荡的。”甘地的英国随从马德琳·斯莱德这样写道。她是海军上将的女儿，甘地给她改名为米拉贝恩（Maribehn）］。独裁者（用米拉贝恩所描述的“相当好的英语”）引导着谈话，他问来访者是否在圆桌会议中“有任何收获”。、

“确实没有。”甘地回答道，“但是我本来就没有期望能从中获得什么。”[1]

那他下一步会做什么呢？墨索里尼想知道这一点。他的客人说：“我似乎将不得不发起一场文明不服从的运动。”

两位经验丰富的政治人物一直保持着你来我往的对话，直到墨索里尼征求甘地对欧洲的看法。圣雄说：“我一直在等着你问这个问题，现在你终于发问了。” 223
他开始就西方衰落问题大发议论，所讲的内容实质上是 22 年前他在《印度司瓦拉吉》一书中所写下的论点摘要。当时他因白厅请愿任务受挫，正在返回南非的途中。“欧洲不能继续走现在所走的这条道路。”他说，“它唯一的选择就是改变其经济生活的总体基础，改变其全部的价值体制。”

甘地懒得去钻研法西斯主义，他也许认为，既然他是在为反对工业化和殖民主义而发声，那么就是为了和平。但是他实际上说出的话本可以被无缝拼接到领袖墨索里尼一次措辞尖锐的演说中。因此，这次会面在一片和谐的氛围中结束，但是它并没有达到思想上的统一效果，这很大程度上是因为甘地误解了东道主的意思。

两天后，甘地从布林迪西（Brindisi）启航返回家乡。他在船上给罗曼·罗兰写信，说墨索里尼“为穷人服务，反对超城市化，努力协调资本与劳工的关系……并且热爱‘他的人民’”。罗兰对此感到震惊，情绪激动地写了一封表示反驳的回信，责备他的弥赛亚在不了解情况的前提下随意发表判断。这封信还没来

[1]　纳亚尔（Nayar）：《食盐萨提亚格拉哈》（*Salt Satyagraha*），第 403 页。由苏希拉·纳亚尔（Sushila Nayar）完成的这部传记的第一个撰写者是她的兄弟，他从来不用全名普亚里拉尔·纳亚尔（Pyarelal Nayar）来署名。

得及寄出，他就了解到甘地已经被迫离开公众的视野。[1]

1932 年 1 月 4 日，在孟买登岸的 7 天之后，圣雄在凌晨 3 点醒来，看到警署的行政长官，一名身穿军服的英国人站在他的床尾。[2] 一个在场的满怀同情的英国人之后写道：“巴布被吵醒时（看起来）苍老、虚弱，令人心生怜悯，一脸睡得迷迷糊糊的样子。”

局长说：“甘地先生，我有义务逮捕你。”

“巴布的脸上突然绽放出表示欢迎的灿烂笑容。”这位在场的英国人继续写
224 道，“现在他看起来变得年轻、强大和自信。”

[1] 纳亚尔（Nayar）:《食盐萨提亚格拉哈》（*Salt Satyagraha*），第 405 页。

[2] 同上，第 414 页。描述这一幕场景的这位英国人是人类学家维利尔·埃尔温（Verrier Elwin）。

第九章　绝食至死

“甘地吉所支持的种姓制度是如今达利特处于困境的原因。甘地并没有支持达利特，而是反对他们。他称达利特为‘哈里真’是在侮辱他们”。[1] 当 20 世纪 90 年代初出现这种言论的时候，在印度的前不可接触者中，这并不是一种异端或者反传统的判断。这是由一位叫作玛雅瓦蒂（Mayawati）的满怀抱负的政治家提出的，她之后晋升为北方邦（Uttar Pradesh）的首席部长。北方邦是位于恒河平原的一个邦，人口达 5000 万，在当时超过了俄罗斯。在地位不断上升的达利特中，玛雅瓦蒂的判断是公认的智慧之词。玛雅瓦蒂因此提升了全国的志气，对她而言，这也使得她必须在一定程度上缓和自己对国父的看法。但是，甘地是大多数受压迫和被剥削的印度穷苦百姓的“敌人”，这种说法在互联网上的达利特网站（Dalit Web sites）时有出现。然而，甘地曾表明要为之奉献一生的正是这些人，并且他正是根据这些人的形象有意地重塑了自己的形象。归根到底，这可直接归咎于巴巴萨希卜·安贝德卡尔，他在一份思虑不周的声明中给甘地打上了不可接触者的“头号敌人”的标签。在争议的高峰期，我们很容易忘记善变的安贝德卡尔也曾把甘地称为“印度最伟大的人”。

关于甘地对不可接触者和种姓问题的态度一直存在争议，圣雄的自我矛盾之处也不难发现。半个多世纪以来，他在大多数情况下对这个话题的语言和文字都带有坚定的信念，但是他的策略却需要因时因地而调整。他鼓励不同种姓、不同教派之间的人坐在一起共进晚餐，无论是在南非的凤凰村和托尔斯泰农场，还是在诸如比哈尔邦的查姆帕兰等地区，或是他早期领导的印度运动中的工作人员中
间，都是如此。几十年之后，他来到印度南部，力图使人们在不可接触制问题上 225
开放思维。他告诉深受种姓困扰的当地听众：不同种姓的人们在一起用餐，是一个私人选择问题，是一个个人问题。在这些听众面前，他倍加小心谨慎地讨论跨

[1]　阿乔伊·鲍斯（Ajoy Bose）:《姐妹吉》（*Behenji*），第 83 页。

种姓婚姻。不用费九牛二虎之力，他几乎使高等种姓印度教徒确信，他们可以放弃不可接触制这一陋习，不用担心自己的女儿嫁给比自身种姓低下的阶层，更不用说嫁给不可接触者。但是，同样也是这位甘地，不顾正统派印度教徒的反对，最终规定，在他的阿什拉姆，只允许跨种姓通婚。他最后得出结论，不同种姓间通婚不仅是被允许的，而且可能是解决问题的一种途径，因为它会使得“种姓大同，最终归一的种姓有个众所周知的美丽的名字：班吉”。[1] 鉴于班吉（或清洁工）有时甚至受到其他不可接触者的歧视，甘地的这个想法可谓是十分激进（在甘地去世之后的印度，这个想法依旧激进，民意调查显示四分之三的可接近民众仍然反对种姓融合，这种反对经常表现在对不听话的女儿和亲姐妹实施所谓的“荣誉谋杀”[2]。）

在印度独立和甘地逝世后，安贝德卡尔与一位婆罗门女孩的婚姻大大动摇了他追随者的信心，但是安贝德卡尔的内阁幕僚瓦拉拜·帕特尔给他写了一封言辞既温和又尖锐的贺信，信中称虽然自己曾强烈质疑过甘地的真诚，但若此时甘地泉下有知，一定会很欣慰。“我同意，巴布如果还在世，一定对这桩婚姻不吝祝福。”[3] 安贝德卡尔则以更为稳重、平和的口吻回了信。

我们说甘地不是完全始终如一，并不是给甘地冠以虚伪的罪名，而是要承认他是一位政治领袖，致力于建设一个民族国家，或者有时只是致力于将印度子民团结在一起，如此而已。这一点从他写给他的精神伴侣查尔斯·安德鲁斯的信中便可清楚窥知。查尔斯·安德鲁斯是一位英国国教牧师，他们的第一次相遇正值甘地离开南非之际。安德鲁斯是甘地在英国及该帝国一些殖民统治区的密使，曾经督促甘地全心投入到反不可接触制的斗争中去，就算因此让印度独立运动停滞也不足为惜。“我的人生是一个无法分割的整体。”[4] 甘地在写给这位密使的信中回应道。同样，甘地的事业和关切也是不可分割的整体，他在给安德鲁斯的信中

[1] 坦杜卡尔（Tendulkar）:《圣雄》（*Mahatma*），第 7 卷，第 154 页。

[2] 译注:“荣誉谋杀”（honor killing）：也称荣誉杀害，是指男性成员以“捍卫家庭荣誉”为由，杀害他们认为与男子有“不正当关系”的女性家庭成员。在伊朗、阿富汗、土耳其、巴基斯坦等地区，社会默许家族男性成员以暴力对待拒绝接受婚姻安排、提出离婚要求以及遭遇性侵的女性亲人。吉姆·雅德利（Jim Yardley）:《在印度，种姓荣誉和荣誉谋杀是孪生兄妹》（*In India, Caste Honor and Killings Intertwine*），《纽约时报》（*New York Times*），2010 年 7 月 9 日，第 1 页。

[3] 纳拉扬·德赛（Narayan Desai）:《吾生即吾意》（*My Life Is My Message*），第 3 卷，《萨提亚之路》（*Satyapath*），第 179 页。

[4] 《圣雄甘地全集》（*CWMG*），第 55 卷，第 199 页。

罗列了“萨提亚格拉哈、文明抵抗、不可接触制、印度教徒—穆斯林团结”，他
有可能会说，再附加上其他林林总总的事项，诸如节食、禁酒、纺纱、卫生、清
洁、用方言教书育人和妇女权益，包括寡妇再嫁的权利和取缔童婚，所有这些都 226
是“一个整体的不同组成部分，这个整体就是真理”。既然所有的这些被视为一
个整体，甘地接着直接回复了安德鲁斯的请求：

> 我不可能全力投入不可接触制斗争，并说：“把印度教徒与穆斯林团结或者印度自治扔到一边。”所有这些事情彼此交汇，相互依存。你会发现，在我这一生中，我此刻专注这件事，彼时专注那件事，但是那就像钢琴家的手游离在不同琴键上一样，一会儿专注这个音符，一会儿又专注那个音符。

在这种情境下，这位钢琴家也将自己视为作曲家和指挥家。“最终彻底消灭不可接触制在印度取得自治之前是完全不可能实现的。”他此时这样说。也是这个人早在 1921 年曾这样说：“不可接触制的废除是取得印度自治不可或缺的条件。”[1] 这种说法很难让人不认为是前后颠倒或者彼此矛盾的。然而，对于钢琴家自己而言，这只是主旋律的稍稍变动，只是音符的转换而已。他的朋友安德鲁斯本应如此承认。如我们所知，那个他熟识地称作莫罕的人早就警示过他，很大可能必须先结束英国统治，印度才能“摆脱不可接触制这个祸害”。[2] 这番言论也同样发表在 1921 年，因此这个特殊矛盾很难说是新近才有的，可以更确切地说，它是甘地努力使印度沿着他设计的道路前进过程中的一贯特色。截止到 1933 年，甘地付出的巨大努力既没有推翻英国统治，也没有废除不可接触制。在他眼里，这似乎只是坚定了他的信念：这些斗争是一个整体无法分割的组成部分。因此，如果甘地此时决定全身心地投入到反不可接触制斗争的话，他也不会像安德鲁斯敦促和尼赫鲁担忧的那样退出印度自治的斗争。凭他本人的判定，他将再次积极行动。

然而，甘地这期间的日程一直受到其他人的影响：首先是安贝德卡尔，这位看似毫不妥协的不可接触者领袖要求单独的选举区，还要赋予 5000 万左右的不

[1] 《废除不可接触制》（*The Removal of Untouchability*），《青年印度》（*Young India*），1921 年 10 月 13 日。

[2] 《圣雄甘地全集》（*CWMG*），第 19 卷，第 289 页。

可接触者人口选举权，他宣称自己是这个被官方称为“受压迫阶级”的代表。接着是拉姆塞·麦克唐纳，他曾一度对印度民族斗争表示同情，此时却为基本上由英国保守党政府为维护帝国统治而确立的政策效力。圆桌会议随着英国首相的承诺宣告结束，麦克唐纳承诺为次大陆选举设计妥协方案，这个方案被称为“教派
227 裁定书”（Communal Award）[1]。印度各教派团体和政党未能达成一致的制定方案。1932 年 8 月，白厅最后公布了该裁定书，标志着安贝德卡尔的要求得到了英国王室的正式批准。在未来，不可接触者将像穆斯林那样，在印度所有的立法机关中选出他们自己的代表。最终，如果该裁定书实施下来，那么甘地所宣称的他与国大党运动是不可接触者的真正代表，此立场将会经受最严峻的考验。更为严重的是，到时国大党可能不再被看成是民族运动代表，而是被看成一个竭力维护多数派的、松散的印度教徒联盟。这个结果——为不可接触者设立的某种“特殊代表形式”，是当时年逾 63 岁的甘地为了高度原则性的原因，曾在圆桌会议上发誓“拼命抵制”的。这个高度原则性的原因就是，它很可能使不可接触制制度化，从而永久化。甘地有时将不可接触制比作奴隶状态，就像他在南非所经历过的契约劳工制度一样。[2]

麦克唐纳的“教派裁定书”规定，不可接触者的单独选区将在 20 年后废止。这算是对甘地的一个小小让步，这项制度的安排并非永无期限。但无论如何，甘地再一次被边缘化了。截至“教派裁定书”颁布之时，他已经被稳当地拘禁在浦那附近的耶罗伐达监狱达 7 个半月，几乎是定居在那里了。也许英国政府认为，甘地早在 3 月便从监狱写信警告英国负责印度事务的外交大臣塞缪尔·霍尔爵士（Sir Samuel Hoare），说明他在伦敦表明的誓言“既不是在一时激动之下做出的，也非夸张之言”。[3] 甘地在信中说，如果此时做出决定，给所谓的“受压迫阶级”设立单独选区，那么，“我必须绝食至死”。甘地猜想他的警告已经传达给了麦克唐纳，但还是不确定。5 个月之后，该警告依然没有在公众中泄露半点风声。[4]

---

[1] 译注：教派裁定书（Communal Award）：即允准在印度设立单独选区，来选出公选人，这些单独选区内的选民包括穆斯林、锡克教徒与不可接触者（即受压迫阶级）等，而“公选人”包括印度教徒和非印度教徒。该法案由英国首相拉姆塞·麦克唐纳于 1932 年 8 月 16 日颁布。

[2] 甘地（Gandhi）:《废除不可接触制》（*Removal of Untouchability*），第 11 页。

[3] 坦杜卡尔（Tendulkar）:《圣雄》（*Mahatma*），第 3 卷，第 159—160 页。

[4] 马哈迪夫·德赛（Mahadev Desai）:《马哈迪夫·德赛日记》（*Diary of Mahadev Desai*），第 295 页。

直到甘地准备开始绝食的前一周，印度与世界才知道甘地打算在不可接触者代表这种小事上搭上自己的性命。这个消息最终是在伦敦泄露出来的，甘地写给霍尔爵士的信和随后写给麦克唐纳的信中确定的绝食日期是9月20日。监狱看守很快发现，他们又一次低估了圣雄的智慧和决心。甘地在耶罗伐达厚厚的狱墙内所表现出来的强劲行动力和实现愿望的能力，与哈利·胡迪尼（Harry Houdini）[1]从一只水下锁死的箱子里逃脱出来的行为不相上下，而只有甘地此举才称得上是严格意义上的精神与躯体的双重机敏。几乎没有人想知道他所说的不撤回“教派裁定书”他就“绝食至死”的威胁是不是个诡计。当时由英国记者编印的一家孟买报纸《印度时报》，以头条新闻刊登了甘地的“自杀威胁”，并且撰 228
写社论说，甘地已经表现出“依从狂热的指引而不惜任何代价”。[2]

作为囚犯，甘地享有有限的特权：他可以接见访客，可以和外界继续大量地通信，只要不公开谈论政治。他能够一天口授50封信，仿佛耶罗伐达只是他最新的阿什拉姆。一旦他的绝食被监狱当局视为不可避免，那对他的限制就会进一步放松，于是他就可以参与政治谈判。因此，这位囚犯虽然处在公众视线之外，但他又作为演员回到了舞台。他立即给英国人、他的支持者，特别是安贝德卡尔博士带来了一场巨大的危机和一场国内与国际的骚动，以及一场焦虑不安与灵魂探索、政治操作与被迫退隐的风暴，所有这一切都按照他的剧本展开。核心问题也许涉及政治细节——与一个无权无望的派别分享权力，但是甘地找到了一条用宗教术语解释他的立场的途径。他再次发觉自己在为印度教徒的灵魂而斗争，在为创建一个开明公正的印度教而斗争，他依然希望能推动印度教走向开明公正，以替代等级森严、压迫性的宗教秩序，这一点在他试图从印度教内部开始努力时，就已经看得很清楚了。

为了突出他所认为的他的立场的宗教性，他有意地只对拉姆塞·麦克唐纳裁决书中涉及不可接触者的部分做出回应，而对席位的分配、穆斯林的选举权以及决议中他所反对的其他争议点，都不置一词。这些只与政治有关，他对当时在耶罗伐达陪伴他的秘书马哈迪夫·德赛这样解释。马哈迪夫提出，如果甘地想要

[1] 译注：哈利·胡迪尼（Harry Houdini，1874—1926）：匈牙利布达佩斯人，也是犹太人，是世界上最著名的魔术师和幻象大师，享誉国际的脱逃艺术家，能不可思议地从绳索、脚镣及手铐中脱困，他同时也是以魔术方法戳穿所谓“通灵术”的反伪科学先驱。

[2] “自杀威胁”（Suicide Threat），《印度时报》（*Times of India*），1932年9月14日。

绝食行为得到人们的理解和接受，就需要在印度与世界面前提出更广泛的政治实例。甘地在写给首相的信中，不能只提不可接触者，而不提其他问题。甘地明白这些道理，但却不为所动。“我们自己人会审慎判断。贾瓦哈拉尔一点儿也不喜欢这样，他会说我们已经受够了这宗教。”甘地坦言，“但是没关系，当我使出我的精神兵工厂中最强大的武器时，误解之类的充其量是螳臂当车罢了。”[1] 几天之后他又说道：“对我来说，这是一个宗教问题，而非政治问题。”

退居到宗教领域是圣雄终止争论的方式，他声明已经听到了内心的声音，这个声音赐予他所依仗的“真理”。数月前在耶罗伐达，在对负责印度事务的英国
229 外交大臣发出第一次警告后，他用同一番话终止了对绝食可能导致的政治后果所进行的讨论。“纵使我被当成疯子，绝食而死，又能怎样？如果圣雄的头衔名不副实，那么这将是圣雄光环的终结。”他当时说，“我应该只关注我作为宗教人士的责任。”[2]

在涉及不可接触者的选举权时，甘地在宗教与政治之间的区别上所秉持的原则，可能无法被在印度独立 70 年之后居住在印度境外的世俗西方人所理解。但是出于讨论的考虑，这值得做一番更深层次的审视。表面看来，圣雄对马哈迪夫和另一个狱伴，即强硬的政治活动家瓦拉拜·帕特尔所做的解释，更多地与他作为一个领袖所能完成的任务成就感相关，而不是与所有印度教徒可能认可的原则相关。他再次表明，在穆斯林问题上他感觉“很无助”，因此，这个问题将不得不稍后采取政治手段解决。甘地认为，他与种姓印度教徒一起，依然选择对不可接触制问题采取冲击疗法。“突如其来的冲击是缓解眼下局势的法子。”[3] 他对马哈迪夫和帕特尔如是说。

如果失败了，他可以预见全印度范围内不可接触者和种姓印度教徒之间的“流血暴力”。在这个可怕的景象中，令人吃惊且或许给人以启发的是，他并不认为被蹂躏的不可接触者是这场无政府冲突中被动的受害者。至少在这个事件中，

---

[1] 马哈迪夫·德赛（Mahadev Desai）：《马哈迪夫·德赛日记》（*Diary of Mahadev Desai*），第 293—294、302 页。尼赫鲁这个时期也在监狱，甘地结束绝食后，尼赫鲁在他的日记中的一个注释里承认：“我担心，虽然我对他仍然保持着强烈的感情依恋，但是我在思想上越来越远离他。他不断提到神使我感到非常恼火。他的政治行动总是受到一贯准确的本能指导，但是他不鼓励其他人思考。”转引自布朗（Brown）：《甘地》（*Gandhi*），第 270 页。

[2] 同上，第 4 页。

[3] 同上，第 301 页。

他想到的是一场自下而上的起义，种姓印度教徒是受害者。“不可接触者流氓会与穆斯林会联合起来，屠戮种姓印度教徒。”[1] 他悲观地预测到。甘地有时被真纳、安贝德卡尔和其他人指责，说其天性刚愎自用。只要有一句不符其风格的言语，他便说自己有罪。他的宗教责任的精髓似乎是为了种姓印度教徒的自我拯救，如果种姓印度教徒不拥护他的改革方针，等待他们的便是惩罚。通常情况来看，他的预测更多地植根于印度乡村的不均衡社会现状，在这些乡村地区，传统意义上的受害者极大可能是那些乱民暴力的受害者。“麦克唐纳对古吉拉特邦村子里的‘不可接近者’和‘被忽视者’了解了什么？”他这时问马哈迪夫，“他们会遭到镇压。”[2]

他紧迫的使命感使得他在8年前的瓦伊科姆萨提亚格拉哈运动时期摆脱束缚，用绝食这一武器使“可接触者”种姓印度教徒在不可接触制问题，特别是寺庙准入问题上变得心软。那时，他认为不可接触者的寺庙进入权应该是一个地方 230
性的问题。此时，他忽然准备使它变成一个紧迫的全国性问题。绝食至死无论如何都是一种胁迫性的武器，此时它成了这位领袖所肩负的宗教责任。甘地曾认为在采用绝食达到目的的时候，这种绝食迫使某人屈服，“并非因为他认识到自己行为的错误，而是因为他忍受不了一个坚守自己想法的人倔强地选择死亡……绝食是一种最卑劣的胁迫形式，妨碍了萨提亚格拉哈的基本原则”。[3] 这次，他称之为“忏悔”，言下之意是指他正在为种姓印度教徒犯下的罪孽而承受“自我受苦”。但是，在某种程度上，安贝德卡尔以及英国人都只能够感受到绝食是一种强迫方式。

简而言之，当别人使用这种方法时，此人就是不道德；当他自己使用这种方法时，这就可以美其名曰宗教义务。

威廉·夏伊勒（William L. Shirer）是《芝加哥论坛报》（*Chicago Tribune*）的一位年轻记者，靠着对甘地的解析报道在事业上发迹。他知晓圣雄为了反对在地方立法机构中为不可接触者保留席位而甘愿牺牲性命之后，表示十分“困

---

[1] 马哈迪夫·德赛（Mahadev Desai）:《马哈迪夫·德赛日记》（*Diary of Mahadev Desai*），第301页。

[2] 威尔玛（Verma）:《征战不可接触制》（*Crusade Against Untouchability*），第38—39页。

[3] 拉文德兰（Ravindran）:《八弗隆的自由》（*Eight Furlongs of Freedom*），第79页。

惑”。[1]“我本以为，深爱不可接触者的甘地会支持这项确保不可接触者权益的必要保障。”这位记者之后写道。他从维也纳给甘地发了一封电报，以求获得一个解释。“我认为自己比受压迫阶级的领袖更了解他们的权益，对此你不应感到震惊。”甘地在绝食期间回复了一封电报，“虽然我并非生为不可接触者，但是在过去的 50 年里，我自己选择了像不可接触者一样生活。”（甘地阵营似乎将这次的电报交流内容透漏给了伦敦的《泰晤士报》，抢先夏伊勒一步刊发了这个消息，这表明他驾驭媒体的本领在他那个时代遥遥领先。）

这位美国记者一头雾水，是可以理解的。甚至在今天，甘地的动机也难以捉摸。普亚里拉尔是甘地的密友，也是甘地的传记作者，他说得很直白，狭隘的政治考量与他随后赞颂的“史诗般的绝食”并非完全不相关。在他这本书名为《史诗般的绝食》的著作里，他写道：“鉴于印度教徒与穆斯林为了权利的均衡争来夺去，锡克教徒也在其中搅浑水，要实现受压迫阶级的需求在数学意义上是不可能的。”[2]要理解普亚里拉尔这番话，只有一条途径。“在数学意义上”这个词与代表席位数量相关，在允许为不可接触者设置单独选区的方案之下，这些席位可能从国大党席位总数中减除。这一点甘地在他的信件和公开声明中从未触及，除
231 了驳斥之外。他说：“千万别以为我对印度教徒的数量优势感兴趣。”[3]然而，瓦拉拜・帕特尔一直怀疑分区选举可能被英国人以不利于国大党的方式操纵[4]。“这其中的阴谋很深。”他如此评论“教派裁定书”。帕特尔的深谋远虑就是甘地发誓抵制的那个政治论点，但这个论点并不是要赔上他领袖的生命。事实上，帕特尔支持甘地绝食的唯一原因是，他深知与甘地的“微小声音”争辩是多么的希望渺茫。就自身而言，他是不会促成绝食至死这个方案的。

圣雄自己的思想演变过程难以追溯，但是很显然，这一切都始于他在伦敦的宣誓，不惜以生命为代价抵制安贝德卡尔对分区选举的呼吁，即便自己是最后一个持反对意见的人。在伦敦，甘地不仅反对分区选举，还反对给“不可接触者”

---

[1] 译注：威廉・夏伊勒（William L. Shirer，1904—1993），美国记者，作家，出生于芝加哥，在 20 世纪 30—40 年代，在欧洲和印度任《芝加哥论坛报》和环球新闻社记者，1930 年到印度采访圣雄甘地对英政府采取“不合作”政策的消息。夏伊勒（Shirer）：《甘地》（*Gandhi*），第 208—210 页。

[2] 普亚里拉尔（Pyarelal）：《史诗般的绝食》（*Epic Fast*），第 6 页。

[3] 威尔玛（Verma）：《征战不可接触制》（*Crusade Against Untouchability*），第 27 页。

[4] 纳拉扬・德赛（Narayan Desai）：《火与玫瑰》（*The Fire and the Rose*），第 568—569 页；拉吉莫汉・甘地（Rajmohan Ganhdi）：《帕特尔》（*Patel*），第 226—228 页。

的任何“特别待遇”，甚至反对一定时限的分区选举。但是在绝食的前夜，大家还在如火如荼地协商，试着找出一个能挽救他有限生命的妥协方案，甘地向大家宣告，只要大选允许在一些“预留”地区挑选不可接触者候选人，那么他就能接受为不可接触者预留席位。候选人的初选由这些预留地区的不可接触者选民投票决定，因此该“分区选举”在第一轮之后，就会被大选中的“联合选举”所取代。这与安贝德卡尔最初的立场非常接近，但当时没有被国大党接受。因而此时，圣雄突然赌上自己的性命，不是为了阻止对不可接触者的任何“特别待遇”，而仅仅是为了阻止其中的一项，即大选中的分区选举。有了联合选举——不可接触者与“预留”地区其他居民一起选举，国大党就能保持有利地位，选举自己的不可接触者，即便无法得到大多数不可接触者选民的支持。但是，如果甘地此时接受使不可接触者的特殊地位永久化的选举法，从而实际上承认他们是受压迫的少数群体，那么不管他在伦敦引起了怎样的争论，他的绝食又有何正当理由？如何能称之为宗教忏悔？用阻止分区选举谋求一丁点儿政治利益是一项值得让甘地赔上性命的事业吗？这能够单列出来作为一个目标吗？

让甘地自身提出这点尚且不易，更别说是整个国家了。除非这是对印度教价值观和社会体系进行深入改革的一部分——甘地自从南非回来后一直坚持的举措，否则无法为抵制分区选举找到一个正当理由。尽管如此，圣雄一直等到他绝 232
食前夕，突然向他的支持者抛出这样一个巨大的附加条件。“他不会仅因种姓印度教徒与受压迫阶级之间达成政治协议而心满意足”，根据他当时所发表的言论，“他想要不可接触制永远消亡”。[1] 随后，为反对不可接触者的特殊投票权而采取的绝食不得不被重新释义，并被提升为对不可接触制本身的抵制。这就是甘地会视之为一项宗教责任、一次忏悔的原因。

协商还在继续，甘地的追随者发起了新一轮对种姓压迫的攻击，而圣雄则在绝食前夜口述了自己的告别信。和平常一样，当他准备一项重大行动时，他的思绪会飘回南非，忆起赫尔曼・卡伦巴赫，17 年前在伦敦，他们见了最后一面。“如果神对这具躯体还有更多重托，那么它将经受住这场严酷的考验。”他给卡伦巴赫写的信介于告别与再会之间，“接下来，你得早日过来与我重逢。否则就只能对你说一声再见了，致以深深的爱。”[2]

[1] 普亚里拉尔（Pyarelal）:《史诗般的绝食》（*Epic Fast*），第 30 页。

[2] 纳拉扬・德赛（Narayan Desai）:《火与玫瑰》（*The Fire and the Rose*），第 569 页。

甘地对全国的呼吁刚刚提出，就听到了回应，一开始似乎引起了共鸣。在全印度的寺庙中，迄今为止一直抵制不可接触者的种姓印度教徒突然宣布他们迫切欢迎和拥抱从前的种姓外兄弟——甘地给他们重新起名为“哈里真”——如果这可以使圣雄生命无虞。开放寺庙被当作一种安全保证，作为种姓印度教徒慷慨和公德精神的新证明。因此，在这里我们看到的是一个双重矛盾：甘地曾在瓦伊科姆反对采用绝食的方法解决寺庙准入问题，而现在却准备将寺庙开放作为他采用绝食对抗“教派裁定书”取得成效的证明。这一切在这位熟练的政治炼金术师或者剧作家的手中都变成了反对不可接触制的绝食，比他内心深处直觉式思想的演变过程更为清晰，是他的决定所产生的直接影响。拉宾德拉纳特·泰戈尔这位孟加拉语诗人曾经对甘地提倡的焚烧外国布表示反对，此时他当即认识到了他所宣称的甘地向多数派印度教徒发出“最后通牒”的紧迫性。

“假如我们用习以为常的某些仪式小气地放弃绝食，让神圣的生命浪费了宝贵的意义而白白逝去，”这位诗人在甘地绝食的第一日如此宣称，“那么我们的人
233 民将消极地在堕落之路上越走越远，最终到达一无所有的一片空虚。”[1] 于是，70岁的泰戈尔拖着病体，急忙乘坐火车穿越次大陆，来到位于浦那附近的监狱，来到甘地身边。“整个国家被圣雄的忏悔深深唤醒。”泰戈尔在给伦敦一个朋友的电报中写道，“改革正在迅速地进行。”席卷村与村之间的改革有多迅速还有待观望。几十年后，农村的女性不可接触者因为佩戴金属手镯和耳环，或者穿着颜色鲜艳的新莎丽，或者佩戴被认为太过招摇、与她们卑微地位不相符的首饰而遭受攻击的事例不绝于耳。没有土地、背负债务和被迫劳动等现象依旧存在，甚至有增无减。没有一个确定的方法可以知晓到底有多少种姓印度教徒的思想受到甘地绝食和随后的反不可接触制斗争的深刻影响，并发生了某种程度的转变，数百万可能是个合理的猜测；但是在印度，一百万仅仅是一个百分点的一小部分，数百万远远达不到甘地所追求的广泛改革目标。

泰戈尔在甘地绝食的第七天，也是最后一天来到甘地床前。[2] 他在陪护下进入到两个牢区之间被隔离的院子，他看见甘地蜷缩在一个简单的吊床（charpoy）上，“在一株小芒果树荫下”。就在那里，在绝食的第四个晚上，安贝德卡尔博士

[1] 泰戈尔（Tagore）：《圣雄吉和受压迫民众》（*Mahatmaji and the Depressed Humanity*），第11、18页。

[2] 同上，第22页。

曾被带到圣雄的床边，圣雄看起来已经非常虚弱，两人就后来众所周知的“浦那协定”（Poona Pact）[1] 进行了最后阶段的谈判协商。

“圣雄吉，您这样对我们十分不公。”[2] 这位不可接触者领袖开口道。

“我的命运总让我表现得不公，我无法改变。”甘地说道。

很快他们便又陷入了对立法机构席位的“数量之争”，有人听到安贝德卡尔说：“我想要得到补偿。”推测来说，他言下之意是要用放弃分区选举换取席位数量的补偿。他说，此时的不可接触者毫无权势，需要政治力量。甘地在席位数量问题上非常灵活，但在 5 年或者 10 年之后公投的时间问题上比较顽固。“要么 5 年之后公投，要么我绝食至死。”这位虚弱不堪但仍然坚持讨价还价的圣雄说，似乎想在第二次见面时激怒对方，就像一个对着一卷布讨价还价的班尼亚商人。他们的争议通过谈判解决了。最后协议规定了联合选举、保留席位，以及公投稍后再定，但后来事实证明公投从未举行。实际上，安贝德卡尔在与甘地谈判中赢得的预留席位差不多是拉姆塞·麦克唐纳提议的裁决书给他承诺的席位数量的两倍。“我完全同情你。你所说的大部分事情，我都同意。”圣雄在一开始便向这位 234
不可接触者领袖做了保证。现在，在安贝德卡尔看来，圣雄已经兑现了。

“我与你只有一个争端。”根据马哈迪夫日记的记载，安贝德卡尔回答道，“你致力于所谓的国家福祉，并非只是为了我们的利益。如果你全身心地致力于‘受压迫阶级’的福祉，那么你将成为我们的英雄。”这个回复也许最忠实地反映了安贝德卡尔的看法，他终于看到了一个完整的甘地，一个国家理想的忠实拥护者。这一番交流也预示了安德鲁斯在“亲爱的莫罕”系列信件的某封信中发出的呼吁，他呼吁甘地集中一切精力反对不可接触制。绝食之中的圣雄没有直接回答安贝德卡尔，而是做了最后的陈述。他说：“我的确是一个用不可接触者的生活标准要求自己的人，因此在思想上比你更配做一个不可接触者……我无法接受你的群体与我相分离的想法，不管是在理论上还是在实际中。我们必须是一个不可分

---

[1]　译注：浦那协定（Poona Pact）：指的是安贝德卡尔与圣雄甘地于 1932 年 9 月 24 日在耶罗伐达中心监狱内协商的一份协议，是安贝德卡尔和另外几位领导人为了让甘地停止绝食所签订的（甘地绝食之举是为了反抗英国首相麦克唐纳颁布的“教派裁定书”，教派裁定书给予不可接触者分区选举的权利）。

[2]　普亚里拉尔（Pyarelal）：《史诗般的绝食》（*Epic Fast*），第 59 页；纳拉扬·德赛（Narayan Desai）：《火与玫瑰》（*The Fire and the Rose*），第 575 页。威尔玛（Verma）：《征战不可接触制》（*Crusade Against Untouchability*），第 43—44 页。

离的整体。”

无论安贝德卡尔和甘地之间的竞争被看作是根本性的原则考验还是意志考验，圣雄将这场绝食升华为一场不成功便成仁的运动，至少此刻看来是如此，这一举措已经取得了一些惊人的效果。首先，一封封来自次大陆各地的电报雪片似的涌来，纷纷宣布向甘地的哈里真开放印度教寺庙，有些是很有名气、令人敬仰的寺庙，大部分寺庙是默默无闻的，还有一些寺庙后来被证明并不存在。接着，种姓印度教徒在孟买召开了一次紧急会议，起草了一份宣言，正式号召所有公共设施都对不可接触者平等开放，不只是寺庙，还包括道路、学校和水井。“没有人会因身世而被看成是‘不可接触者’。”[1] 该宣言称。同样，高等种姓的孟买妇女也组织了一次聚会，做出“不可接触者面对的障碍将不复存在”这一决定。[2] 忽然间在印度的许多城市，婆罗门种姓的人们为了证明自己的善意，流行起邀请不可接触者共同进餐，证明这是一个慈悲和善意的简短季节。在贝拿勒斯印度教大学（Benares Hindu University）这个正统派印度教中心，清洁工和鞋匠都被邀请去用餐。一个新成立的“反不可接触制联盟”（Anti-untouchability League）——后更名为“哈里真服务社”（Harijan Sevak Sangh，或称为 Harijan Service Society），在各地纷纷成立分社。它们筹集资金，开展提高不可接触者地位的项目。就连曾承认最初反对甘地“选择在一个次要问题上以命相搏”的尼赫鲁，而今也为这个结果感到欣喜。[3] “这个在耶罗伐达监狱里待着的小个子男人是一名多么伟大的魔术师啊！”他写道，“他是多么擅长拨动人的心弦啊！”

235 这些虔诚的令人陶醉的阵阵劲风似乎驱散了安贝德卡尔习惯性的怀疑态度，甚至连他本人也被席卷到甘地的阵营里了。“我永远都不会被这些方法感动。”在一开始听说甘地要绝食时他这样说，“如果甘地先生要为印度教徒群体的利益以命相搏的话，那么受压迫阶级也将被迫以生命为代价维护自己的利益。”[4] 但是，10 天过去了，他自己却因甘地绝食及其所带来的影响而动容。在甘地计划结束绝食的前一晚，安贝德卡尔发现自己被孟买印度教徒会议的热情承诺和欢呼所淹没，这是一次他从未经历过的爱的盛典。安贝德卡尔陷入困境，他承认，当最后

---

[1] 威尔玛（Verma）:《征战不可接触制》（*Crusade Against Untouchability*），第 44 页。

[2] 普亚里拉尔（Pyarelal）:《史诗般的绝食》（*Epic Fast*），第 239 页。

[3] 尼赫鲁（Nehru）:《走向自由》（*Toward Freedom*），第 237 页

[4] 《印度时报》（*Times of India*），1932 年 9 月 14 日。

轮到他发言时，他不得不在“印度最伟大之人的生命”与“教派利益”二者之间做出选择。[1] 但是绝食之中的甘地让这一切变得相对容易了，甘地补救了自己在安贝德卡尔眼中的形象，也向不可接触者表示祝福。“我必须承认我很惊讶，我太惊讶了，当我见到他时，我发现我们有许多共同点。”如果圣雄一直像在伦敦那样坦诚的话，安贝德卡尔公正地说，“他就没必要经受这一痛苦了。”他现在说，他唯一的担心是种姓印度教徒可能会不遵守协议。“会的，我们会遵守！我们会遵守！”人群在呼喊，欢声雷动。

一日未收到英国政府对该妥协案的正式接受文件，甘地就一日不肯进食，这意味着要部分废除他一直关注的“教派裁定书”。最终，在9月26日的傍晚，这份文件通过监狱长递到了甘地手中，它装在一个“红色封口的信封里”。甘地事先考虑好了，请求这位英国长官转达他的要求，允准他继续发起抵制不可接触制的运动，就算为此让他继续待在监狱他也在所不惜，随后便临时举行了一场宗教仪式。监狱长官们向艾哈迈达巴德萨巴玛蒂阿什拉姆的居民和甘地的其他追随者打开了监狱大门。监狱对访客的限制几乎解除了，在甘地的绝食结束之日，大约有200人来到监狱探望。首先，他们给院子里洒水，然后请泰戈尔唱一首他谱好曲的孟加拉语赞美诗。泰戈尔后来说，他已经忘记了调子，但还可以哼唱。（“在我的心坚硬焦躁的时候，请予以我仁慈的甘霖。”这位诗人的祷告这样开始。）最后，贾瓦哈拉尔的妻子卡玛拉·尼赫鲁（Kamala Nehru）——4年后于瑞士的一家疗养院去世——准备了一杯橘子汁，印度人称之为甜青柠汁（里面很可能掺了蜂蜜，柠檬汁加蜂蜜是甘地最爱的鸡尾酒饮料之一）。嘉斯杜白举起杯子，喂到 236
甘地嘴边。[2] 大家唱起了赞美诗，耶罗伐达监狱的院子里放着祝福者送来的一篮篮水果，堆积如山，这是由众人一个一个传递进来的。泰戈尔感叹道，没有一个监狱此前经历过如此的盛事。

第二天晚上，在浦那又举行了一场人满为患的公共集会。集会结束后，泰戈尔写道：“所有观众都将手举起，共同接受宣誓，发誓净化我们社会生活中那些侮辱人性的重大错误。”[3] 不可接触制即将灭亡，圣雄用一周的绝食至死的行动改变

---

[1] 普亚里拉尔（Pyarelal）：《史诗般的绝食》（*Epic Fast*），第188—189页。

[2] 同上，第79—80页。

[3] 泰戈尔（Tagore）：《圣雄吉和受压迫民众》（*Mahatmaji and the Depressed Humanity*），第29页。

了印度和印度教，这些想法已经在人们的心头盘旋了几周，也许有几个月之久。在这个时刻，似乎只有甘地孤身警告人们要谨防故态重萌的危险。[1]结束绝食至死的那个晚上，他觉得要向人们许诺，如果反对不可接触制的斗争停滞不前，他将恢复绝食。

如果不是英国人为了防止全国性的文明不服从运动死灰复燃而把圣雄和大部分国大党领导人关起来的话，那么可想而知，甘地的绝食也许已经撒下了收获社会持久变革的种子。在接下来的8个月内，安贝德卡尔三次造访耶罗伐达监狱，向甘地咨询。在这短短的一段时期内，两人之间的敌意烟消云散，某种共识此时似乎隐约可见。在对不可接触者听众的演讲中，安贝德卡尔着手敦促他的追随者放弃食肉，这是甘地经常在这类集会上提出的一项呼吁，寄希望于这种做法能够使他们为虔诚的印度教徒所接受。[2]这位不可接触者领袖此时说得更多的是民族目标和政治权利。他接受了甘地的一个主题，他写道："可接触者和不可接触者不可能用法律团结在一起，当然也不可能用选举法团结在一起……唯一能将他们团结在一起的东西是爱……我希望在种姓印度教徒中掀起一场思想革命。"

然而，印度教寺庙对不可接触者开放对于甘地来说变得越重要，反而在安贝德卡尔看来越不重要。他们可以说几乎是调换了位置。对甘地而言，现在开放庙宇是"唯一能给哈里真带来新生与希望的事情，而仅仅提升他们的经济地位无法带来这些"。[3]对安贝德卡尔而言，此时的关键问题是社会平等，而非开放寺庙。"开放还是不开放寺庙，是你们要考虑的问题，而不是需要我来鼓动的问题。"他对种姓印度教徒演讲时说，"如果你们认为不尊敬人格的神圣性是一种恶行，那
237 么就开放你们的寺庙，做一个绅士。如果你们宁愿做一个印度教徒而不做一位绅士，那么就关上你们的大门，自毁名声。反正我不屑一去。"[4]当甘地在1933年初发誓，如果最重要的南印度供奉克里希那神的古鲁瓦尤尔寺庙（Guruvayur temple）仍然对不可接触者关闭的话，他就再次绝食，安贝德卡尔敦促甘地不要这样做。"对他来说，没有必要在寺庙准入这样一个微不足道的问题上赌上性命。"[5]安贝德卡尔说。

---

[1] 普亚里拉尔（Pyarelal）:《史诗般的绝食》（*Epic Fast*），第79—81页。
[2] 科尔（Keer）:《安贝德卡尔博士》（*Dr. Ambedkar*），第234、221页。
[3] 《圣雄甘地全集》（*CWMG*），第53卷，第131页。
[4] 科尔（Keer）:《安贝德卡尔博士》（*Dr. Ambedkar*），第229页。
[5] 《泰晤士报》（*Times*），伦敦，1932年11月7日。

当甘地在耶罗伐达监狱里准备创办《哈里真》周刊时，他联系安贝德卡尔，请求他为创刊号写一个“咨文”，《哈里真》是《印度舆论》和《青年印度》的继刊。甘地的这一举动激起了安贝德卡尔愤懑且讽刺性的回应。安贝德卡尔写道：“就我个人而言，你认为我在印度教徒眼中有足够的价值，能够使他们尊敬地阅读我提供的咨文，这一假设毫无根据。”因此，他没有写“咨文”，而是写了一个“声明”。显而易见，他依然不愿与包括甘地在内的印度教改革者共谋事业。他只愿意告诉甘地和印度教徒一些逆耳忠言。甘地确保《哈里真》刊载了辛辣的封面说明以及这个声明，声明中说：“只要种姓还存在，种姓外的不可接触者就不会消失。除非废除种姓制度，否则无法解放种姓外的不可接触者。”他的意图只是想刺激一下甘地，而非挑起一场战斗，但是，他们的确已经渐行渐远了。最终，他们都将否定曾在耶罗伐达监狱共同签订的协议。[1] 甘地将限制性采用的分区选举称作是“撒旦的工具，其名字叫作帝国主义”。而他最终同意分区选举时已经气若游丝。安贝德卡尔则写道：“国大党吸干了浦那协定的果汁，将果皮扔到了可接触者的脸上。”[2]

他们之间不久前所产生的分歧，其实从第一次会面时就已经在两人心头盘旋。这个分歧就是，受践踏的不可接触者是可以代表他们自己，在尘土飞扬的印度农村现实中被有效地动员起来，还是注定要等待种姓印度教徒被“印度最伟大之人”的宗教忏悔和受苦所感动。在现有条件下，这两个选择很大程度上都是理论上的。不可接触者的有效动员和种姓印度教徒的宗教转变都将花费数代人的时间。80 年之后，要说出来到底还需要几代人的时间仍然为时尚早。在某种程度上，由于甘地与安贝德卡尔的努力，这两个方面都取得了进步，不仅在他们的有生之年，而且在他们所代表的奋力争取的印度梦想的实现过程中。但我们可以合理地说，其步伐比冰川的形成快不了多少，也就是说，步伐极其缓慢，丝毫没 238
有革命的意味。

甘地结束“史诗般的绝食”仅 5 周之后，马德拉斯立法委员会（Madras Legislative Council）便通过了一条法案，规定如果使用某寺庙的绝大多数种姓印度教徒想开放该寺庙，而该寺庙仍然对哈里真关闭的话，那么这样的做法是违法的。这条法案的目的在于从婆罗门祭司手中夺走决定权，例如瓦伊科姆庙的那姆

[1] 坦杜卡尔（Tendulkar）：《圣雄》（*Mahatma*），第 7 卷，第 151 页。

[2] 曼卡尔（Mankar）：《谴责浦那协定》（*Denunciation of Poona-Pact*），第 109 页。

布迪里，他们通常拥有最终发言权。这个立法委员会的权力太小，即便是对法案进行辩论，都需要得到总督的正式批准。面对正统印度教徒的日益反对和哈里真表面上的漠不关心，毫无实权的中央立法机构提出的类似法规搁浅了。对于甘地而言，这项法案和不可接触者的公民投票权一样情势危急。1933 年 2 月，当甘地与安贝德卡尔会面时，他恳求安贝德卡尔支持这项议案，至少不要反对。[1]

“如果我们在寺庙准入问题上幸运的话，那他们会让我们从井里打水吗？”安贝德卡尔问。

“当然，这一点一定会接踵而至。”甘地回答。

安贝德卡尔犹豫了。他想从甘地这里得到的是甘地对种姓制度的明确谴责，以表明他对自己提出的所有印度教徒生而平等的观点是认真的，但这位圣雄并没有准备好这样做。安贝德卡尔曾同意加入哈里真服务社的理事会，它的章程就是这样说的，承诺哈里真“与其他印度教徒绝对平等”，并要求其成员宣布：“我不认为任何人比我地位低下，我将尽最大努力践行这个信念。”[2] 但是不到一年，他就退出了，因为他深信这个致力于服务人民的甘地主义组织，受控于种姓印度教徒，这些人从根本上就对安贝德卡尔提出的“在全印度确保受压迫阶级享有公民权利的运动中”动员哈里真毫无兴趣。[3]

最终，安贝德卡尔总结说，对于寺庙准入的法规，他不得不理解成是一种侮辱，这是他远离圣雄的另一个原因。“不能因为大多数人沉溺于罪孽和不道德，或者因为大多数人选择践行罪孽和不道德，就容忍罪孽和不道德。”他说，“如果不可接触制是一个罪恶的、不道德的习俗，那么在受压迫阶级眼里，他们必须毫不犹豫地消灭它，即使它为大多数人所接受。”[4]

239 同一问题——哈里真的基本权利是否可以由种姓印度教徒投票决定——在古鲁瓦尤尔寺庙问题上引起了争执。甘地虽然被关押在耶罗伐达监狱，但是当局允许他从狱墙后指导哈里真问题，甘地一直在盘算并不断推迟在著名的克里希那神庙开放日的绝食。在该寺庙周围曾进行的一次民意测验，验证了甘地的信念，大多数种姓印度教徒此时正在准备与哈里真一起敬拜。然而直到 1947 年印度独立

[1] 曼卡尔（Mankar）:《谴责浦那协定》（*Denunciation of Poona-Pact*），第 160 页。

[2] 威尔玛（Verma）:《征战不可接触制》（*Crusade Against Untouchability*），第 62—63 页。

[3] 安贝德卡尔（B. R. Ambedkar）:《国大党和甘地对不可接触者做了什么》（*What Congress and Gandhi Have Done to the Untouchables*），第 135 页。

[4] 科尔（Keer）:《安贝德卡尔博士》（*Dr. Ambedkar*），第 229 页。

之后，该寺庙才对他们开放。晚至 1958 年，甘地被谋杀 10 年后，意气消沉的哈里真服务社将这视作一次胜利，贝拿勒斯有更多的寺庙最终对哈里真开放了，25 年前哈里真服务社就宣称哈里真具有平等的权利。[1]

1933 年 5 月，甘地最终开始了他的又一次绝食——他在不可接触制问题上 7 个月时间里的第二次绝食——他立即被从监狱里释放出来。[2] 尽管这次绝食持续时间长达 21 天——比所谓的"史诗般的绝食"的时间多了两周——但这一次引起的震动却远小于那一次。泰戈尔来信说，这是一个错误。彼时正被关押在阿拉哈巴德的尼赫鲁也绝望了。"对于我不了解的事情，我有什么发言权呢？"他在给甘地的信中写道。

这时的安贝德卡尔正在谋求其他途径。寺庙准入运动断断续续进行了 10 年，安贝德卡尔发起的运动在不到两年的时间里就终结了寺庙准入运动。他宣称是时候让不可接触者放弃印度教了，现在不可接触者自称为达利特，而非哈里真。[3] "我生来是印度教徒，并且蒙受了不可接触制带来的痛苦。"他说，随后便立即发誓，"我不想作为一个印度教徒死去。"

如果在与甘地最后一次争吵后，安贝德卡尔对甘地的感情中还存有赞赏和矛盾情绪的话，那么他竭力抑制这种情绪。[4] 在后来的岁月里，他将大量精力用在恢复和扩大反对甘地的激烈争论上。"作为一位圣雄，他可能正在试图将政治精神化。"安贝德卡尔写道，"不管这一点他有没有成功，能确定的是，政治已经使他商业化了。一位政治家一定知道社会承受不了完完全全的真相，也一定知道如果说出完整的真相对他的政治不利，因此他就不能说出整个真相。"这位幻想破灭的、聪明的敌手最终争辩说，甘地拒绝对种姓制度发起正面抨击，是担心"他会失去自己的政治地位"。

他总结道，这就是"这位圣雄似乎不相信思考"的原因。

安贝德卡尔与甘地一样前后不一。"浦那协定"也许为他们提供了一个有效 240
的分工基础，甘地致力于减缓印度教徒对于不可接触制习俗的依恋，留出空间让安贝德卡尔动员穷困且受压迫的人民，甘地称之为哈里真。但这其中，除了政

[1] 威尔玛（Verma）:《征战不可接触制》（*Crusade Against Untouchability*），第 196 页。

[2] 坦杜卡尔（Tendulkar）:《圣雄》（*Mahatma*），第 3 卷，第 201 页。

[3] 奥姆维德特（Omvedt）:《安贝德卡尔》（*Ambedkar*），第 61 页。

[4] 安贝德卡尔（B. R. Ambedkar）:《消灭种姓》（*Annihilation of Caste*），第 84—86 页。

治，除了安贝德卡尔的野心，还有很多因素成为阻碍。甘地对国大党以外的动员活动都毫无兴趣。安贝德卡尔想公平地分享权力，而不准备仰人鼻息，他似乎很肯定，如果自己屈服于国大党的话，那么可能就得仰人鼻息。安贝德卡尔用最简单的语言形容他与甘地之间的对立，他说："显然，甘地希望在不冒犯印度教徒的前提下提升不可接触者的地位。"[1] 这句话揭示了他们之间冲突的关键。安贝德卡尔不再将不可接触者作为印度教徒看待，甘地则仍然将不可接触者作为印度教徒看待。这其中蕴含的基本问题是，不可接触者在未来印度是作为一个被隔离的少数群体和利益团体，通过争取自身权利而过上美满富足的生活，还是作为多数群体的附属团体拥有被认可的权利，通过忍气吞声、逆来顺受过上美满富足的生活，公道地说，这是一个在过了近 80 年后仍然没有解决的问题。

在艰难的讨价还价之后，这位不可接触者领袖最终发现，他为了与绝食的圣雄达成协议所做的让步，并没有让自己上升到一个全国性的位置，他要寻找另外一条途径去达到这个高度。随着时间的消逝，他发现自己不过是一系列资金匮乏的小型反对党的领袖，其影响力超不出他的马哈尔种姓基地——后来演变成马哈拉施特拉邦。由此，他的怨气与日俱增，责怪甘地和国大党。但是，有一些粗略的、暗示性的证据表明，在浦那协定签订 15 年后，可能正是甘地提名安贝德卡尔在独立印度的第一届内阁中担任职务。[2] 作为司法部长，安贝德卡尔随后成为 1950 年印度宪法的主要起草人，这部宪法中的第 17 条正式废除了不可接触制，但甘地并未能活着看到这一结局。因此，而今被前不可接触者（现自称达利特）尊称为巴巴萨希卜的安贝德卡尔一直都没有与甘地化干戈为玉帛，他批评甘地是一个不愿意告诉印度"全部事实"的政客，但是他能荣升到所梦寐以求的国家领袖的地位可能是甘地的功劳。

如果安贝德卡尔本意是说甘地作为一个国家领袖，在该说出全部事实的时候有所隐瞒，那么在这一点上他是有道理的。但是，这位圣雄更愿意贬抑他的圣雄
241 身份，不否认他是一个政客。因此，愤慨地吼出"政客！"名号来反对这位独一无二的、自我创造的领袖模范——如果尚未被完全理解，也是大部分印度人所崇敬的领袖——这种做法并不具备什么眼光，也没有带来多少刺痛。如果安贝德卡

[1] 安贝德卡尔（B. R. Ambedkar）：《国大党和甘地对不可接触者做了什么》（*What Congress and Gandhi Have Done to the Untouchables*），第 277 页。

[2] 拉吉莫汉·甘地（Rajmohan Gandhi）：《甘地》（*Gandhi*），第 597 页。

尔的意思是说，圣雄坚持以“事实”为原则的做法是自私自利的，从而是无法实现的妄想，那么他的意思是否也是说，如果这位国家领袖不这样宣称的话，他会对圣雄更加崇敬？甘地也许是一个政客，但是很少有政客（如果有的话）能够像他那样，乐意召唤他的追随者或自己进行新的且更艰难的尝试。到1933年的夏天，被尼赫鲁形容为具有“行动天赋”的这个人，在两个彼此竞争的事业之间纠结，无法决定到底是将全部精神集中于规模渐渐削弱的文明不服从运动，还是集中于如火如荼的不可接触制改革运动。[1]他可以辩称这两个事业“不可分割”，但是他的运动和殖民当局以各自的方式推动他做出选择。

英国人依旧将甘地的大部分国大党高层同事关在监狱里，这是一种预防新抵抗浪潮的有效方式。但是甘地知道，这恰好是受过高等教育的年轻国大党成员所希望的。他也知道，号召恢复文明不服从的一个必然后果就是他自己再次入狱。[2]首先，他试图中止文明不服从运动，以便集中精力于哈里真事业。这使得具有号召力的孟加拉领袖苏巴斯·钱德拉·鲍斯认为自己毫无价值，是一个失败者。[3]随后，甘地试图通过倡导个人文明不服从行为取代群众抵抗来调和、折中。这个新策略对英国人来说太过分了，但对像鲍斯和尼赫鲁这样的年轻国大党成员来说则远远不够。当他宣布要举行一场反对政治示威禁令的小型游行时，甘地立刻再次被投进耶罗伐达监狱。在上一次被监禁时，他被允许在监狱里忙活自己最新的周报，前提是只限于关于哈里真事业的讨论，这就是为什么他把该周报称为《哈里真》。这一次，他被当作普通囚犯，无任何特权，也没有报纸。不到两周，他开始了又一次的绝食，这是他11个月里的第三次绝食，差点让自己绝食而亡，以至于被送就医。“如果我不能毫无妨碍地从事哈里真的工作，人生就了无生趣。”[4]他说。

殖民当局提出释放他，条件是他停止文明不服从，这一决定看似有些轻视和嘲弄，实则是对甘地关于呆板法律的拘泥效仿。官方声明说：“如果甘地先生现在觉得如果不让他做关于哈里真的工作，人生就了无生趣的话，那么英国政府

---

[1]　尼赫鲁（Nehru）:《走向自由》（*Toward Freedom*），第240页。

[2]　这一点在1934年8月23日尼赫鲁和马哈迪夫·德赛的一次讨论中明确地提到了，甘地纪念图书馆（Gandhi Memorial Library）收藏的尚未出版的马哈迪夫·德赛日记的部分英译稿中对这次讨论做了总结，第121—124页。

[3]　坦杜卡尔（Tendulkar）:《圣雄》（*Mahatma*），第3卷，第205页。

[4]　同上，第215页。

准备立刻给甘地先生自由，以便他可以全身心地、毫无限制地投入到社会改革的
242 事业中去。”[1]起初，他拒绝这种有条件的释放。随后，被无条件地从医院释放出来后，他宣布在来年的大部分时间里不再“用发动咄咄逼人的文明抵抗来招致入狱”。他将接受英国政府的条款，但是不要让他公开承认即可。于是，他被巧妙地派遣到查尔斯·安德鲁斯曾敦促他首要去做的事情中去，从而让位于他现在宣称为“我生命的气息，比每日面包更宝贵”的事业。[2]他所说的是“为哈里真服务”，在他的思想上，这意味着说服种姓印度教徒接受哈里真为平等的社会成员。在实现种姓印度教徒和哈里真之间的平等之前，他不能承诺全身心投入到这项事业中，毕竟还有争取独立的任务，但是，他将在接下来的 9 个月全身心地投入到哈里真事业，开展全国之旅，争取改变种姓印度教徒的心灵，争取筹集提高哈里真社会地位所需的资金。尽管有些不情愿，甘地还是宣布自己将在这段时间内成为一个全职的社会改革者。

甘地的承诺立刻变成了一项道德义务和妥协，也是一次福音派远征和策略性退却。对他的许多追随者而言，这意味着他将民族运动暂时搁置了。对于甘地本人而言，这似乎是唯一的前进途径。他的秘书马哈迪夫当时被关在监狱，遭受同样待遇的有尼赫鲁、帕特尔、嘉斯杜白，甚至有米拉贝恩，还有其他成千上万的国大党支持者们。他那艰巨的反不可接触制远征也许在准备和跟进方面都不充分，也没有什么证据表明这次远征给前来聆听他演讲（或者至少目睹他）的数以万计的种姓印度教徒心里留下了持久的印象。

安贝德卡尔很少留意这件事，今天的达利特也不庆祝这件事，甘地传记作者们对此事寥寥几段、轻描淡写。然而，毫无疑问，它虽然仓促短暂，但在印度编年史上却是无与伦比的。从 1933 年 11 月到 1934 年 8 月初这 9 个多月的时间里，圣雄甘地全力以赴，四处游说，反对不可接触制，从一个省到另一个省，从一个城镇到另一个城镇，从热季到雨季，风尘仆仆，风雨兼程。有时他从一个村庄步行至另一个村庄，一天发表 3—5 场演讲，每周如此工作 6 天，仅周一例外，因为周一是他的“沉默日”。庞大的人群聚拢而来，他们被他的人格吸引，而不是被他的事业吸引。在那段时间里，他乘坐火车、汽车和步行，穿越大约 20117 公里，为他的新哈里真基金筹集了 80 万卢比（大约相当于今天的 170 万美元或

[1] 坦杜卡尔（Tendulkar）:《圣雄》(*Mahatma*)，第 3 卷，第 215、217 页。

[2] 同上，第 216 页。

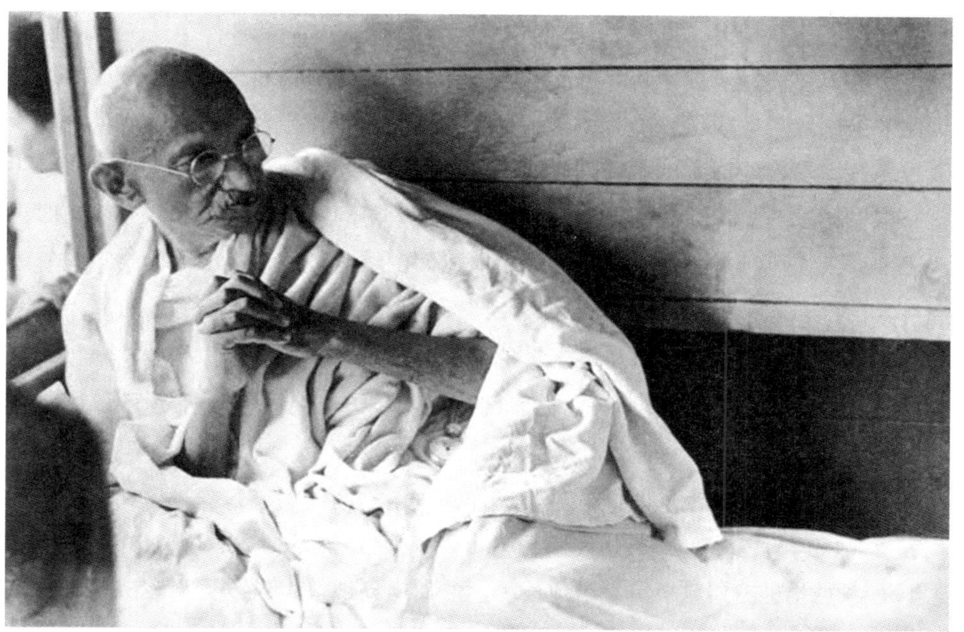

大约 1934 年，甘地乘火车巡游

1212 万人民币）。相较而言，美国总统的竞选可被视为是一次轻松休闲的豪华游 243
轮之旅了。

一位受委托监视甘地行动的英国官员曾得出这样一个早期结论：这个身着缠腰布的脆弱老人在过去 10 个月内经受了两次长期绝食，表现出“惊人的坚韧”。[1] 不久，正统印度教徒在他的集会上或沿途中拦截他，狂热地呼喊反甘地口号并挥舞黑色旗帜，这一情景司空见惯。在他巡游开始的地方——那格浦尔，有人朝他正在演讲的大厅阳台上扔鸡蛋；在他巡游结束的地方——贝拿勒斯，被称为“萨纳坦主义者”（sanatanist）的正统印度教徒焚烧他的照片；有人在浦那引爆了一枚炸弹，试图让他乘坐的从浦那驶往孟买的火车脱轨；在比哈尔邦一处叫贾希迪（Jasidih）的地方，有人朝他的车子扔石头。言语粗鄙的反甘地小册子在上述诸多地方流传分发，反对者将他视为印度教达摩的敌人、一个过气的未能兑现承诺的政治家，宣传册甚至号召人们关注随同妇女给他按摩之事。在这里，我们可以窥

[1] 殖民官员关于甘地之旅的报道收藏在尼赫鲁纪念博物馆（Nehru Memorial Museum）的档案室中。这些报告中的许多篇章被雷伊（Ray）的《甘地反不可接触制运动》（*Gandhi's Campaign Against Untouchability*）引用。

见酿成 14 年后甘地被害的病毒性亚文化的最初迹象。

更普遍的是，甘地预料和担心的印度教徒之间的分裂现在已经昭然若揭，但
244 是他并未回头。正如传教士前往他们视为异教徒的地方传教一样，甘地以一位印度教复兴主义者的形象出现在人们面前，将他的运动带到了他的心灵之地。他并没有现在称之为政治演说的一套固定演说词，但是同样的主题以或多或少的即兴演讲的方式一再出现，所有的演讲都指向相同的结论。他宣讲说，如果印度值得拥有自由，不可接触制必须消失。然而，在许多集会上，不可接触者被隔离在围栏里，可能是因为这些不可接触者害怕被种姓印度教徒看见，犯下逾越之罪，亦有可能是因为当地组织者没有意识到，在反对不可接触制集会上展示不可接触制用以驳斥这项制度。

甘地在旅程快结束的时候遇到了这样一个戏剧性的场景，当时他到达他的故乡古吉拉特邦的包纳加尔（Bhavnagar）市，离他曾经度过一段短暂时光的一所大学不远。为了迎接甘地来访，当地居民领袖们周到地拨出专款，为该市的班吉种姓成员（即清道夫，从事该市最脏工作的不可接触者）建造比较干净卫生的新住宅区，这一计划目的在于通过在甘地来访之时推出这一工程来展示包纳加尔市的开明精神。为此，该市搭建了一个大型的侧边敞开的帐篷，就是一个用五颜六色的布拼缝而成的布天蓬，叫作“纱棉纳”（shamiana）[1]，宛如要举办一场诸如婚礼之类的盛大的庆祝仪式。“班吉种姓成员不允许坐在为这个仪式所搭建的帐篷里面。”一个英国官员向他的上级报告，“他们坐在帐篷外面，甘地与他们一起坐了一会儿，然后走向纱棉纳里他的座位，放置奠基石。”甘地与班吉混在一起是唯一的离经叛道之举。一走进纱棉纳，他又回到了正轨。他能够做什么呢？他又不是第一次面对这样一个既虔诚可敬同时又冷酷无情的印度。

在东部奥利萨（Orissa）邦一处叫萨提亚巴玛布尔（Satyabhamapur）的地方，甘地再次发现他想尝试打破的这个恶习固若磐石。甘地邀请了当地不可接触者团体博利（Bauri）中的 10 名成员和 1 名班吉在他的帐篷里用餐。“然而，甘地先生的同伴们没有一个人与这些客人一起用餐。”另外一位英国官员报道，讽刺味十足，“而且，博利成员拒绝和那个清道夫一起进餐。”

殖民政府继续密切监视着。当地的官员接到命令，要在甘地旅途中的每一站

[1] 译注：纱棉纳（shamiana）：印度式庆典帐篷，通常用于户外聚会、婚礼、宴请等，起源于莫卧儿时代。

寄送报道。这些报道沿着殖民控制链逐级上报给省内务大臣、国家内务大臣，并
最终送达白厅的印度国务部长，当时每一级都有机会对报道补充一些嘲讽的、世
故的评语，这些注解被称为“备忘录”。这并不是各级的帝国官员对社会改革进 245
程一路保持兴趣。他们要确保的是甘地遵守在旅程期间避免政治鼓动的承诺，确
保他不是为下一次文明不服从运动做准备，因为他们一直以来都确信这位身缠腰
布的虚弱老人有着使这片殖民地陷入瘫痪的力量，而且如果允许他不经检查地前
行的话，他就有可能动摇殖民地的基础。在这个意义上，他已经使他们成为非暴
力抵抗方法的警惕的信奉者，并使他们时刻防备着。甘地每到一地都吸引了大批
民众，加尔各答有 10 万民众，马德拉斯（今天的金奈 Chennai）[1] 有 5 万民众，坎
普尔（Cawnpore，如今拼写为 Kanpur）[2] 有 4 万民众，贝拿勒斯（今天的瓦拉纳
西 Varanasi）[3] 有 3 万民众，其他十几个地方加起来有 25000 名民众。这么多民众
被甘地吸引，与其说归因于他们对反抗不可接触制斗争的热情，还不如说归因于
他们对圣人达显的好奇心和不懈追求，也归因于沉浸在圣人光辉中的满足感。但
是，他们不可小觑。

要确保甘地没有为未来的文明不服从运动做准备，英方采取的措施之一是跟踪他热心的基金募集活动，该活动表面上是为新的哈里真服务社募集资金。英国人担心这笔钱可能流入国大党金库，用于某种政治用途，因此他们对甘地到底筹集到多少钱和这笔钱将用于何处非常感兴趣。于是，当地官员接到指示，要报告他的“钱袋子”的确切数额，这意味着要弄清楚他在每一个停留点以自己荣誉之名筹集到的钱款数额，连从最穷困的哈里真的棚屋和贫民窟筹集的数额也不能忽略。通常这些捐款都要报告到最后一卢比，有时要报告到最后一派萨（paise）[4] 这样的小零头。例如，特拉凡科尔的一名官员报告说，甘地竞拍了一枚捐赠于其事业的戒指，竞拍到 3 卢比 8 派萨。佩戴珠宝首饰的女士是直接目标：在卡拉奇，据报道他与一位上了年纪的女士陷入了拉锯战，争夺这位女士不愿意捐赠的一枚

[1] 译注：马德拉斯（Madras）：印度第四大城市，泰米尔邦首府，1996 年，它的名称被官方改为金奈（Chennai），但是旧称马德拉斯仍被广泛使用。该市是印度的一个大型商业和工业中心，以其文化遗产而著称。

[2] 译注：坎普尔（Kanpur）：印度北方邦南部城市，恒河中游平原主要交通枢纽，是印度的第五大城市，同时也是北印度重要的工业中心。

[3] 译注：贝拿勒斯（Benares）：瓦拉纳西（Varanasi）的旧名，1957 年改今名，印度北方邦东南部城市，在恒河中游新月形曲流段左岸。

[4] 译注：派萨（paise）：百分之一卢比。

戒指。“这位女士非常坚定地拒绝拿出她的戒指，对甘地先生强势夺取的尝试表示反抗。”一位官员报告说（一位更高级别的官员在这份报告的页面边缘上写了赞语，不露声色地称赞这位女士展示了甘地主义式的抵抗）。每一个物品都为了提升哈里真地位的事业走上竞拍场，包括他沿途收到的礼物、银盒和杯子，甚至包括他的时间。在一些村庄，除非收到一个足够重量的钱包，否则他拒绝走出汽车；在某个地方，如果钱包不够分量，外加 50 卢比也可以。一位马德拉斯的官员写道：“很多妇女在去参加甘地的集会之前，都警惕地将自己全身上下的首饰拿下来。”

246 甘地——这位不屈不挠的班尼亚变成了托钵僧，在刻板的官员们看来，他是一位很有魅力的人，有时也是个可怜的人，他们评论他“贪婪金钱”和有着“搜刮钱财的嗜好”，然后，他们沉溺于傲慢地推测他的圣雄英名是否被玷污。“他更像一个前来牟利的茄帝（chetti，意为放债者）。”一份报告写道。“人们不禁为甘地感到难过。”这个报告说，“一个贫穷的老人落魄潦倒，四处奔波，扮演着不同的角色，对此他似乎只是半知半解。”这些官员分布在他旅途的不同站点，身处不同的地方，带着不同程度的偏见观察他，但却在下面几点上达成了共识：前来欢迎他的民众基本上都对他关于哈里真的信息不以为意（事实上，可能根本没有听过）。一旦他来到南印度更正统的印度教徒辖区，他就开始弱化甚至不提开放寺庙的要求。他的旅程是否更加强化了印度教正统派而不是拔除不可接触制这棵顽固的杂草，成为一个公开讨论的问题。他们充满怀疑的叙述与甘地的周刊《哈里真》上刊登的对这场远征所做的虔诚的、英雄式的描述形成了鲜明对照，这些描述加上一长串新开放的寺庙和水井，以及为哈里真学生单独新建的与其他校舍别无二致的宿舍和学校的名单，这一切给人们留下了一种不可阻挡的社会改革高潮的印象。

持旁观态度的殖民官员的叙述与热情的国内信徒的叙述形成鲜明对比，这完全是意料之中的事。但是除了他们对甘地本人言论的呈现之外，最珍贵的莫过于具体细节的描述段落，这些细节描述比任何评价都能说明问题。一位英国官员写道，在奥利萨邦有一个地区禁止甘地一行进入寺庙，“在这个地区的好几个地方，我可以看到人们将甘地双脚触碰过的尘土运走”。还有关于那格浦尔一位清道夫妻子的描述，她名叫阿巴嫣哈尔（Abhayanhar），她将最后的两个手镯捐献给甘地。“泪水从阿巴嫣哈尔的脸颊上簌簌地滚落下来。”一名殖民官员写道。“甘地接受了具有牺牲精神的奉献，并说他已经将阿巴嫣哈尔一家降为赤贫，他们现在是真正的哈里真，是那格浦尔最忠诚的班吉。”这位官员没有写下任何评论，只是描述了自己所看到的情景。这给人留下一种感觉：他目睹了一场圣礼，无法理解但又难以忘怀。

在这些常常怀有敌意的殖民报告的零散旁白中可以发现，正统派印度教的示威者嘲弄圣雄并阻挡他的行动，但是圣雄总是自律且冷静地对待他们，从而展现出他的沉着淡定以及可靠而低调的雅量。在现属拉贾斯坦（Rajasthan）邦的阿杰梅尔（Ajmer），一个最顽固的反甘地分子，名叫拉尔·纳特（Lal Nath）的贝拿 247
勒斯婆罗门，带领一个小分队，挥舞黑旗，大出风头。在一次与一些没有接受非暴力信息的甘地信徒的冲突中，他还被打得头破血流。甘地严正地斥责了人群，并邀请拉尔·纳特上台发表反对他的讲话，这个婆罗门瞬间就被“丢人，丢人”的呐喊声淹没了。在比哈尔邦的布克萨尔（Buxar），萨纳坦主义者躺倒在载着甘地前往群众集会的车子前面，在这里他们中有些人也被打了。甘地前往医院探望了这些受伤的萨纳坦主义者，并承诺将会为此忏悔。尽管当时被告知通往集会的路依旧被封堵，如果他坚持继续前往那里，很可能会遭到袭击，但甘地在四个巡警的陪伴下沉着冷静地步行前往，在5000人组成的人群中蹚出了一条路。在马哈拉施特拉邦的绍纳尔（Saonar）镇，另一队萨纳坦主义者试图阻拦他的车，甘地则让他们的领导人乘他的车一起前往要发表演讲的集会。

少数几个官方报告的作者怀疑，这里可能正在发生着比他们迟钝的同事所目睹到的更重大的事情。德里的行政长官写道，甘地“即使以他目前的角色而言，依然具有非常重大的影响”。他还冒天下之大不韪地认为，印度人对不可接触制的看法的趋势也许在逐渐转变。“虽然也许60%的印度教徒私下里决定不会平等对待不可接触者，但是他们避免公开表达他们的观点。”这位高级文员的话听来较为乐观，似乎表明少数种姓印度教徒在这个问题上已经发生了某种转变。孟买的一名官员也持有相似的观点。“虽然多数人都宁愿这个运动失败，但他们中的大部分不太可能去积极反对这个运动。”他预言道。因此，萨纳坦主义者掀不起什么大浪，不可能抗衡和战胜甘地先生的坚强意志。

甘地本人表示，在正统派发起针对他的一切宣传之后，他的论点貌似被漫不经心的大批听众被动地接受了，听众的数量在飙升。“我敢肯定，我传达的信息引起了民众的共鸣。”他说，“我也充分意识到，他们所有人还没有准备好将信念转化为行动。然而我认为一个巨大的收获是，民众终于开始相信这个信息是真理。”[1] 他的意思是，勉强地相信。他所说的是，它可能不会对他们的行为产生多大的影响，这一结论和那些精明的殖民官员的结论没有多大区别，但是他们再也不能为种姓压迫辩解了。

248 对于甘地所希望的思想巨变是否真的发生了，抑或是其产生的影响有多深远，当时尚不得知，现在就更无法追溯了。有时候，他也表达自己的疑虑。在与强硬的瓦拉拜·帕特尔的私下谈话中，甘地比在面对公众时坦白得多：“印度尚未皈依手纺车，当然也没有想要废除不可接触制。我们甚至都不敢说整个知识分子阶层赞成废除不可接触制。”[2] 在这个语境下，甘地所说的“知识分子”指的是当时自称为社会主义者（Socialist）的一群人，他们一边谈论着“阶级斗争”的可能性，一边认为甘地对不可接触制的专注是“反动的”“不相干的”。他们不同意甚至不承认不可接触制决定了赤贫印度人的生活，这个差异不仅仅是一个政治术语的差异。他们对最穷困的人的认同基本上停留在理论层面，认为提升赤贫之人地位的前提是印度独立。而甘地则认为不可接触者地位的提升是比印度独立还要紧迫的事。如果说真有什么区别的话，视察过成千上万的不可接触者的居住地后，甘地似乎更愿意在旅途结束之际用尖锐的语言来描述他的哈里真的凄惨状况和能够改善他们状况的社会行动。他说：“我们能够弥补几个世纪以来罪孽的唯一方式就是与哈里真为友，去他们的居住地，去拥抱他们的孩子一如拥抱你们自己的孩子；去关心他们的福利，去看他们是否拥有干净水源和清新空气一如你们所享有的权利。”[3] 拥抱不可接触者儿童也许算不上是一个社会项目，也推进不了自治事业。但是，随着甘地和他运动之间的鸿沟日趋拉大，哪一方是真正超世俗的，哪一方是务实的呢？

在旅程快结束时，经过对他所掌握的所有情报进行总结和综合评估后，旁遮普邦的首席部长写道：“人们对他的目标更多地持批评态度，不再愿意盲目追随他。但是，把他看作是一个没有影响力的人物则大错特错。在合适的场合，他仍然可以产生非常巨大的力量，仍然比任何一个印度人更有能力组织一场大规模的

[1] 坦杜卡尔（Tendulkar）：《圣雄》（*Mahatma*），第 3 卷，第 281 页。

[2] 参见甘地纪念图书馆（Gandhi Memorial Library）收藏的尚未出版的马哈迪夫·德赛日记的部分英译稿，关于 1934 年秋天的内容，第 162 页。

[3] 坦杜卡尔（Tendulkar）：《圣雄》（*Mahatma*），第 3 卷，第 280 页。

反政府运动。”[1]

甘地是否能够组织一场大规模的、影响力深远的反不可接触制运动尚是他心里的另一个问题，这似乎也是英国殖民统治者心里的疑问。他如此执着于这个问题，以至于当1934年伊始比哈尔邦北部遭遇一场特大地震，村庄和城镇被夷为 249
平地，田野和庄稼被毁于一旦，7000多人丧生时，他即刻宣称这场灾难是“神明降下的惩罚”，惩罚人们坚持不可接触制的罪行。[2]我们可以合理地想象，当时是甘地刚刚开启他反对不可接触制之旅的第三个月，他这样说更多的是出于受挫，而不是信念。他经常呼吁将信仰作为社会道德行动的基础。但是，他通常不赞成从降临在次大陆的洪水、干旱和其他一切自然灾害中寻求神灵发怒迹象的那种奇妙思维。在南印度行程中遇到艰难困苦时，他多次重复解释这场地震，这也许可以看作是一种民间风格的修辞手段，是用来抵御他所面临的那些反对之声的一种工具。“他渐渐认识到，反对势力的力量比他一开始预想的要强大得多。”一个英国官员报告说，在这场灾难发生几周后，这位官员试图解读甘地的想法。

尼赫鲁和泰戈尔曾经千方百计支持甘地的绝食至死。随后，如我们所知，他们反对甘地为反抗不可接触制做出的第二次绝食。现在他们都对圣雄以迷信对抗迷信的做法目瞪口呆。“很难想象还有什么比这更加背离科学观的。”一时失望的尼赫鲁在他的自传里写道，这本自传是他在监狱里写成的，“如果地震是神对罪行的惩罚，那么我们怎么判断究竟是何种罪行招致了如此灾祸？——因为，唉，我们犯的罪行实在太多。”[3]泰戈尔说甘地的逻辑“更适合于他的反对者的心理，而非他自己的心理”，正统派印度教徒可能很容易地将地震归咎于甘地对印度教达摩的攻击。[4]

这位诗人写道：“无论我们犯下的罪行和错误有多大都无法撼动造物主设定的结构……圣雄吉带来了创造奇迹的灵感，将这片土地上的子民们从惊惶软弱中解救出来，我们对此深表感激。但是，当他嘴里说出的话可能过分强调子民思想中非理性的因素时，我们感受到了深深的伤害……非理性因素是所有盲目的力量的

[1]　雷伊（Ray）：《甘地反不可接触制运动》（*Gandhi's Campaign Against Untouchability*），第220页。

[2]　拉吉莫汉·甘地（Rajmohan Gandhi）：《甘地》（*Gandhi*），第362页。

[3]　尼赫鲁（Nehru）：《走向自由》（*Toward Freedom*），第301页。

[4]　拉吉莫汉·甘地（Rajmohan Gandhi）：《甘地》（*Gandhi*），第362—363页。

根源，它把我们推向自由和自尊的另一边。”[1]

甘地做出了直接回应，却只让自己越陷越深。他并未打算承认地震与周遭的不可接触制习俗可能没有什么关联，从而使自己失去一个有用的论点：“如果我害怕面对嘲弄……没有高屋建瓴地宣告我的信仰，那么我就是一个谎话连篇的懦
250 夫。”他在《哈里真》中反驳道，“我坚信，我们自身的罪行具有比任何纯粹的自然现象都更强大的力量去摧毁（造物主）设定的结构。物质和精神之间有着密不可分的联系。”[2]

萨纳坦主义团体是反甘地组织中最大的一个，他们举着黑旗，号召人们抵制甘地的集会，但他们并不是甘地激起的唯一的抗议者。在那格浦尔，巡游伊始，来自安贝德卡尔自己的马哈尔团体的不可接触者便以缺席明确表明立场。两个月后，在特拉凡科尔，一个叫“自尊联盟”（Self-Respect League）的群体呼吁不可接触者抵制甘地。在今天泰米尔纳德（Tamil Nadu）邦的哥印拜陀（Coimbatore）附近的希亚力（Shiyali），200 名达利特高举黑旗游行，反对一个只在表面上代表他们利益发起改革运动的圣雄。在浦那，巡游即止时，得到安贝德卡尔支持的不可接触者团体发出了更多抵制甘地的呼吁，尽管安贝德卡尔几天前在孟买主动拜访过甘地。[3]“安贝德卡尔博士抱怨，只要甘地先生在场，国大党人就对废除不可接触制这一问题表现得饶有兴趣。”一份殖民政府官员的二手或三手情报显示，“但只要甘地一离开，这个问题就被忘到九霄云外。”

在公开的总结报告中，甘地宣布不可接触制“就要完结”，但他私下的评价可能与安贝德卡尔的更为接近。1934 年 8 月，巡游宣传结束后不到一个月，甘地透露说正在考虑从国大党运动中“退出”，理由多种多样，其中包括国大党运动显然未能解决“沉默的大多数日益贫困的问题”。[4]

6 周后，甘地正式宣布退出。自他首次接管这个运动算起，已经过去了 14 年。“我已经无权再劝说你们认可我的观点。”他在一次国大党会议上说，“我已

---

[1] 坦杜卡尔（Tendulkar）:《圣雄》（*Mahatma*），第 3 卷，第 250 页。

[2] 同上，第 251 页。

[3] 纳亚尔（Nayar）:《为自治作准备》（*Preparing for Swaraj*），第 207—208 页。

[4] 雷伊（Ray）:《甘地反不可接触制运动》（*Gandhi's Campaign against Untouchability*），第 178 页。

经无能为力，没必要再让我这样一个失去力量的人掌握诸多事务的裁决大权。”[1]这个倍显凄怆的“无能为力”可以解读为对甘地7年前就承认此事的一次清晰而心酸的回应，很有可能是他有意做出的。那一年，他承认已无法维系自己在基拉法特运动时期促成的穆斯林和印度教徒的联盟关系，已失去所有希望。这个词也可以解读为是为重获权力而再一次做出的惺惺作态的表演，但这一次他似乎清楚结果将是如何。

他的巡游才刚刚结束。但在说到感觉“无能为力”时，他所说的不仅是提高哈里真的地位，更是他的整个社会改革纲领——被称作“建设纲领”——包括纺织、禁酒、卫生、保健、用当地语言开展教育、提升女性地位，以及反对不可接 251
触制的斗争。他现在意识到，在过去10年里，国大党对这个改革纲领一直只是嘴上说说而已，其真正意图却在别处。其目的在于获得政治权力，先是新立法机构中的权力，最终则是在整个独立印度的权力。

甘地可能不曾仔细或专门地谈论过不可接触制，但这并不妨碍他得出以下结论：即使他不再长期对国大党在整个社会改革纲领中的无所作为感到无能为力，那他也对其过去几乎整整两年时间里全身心投入的这场特别斗争的无所作为感到无能为力，这场斗争始于那次很快引起全国关注的“史诗般的绝食”。1934年8月5日，他结束了在印度中部城市瓦尔达（Wardha）的巡游，瓦尔达是他新的行动基地。

两天后，他又开始了另一次绝食，一次“自我净化”，而且他说，这也是为净化国大党而进行的祷告。他说：“国大党是全国最大的组织，其纯洁性肯定有助于哈里真运动，因为国大党也承诺要废除不可接触制这个祸害。”8月23日，在所有巡游与祷告结束后，印度教寺庙对哈里真开放的立法在中央大会上被废除了。“萨纳坦主义者现在欣喜无比。”甘地评论道，“我们不应该理睬他们的喜悦。”

几周后，明显郁郁不乐的甘地最终承认，他对待不可接触制的方法“不同于许多（即使不是大多数）国大党员”。他说：“他们认为，我以这样的方式在这样的时刻讨论这个问题，搅乱了文明抵抗斗争的进程，犯了一个极大的错误。”在此，他又一次谈到“最有知识的国大党员”，现在他们乐意自称为社会主义者。

[1]　雷伊（Ray）：《甘地反不可接触制运动》（*Gandhi's Campaign against Untouchability*），第46—47页。

他说正与他们背道而驰。[1] 他仍然相信所谓的“纺织牺牲”是“哈里真与穷人”之间的“活生生的联系”，他一直习惯于将他们描述为“沉默的大多数”，而如今，他承认“绝大多数国大党员对此没有信心”。

在甘地看来，那些自称自许的社会主义者——不管有多么高尚、多么坚定——与大多数印度人生活在其中的那个印度鲜有甚至没有联系。他说“他们中没有任何人知道印度农村的真实情况，或许他们根本不屑于去了解”。

有一种观念认为，从这个国家本身的众多版本中，可以提炼出两个印度——一个是城市上流社会的资产阶级印度，另一个是悲惨农村的受压迫印度。在未来几十年里，这个观念将为演讲和辩论提供信手拈来的框架。这并不是最糟糕的曲
252 解。也许在下面这些细枝末节中，我们可以看到一个征兆，或者至少是些许迹象：在甘地“史诗般的绝食”那一周，琼·贝内特（Joan Bennett）[2] 正在孟买主演洛克希的有声电影《粗心的女人》（*Careless Lady*）。埃迪·坎特（Eddie Cantor）[3] 在百代电影公司（Pathé）主演《全盛时期》（*Palmy Days*），其中唱道：“对我的宝贝来说这最好不过了。”坐满了电影院或者对新汽车时代（New Era Motors）打折出售的新克莱斯勒普利茅斯轿车（Chrysler Plymouths）发出“噢、啊”赞叹声的，可能不仅仅是英国侨民。（后来被称作宝莱坞的电影，在最早的印度电影制作人眼中只是瞬息微光。它们那时还没有在农村流行，也没有形成后来成为其标志的歌舞表演和令人心碎的爱情故事。但随着大众政治的演进，大众时尚文化很快会出现。）

国大党员中很少有人能像甘地那样，见识过印度海岸之外充满如此丰富多彩的文化产品的世界。甘地仍然坚信，外面的世界没有给印度答案。在巡游之后，他那自我复始、重演过去岁月的嗜好再次萌生。就像他 25 年前退居约翰内斯堡外的托尔斯泰农场，就像他在 1918 年和 1924 年康复期间从政坛隐退那样，甘地现在提出要开启他人生的新篇章，地点就在瓦尔达城外他后来称作萨提亚格拉哈或者塞瓦格拉姆阿什拉姆（Sevagram Ashram）的地方。这里是穷乡僻壤，坐落在印度中部的那格浦尔以西，是一个极其贫困、易发旱灾、蚊虫肆虐、毒蛇为患的

[1] 《圣雄甘地全集》（*CWMG*），第 2 版，第 65 卷，第 178—179 页。

[2] 译注：琼·贝内特（Joan Bennett，1910—1990）：美国电影女演员，新泽西州人，领衔主演过《粗心的女人》（1933）、《猎人记》（1941）、《绿窗艳影》（1944）等影片。

[3] 《圣雄甘地全集》（*CWMG*），第 2 版，第 59 卷，第 218 页。

小集镇。在那里，他殚精竭虑地想要证明其重心在农村工业和个人及公共卫生的建设纲领，可以给这片尚未被分割的次大陆上的 70 万个村庄提供一个可供模仿的样板。他退出国大党的政治活动只是象征性而非永久性的。大家都以为他退出了——因为他再也没有正式重新加入国大党运动——但他仍继续发表观点，甚至参加会议，而且当他这样做的时候，他的意愿几乎总是占主导地位。他还作为一种解围之神（deus ex machina）强力干预国大党领导层斗争——例如在 1939 年，他反对苏巴斯·钱德拉·鲍斯当选国大党主席，而当鲍斯勉强当选后，他又削弱鲍斯的地位。他佯装在瓦尔达置身事外，并且毫不羞于通过他的可靠助手在党内高层挥舞他的权威。尽管如此，他再也没有占据一个正式的领导地位，再也没有像他在伦敦时那样声称是不可接触者的真正领袖。在孟买，据说在他告别国大党
员身份的那天，8 万民众长时间起立鼓掌，然后听到他警告说，他会“在远处监 253
督着，确保国大党所主张的原则得到执行”。

当然，他指的是个人的原则。这个本该从斗争中退出的人说，“我的目标是发展文明不服从的能力”。

他已经辞职了，这很快成为明显的事实，但是他并未真正地退休。 254

第十章　服务乡村

如果说甘地在 1934 年从他领导和代表了近一代人的国大党运动中退出这一举动有某种内在逻辑的话，那就在于他承认所有甘地主义纲领和这些年来国大党批准的决议并没有起多大作用。国大党在他的领导下没有完成的，他现在承诺自己来完成。一方面，他是在羞辱所谓的追随者；另一方面，他是在拒绝放弃最深挚的承诺。他为自己设定的这个新事业显然勾起了内心深处的疑虑，即对自己刚完成的反不可接触制改革运动的有效性的疑虑。他的巡游所见让他相信那美好的承诺过于夸张又太过于廉价，这个承诺就是农舍纺织手工业能够拯救失业、无土地和欠债为奴的村民——不管是不可接触者还是可接触者。纺车尚未改变他们的悲惨现状。

他现在说："村民们的生活毫无生机，他们的生活就是一个慢慢挨饿的过程。"

他似乎在说，再多的演讲也不会是问题的答案。他在反不可接触制巡游的最后阶段吸引了大批民众，他们发出了模棱两可的回应，正如他在巡游结束时所说，这对他来说"是一场机械的表演和持久的痛苦"。

之后，他将这次巡游贬低为"马戏表演"。

他现在需要开始面对和认识农村的现状。"我们必须默默地持续工作。"[1] 有一次他说。还有一次他发誓说："我们必须变成住在农村的沉默的体力劳动者。"

当然，印度不会允许他沉默。作为一家周报的主要投稿者，他自身也不会保
255 持沉默。到 65 岁时，他发现自己不安地站在一个十字路口。在这里，我们再次看到他重温了人生早期的一个篇章。他迫切要着手开展农村建设工作，这明显是对他 1910 年退出南非大众政治舞台的一次重演，当时他和赫尔曼·卡伦巴赫建立了托尔斯泰农场，这个农场并没有持续多长时间。然后，他将掌握耕种的基本知识和教育孩子作为自己的使命。现在，通过再一次自下而上地开展工作，他正

[1] 坦杜卡尔（Tendulkar）：《圣雄》（*Mahatma*），第 3 卷，第 282 页。

再次致力于扭转贫困的螺旋向下的浪潮，这个说法是他在全国的农村亲眼所见了那么多之后，在巡游结束时提出的。[1]1934 年 10 月底，在孟买上演了一出他自编自导的告别印度国大党的大戏之后，甘地立刻回到了瓦尔达。有这样一个具体的跨文化琐事小记：他抵达瓦尔达的那个星期，恰好是科尔·波特（Cole Porter）的《万事成空》（*Anything Goes*）在波士顿殖民剧院（Boston's Colonial Theatre）巡回首演的时候，他们在地理上相距半个世界，在文化上相距一个世界。在波士顿殖民剧院，每天晚上，与年轻的艾索尔·摩曼（Ethel Merman）对戏的浪漫主演都在浅吟低唱着满含矛盾的抒情歌曲：

你无与伦比！
你是圣雄甘地。
你无与伦比！
你是拿破仑白兰地。

就算甘地真的听到了这首称颂他国际声誉的优美赞歌，他也不会因此欢喜。没有什么比波特所讽刺的爵士时代（Jazz Age）的自由狂欢与甘地的精神更互不相容。

在接下来 8 年的大部分时间里（正如印度人过去常说的，甘地整整“就位”了 2588 天），尘土飞扬、荒凉偏僻、令人心酸的瓦尔达将是他的基地和主要工作舞台。在他所在的那段时间，瓦尔达的气温在雨季前高达 118 华氏度（约 47.8 摄氏度）。[2] 一旦决心扎根，甘地已经准备好大干一场，他宣布自己“满脑子都是农村重建的计划”。我们不能说他没有在这个地区留下印记——那里现在仍有数量不多的、忠诚的甘地信徒——但是总的结果却远远达不到他最初寻求的社会转型和救治的效果。在最近这些年，在 21 世纪初骄傲、自豪、可能“光彩夺目”的印度，瓦尔达地区最为人所熟知的是，它已成为绝望的负债棉农自杀成风的中心。据说在过去的 20 多年来，瓦尔达周边地区成千上万的棉农眼睁睁地看着商品价格在新全球化市场急剧下降，之后结束了自己的生命。自甘地之后，再没有 256
人考虑把此地作为农村改革的样板。

[1] 坦杜卡尔（Tendulkar）:《圣雄》（*Mahatma*），第 3 卷，第 283 页。
[2] 同上，第 297 页。

在圣雄所在的时代，他的存在使瓦尔达成为一个炙手可热之地。国大党工作委员会（Congress Working Committee）的高层领导至少有六次尽职尽责、成群结队地前往瓦尔达，以寻求圣雄的忠告并接受他的祝福，尽管在官方意义上他现在已经是前国大党成员了。甘地已打算将他的辞职当作一次声明，他虽不能把优先事务强加在运动上，但也不会就此放手。这是一种姿态，表达了他的失望之情。这也是一件或多或少有些蒙羞之事。国大党依然以他为中心，即使不是在所有时候，也至少是在需要解决一个棘手问题的时候。“瓦尔达成了印度民族主义者实际的首都。”[1] 难怪一个美国学者会这样夸张地写道。

形形色色的外国代表团——政治家、和平主义者、宗教领袖、肤色各异的空想社会改良家——也来到这个穷乡僻壤，期望甘地会有兴趣讨论他们认为最重要的问题，从西方的发展究竟是应该顺其自然还是人工干预，到是否会再次爆发世界大战，问题涉及方方面面。对所有的问题，他都轻易地表现出极大的兴趣。被尊称为预言家的他，似乎很有决心不会让人失望。到后来，他慷慨地提供建议，如果他的非暴力抵抗方法被“一位挺身而出拒绝向希特勒的法令低头的犹太人”采纳的话，就有可能足以“融化希特勒的心”。一位中国人听到了类似的训诫：甘地说，非暴力也许会“让一些日本人羞愧”。

一位来自南非的非洲国民大会党代表被告知，非洲国大党的领导方式已经使其脱离了群众，原因是它采用了西方的服饰和礼仪。“你不必……为拿着南非土著所用的标枪或腰间仅缠着一小块破布四处行走而感到羞耻。”圣雄说，隐含的意思是他自己着装的变化是一个值得模仿的、务实的政治策略。他对自己可能要扮演先知角色的感觉只是随着战争乌云密布才不断加深。“谁知道呢？”1940 年他在瓦尔达写道，“也许我会成为一件带来和平的工具，不仅是在英国与印度之间，也在地球上其他敌对国家之间。”大概是由于他的影响力，印度是“世界的最后一丝希望”。

这些年来，只有一位外国拜访者似乎做好了准备，反对他日益严重的把经验
257 转化成教条的倾向。玛格丽特·桑格（Margaret Sanger）是开明女性性行为和避孕的支持者，后来成为计划生育（Planned Parenthood）运动的创始人。1936 年 1 月，她到这里与甘地进行了谈话。谈话中，她强调无论对女性还是男性，性亲密

[1] 坦杜卡尔（Tendulkar）：《圣雄》（*Mahatma*），第 3 卷，第 280、296 页。

都是增益生命的自然天性。正如可能预料到的那样，甘地持反对意见，他详细地解释禁欲是一种精神戒律。他与这个美国人的对话——不像他以前与之交谈过的任何女性——似乎让他那已经不稳定的高血压升得更高，甚至有人说，这置他于一种近乎神经崩溃的状态。

他在身体和情绪上都已经濒临崩溃边缘了。在到达这个地区的一年多之后，甘地已经决定，将门徒分派到偏僻地区的最偏僻村庄定居对他来说是远远不够的。他需要了解为什么他们觉得事情很难推进。通常，他教导他们服务乡村的任务要从志愿成为村庄环卫管理员和清道夫（铲起目所能及的人的粪便，通常是在农村小路旁，然后挖出合适的茅坑掩埋）开始。但榜样的力量并不总是如他所预想的那么有效。“这些人完全不知羞耻。”他忠诚的秘书和日记作者马哈迪夫·德赛写道，他的职责是孤身一人在一个叫新地（Sindi）的极其鲜为人知的村庄当清洁工，“他们根本没有一点儿感觉。如果几天内他们开始认为我们是他们的清洁工，这一点儿都不令人惊讶。”

甘地总结说，只有一种方法能了解为什么村民们对他的萨提亚格拉哈主义勇士，在他们面前做出的无私榜样如此无动于衷。作为被印度大多数人和世界大多数人认可的国家领导人，他需要做的就是在一个村庄安顿下来，并在那里独自一人生活，不带任何往常的随从。这对甘地来说是一个完美的想法，但对他最亲密的伙伴来说却不是，因为他们已经很担心他的健康，并且唯恐圣雄生活中会发生任何变化，缩短他们与他待在一起的时间。

甘地在瓦尔达地区为最近的“真理试验”所选择的村庄当时叫作赛格昂（Segaon）。它刚好毗邻橘园和芒果园，果园老板名叫贾姆纳拉尔·巴贾杰（Jamnalal Bajaj），是一名富商，也是圣雄重要的赞助商和担保人。从戏剧化的角度说，他是一位天使，使甘地在瓦尔达得以重现；他也是一位主人，给圣雄和其随从提供了住宿。巴贾杰还拥有一片土地，住满了赛格昂的不可接触者，占赛格
昂总人口（600多人）的三分之二，他从村上收集到的税收用于资助甘地最近 258
的实验。

到目前为止，从赛格昂到该地区约6公里以外的集镇还尚未通路。1936年4月30日，这位印度领导人步行到达该地，并于两天后将他的意图告诉村民。他说：“如果你们愿意和我合作，我将非常高兴；如果你们不愿意，我也很乐意被融入你们当中，成为生活在这里的几百人当中的一员。”正如米拉贝恩所说，当地

的首领说：“一位非常有魅力、非常有贵族气质的老人，做了一场优雅且诚实的演讲。他在演讲中欢迎甘地来到他们中间，并与他们生活在一起，但他清楚地表示，他个人将无法配合巴布的哈里真纲领。”[1]甘地在赛格昂郊区要住的那间小屋还没有建好，所以那天晚上，人们在一棵番石榴树下为他搭建了一个临时帐篷。由于这片地区生活着野生动物——印度豹、美洲黑豹——因此不得不在圣雄睡觉的那一块地周围挖一条壕沟。几名随从借口在监督住所完工，睡在了他的身边。

正如可能已预料到的那样，圣雄想独自一人在赛格昂住一晚的愿望从未实现。不久前，全体随从——有时多达近百人——安顿在了那里。甘地本没有打算把他的居住地变成一个阿什拉姆中心，但它却成为阿什拉姆中心。多亏贾姆纳拉尔·巴贾杰的慷慨，新的建筑建起来了，一条路也修通了，甚至最后还通了电话，以便新德里的总督办公室和西姆拉（Simla）的避暑山庄能联系上圣雄。在瓦尔达酷热无比的夏天，殖民政府高层领导会到西姆拉避暑山庄去避暑。赛格昂——这个甘地本想作为他精力中心的村庄——不可避免地成为一段插曲。1940年3月后，这里恰如其分地开始被称为阿什拉姆，这个称呼已经自然而然地在周边传开了。阿什拉姆和村庄都叫塞瓦格拉姆，意为“服务之村”。

阿什拉姆的发展弊大于利，因为甘地起初来到赛格昂是为了农村工作，但阿什拉姆变成了另一个让他分心之地。“噢，神呐！”甘地说，“把我从我的朋友、随从和奉承者中解救出来吧。”

今天，阿什拉姆最近的村舍建在一条脏兮兮的道路的拐弯处，距离阿什拉姆有200码。村舍是复杂的黑色木制结构，有着又长又斜的屋顶，从外观上看很有京都（Kyoto）佛教（Buddhist）寺院的怀旧感。塞瓦格拉姆的阿什拉姆不再服
259 务塞瓦格拉姆的村庄。如今这里作为旅游景点保存了下来，有一家书店、一家餐厅，甚至还有一些简陋的房间供朝圣者们租住。村庄看上去依然很穷，但是一些房屋的房顶上安上了电视天线，还有几辆摩托车倚靠在龟裂发霉的水泥墙边。承载房屋的土地是由巴贾杰先签署给甘地，而后由甘地签署给村里的不可接触者的。这些不可接触者现在自称为达利特，而非哈里真。当你从阿什拉姆漫步到这个比印度70万个村庄中的其他任何一个都受圣雄个人关注的村庄时，体育场旁边的一座雕像就会映入眼帘。基座上的人像没有系裹腰布，而是穿着一套漆成蓝

---

[1] 《圣雄甘地全集》（*CWMG*），第61卷，第403页；转引自布朗（Brown）：《甘地》（*Gandhi*），第292页。

甘地与卡伦巴赫重聚，1937 年 6 月

色的西装，系着漆成红色的领带。这是巴巴萨希卜·安贝德卡尔的雕像。对于生活在这座曾被甘地选中的村庄中的前不可接触者来说——尤其是对年轻人来说——如果有人问他们，那么他们更有可能称自己是佛教徒，而不是印度教徒。

在瓦尔达第一年中的大部分时间里，甘地并没有忙于改善周边村庄里村民的
实际生活条件，而是更多地忙于筹建一个新的群众组织。他梦想创建这样一个组 260
织，通过手工纺织给日渐衰微的农村自给自足运动注入迫切需要的能量。现在他总结说，之前他对标志性的手纺车所抱的信心过多，把它看作是消除农村贫困的灵丹妙药。但仅通过纺车本身，并不足以救印度农村于水火。纺织还可以维持它的地位，但是需要补充一整套传统工艺，而这些传统工艺却正在与城市工厂和车间更廉价的加工制造商品的竞争中遭到淘汰。农村人曾知道怎样生产出手工制作的钢笔、墨水和纸张，他们把谷物磨粉、压榨菜油、熬煮粗糖，还把兽皮晒成皮革、养蜂收蜜、手工轧棉。甘地教诲他们，为了自己的救赎，他们需要再次那样做。而全国人民需要支持他们，不仅通过把手工织布穿在身上，还要自觉自愿地

购买他们制造的而不是工厂生产的商品，以此来尽可能消除工业革命（Industrial Revolution）带来的破坏。

从这些前提出发，这位国家领导人突然迫切地需要知道：手工舂出的米和谷物是否能证明比工厂磨出的产品更有营养？手工脱壳的米在价格上能否与工厂脱壳的米相竞争？米壳是否有什么用处？纺纱是否比脱壳更挣钱？油能不能从橘子皮中获得？甘地的信里充满了这样的疑问。在他看来，得到的答案正是修正策略的构成要素。为了获得“我们梦想的自治，致力于提高农村福利”，他的新组织需要一部章程、几个顾问，还要一个无私而几乎专职的董事会，这个组织需要一张延伸到每个地区，并最终深入这个广阔国家每一个村庄的组织系统表。甘地在几个月内就创造了以上的一切（至少是在纸面上），随后成立了“全印度乡村产业协会”（All India Village Industries Association，简称 AIVIA），其全国总部设在之前默默无名的瓦尔达，办公大楼当然是由甘地的天使巴贾杰捐赠的。甘地在孟买招录了一名特许会计师来担任这个组织的主管。此人在哥伦比亚大学接受过经济学研究生教育，是一名基督徒，在校时的名字是约瑟夫·科尼利厄斯（Joseph Cornelius）。到了瓦尔达（他在这里一直待到甘地去世），他变成了库马拉帕（J. C. Kumarappa）。在今天的印度，库马拉帕作为一位可持续耕种和适用技术方面的先锋理论家，偶尔被人提及。库马拉帕或甘地是为世界上最穷苦的老百姓说了一些有用之话的思想家，最后一个似乎意识到这一点的是西方经济学家舒马赫（E.
261 F. Schumacher）。舒马赫本人反对正统派的发展学说，他于 1973 年，即甘地逝世的 25 年后出版了一本书，在当时颇受欢迎，书名为《小的是美好的：把人当回事的经济学》（*Small Is Beautiful: Economics as if People Mattered*）。

圣雄否认他专注于农村产业的行为削弱了反不可接触制运动，正如他 10 年前也否认再次将重心放在纺车上的行为代表他退出印度教徒—穆斯林团结运动。他指出，纺纱的人中有许多是不可接触者。为了在 70 万个农村发展甘地的建设纲领，甘地和他的追随者建立了一些其他组织，这些组织和全印度乡村产业协会有明显的相似之处，它们包括：新近成立的哈里真服务社、反不可接触制巡游的预期受益者、早前的“全印度纺纱工人协会”（All India Spinners Association），还有“甘地服务社”（Gandhi Sevak Sangh），该社由国大党成立，目的是推进它挂在口头的建设纲领。此外还有“母牛服务社”（Goseva Sangh），该社旨在对母牛进行保护，甘地成为其赞助人。对这些组织中的大部分，这位前约翰内斯堡律师都起草了章程并设计了管理结构，正如自 1920 年来他为印度国大党所做的那样。全印度乡村产业协会的基本文件坚决地明确了一个所有这些组织都共同暗含的原则：“这个协会应在甘地吉的领导与指导下运行。”活动范围最广的纺纱工人协会自称已深入 5000 个村庄，但这也还不到 70 万个村庄的 1%。

所有的甘地组织都有一个共同的缺陷：它们在理论上都依赖于无私的农村实习生——用甘地的话叫萨提亚格拉哈主义勇士——而且缺乏任何确定的方法来发现、招募、训练或供养一支如此庞大的工作者队伍。他们必须充满雄心壮志，受过良好教育，且又不受世袭种姓约束。“全职工作，全身心投入，对该纲领满怀信心，并时刻准备好对自己的生活做出必要的调整。”甘地说。描述起他所寻求的被委以重任的工作者所应具备的素质，他的语气就好像在投放分类广告。所谓“必要的调整”，意思是要大幅降低他们的城市化生活水平。甘地说，他们需要养成“严格简朴”的生活习惯。[1] 所以他的方法是展现鼓舞人心的榜样，可以是他自己，也可以是他亲密的追随者。“如果工作者毫无人格魅力，生活水平远高于 262
普通村民，又丝毫不具备工作所需的知识，那他们将无法对村民产生任何影响，不管是对哈里真还是对其他人。”甘地说，“如果每一个这样的工作者都认为他的劳动价值超过农村服务所能承受的价格，那最终这些组织必将走向终点。”

即使是他最亲密的追随者也有疑惑。“这项工作优势何在？”马哈迪夫的儿子大胆地问圣雄，“这样做对村民根本没有效果。相反，他们会继续命令我们打扫各种地方。”

“因此，你们已经疲倦了！”甘地用愤怒的讽刺反驳道。接着，他做出了如何完成工作的指示：“如果我是你，我会仔细观察。一旦有人方便完起身，我就马上走过去。如果我看到排泄物中有任何未消化完全的腐烂物，我会温和地告诉他，‘你的胃好像不太好，应该要仔细治疗一下’，之后我会尽力说服他。”清理完粪便后，他会在那个地方种上花，并给花浇水。“清洁也能成为一门艺术。”他总结道。

即使是在对前景最想入非非的时候，他有时也会对可能发生的事情做出悲观的预测，好像是让自己不被失望所击倒，败也要败得昂首挺胸，正如他所说的那样。在刚刚开始考虑独自生活在农村时，他对他的信徒传教道：“如果（村民）虐

[1] 《圣雄甘地全集》（*CWMG*），第 2 版，第 65 卷，第 371 页。

待我们，让我们默默地忍受吧……他们想在什么地方排便就在什么地方排便，我们不要阻止他们，也不要让他们到什么别的地方去，我们就继续一言不发地清扫吧……”

“如果这样没用的话，那就不存在非暴力这样的东西了。”他总结道。

在此，他仿佛在说，这个工作还是必须当作责任来做。当其中一名工作者向他请教解决农村不可接触制问题的良方时，甘地回答：“默默地辛勤工作。”还有一次，他说：“唯一的办法是到他们中间去，作为他们的清洁工、护士和服务员，坚定不移地工作，而不是作为他们的资助人，同时忘记我们的一切偏见和先入为主的观念。让我们把自治也暂时忘记吧。”

这是甘地的灵魂伴侣、英国国教徒查尔斯·安德鲁斯几年前提出的强烈诉求，但是，当然，正如甘地当时所说，他永远也不会忘记自治。

甘地似乎很早就感觉到，他为社区组织（今天可能被称为社区组织）所宣布的条件几乎无法——事实上，是完全不能——将非暴力力量团结起来，他一直
263 希望将非暴力力量传递到全部村庄。“我们的志向是在 70 万个村庄的每一个村庄中至少发展一名成员。”他在乡村产业协会会议上说，“但是我们的成员数量实际只有 517 人！”[1] 而且其中很多人还擅离职守。在依计划独居赛格昂的期间，他一直希望能攻克这个难题。米拉贝恩是一名英国海军上将的女儿，她不得不承认自己在新地的失败，因为自从她从不可接触者使用的水井中打水之后，村民们就将她看作是污染之源。然后，她先于她的老师来到赛格昂，但她在这里也并没有好多少。在遭受了一场伤寒后，处于垮掉边缘的她终于在 1937 年前往喜马拉雅山（Himalayas）休养。在那之前的一年，甘地在赛格昂待了 10 天，正值此地高温季节中最酷热的时候，他的医生强烈建议他去班加罗尔（Bangalore）附近的山区避暑修养。他疗养了 5 个星期，于 6 月 16 日回到赛格昂。在季风大雨中，他又一次步行到达这里，全身淋得透湿，之后不久便得了疟疾。[2]

如果我们直白地评价，甘地为做到与印度最穷苦人民“打成一片”而付出的努力，看起来是徒劳无功，或者可以说是令人绝望的。这份努力是圣雄为了坚持

[1] 库马拉帕（J. C. Kumarappa）曾与安贝德卡尔的老师埃德温·塞利格曼（Edwin Seligman）一起在哥伦比亚大学学习经济学。

[2] 参阅舒马赫（E. F. Schumacher）的文献，他曾简要地提到库马拉帕（Kumarappa）。《小的是美好的：把人当回事的经济学》（*Small Is Beautiful: Economics as if People Mattered*），华盛顿罗伯茨岬（Point Roberts），再版，1999 年，第 39 页。

自治的愿景而做出的，是为了沉默的大多数。他对印度农村已有深刻的了解，或者也许他感到还有更多需要了解的地方，然而 70 多年后我们再看，当时突出的问题并不是徒劳无功，而是轻易承诺。他本可以轻轻松松地退休，住进某位百万富翁资助者提供的豪宅，高高在上地指挥民族运动，没有人会问他为何不去过一个农民的生活。相反，他全身心投入农村事业，不知疲倦、坚贞顽强地工作，他所做的绝非仅仅是在纺车旁纺织那么简单。印度正饱受痛苦，甘地领导的运动中活跃着很多受过良好教育的印度人，他们中大多数人似乎在很大程度上忽略了这个事实，而甘地却又一次无法对其视而不见。

20 世纪 30 年代，印度的贫苦程度毋庸置疑，这从后来自称已经实现自由和民主的印度好几代人的贫困程度中可见一斑。2009 年，在印度的经济总量连续 4 年保持 9% 的强劲增长后，这个正在崛起的和令人吃惊的新印度，虽然拥有繁荣的高端市场经济，却仍有四分之一的国民生活在世界银行（World Bank）定义的“完全贫困”境况下，这意味着他们的人均收入一天不到一美元。以约 12 亿的总人口计算，虽然贫困率在不断下降，但是就绝对数量而言，仍有约 3 亿人口尚未脱离贫困，几乎占世界贫困人口的三分之一。他们的孩子几乎都营养不良， 264
体重不达标，即使能顺利长大，也极有可能是文盲。经统计，印度每天收入低于 1.25 美元的人口数量超过 4 亿，比印度独立时的总人口还多，当然，当时的贫困人口占的比例更大。今天，贫困人口作为少数派，被看作是众多利益集团当中的一个破衣烂衫的小群体，拖累了崛起的中产阶级。然而，根据世界银行的数据来看，只有 33% 的印度人口享有严格意义上的“完善的公共卫生条件”。联合国（United Nations）的一项调查更直接地反映了现实，调查显示，55% 的人仍在露天排便。鉴于人口已增至甘地时代的 3 倍，乡镇供水仍难以避免地带有致病微生物，为了清除这片次大陆上的大量人类排泄物，印度仍需依赖于清洁工。

甘地的经济理念不能仅仅被看成是在这个全球化的时代中无关紧要或者乌托邦式的东西，而是需要更加清醒地予以看待。对于显而易见的农村普遍贫困、低就业和长期债务问题，甘地的解决方法可能并不完整，也未经检验。他不仅反对节育，提倡通过禁欲来控制人口，而且在处理土地所有权和分配明显不公的问题上也并没有明确的方案，只是寄希望于一套模糊不清的“托管”理论，其实质就是依靠富人的仁慈之心。他厌恶那些可以节省人力的设备，在这方面真是冥顽不灵。但是至少他提出了基本问题，想竭力改善社会金字塔底层的悲惨状况。因为大部分印度人的生活水平已经有所提高，而底层的悲惨境况却改善不大，所以总的来说，我们并不惊讶地看到，甘地的经济理念同当前受开发专家推崇的经济手段有异曲同工之处，他们也在寻找方法企图解决反复出现的紧迫问题——例如，设计“小额信贷”的方案以推动小型企业发展（包括甘地推行的传统手工业），并作为农村地区发展经济和促进就业的引擎。这些后期方案同并不被认同的甘地主义式前例有一个共同点，那就是它们坚信解决之道必存于贫困人民生活之处，必能激发和调动他们的活力。

甘地预想不到，可能也不会赞许今天全球化印度的许多方面。如今印度的近海岛屿上住满了来自加利福尼亚、纽约、波斯湾和其他地方的富裕侨民，各种文
265 化交织在一起，繁荣盛行。甘地很久以前就将之视为无可救药的贪图享乐之风，在他看来，这是发展过头了。他也不会欢喜于见到它们在国内造成的影响，就像佛罗里达式（Florida-style）的高层公寓迅速发展，这种公寓主要由侨民出资建造，过去种植稻米和小麦的田地里，现在遍布着高楼，这绝不是那些前侨民梦想的印度。今天的北印度集中着全印度最贫困的邦，在那里的密集潮湿的棚户区和印度农村，甘地会看到他所熟悉的景象。他会发现，近三分之二的印度人民仍然生活在农村。如若甘地重生在这个时代，他可能仍想于某处发起一场运动——也许就在瓦尔达。

1936 年 5 月 1 日，在甘地到达赛格昂的第二天，他接见了那里的第一位拜访者——不是别人，正是巴巴萨希卜·安贝德卡尔。6 个月前，安贝德卡尔已进一步疏远了圣雄，声明放弃印度教并有意改信另一宗教。他刚在阿姆利则参加完一场锡克教徒的会议，在会上公然轻率地表达自己可能要成为一名锡克教徒，并赞扬锡克教对其教徒一视同仁。两位领导人在甘地躺过的那棵番石榴树下席地而坐，展开了关于改变信仰的原则和政治性的辩论。两人对会面结果都不甚满意，但他们同意在赛格昂再次会面。这次徒劳无功的会面似乎是由甘地富有的支持者策划的，他们仍然希望将安贝德卡尔及其追随者留在圣雄所称的“印度教徒群体中”。

有迹象表明，甘地在以迂回战术招揽安贝德卡尔。据这位不可接触者领导的一名传记作者所言，甘地的朋友“问安贝德卡尔为什么没有加入甘地阵营，那样的话他可能拥有无限的资源供他调配，以提升受压迫阶级的地位”。安贝德卡尔说他们之间有太多差异。调解人之一贾姆纳拉尔·巴贾杰说，尼赫鲁也和甘地有

许多差异。安贝德卡尔怒道，对他来说，这是一个良心问题。

这两位领导人可以被视作是势均力敌的对手，而在康拉德（Conrad）看来，有时也可以看成是分享秘密的伙伴——他们是彼此的镜像：甘地在这个年轻人身上看到了南非时期发奋图强、时而愤怒的自己。安贝德卡尔反感，甚至嫉妒圣雄周身散发的圣洁光芒。“你和我十分相像。”在耶罗伐达监狱进行谈判时，安贝德卡尔曾这样对甘地说。

这番言论使得听到这话的甘地随行人员发出一阵笑声，但是圣雄自己却回 266
答：“是，确实如此。”自从1931年8月圆桌会议之前他们在孟买的第一次会面后，在近5年的时间里，他们一直彼此周旋，相互博弈，远距离撕战，再试探性接触。他们在伦敦和耶罗伐达监狱见过面，可能还在甘地获释后于浦那见过面，如今又在赛格昂见了面，但是仍然无法达成共识。在安贝德卡尔忙于寺庙准入运动时，甘地并未挺身支持他。当寺庙准入成为甘地反不可接触制斗争的努力焦点时，安贝德卡尔反而说社会公平和经济提升才是真正的问题。此时甘地已经在村庄边住下，村里有众多的哈里真想要解决这些问题，而安贝德卡尔又忙于为不可接触者寻求退出印度教的方法。如果说他们有哪一次同步的话，那就像钟表里的两枚指针在每个小时里有那么一瞬间的相遇。或者他们可能像一盘象棋，最终陷入僵局。几年前，安贝德卡尔曾经说过，他和甘地分道扬镳是因为甘地拒绝声明放弃种姓制度。不出几个月，仿佛是为了回应这种说法，甘地在《哈里真》上一篇题为《种姓必须摒弃》的文章中写道：“当前的种姓制度就是瓦尔纳什拉马的写照。”瓦尔纳什拉马是4个传统世袭职业的社会阶层。他宣称支持这一制度，但只是按照自己的条件支持这一制度。他附加声明，真正的瓦尔纳什拉马“今天实际上并不存在”。他认为在任何情况下，从印度教经文中衍化而来的与“理性”和“普遍真理与道德”相悖的宗教习俗都是不可接受的。甘地在文章中还说：“不应禁止跨种姓通婚或跨种姓用餐。”就在同一周，安贝德卡尔发誓绝不会永远做一名印度教徒。通过为他所说的并不存在的瓦尔纳什拉马辩护，不管是出于宗教信仰还是政治方面的考量，甘地给自己保留了一些余地——也可以说是用正统的种姓印度教徒身份打了一些掩护。不管是哪种情况，他的答复都无法令安贝德卡尔满意，难怪安贝德卡尔回避了可能达成一致的所有机会。

事实上，他们最深层的差异并不在于教义，而在于社会学，在于不可接触者是否能够、应该被看作“一个独立的团体”，或是印度农村以及广而言之整个印度教社会的一个组成部分。纳加拉吉（D. R. Nagaraj）来自南印度卡纳塔克（Karnataka）邦，是一位颇受好评的文化批评家，他认为，安贝德卡尔将印度农
267 村视作是对于不可接触者来说“无可救药”的社会环境。[1] 纳加拉吉本人出身于纺织工这样一个低级亚种姓，曾在孩童时期做过包身工，所以他有理由认同安贝德卡尔的观点。但同时他又开明大度地拥护甘地一方的论点。这个高等种姓的城里人满心鼓舞地打扮成农民的样子来重新塑造自己，他坚信如果要为印度的劳苦大众谋划未来，就一定要解救农村。

在 1936 年甘地抵达赛格昂的第一天，在酷热的赛格昂郊区，甘地和安贝德卡尔倚靠在那棵番石榴树下交谈了整整一天。如果这画面真正存在过的话，他们之间剑拔弩张的关系使得这幅画面是如此生动鲜活，如此富有象征意义。即便安贝德卡尔当时穿的不是他在那一时期钟爱的上浆硬领衬衫，他学者的派头和大腹便便的外形在这样的农村环境中可能也显得不太搭调，而重新定义了“贫乏”一词的甘地则早已对农村习以为常。在他们面对面的会晤中，每次会晤都有成果，但都没有涉及可接触者和不可接触者双方的可行性解决办法。站在今天达利特的角度，纳加拉吉这样写道：“迫切需要让这两人达成一致。”他认为甘地和安贝德卡尔“本质上是互补的”。他说在甘地的观点中，“不可接触者的解放与印度农村的自立是有机联系起来的”。而安贝德卡尔则坚持认为其必须包括将他们从世代受人轻视的地位中解救出来的可能性。这个被尊称为圣雄的男人深受自己家长式作风的困扰，他想让每个人都理解，清洁工的工作是光荣体面的，也是至关重要的。安贝德卡尔则希望大家明白，没有什么是命中注定的。不可接触者丝毫不用在意自己种姓赋予的传统职业，正如班尼亚种姓的甘地所做的那样（“甘地的祖先是商人，但他却从未接触过贸易。”安贝德卡尔在一次言辞更为犀利的讲话中这样说）。被尊称为巴巴萨希卜的这个人十分强调平等的权利。或许这就是几十年后赛格昂 – 塞瓦格拉姆的村民之所以为他筑起雕像的原因，尽管给予他们土地的人是甘地，而不是安贝德卡尔。

安贝德卡尔和他的追随者们并不是这个时期唯一一群谈论改变信仰的不可接触者。往南方看，在繁华的特拉凡科尔邦（现在隶属于喀拉拉邦），为瓦伊科姆萨提亚格拉哈提供主要动力的艾资哈瓦，其社会和经济地位有所提升，他们中

[1] 《圣雄甘地全集》（*CWMG*），第 59 卷，第 452 页。

间弥漫着一股明显的躁动。有消息称，一些艾资哈瓦领导人曾与科钦附近戈德亚姆的叙利亚基督教主教，讨论过民众大规模改变信仰的可能性。这位主教是一位 268
宗派领导人，该宗派在南印度的历史可以追溯至公元2世纪，传说中圣托玛斯（Saint Thomas）到访的时候。主教的所在地也靠近瓦伊科姆，在甘地努力遥控的萨提亚格拉哈运动爆发10年后，那里的湿婆神庙仍将艾资哈瓦和其他所有不可接触者阻拦在外。甘地在那里与英国警署行政长官协商出的解决办法，就像他在南非与史沫资协商的那样，最终都没有解决根本问题。艾资哈瓦的耐心一年年耗尽，有消息称最后他们甚至也与伦敦传教会（London Missionary Society）进行了接触。更低阶层的不可接触者普拉亚也发生了一些动乱，他们是喀拉拉邦不可接触者中更不幸的一个族群，其中一些人刚刚成为锡克教徒。

对于甘地时而称之为“沉默的大多数”，时而称之为“哈里真”的民众（这两个词词义虽有重叠，但却并非同义词），改变信仰的言论使得甘地对他们产生了一种主人般的，甚至是居高临下的态度。在他自己的宗教实践和抽象讨论中，他的说教使其有些像一名普救派教徒，认为所有宗教都只是相同真理的不同表达形式。但是当印度教有组织地排斥哈里真，而外来者又企图诱导他们远离印度教时，甘地坚定不移地站出来，反对印度教对哈里真的排斥，也反对外来者对哈里真的诱导。“你会对一头牛传道福音（Gospel）吗？”[1] 他逼问一位来访的传教士，“告诉你，其中一些不可接触者的理解能力还不如牛。”

在他的周报《哈里真》中，甘地刊印了一封美国女传教士的长信，信中反对甘地对不可接触者的描述，她发现不可接触者的理解能力“在人类的平均水平之上，而不是之下”。[2] 为了激起甘地的反应（可以这样说，甘地这些天就像幅画像般毫无反应），这个美国人诘问道：“你怎么能一边同他们住在一起，一边却对他们持如此偏见？我唯一能想到的解释就是，你要么是不了解他们，要么是对他们虚情假意。”

如果这个美国人是想激怒圣雄，那么她成功了。甘地用一种高傲的口吻回应了她，上次从他口中听到这样的话，还是在6年前伦敦的圆桌会议上。甘地对这个外国人的傲慢感到愤愤不平，他称自己的结论是基于“多年来与上万印度民众的亲密接触，不是站在高高在上的角度，而是作为他们中的一员感同身受”。他

[1] 《圣雄甘地全集》（*CWMG*），第59卷，第411页。

[2] 同上，第62卷，第319页。

的反驳回避了何为“亲密接触”这一问题，而赛格昂正可以告诉我们答案。

269 他决心在赛格昂用自己的生命进行传道，但由于发生了一系列事件、运动和集会，他的誓言不断遭受干扰。活动的参与者和组织者一直企图插手进来，不断地申诉必要性，想将甘地从他的村子里拽出来。继 1936 年安贝德卡尔到访的半年之后，发生在特拉凡科尔的宗教动乱就上演了这样的情景。在这起事件中，终于有了一件可以庆祝的事——这里一位最近刚达到法定年龄的年轻大君发布了一份公告，最终向任何被认为是印度教徒的不可接触者开放所有邦属或名家望族控制的印度教寺庙。法令宣布：“我们所有的印度教子民都不得因为出身、种姓或教派原因而被剥夺接受印度教信仰慰藉的机会。”

甘地对瓦伊科姆运动的管理或许在 19 世纪 20 年代有不明确的一面，但当 1934 年他将反不可接触制运动发展到特拉凡科尔时，对于将寺庙准入问题视为全国性事业，他已经不再持模棱两可的看法。据现任的王侯（他的哥哥即是发布那项法令的大君，也是一个如今已不存在的邦的君主）说，在那次巡游中，甘地问王储：“您会开放寺庙吗？”这位王侯当时才 12 岁，他回忆说，他听到他哥哥保证：“会。”

特拉凡科尔大君是一位年近百岁却精神矍铄的老人，瘦小的身子包裹在一块裹巾之下，他说他现在唯一的职责是每天独自参拜毗湿奴（Vishnu）神庙，寺庙每天会对其他朝圣者关闭 12 分钟，世代如此。王侯独自在寺庙里庄重地向神报告，正如他的祖先所做的那样，报告最近在他的前领地上发生的事。他不明白为什么达利特还叫自己达利特，在他看来，既然不可接触制已废除，就不应该再有这一群体。颁布寺庙准入的法令正是这个王朝的最后一声欢呼。1937 年，甘地回到这里，绕全邦胜利巡游，在差不多 3 年之后又恢复了他的反不可接触制斗争。这位老人如今回忆起甘地在法令颁布后曾对他哥哥表示敬意，甘地当时对他哥哥说：“人们称我为圣雄，其实他们应该称您为圣雄。”

自从甘地所谓的告别国大党以来，他再也没见过如此多的民众聚在一起。自 1915 年他在南非举行辞别巡游之后，他也再没见过如此声势浩大的庆祝浪潮和涌起的希望。然而，在他绕邦巡游的 9 天中，人群却常常寂静无声，似乎是出于对圣雄的敬意，而在这一刻，他也展现出对他们的敬意。在陪同他称为哈里真的人民进入一直以来被禁入的寺庙时，他为他们的表现感到诧异。甘地写道，他们

“真的令人着迷”，而且“洁净无瑕”。[1] 这里不仅一度是不可接触制的大本营，也 270
是不可接近制和不可见制的大本营，这是“一个梦，实现的手段和地点都是那么不可思议”。在每一个主要驻足点，甘地都在新开放的寺庙里举行祈祷会，他时不时向基督徒和穆斯林以世界通用的做法点头致意，但除此之外，在以印度教徒的身份向一群印度教徒发言时，他又全然一副纯印度教徒的样子。甘地与种姓印度教徒和哈里真一起祷告，仿佛他们此刻终于被奉为神圣，正如他一直以来都将他们视为一体。几乎在每一个驻足点，他都教他们吟唱梵文颂歌，说这比吟诵经文更容易掌握，也更具价值。以他对颂歌的阐释，其主题是听从于掌控宇宙每一个原子的神，以及不要觊觎财富和物质。甘地从未如此公开地传播福音，如此公开地表明他印度教徒的身份。他好像不曾问过自己，在寺庙巡游的途中和吟唱颂歌的时候，他是否可能正在疏远之前曾支持的穆斯林少数派民众。他的做法让真纳和其他穆斯林盟员更容易感觉到，他虽然摆出一副国家领导人的姿态，但实际还是印度教徒的领袖。

只有在特拉凡科尔的几个驻足点，甘地才不仅仅是扮演一个小小的福音传播者的角色，而是成为一名社会改革家。而在其中的一个驻足点，圣雄确实又突破了改革家的伪装，展现出他真正伟大的灵魂。面对社会和经济地位都有所提升的前不可接触者艾资哈瓦的大集会，他尖锐地提问，问他们为什么只为自己庆祝寺庙开放，而不为地位更低的不可接触者，如普拉亚和帕里阿进行庆祝。他说：“我必须告诉你们，如果这次大集会不代表这些普拉亚，那么我很确定，你们当中也不会有我的位置。”人群难以克制地骚动起来，对于大部分艾资哈瓦而言，不管大君颁布了什么法令，普拉亚仍然是不可接触者。甘地继续说道，他在进入寺庙的时候，一直抱着“一名不可接触者突然转变为可接触者”的意念。如果他们愿意抱有相同的意念，“那除非你们将那些被认为是最低贱的兄弟姐妹抬高到你们自己已经获得的地位，否则你们不会感到满足。真正精神上的重生必须包括提升经济地位和消除愚昧”。

为此所需要的只不过是“亲密的人性接触”和“一支合适类型的志愿工作者队伍”。

这是一个具有纪念意义的时刻。但是在定义“合适类型”时，圣雄再一次脱

---

[1] 纳拉扬·德赛（Narayan Desai）：《火与玫瑰》（*The Fire and the Rose*），第 602—603 页。

271 离了他想要为之服务的普遍人性。禁欲不得不成为他计划的一部分。他现在已经过了 25 年无性生活，但是最近他却难以摒弃脑中关于性的想法。自从 1935 年底他与玛格丽特·桑格剑拔弩张的谈话以来，这个话题不断出现在《哈里真》周报上：部分原因是读者写信来诉说性生活在他们婚姻中的重要性；或者质疑甘地一再坚持的观点，即婚姻中的性只是为了生育，而不是为了快乐；或者质疑他的另一个观点，即“性科学”应当传授，但只能作为“控制性欲的科学”来传授。

性的话题不断出现，其根本原因似乎很明显，就是圣雄根本无法让人们不再关注这个话题。在筹备前往特拉凡科尔的那几周，他曾写过两篇长文，讨论一个名叫罗姆纳拉扬（Ramnarayan）的社会服务人员的不幸遭遇。罗姆纳拉扬在甘地的出生地博尔本德尔参加过反对不可接触制运动，甘地将他看作“一名完美的哈里真工作者”，直到他发现罗姆纳拉扬和年轻女人有过性关系，而且不是一个，应该是两个。“成熟的哈里真服务者罗姆纳拉扬与性欲之奴罗姆纳拉扬之间的差距是如此之大！”圣雄指名道姓地这样写道。很明显，这条热门消息为他一直以来为之奋斗的社会改革运动好好地上了难以忽视的一课。“如果一个工作者不能克服自身欲望，那他就不要想能为哈里真、教派团结、土布、母牛保护或农村重建事业提供真正的服务。”甘地发表了这样的言论，语气中更多的不是悲伤，而是愤怒。

问题不仅是他能去哪儿找到“一支合适类型的志愿工作者队伍”，来推进在 70 万个村庄的各项事业。有时候他也会扪心自问，自己是否是这样一支合适类型的队伍的领袖。经过多年的禁欲生活，日渐衰老的圣雄为了达成所谓的“主宰”自己思想和激情而进行的斗争，带有一种强烈得让人心酸的感觉——不是因为那是我们习以为常的丑闻的对立面，也不是因为与这个在许多其他方面堪为我们楷模的人物所做出的生活选择相比，它让我们看到自己的选择是符合身心健康的。这是令人倍感心酸的，或者甚至是令人悲痛的，因为甘地最终坚信，在他自我主宰的斗争与印度的独立斗争之间也许存在一种因果关系——而不只是类比关系。正如每一个农村都需要一名能克制自己欲望的社会服务工作者，这个国家也需要一位摒弃了自己反复无常思想的领导人——不管他的行为有多纯洁。如果这位领导人在这个重要的方面失败了，那他在其他方面也可能会失败，从而导致整个国家受难。

272 比库·帕瑞克是一名有着古吉拉特背景的英国学者，他曾对甘地在性方面的价值观和强迫观念进行过细致敏感的分析，为我们提供了必要的视角："甘地的禁欲主义代表了印度教文化传统中的一个相对次要的组成部分。"他写道。毕竟，大多数印度教的神都是已婚的，因善于调情而受到喜爱的克里希那神则将性冲动视为神圣的。帕瑞克说，印度教徒赞美性交为"一种神圣的活动，在这个活动中，时间、空间和二元性都被暂时超越"。这就是为什么在甘地想要开放的印度教寺庙中，有那么多寺庙里都有色情雕塑。

圣雄认为他的自我主宰也许正是印度自治的关键，这个怪异的想法并不是他生命中最后 10 年的全部，但是却不时地骚扰他，尽管他的日常生活已经相当"严格而简单"，精确到几乎以分钟计算——他早上 4:00 起床，18 小时后准时合眼睡觉——这样做都是为了克制不合时宜的想法。"我可以克敌制胜，但是一直未能将他完全驱除。"甘地这样写道，承认了自己的性冲动。

那是在 1936 年，在他与玛格丽特·桑格见面后，并且到达赛格昂村前的几个月间内，他开始担心他的禁欲程度是否不足。他在孟买接受因高血压引起的身体麻痹的康复治疗，在与一位拔出他所有牙齿的牙医的数次接触中，圣雄"经历了一次突然产生的性交欲望"。在那些年中，他承认做过类似的梦，但这次不一样，他是完全清醒着的。他用一贯让人消除警戒心的坦率口吻将这一切告诉了一位女性同事，他曾赞扬她为志同道合的"禁欲信仰者"。

他在这事发生的几个月后写信给她："尽管我做出了最大的努力，但是那个器官还是坚挺在那儿。总而言之，这真是一次奇怪而又令人羞愧万分的经历。"

他已经以隐晦的措辞在《哈里真》上公开了这件事。他曾在《哈里真》上说："感谢神！我那受到过多次赞誉的圣雄精神诚不欺我。"[1] 这丝毫不像一个公众人物承认风流韵事那样司空见惯或者庸俗艳丽。在甘地对自己的内心世界进行直白剖析时，它更像是圣·奥古斯丁（Saint Augustine）在《忏悔录》（*Confessions*）中的篇章，悲叹着"我做过的令人作呕的事，以及我的灵魂遭到肉体玷污的情形"。通常没人想到会有人将这种事公之于众，但甘地将之当作自己的责任。他似乎无法对此闭口不言，让事情就这样过去。这不过是一次让外人兴趣寥寥的普通的个人体验，但甘地的反应却十分夸张。也许真正打动我们的是，甘地将其视为他走进灵魂黑夜的初次体验。

---

[1] 《圣雄甘地全集》（*CWMG*），第 62 卷，第 239 页。

273 许多事情接踵而至。甘地在努力建立一支具有模范带头作用的、掌控了自身欲望的农村工作者“队伍”，而他自己虽年近七旬，却仍然在与自身欲望做不懈斗争。他致力于成为工作者队伍中的一员，但在选中的赛格昂村，他的努力并不为人所接受。有一年，他巡游了位于次大陆边缘的特拉凡科尔，又在第二年拜访了遥远的边境省——今天的巴基斯坦的一个战场。他和国大党领导班子一起制定策略，讨论是否在省竞选后实行英国条例。最后，做完了所有这一切之后，作为一名偏见根深蒂固的父亲，他还尽力去探寻与酗酒的长子之间保持亲密或疏远的合适程度。他的长子名叫哈里拉尔，问题多多。而在甘地看来，其中最大的问题是，自从他深爱的妻子早逝后，他对妓女就没有了抵抗力。在甘地前往赛格昂的4天前，他在那格浦尔与哈里拉尔见了一面。他这个48岁的儿子伸手向他要钱，想到儿子一定是用来买酒喝，甘地拒绝给他施舍。然后，在到达自己选定的村庄仅两周后——他不仅得了高血压，还对自己的春梦焦虑不已——哈里拉尔改名为阿布杜拉（Abdullah），并转信了伊斯兰教。5个月后，哈里拉尔在最大程度上把他的俄狄浦斯情结（Oedipal）[1]公之于众，作为一名穆斯林改宗者在公众舞台亮相后，他又转回了原教。

“他还是和以前一样，成事不足，败事有余。”在儿子恢复印度教信仰之前，甘地在一封公开信《致我的众多穆斯林朋友》中这样写道，“我不在乎他叫阿布杜拉还是哈里拉尔，如果他能通过两个名字的其中之一，成为如这两个名字所指的神的真正信徒。”

但是，他当然很在乎。哈里拉尔不断地让他失望，而赛格昂村，似乎看起来也开始让他失望，尽管他在那里至少还有3名工作人员的协助。再一次，甘地似乎又回归了忙碌的生活。直到1938年4月14日，当时他正在准备与穆罕默德·阿里·真纳在孟买进行一次重要会晤。在此之前，他曾数次邀请穆罕默德到赛格昂村来，但都未成行。就在这时，一切又再一次发生——又一次勃起，又一次梦遗。年近七旬的圣雄不仅为此烦恼，而且正如他后来给米拉贝恩的信中所言：“4月14日那次可耻、肮脏又痛苦的经历彻底摧毁了我，我感觉自己仿佛被神从理想的天堂抛弃，我是如此不洁，根本不配待在那里。”[2]

在距那次梦遗一周后，他在报纸上发表了一个不安且含糊的声明：“在我的公

[1] 坦杜卡尔（Tendulkar）:《圣雄》（*Mahatma*），第4卷，第96页。

[2] 《圣雄甘地全集》（*CWMG*），第62卷，第379页。

众生活和私人生活中，我似乎第一次丧失了自信……我发现自己50年来第一次 274
置身绝境。我认为自己目前不适合参加谈判或任何其他类似的工作。”

在这个相对紧凑的时间范围里，我们是在讨论一段历史还是好几段？即使有一些解释，答案也永远无法明确。甘地的失望情绪与日俱增，而他好像已经发现必须扛下这一切。通常来说，他能够区分自己的失望情绪，让其不要互相影响——包括对自己的失望、对哈里拉尔的失望、对赛格昂重建速度的失望、对穆斯林和印度教徒之间不断增多的暴力事件的失望，还有对哈里真工作收效甚微的失望。每一天，他都表现得积极愉快。他像以前一样勤奋，写文章、保持祷告和通信，以他一贯的自信和坚定向他庞大的家庭圈子、忠诚的随从和陌生人提供建议。他从来不用“升华”这个词，但他熟知其意义。“无所事事的人是不能控制他的激情欲望的。”有一次他说道，“因此，解决方法就在于让身体不停工作。”所以，他的每一天的每一分钟都安排了固定的任务。但他仍然承认，他会感觉到一些失落或沮丧。有时他很难判断这种感觉的源头是来自一个还是多个，也很难找到已然进入的绝境的边界。难道他错误的禁欲行为真的破坏了农村战略？或者是刚好相反？

“我毕竟是一艘快要沉没的船。”1938年9月，他对忠实的马哈迪夫说，“有谁会愿意搭乘这样一艘船呢？”

赛格昂代表了他对“沉默的大多数”的永恒承诺，但他在那里的故事却是个悲剧。差不多30年前，在他离开南非之前，甚至是在他想在托尔斯泰农场验证自己的想法之前，他写了《印度司瓦拉吉》。自那时起，他就怀着一颗热诚的心，将印度农村理想化了。而在这里，他彻底看清了它的现实情形。他与农村的关系从未中断，但是不到一年的工夫，他已经明显地失望了。

1936年底，在前往特拉凡科尔之前，他受到一名特拉凡科尔政治家的猛烈抨击，抱怨他没有改善艾哈迈达巴德当地的条件，甚至从未成功开放那里的寺庙。在甘地回到印度后的头16年，艾哈迈达巴德一直是他的基地，他在那里以一个古吉拉特人的身份生活在自己的祖国。甘地用他令人动容的、特有的坦率回复道：
“我不仅没有成功开放艾哈迈达巴德的寺庙，而且在我到瓦尔达安定下来后，也 275
没有成功开放那里的寺庙。而更让我声名狼藉的是，我并没有成功地让赛格昂仅有的两个种姓寺庙对这个小村庄的哈里真开放。”

6个月后，甘地在赛格昂召开了一次会议，对村民提出批评。他有两个抱怨，一个是抱怨他们逃避曾经慷慨承诺的责任，即投入劳力和石块修建位于郊区的驻地和该村庄之间的一条道路，这条路将连接通往瓦尔达镇的一条更宽阔的道路。另一个涉及卫生这个老问题。甘地及其同事似乎不再清除村庄的粪便，也许是因为这样做难免会让他们变成村民眼里的不可接触者，从而使得他们更难被接受。因此，作为表面上的战术退让，阿什拉姆为该村庄雇用了一个清道夫。尽管如此，村民们依然不合作。他们继续在路边排便，并拒绝出租他们的手推车，用来清除人们的粪便。

“我听说你们对所发生的一切漠不关心。”圣雄说道，“没有你们的合作，我就无法让你们的村庄变得整洁、干净、芳香。我们已经为这里雇了一个清道夫。我们花钱请他服务，但是需要你们自己保持你们的街道和道路整洁……我们从未在其他任何地方遇到过如此的冷漠。”

甘地刚从古吉拉特邦短暂休息回来。他从古吉拉特给赛格昂的一个同事写了封信，为他“未能”在该村庄多花一些时间而道歉。他指出，还有其他工作要做。他所说的“未能”，并不是说“我们未能做任何事。而是说我们所做的一切，可以说没有多大价值”。[1] 第二天，他再次写信，告诉一个记者，说他“真正的工作”还是在赛格昂，而且“我的心在那儿”。这些使人想起多年前从德兰士瓦到“凤凰村”的信件，也解释了他长时间不在的原因。

1940 年，在甘地到达赛格昂 – 塞瓦格拉姆 4 年后，马哈迪夫 · 德赛总结了当时的形势。“村民和我们之间存在着一条隔阂。”他承认，“我们之间还没有真正的联系……（我们）还没有成功地放下姿态，成为他们当中的一员。”

那时，各种现实冲击着甘地。该村庄的现实是一方面，雪上加霜的是穆斯林和印度教徒之间尚未解决的政治问题以及殖民政权隐约地卷入又一次世界大战。
276 对于“建设纲领”的核心地位，甘地从未失去信心。无论是在他的写作还是声明中，他至死都一直为建设纲领的原则而战。但是他不得不承认，在精挑细选出作为自治“支柱”的事业上，他栽了一个接一个的跟头。这些支柱主要包括印度教徒—穆斯林团结、反不可接触制斗争和以手纺车为象征的农村工业，每一项都是他带回印度故乡的理想，是他在另一个次大陆上通过大规模试验形成的。

关于印度教徒—穆斯林团结，他承认早在 1926 年便感觉到“无助”。11 年

[1] 《圣雄甘地全集》（*CWMG*），第 62 卷，第 378 页。

后，他在写给真纳的一封信中再次提到“无助”一词：“我完全无助了。我对印度教徒—穆斯林团结的信念一如既往的明朗，只是在这密不透光的黑暗中我看不到一点儿光明，而身处苦恼中的我唯有向神祈求光明。”[1]

关于不可接触制，他在 1934 年巡游结束后写道：“不幸的是，高等种姓未能与他们的低等种姓同胞打成一片……我没有任何借口可言。”

关于乡村工作，他不得不承认在招募自我牺牲的萨提亚格拉哈主义勇士队伍方面的失败。他本指望把他们派往 70 万个村庄，甚至对吸引到塞瓦格拉姆附近村庄的几十个人的牺牲精神持怀疑态度。在这里，他再次谈到他那“无助”的感觉。他无法阻止这个地方变成吸引无坚定奉献精神之人的一块磁铁——用米拉贝恩的话说，“一个由各种古怪的人组成的奇怪的混杂体”。估计了他们的数量后，圣雄本人说：“有许多人只是暂时的居民，而且没有人会在我死后继续待下去。”1940 年，他让他的一个服务组织甘地服务社“切腹自尽”了，原因是这个组织吸引的是无原则的趋炎附势者和求职者。5 年后他承认，他在 1934 年满载希望而成立的全印度乡村产业协会，并没有“呈现出它应有的结果”。

“我做的一切都是为了穷人。”甘地最后用同样坚定的诚恳语言说道，“但今天我无法在塞瓦格拉姆证明这一点。”直到 1945 年，他还在想着招募志愿者到塞瓦格拉姆村做清洁工作的计划，这清楚地表明甘地 10 年来的帮助并未能劝服村民们自己做清洁工作。

我们难免对甘地深表同情，他被迫承认他最珍视的许多价值观和纲领都未能生根发芽，但他在生命的最后 10 年里仍然坚持着这些价值观和纲领。10 年前他
就承认，如今自治的实现更可能会通过一场耗尽殖民政权的战争，而不是通过一 277
个已经取得自我主宰的统一民族的“充分觉醒”。“任何外来事件都可能会使权力落入我们的手中。”他在 1937 年说道，“但我不会把它称为民族的自治。”

也可以说，日渐垂老的甘地面对如此深深的失望仍然坚持着。他一如既往地忠实于自己，就像当年他允许自己想象能够说服印度进行社会改革。政客通常会被诱导去无忧无虑地扫除任何失望感，并在每个节点都宣称胜利，而甘地很少屈服于这种政客诱导。这位不满足的甘地不知道如何假装，他还是那位仍然诉求于印度社会良知的甘地，仅此而已。

---

[1] 斯莱德（Slade）:《精神朝圣》（*Spirit's Pilgrimage*），第 207 页。

“我们不可能掌握结局。”他说，“我们只能不懈努力。”正是在这几年里，他不得不承认那个高举他形象的运动如今已经不再需要他而自行前进了。“不必让任何人说他是甘地的追随者。”随后他说道，“只要我是我自己的追随者就足够了。”

也正是在此时，甘地终于和他最亲爱的早期追随者赫尔曼·卡伦巴赫团聚了。这个来自约翰内斯堡的立陶宛犹太人建筑师，在第一次世界大战爆发后曾被英国人阻止进入印度，而后又被当作异国敌人拘禁，最后于 1937 年 5 月转道东普鲁士在孟买登陆。他最终在一次囚犯交换中被遣返到德国。休战后他在那里漂泊，并未完成那断断续续的、去往古吉拉特找甘地的旅途，而是回到了约翰内斯堡，重新过起了一番舒适的生活，成为一流的地产开发商，而甘地早年曾劝他放弃这种生活。

许多年过去了，但圣雄从未真正放下他的这位犹太老室友，总是梦想他再次来到他身边，像他经营托尔斯泰农场那样经营他的印度阿什拉姆。当他们在战后恢复通信后，他们仍然戏称对方为下院和上院。“我是多么想拥抱你，面对面看着你，多么想旅途中有你在身边啊！”上院在 1921 年写道，那时他已经是无可争议的印度民族运动领袖了。12 年后，他在反对不可接触制巡游途中从印度南部写来信件，听起来仍然热情洋溢。“你永远在我的脑海里。”他对下院说，“你什么时候来？”这些信件透露出圣雄甘地依旧感到寂寞，即使在他的阿什拉姆，在他
278 的专门服务人员和追随者组成的核心圈子中，以及在他出现在公众场合时所吸引的无数民众面前。也许这就是普亚里拉尔后来在日记里有感而发写下的感慨：“在巴布彻底的精神孤独中有种令人恐惧的东西。”[1]

约翰内斯堡建筑师和印度领导人重聚的时刻被马哈迪夫·德赛捕捉到了，并且记录在了《哈里真》中。卡伦巴赫在孟买逗留了许久才挑选到一身宽松的印度土布行头，之后乘坐火车沿着海岸北上，停在一个离古吉拉特村庄不远的地方，靠近岸边。甘地从赛格昂来这里休养，卡伦巴赫在黎明前早祷时间到达那里。“多少年没见了？”甘地在祷告完毕后问道。卡伦巴赫鞠躬至其足下。“23 年了。”他们一边拥抱着，他一边说道。“他们像孩童般的喜悦。”据马哈迪夫说。甘地举起一盏灯，仔细审视着他多年未见的朋友，然后拉拉他的头发说：“怎么头发

---

[1] 马里斯·鲁斯文（Malise Ruthven）：《充满排泄物的印度》（*Excremental India*），《纽约书评》（*New York Review of Books*），2010 年 5 月 13 日。

全白了！”

之后上院便问下院乘坐的是头等舱还是二等舱。这是在测试他在多大程度上回归到了过去的物质生活方式。“游客舱。”来访者回答说，“我就知道这会是你问我的第一个问题。”

卡伦巴赫裹着缠腰布，有时候也像他的东道主一样光着膀子，他挨着甘地睡在星空下。仿佛这 23 年消失了，甘地写信给他的兄弟说：“他就像我们中的一员。”然而，这位建筑师似乎并没有真正被原来的想法所诱惑，从而放弃他的生意搬到阿什拉姆来。显而易见，他此趟旅行除了与他的老朋友重聚外，还有另外一个目的，他肩负着一项使命。他被招募来游说这位印度领袖，支持巴勒斯坦的犹太复国主义事业。

这个提议来自巴勒斯坦犹太事务局（Jewish Agency）政治部（Political Department）的首脑。在英国的授权下，犹太事务局事实上是规模不大但正在日益发展的犹太定居者团体的政府，政治部的职能相当于外交部。它的首脑是摩西·夏里特（Moshe Shertok，也叫 Moshe Sharett），他将继任戴维·本－古里安（David Ben-Gurion），成为以色列的第二任总理。夏里特在寻求与“最伟大的现世印度教徒”取得联系时，从近期探访南非的一个访客那里得知了卡伦巴赫的存在。他似乎是立刻写了一封长信给这位建筑师。“这世上很少有人有这样的条件和地位能贡献一项极具非凡人格力量的服务。”信中说，“我被建议而且相信此刻你就是这样的人……你处在一个得天独厚的地位，能够在一个领域里帮助犹太复 279
国主义运动（Zionism），而在这个领域，犹太人民的资源非常匮乏，甚至实际上不存在任何资源。”[1]

卡伦巴赫同意了。到达孟买的两个月前，他在伦敦见到了夏里特和犹太复国主义运动的头领兼以色列未来的第一任总统哈伊姆·魏茨曼（Chaim Weizmann）。之后他在巴勒斯坦停留，那里早期的基布兹[2]给他留下了尤为深刻的印象，它们强调手工劳动和简朴生活，这使他回想起甘地在托尔斯泰农场反复教诲的价值观。[1945 年，他在约翰内斯堡逝世后，其骨灰埋在加利利海（Sea of Galilee）上的基布兹德加尼亚（Kibbutz Degania），这是以色列最古老的基布兹，托尔斯泰对

[1]　纳拉扬·德赛（Narayan Desai）：《吾生即吾意》（*My Life Is My Message*），第 3 卷，《萨提亚之路》（*Satyapath*），第 172 页。

[2]　译注：基布兹（kibbutz）：以色列的集体农场，人们生活在一起，同工同酬。

这里第一批定居者的影响尤为显著。］没有迹象表明下院对上院提到了几位重要的犹太复国主义者给他的简要指示，但并不能说他是秘密从事的。自从他们在约翰内斯堡同住以来，卡伦巴赫一直是公开的犹太复国主义者，当时他就交替学习希伯来语和印地语，因为他试图做出决定是搬去巴勒斯坦还是印度。

甘地（左）与卡伦巴赫（右）重聚，1937 年 6 月

280 现在，在 1937 年他们在一起的这个月里，甘地迫切地开始讨论巴勒斯坦的阿拉伯—犹太冲突的是非曲直。自 1921 年基拉法特运动高潮时，他已经对这个话题有了坚定的立场。[1] 基本上，他的立场是印度的印度教徒应该支持他们 7000 万穆斯林同胞，因为对他们来说这是宗教原则问题。甘地的朋友劝他同情一下争论中的犹太复国主义者一方，甘地承诺会这样做。随后，卡伦巴赫让犹太事务局给圣雄特别准备了一篇关于犹太复国主义的历史、精神和政治基础的长达 25 页的文章。甘地注意到“寄信人并未署名”，但是他发现文章“非常深刻、非常有趣”。[2] 他被深深地打动，以至于考虑在他监督下，努力调解阿拉伯人和犹太人的关系，由此时已回到约翰内斯堡的赫尔曼·卡伦巴赫来当他的主调解人。甘地在给这位建筑师的信中写道：“我很明白，如果你想在一个光荣的解决方案的达成过程中发挥任何作用的话，你的地方在印度。”[3] 显然，考虑到他的朋友也许会怀疑这个压力是出于个人原因，甘地补充说：“我说的所有这些与我们之间在国内的安排毫无关联。”甘地似乎一如既往地充满激情。他的愿望是明确的，但在看似努力时，他又表现出克制。“我不必急于求成。”半年后他写信给在约翰内斯

[1] 《圣雄甘地全集》（*CWMG*），第 19 卷，第 472 页，甘地在 1921 年 3 月 23 日质疑英国对犹太人做出关于巴勒斯坦的承诺的权利。

[2] 希莫尼（Shimoni）：《甘地、萨提亚格拉哈和犹太人》（*Gandhi, Satyagraha, and the Jews*），第 35 页。

[3] 《圣雄甘地全集》（*CWMG*），第 96 卷，第 290、292 页。

堡的老朋友，“你要在自己方便的时候过来。”

卡伦巴赫回到南非后，甘地着手起草了他对这个问题的看法，寄给这位犹太复国主义朋友，征求他的同意。信中写道：“在我看来，犹太人应该放弃任何在武力保护下实现他们抱负的意愿，而且应该完全依赖阿拉伯人的善意。犹太人想要在巴勒斯坦建立家园的自然愿望也不可能成为例外。但是他们必须等到阿拉伯的舆论成熟了才能实现这个愿望。”[1]甘地主要是想让犹太人变成萨提亚格拉哈主义勇士，阿拉伯人也是。卡伦巴赫半信半疑，将信件呈给了哈伊姆·魏茨曼。这封信稿从未被发表。

他提出对巴勒斯坦的调解只是一个开始。当圣雄对改革印度的努力越发觉得艰难时，他越倾向于对国际问题发表通谕。显然，他在国内的挫折并不是他愿意对外畅所欲言的唯一原因。这个世界正朝着灾难飞奔，而作为既定的非暴力学说的捍卫者，甘地觉得有责任让世界听到他的声音。一系列的道德声明从他位于赛 281
格昂附近的简陋的住所涌出。概言之，这些声明是个大杂烩，充满着锐利的道德洞察、绝望的呼吁和自欺式的天真。随后一个有关巴勒斯坦的声明引起了神学家马丁·布伯（Martin Buber）的痛斥，他是一名逃过希特勒迫害的难民，成为早期犹太和平运动的杰出人物。布伯写道，他“久仰并崇敬”甘地的声音，但是他发现所听到的关于巴勒斯坦的声明“完全不适合他的境况”。[2]然后他继续详细分析了圣雄对德国犹太人所作的声明。甘地主张用萨提亚格拉哈回应纳粹的野蛮行径。他发现希特勒统治下的犹太人的处境和他在南非时的印度人的处境“极其相似”。布伯告诉甘地，他在成为难民前曾在纳粹的统治下生活过，见证了犹太人尝试用非暴力抵抗，结果是“一场徒劳无效的、悄无声息的殉难，一场随风飘逝的殉难”。

我们有理由相信，布伯这封1939年3月从耶路撒冷寄往赛格昂的信从未到达甘地手上。不管怎样，那时圣雄已经留下了一堆令人痛苦的且虽是善意却徒劳无功的信函。他曾写信给捷克人，让他们采用萨提亚格拉哈对抗纳粹突击部队；他也曾写信给总督，提出要在希特勒和他的西方猎物（包括英国在内）之间进行

[1]　萨里德（Sarid）和巴托夫（Bartolf）：《赫尔曼·卡伦巴赫》（*Hermann Kallenbach*），第75—76页。

[2]　希莫尼（Shimoni）：《甘地、萨提亚格拉哈和犹太人》（*Gandhi, Satyagraha and the Jews*），第40—47页。

调解。几个月内，他给元首本人写了一封信，后来又写了一封。“您能不能听听一个有意回避战争方式却获得巨大成功之人的恳求？”[1] 他在第一封信中非常讲究修辞地问道，混合着一种谦卑而自负、急切而天真的语气。监视他邮件的英国人，设法确保这封信发不出去。他给希特勒的信开头的称呼是“我的朋友”。[2] 希特勒已经表明他对圣雄和非暴力的看法。“你们所要做的就是射杀甘地。”他这样建议一位英国大臣。

最终，在战争爆发和他本人最后一次被囚禁后，甘地写信给丘吉尔，提出要为和平事业服务。“我无法想象任何拥有甘地这样盛名的人能写出那样一封愚蠢的信。”[3] 新总督韦维尔勋爵（Lord Wavell）在拦截了这封信后在日记中吐露道。

尽管这些信函中的大部分论证是不现实、充满自我考虑、令人质疑的，但是甘地对丘吉尔的“风暴前夕”的基本理解并非完全不到位。“如果的确有一场以人类的名义并为了人类而进行的战争能够被称为正当战争，那么一场对抗德国、阻止肆意迫害一个种族的战争完全可以说是正当的。”他写道，“但是我不相信任何战争。”[4]

282 这位曾经的军士长曾志愿作为一名非战斗人员参加了布尔战争和祖鲁战争。在上一次世界大战末，他提出做总督的“募兵总代理”，甚至在 50 岁时自己登记成为应征入伍的候选人。而现在，他第一次鲜明地表明了一位真正的和平主义者的立场，他的这一立场只有在印度当时的情境下才能被理解。当时迫切的问题是，民族运动能否用支持战争来换取可靠的自由承诺。换种方式说，即用大部分印度民族主义者能够理解的方式说，当时关键的问题是，当殖民政权对印度的自由承诺仍不确定时，能否要求印度为殖民政权的自由而战。甘地将萨提亚格拉哈应用于犹太人—阿拉伯人冲突和纳粹德国威胁的武断声明，可以解释为印度斗争的倒数第二篇章的试行。他似乎已经察觉到这是最后一次被从赛格昂召回领导他的运动，而这一次他也许不得不将他对英国仍怀有的挥之不去的忠诚搁置一边。

然而，当 1939 年 9 月纳粹入侵波兰后，英国最终加入战争，甘地的第一反

[1] 坦杜卡尔（Tendulkar）：《圣雄》（*Mahatma*），第 5 卷，第 160 页。
[2] 拉吉莫汉·甘地（Rajmohan Gandhi）：《甘地》（*Gandhi*），第 400 页。
[3] 曼瑟（Mansergh）和拉姆比（Lumby）：《权力移交》（*Transfer of Power*），第 5 卷，第 41 页。
[4] 拉吉莫汉·甘地（Rajmohan Gandhi）：《甘地》（*Gandhi*），第 400 页。

应是告诉总督，他以“一颗英国人的心”看待这场斗争。[1] 这位总督林利思戈勋爵（Lord Linlithgow）已经在前一天就宣布了印度加入战争，并未征求任何印度人的意见。甘地被召集到西姆拉的总督府（Viceregal Lodge），他对这个惊人的失察并未提出抗议，甚至没有一丝抱怨。这个失察是源自习惯性的傲慢和有计划的拒绝协商，它很快点燃了一场殖民当局和印度民族运动之间的长期斗争。最终，也许是不可避免的，但只有在经过多番斟酌摇摆后，甘地将再次肩负起领袖责任，着手谋划这次斗争的策略，这将使他在战争顶峰时期与英国发生对抗。但是在西姆拉，在总督发声明之后的第二天，甘地幻想着自己已经和林利思戈建立了友好的个人关系，就像 25 年前他在南非多情地想象与史沫资之间的关系一样，在这种幻想下，当脑海中勾画出议会大厦（Houses of Parliament）、威斯敏斯特教堂（Westminster Abbey）和伦敦中心被炸毁的画面时，他不禁潸然泪下，用甘地自己的话说，“他崩溃了”。“我不断地与神争论，他怎能让这样的事情继续下去！”他第二天写道，“我的非暴力似乎全然无效。”[2] 283

[1] 拉吉莫汉・甘地（Rajmohan Gandhi）:《甘地》(*Gandhi*)，第 425 页。

[2] 《圣雄甘地全集》(*CWMG*)，第 70 卷，第 162 页。

第十一章　大规模骚乱

在他生命的第七个十年末，当谈到被他列为自治的四大支柱时，圣雄甘地迫不得已承认大多数所谓的追随者并没有一直追随他的脚步。在这四大支柱中，最后且最重要的支柱应是阿希姆萨，即非暴力，这在甘地看来既是一种核心的宗教价值观，也是用于激烈抵抗不公平的一套专利技术。如今，随着第二次世界大战的爆发，他被迫承认“除个别人之外，国大党党员基本上都不信奉非暴力”。[1]“孤独地行动”将会是他的命运，因为似乎已经“没有和他一样完全相信非暴力的人了”。

在这里，圣雄似乎是在刻意博取同情。这是一个令人喜欢的姿态，也是一个孤独的真理追求者的姿态，而且它带着道德和政治压力的色彩，带着一丝情感敲诈的意味。他最亲密的同伴们所能做的就是，为他们没有达到的崇高理想标准而感到愧疚。这种自我写照日益勾画出他内心的真实感以及政治立场。他仍然能够吸引大批崇拜者，拥有追随他的每句话和每个愿望的忠实随从，但是在一些难以捉摸但显然非常重要的方面，他感觉自己孤立无援。如果先知甘地所说的话在这里得到认可的话，那么他所构想的自治的庙宇如今已经随着最后一大支柱的坍塌而倒塌。

但是，这位先知“完全相信非暴力”的声明并没有使这位政治领袖从政治舞台消失。甘地一生中再也没有比他生命和职业生涯的最后十年更令人难以捉摸或更复杂的了，因为他竭力在戒律、价值观、自我强加的规则和运动的战略需要之
284 间寻求平衡。这是一种压力，只有随着权力的临近它才会增加。从在反法西斯主义战争（而不是反帝国主义战争，如印度很快就遇到的那样）中使用非暴力这样令人痛苦的问题到刚刚出现的被他称为“活体解剖”的问题（将印度穆斯林占多数的地区划分出来组建一个新的国家，重新命名为巴基斯坦），甘地总是设法站

[1]《圣雄甘地全集》（*CWMG*），第 70 卷，第 113—114 页。

1940 年，甘地再次旅行

在至少两边的立场上，将他的个人立场和该运动的立场区分开来，然后，他几乎又会照例后退一步。早在 1939 年，他就将自己与其追随者区分开来，“正如我想要忠于自己一样，这些追随者想要忠于自己和他们眼下所代表的国家”。[1] 那个国家和他长期以来习惯于称之为“真理”的东西可能会朝着相反的方向发展，这种想法是一个相对新颖的想法，是深刻的内心冲突的一个根源。

对于像倒数第二任总督韦维尔勋爵这样虚张声势的英国将军来说，这完全是装腔作势。[2]“甘地是一个恶毒的老政客，我确信，在他所有道貌岸然的演讲中，
很少有温和的言论。”韦维尔在他第一次见到圣雄之后写道。如果总督的怀疑接 285
近真实情况的话，那么甘地生涯的巅峰在今天看来只不过是一个延伸的脚注，是一系列汹涌事件洪流中的一条支流，他曾试图影响这些事件，但在很大程度上未

[1] 《圣雄甘地全集》（*CWMG*），第 70 卷，第 114 页。

[2] 韦维尔（Wavell）:《总督日记》（*Viceroy's Journal*），第 236 页。

能影响。相反，甘地的最后行动本身可以解读为一个道德传奇故事，称得上是最充分和最深层意义上的“悲剧”事件。他奋力解决的公共问题仍然引人注目，但这些年后最引人注目的还是这位老人自身，因为他在民族危机之时经历了一系列艰苦的、自我强加的考验，在生命的末期还在黑暗阴郁的绝望和压抑不住的希望之间游走。

如果某人随时准备献上自己的身体和生命——他所谓的“自我受苦”——就标志着他是一名真正的甘地主义非暴力信徒、一名真正的萨提亚格拉哈勇士的话，那么圣雄最后那段孤独、超然、在很大程度上是徒劳的岁月就可以被赋予伟大的光环，并可以解读为完满。这是一如既往地塑造自己故事的甘地倾向于看到的方式之一。他有预感可能会遇到刺客的子弹，这成为他一直以来内心沉思的主旋律。他于 1948 年 1 月 30 日在新德里的一个花园遇刺，尽管自基拉法特运动的“辉煌岁月”以来，他为穆斯林做了很多事。在他的回忆录中，那些岁月充满着尊严和“高贵精神”，但是在遇刺 5 年多前，他想象行凶者会是一个穆斯林。“我的生命完全由他们支配。”他说，“无论何时想结束我的生命，他们都可以随意这样做。”[1] 也许他回想起了他的同胞圣雄斯瓦米·什拉德哈南达，他于 1926 年死在一个穆斯林极端分子手里。事实证明，他的预感部分是错的。他预见了他的死因，但未能预见隐藏在最终阴谋背后的动机以及阴谋者的身份。将他作为攻击目标的是印度教极端分子，他们视甘地为亲穆斯林派。

与此同时，这个悲剧故事不能轻易摆脱圣雄自导自演的、近乎喜剧的多次入仕和出仕的次要情节，他一次次地辞去民族运动领导人的职务，又一次次地突然回来。在总督没有征求印度人民同意就代表印度宣战之后的岁月里，甘地的来来去去变得像一名旧时演员的舞台套路，从舞台左侧退出时举着一个长梯子的一端，目的只是举起梯子的另一端可以瞬间从右侧重返舞台。

1939 年 9 月，印度宣战之后不久，国大党否决了甘地起草的一项决议案。这
286 是 20 年来第一次发生这样的事情，甘地认为这是一个“决定性的失败”。[2] 该项被否决的草案承诺会使用一切可行的非暴力手段支持英国的战争努力。与之相反的是，国大党设置了一个讨价还价的局面，承诺支持英国的战争努力，但条件是英国承诺印度独立。为了表明所设想的交易，国大党淡化了甘地对非暴力的强

[1] 坦杜卡尔（Tendulkar）：《圣雄》（*Mahatma*），第 6 卷，第 156 页。

[2] 《圣雄甘地全集》（*CWMG*），第 70 卷，第 113 页。

调。9 个月后，即 1940 年 6 月，在甘地的要求下，国大党正式表决“免除他对国大党必须继续进行的计划和活动所承担的责任”，以便使他能自由地“以他自己的方式追求个人的伟大理想”。[1]3 个月后，在总督拒绝了承诺印度自由的要求之后，国大党便召唤甘地回来当领导人。1941 年 12 月，因在使用武力的问题上存在分歧，甘地再次出局。仅仅两周后，他按照自己提出的条件再次回来，只是这次他的条件不得不开始发生微妙的转变。最终，他不情愿地做了让步：他承认，如果在战争期间宣布印度独立，那么就可能会得出结论，印度需要武装力量。他也同意盟军可以继续使用印度领土作为基地，从该基地来轰炸日军在缅甸的据点，并克服重重困难把武器从该基地空运到中国。从他和国大党的立场上来看，这些调整是很痛苦的，持续了好几个月。但这些调整并没有产生任何效果，英国人仍然不上当。众所周知，那位“顽固的”帝国主义分子温斯顿·丘吉尔声称，他不是负责帝国解体的首相。由于至今未能推翻英国殖民政权，甚至连让英国殖民政权让步都未做到，因此甘地和国大党准备发起自食盐进军 12 年以来最大规模的不合作和非暴力抵抗运动，以此作为对英国人发出的最后通牒：要么交出主权，要么承担后果。1942 年，在日本人横扫亚洲的巅峰时期，认真对待入侵威胁的尼赫鲁做出的更好的判断遭到了反对，于是他们发出了“退出印度！”的呐喊。

经过 3 年多一次又一次的出仕和入仕，甘地现在的立场已经发生了转变：最初他主张使用一切可能的非暴力手段无条件地支持战争努力，现在他威胁说，除非印度可以自由地以不一定是非暴力的方式与盟国一起致力于“共同事业”，否则他就发动大规模的非暴力抵抗。[2]1942 年 8 月 8 日，国大党通过了“退出印度”的决议，该决议承诺自由的印度将“使用一切它所掌握的武装力量和非暴力力量来抵抗侵略”。[3] 这句话体现了甘地在武装力量问题上心照不宣的转变，体现了他愿意与尼赫鲁以及其他国大党领袖结盟。现在，他准备全速前进。他承诺，即将到来的运动是“我一生中最大的斗争”。[4] 在这里，在某个瞬间，我们看到了完全着魔、“决一死战”的甘地，那个热诚的指挥官，那个率领契约矿工于 1913 年进 287
入德兰士瓦，之后承诺“在一年内实现自治”，接着又进军大海收获一小撮盐的

[1] 拉吉莫汉·甘地（Rajmohan Gandhi）:《甘地》（*Gandhi*），第 436 页。

[2] 坦杜卡尔 (Tendulkar）:《圣雄》（*Mahatma*），第 6 卷，第 125 页。

[3] 曼瑟（Mansergh）和拉姆比（Lumby）:《权力移交》（*Transfer of Power*），第 2 卷，第 622 页。

[4] 坦杜卡尔 (Tendulkar）:《圣雄》（*Mahatma*），第 6 卷，第 153 页。

指挥官。但就在对“退出印度”的决议进行表决后的第二天早上，他在孟买再次被捕，并被当作囚犯押往浦那市外的阿迦汗宫（Aga Khan Palace）。在那里的21个月，甘地一直被撇在一边，直到他的高血压引起英国人的恐慌，当局才决定让他离开，以免他在拘留中死亡而引起一片哗然。

丘吉尔内阁讨论了把甘地驱逐到乌干达（Uganda）的想法，但最终认识到，连其美国盟友都可能难以接受这个想法，更不用说印度的民众了。甘地的最后一次运动并没有达到他非暴力纪律那样的标准。总督在他被捕的3周后向丘吉尔报告：“在农村的大片地区，群众暴力事件仍然十分猖獗。”[1] 截至年底，在与警察的冲突中，已有近1000人死亡，约6万人在英国镇压国大党的行动中被捕。在丘吉尔的鼓动下，英国人搜集证据，以证明尽管甘地被捕入狱，但他仍是这场暴力事件的同谋，或是他与日本人共谋的。尽管他们从未找到证据，但甘地在被捕前说的话似乎暗示着他对暴乱的激增并不感到惊讶。印度的非暴力一直都是不完美的，他冷冷地告诉美国记者说：“它在数量和质量上都是有局限性的（更确切地说，在印度，我们很难找到既值得信赖，又会在必要的时候做出自我牺牲且训练有素的萨提亚格拉哈主义勇士），但它却给人们注入了生命力，这种生命力是他们以前所没有的。”[2] 甘地没有展开威胁，也没有为暴力辩解，但假设暂且站在一个客观的观察者、一个现实主义者的立场上来看，他似乎是在暗示，这一次不能排除会有暴力事件。这时的甘地听起来像是1913年警告南非当局的前圣雄，他警告南非当局说，他可能会失去对他所领导的运动的控制。

圣雄将他在道德上的固执归因于他“内在声音”的控制，在他晚年的时候，这种道德上的固执仿佛突然释放的弹簧或线圈，使他避免对影响深远的政治决策负责。这种模式在他最后一次监禁结束的那天已经定型，也就是1944年5月6日。但是，尼赫鲁和帕特尔以及整个国大党工作委员会仍然被关在监狱，总督拒绝了他想要征求他们意见的请求。因此，在接下来的13个月里，一直到他们被释放之前，只有甘地能够处理国家大事。他在当时最大的冒险就是试图消除国大
288 党和穆斯林群体之间日益扩大的鸿沟，特别是国大党和一个复兴的穆斯林联盟之间的鸿沟，该联盟由自封为“伟大领袖”（Quaid-i-Azam）的穆罕默德·阿里·真纳领导。

[1] 曼瑟（Mansergh）和拉姆比（Lumby）:《权力移交》（*Transfer of Power*），第2卷，第853页。
[2] 坦杜卡尔(Tendulkar):《圣雄》（*Mahatma*），第6卷，第129页。

这个真纳与将近30年前诚挚呼吁国家统一、欢迎甘地回来印度的真纳是同一个人，与早些时候被甘地的支持者兼导师戈克利誉为“印度教徒—穆斯林团结大使”的民族主义者是同一个人。他于1916年在国大党与穆斯林联盟之间达成了一项在当时似乎是突破性的协议，也算是没有辜负对他的称赞。这位真纳还是一名挑剔的律师，当时的他信仰以符合宪法的方式行事，而甘地则引入以诉诸宗教主题（穆斯林和印度教徒）为基础的群众鼓动方式。这使得真纳非常愤怒和不满，以至于他离开了国大党。尽管如此，他还是一位政治掮客，迟至1928年，他仍然试图寻找在独立印度宪法形态问题上两个运动之间的共同点，并于1937年提出加入新的国大党省政府联盟，结果遭到冷漠拒绝。

他还是那个他，但不再是之前那个民族主义者。他流亡英国4年后回来，含蓄地恭维甘地并仿效他。以宗教为基础的群众鼓动不再触怒他，他认识到这是获得国家领导权最可靠的途径。现在的他坚决主张，从来没有也不可能有一个印度民族，只有印度教徒的印度（印度斯坦）和穆斯林的印度（巴基斯坦）——这是两个平等的民族，无论哪一个民族的人数比另一个民族的人数多，都要好过一个民族里印度教徒与穆斯林的人数比例是2∶1（如果把不可接触者算作印度教徒的话，大约是3∶1的比例）。根据真纳的推理，如果穆斯林是一个民族，那么无论人口表显示的数据是什么，他们都不会是一个少数民族。他坚持要求，任何谈判都必须在此基础上进行。伟大领袖在衣着上的改变不像圣雄那样极端，但为了替代他那套漂亮的、量身定做的双排扣西装，现在的他有时候穿着传统的、纽扣紧扣的长大衣，这种大衣被称为“奢瓦尼”（Sherwani）[1]，戴着用绵羊皮制作的无边帽，学识渊博的穆斯林称之为毛拉纳的至爱。自此之后，这种无边帽有时会被称为真纳帽，它与国大党员戴的白色土布帽形成鲜明对比，而在各地这种白色土布帽被称为甘地帽。凭借技巧和相当狡黠的手段，伟大领袖真纳将自己塑造成了甘地的陪衬。

这两名古吉拉特律师之间从未有过多少温情，但甘地一直以尊重的方式对待真纳，并且有时在尼赫鲁和大多数其他国大党领导人试图贬低真纳的时候也会帮助他，现在的甘地特别强调要把真纳视为伟大领袖。（1942年，在发动“退出印 289
度”运动的前几天，他甚至提议，如果英国人还没有准备好把权力交给国大党的

[1] 译注：奢瓦尼（Sherwani）：印度男人穿的高领长外套。

话，那真纳可以组建一个新的政府。[1]）对甘地来说，真纳总是特意冷漠地称他为“甘地先生”，明显回避使用任何对他的精神尊称。但如今的伟大领袖，至少有那么一次，十分直接地就叫他圣雄。“请把你们的祝福带给我和圣雄甘地，以便我们可能达成一个解决方案。”[2] 随着首脑峰会的临近，他这样请求拉合尔（Lahore）的一群穆斯林联盟成员。这些细微的问候足以使英国人担忧这两位领导人可能在战争中形成反殖民主义战线，印度教民族主义者也有同样的担忧。正当甘地该动身去车站乘坐去孟买见真纳的火车时，一群暴徒出现在瓦尔达，意图用身体挡住甘地的路。他们当时的想法和现在一样，就是要抗议转让“祖国”任何一块土地的行为。人群中引人注目的是一个情绪过激的婆罗门编辑，名叫纳图拉姆·戈德塞（Nathuram Godse）[3]，几年之后，在印度分裂以后，他以一名持枪歹徒的身份站出来，他就是甘地长久以来预感中的枪手。

当 1944 年 9 月 9 日两位领导人终于在真纳住所的书房里会面时，真纳向甘地索要凭证。这次会面是在真纳位于孟买马拉巴尔山段（Malabar Hill）芒特普莱森特路（Mount Pleasant Road）的高档住所中进行的，是 18 天里进行的 14 次马拉松式会面的第一次。真纳说：“我原以为你会以一名印度教徒、印度教国大党代表的身份来到这里。”[4] 根据甘地对这次对话的说法，真纳完全明白，这种表述会激怒他的客人。“不，我既不是以一名印度教徒的身份，也不是以一名国大党代表的身份来到这里。”甘地回答他，“我代表我个人来到这里。”在这种情况下，他的东道主想知道：如果他们达成协议，那么谁来“履行诺言”？

这是一个讥讽却合理的问题。撇开他对宗教问题所持的公开、折中、非宗派的态度，更不提他几十年来对“统一”的长期追求，甘地默认地接受了把建立一个单独的伊斯兰国家作为谈判基础的想法。国大党不仅已经投票否决了他现在提出的可供讨论的一系列提案，而且还是在他的同意之下这样做的。[5] 真纳想知

---

[1] 加斯万特·辛格（Jaswant Singh）:《真纳》（*Jinnah*），第 308 页。

[2] 坦杜卡尔（Tendulkar）:《圣雄》（*Mahatma*）第 6 卷，第 271 页。

[3] 译注：纳图拉姆·戈德塞（Nathuram Godse）：一个狂热的印度教徒，出身婆罗门，奉行素食，节欲。早年崇拜甘地，投身不合作运动，并因此而入狱。1944 年，他买下一家报社《印度民族报》，自任社长，宣传反外道伊斯兰教及其他非印度教派的政治主张，不遗余力宣传暴力和种族至上，并因此于 1948 年刺杀了甘地。

[4] 普亚里拉尔（Pyarelal）:《圣雄甘地：最后阶段》（*Mahatma Gandhi*: *Last Phase*），第 1 卷，第 88 页。

[5] 加斯万特·辛格（Jaswant Singh）:《真纳》（*Jinnah*），第 540 页。

1944 年 9 月，甘地（右）与真纳（左）在马拉巴尔山会谈

道：如果他推翻了自己，谁还会追随他呢？他是认真的吗？甘地愿意支持的巴基斯坦将在印度联邦中享有一定的自治权，这可能是一种相对宽松的联邦制，在这种制度下，国防和外交事务是作为国家大事来处理的。如果巴基斯坦可以留在印度的话，他就允许自己相信，“心灵的统一”也许会 290
随之而来。在为期 3 周的会谈刚开始时，甘地就写下这些，他还进一步承认了以穆斯林为主的地区具有脱离权，这可能导致“两个主权独立的国家”之间签订“分离条约”（Treaty of Separation）。[1]

这对于真纳来说仍然远远不够，他心目中的巴基斯坦必须从主权国家开始。它不能信任一个由印度教徒控制的政权来绘制其边界或执行其分离条款，只有通过自己的自由选择才能在一个独立的印度中找到自我。因此，它的命运和边界必须在独立之前就要确定，而不是像甘地一直坚持的那样在之后确定。紧接着，他们很显然正在讨论的是两个不同的巴基斯坦，至少是关于真纳在任何紧要关头如何行使谈判权利的两种不同观点。甘地在参加完紧张的第一次会议后就表示：“我对自己的耐心感到惊讶。”会议历时 3 个小时 15 分钟。[2]

戈德塞这个未来的刺客，以及他的印度教沙文主义同胞原本不需要担心甘地会接受一个缩小的印度斯坦。当会谈仍在进行中时，甘地私下就说过，他的目标是向真纳证明，“从他自己嘴里说出来的整个关于巴基斯坦的主张很荒谬”。[3] 他的这番话可以判定为过度自信。伟大领袖真纳最终确信这是老谋深算的甘地在愚 291

[1] 加斯万特·辛格（Jaswant Singh）：《真纳》（*Jinnah*），第 541 页。

[2] 普亚里拉尔（Pyarelal）：《圣雄甘地：最后阶段》（*Mahatma Gandhi: Last Phase*），第 1 卷，第 88 页。

[3] 同上，第 91 页。

弄他。他说道："我的任务失败了，没有改变甘地先生的想法。"[1] 此处的"先生"一词可以看作是两人会谈失败的一个暗示。

真纳声称穆斯林联盟是英属印度 9000 万穆斯林的唯一代表，他则是穆斯林联盟唯一的发言人。甘地的主张虽然表达的更多的是慷慨和机智，但仍旧意义深远。他写信给真纳："尽管我只能代表我自己，但我渴望代表印度的所有居民。因为我本人充分认识到了他们的苦难和落魄，不论是何阶级、种姓和信仰，这是他们共同的命运。"[2]

真纳专注于当时的战术策略，甚至于他自己可能都被这种战术战胜了：在长时间等待后，他阐明了对一个满意的巴基斯坦的想法，却也使之永远可望而不可以及（至少是这样，如果像有时候所争论的那样，他的真正目标是确保穆斯林在印度国家层面上享有永久的权利，而不是建立一个单独的国家[3]）。甘地是一位妥协艺术大师，至少据他自己的估计，他现在可能愿意承认穆斯林占多数的省份的"自决"权，因此这也是一种理论上的分治权。但是在核心权力问题上，他却令人难以捉摸。正如与安贝德卡尔商讨时，他主张他的运动或者他本人可以代表整个印度，对此丝毫不考虑让步。这就是将"真理"作为政治判断标准所带来的难题：它缺乏灵活性。不论是伟大领袖还是圣雄，他们都不是一个完全独立的行动者。真纳必须要小心翼翼，以免粉碎他在穆斯林占少数的省份唤起的期望，这些省份可能永远不会成为任何构想中的巴基斯坦的一部分。甘地则不能对日益增长的印度教徒好战主义幽灵视而不见。他们两人都需要彼此的诚信行为，但在当时这几乎不可能，因为真纳已经对印度民族主义不再抱有希望。

"我与真纳之间没有取得任何进展，因为他就是个疯子。"甘地告诉路易斯·费舍尔，他吸了口气接着说，"真纳正直且勇敢。"[4] 这是一个吊人胃口的说法，看起来似乎是在暗指，当甘地向真纳炫示高层要职的可能性时，真纳一直不为所动。

伟大领袖真纳已经决定不能指望甘地来履行"诺言"，他继续做一个高傲且令人难以捉摸的谈判家，依靠英国人和正在衰落的殖民政权来推动宪法交易，这

---

[1] 坦杜卡尔（Tendulkar）:《圣雄》（*Mahatma*），第 6 卷，第 276 页。

[2] 同上，第 279 页。

[3] 可参考贾拉尔（Jalal）的《唯一的发言人》（*Sole Spokesman*）。

[4] 费舍尔（Fischer）:《圣雄甘地的生平》（*Life of Mahatma Gandhi*），第 437 页。

比他所能希冀从国大党艰难争夺来的一切都要好。最终，他对其追随者只字未提诸如非暴力这样的文明举措，而是用威胁性的模棱两可的话，赌博式地发起他所谓的“直接行动”来推动局势发展。他的追随者解释说，直接行动意味着以非宪政的方式开展大规模斗争。 292

到那时为止，由于某种方式的分治和某种形态的巴基斯坦几乎确立，这将是为独立付出的代价，所以国大党不情愿地接受了英政府关于建立临时政府、开启宪法进程的提案，而在这一过程中，与穆斯林联盟达成一致将被看作是实质性的先决条件。两年前甘地曾与真纳就建立一个单独的伊斯兰国家问题进行过谈判，此时甘地转变方向，提议抵制临时政府，以这种方式先发制人阻止巴基斯坦成立，防止其成为必然的事实。但是，他的立场含糊其词，仿佛他知道他的提议没有获胜的把握，他不再主导运动。他说这是基于一种“尚未确认的怀疑”、一种“直觉”、一种“本能”。他的怀疑是，国家的分裂可能是一场灾难。

如果甘地强行且公开地推进他的提议，那么国大党可能会发现，离开他一切难以开展。但他没兴趣进行这样一个测验，也无法看清这个测验的走向。相反，1946 年 6 月 23 日这一天，在对复杂的英国方案做出表决时，甘地请求允许免除他的职责。“还有继续留住巴布的理由吗？”[1] 担任国大党工作委员会会议主席的穆斯林民族主义者毛拉纳阿扎德（Maulana Azad）问道。“所有人都保持沉默，所有人都理解。”纳拉扬·德赛写道，他是甘地忠诚的秘书马哈迪夫的儿子，也是权威的古吉拉特语圣雄传记的作者。普亚里拉尔的说法捕捉到了甘地不得不咽下去的苦果，他写道：“自从做决定的时刻起，他们就不再需要巴布。”[2]“我知道印度不再与我同行。”几天之后，他告诉路易斯·费舍尔，“我没有让足够多的印度人相信非暴力的智慧。”[3]

真纳已经预料到国大党会拒绝英政府的方案。或许他曾寄希望于那时总督会求助于穆斯林联盟——也就是他——去成立临时政府。然而，他的希望落空了，于是发动了“直接行动”。这是对甘地不合作策略的一种改版，一种有计划且蓄意的含糊其词的改版，20 多年前，真纳曾因反对不合作而退出国大党。真纳宣布

[1] 纳拉扬·德赛（Narayan Desai）：《吾生即吾义》（*My Life Is My Message*），第 4 卷，《献身》（*Svarpan*），第 225—226 页。

[2] 普亚里拉尔（Pyarelal）：《圣雄甘地：最后阶段》（*Mahatma Gandhi: Last Phase*），第 1 卷，第 239 页。

[3] 费舍尔（Fischer）：《圣雄甘地的生平》（*Life of Mahatma Gandhi*），第 424 页。

他的新运动的那天，也就是国大党对英国方案做出致命性的决定后不到一个月，他不可避免地被问道，直接行动是否是暴力的。真纳的回答是极端的、非甘地式
293 的，大概是说这是营造一种心理上的气氛，而不是暴民暴乱的信号。然而，它令人不寒而栗。“我不打算讨论道德问题。”[1] 他说。

真纳将 1946 年 8 月 16 日定为直接行动日（Direct Action Day）。众所周知，接下来就发生了持续 4 天多的加尔各答大屠杀（Great Calcutta Killing）。截至 8 月 20 日，在这个孟加拉邦的省会城市，约有 3000 人被暴打、刺伤、砍杀或烧死。而在当时，这里是唯一的一个由穆斯林联盟控制管理的省份。遍街的横尸被成群的秃鹫和野狗撕裂。双方都调遣了大批人群，预先准备了剑、刀、警棍（一种铅制尖头的长棍棒）、汽油和其他易燃品。但是，加尔各答是一座以印度教徒为主的城市——穆斯林仅占其人口总数的百分之二十，数据最终显示：被杀害的穆斯林多于印度教徒。在新德里，甘地最早的信徒瓦拉拜·帕特尔表达了他的观点。“血债要用血来偿。”[2] 这位老甘地主义者后来警告道。但是在那时，种姓印度教徒普遍理解或讲述的故事并不是这样的，他们仍然深信他们的教派在攻击中首当其冲。遭受如此令人痛苦的灾难，每一方都感觉自己完全是受害者。

对于这位追求统一、非暴力与和平的印度先知而言，这些事件——作为接下来一年半内大规模骚乱、谋杀、被迫迁徙、大量的财产损失和大规模的种族清洗的序曲——给出了令人绝望的充分理由，足够让他的一生陷入怀疑之中。他大概感觉到了自己正处于人生的最低谷之中。但是他一旦受到震撼，那么就会比以往更加热忱地坚持他的非暴力核心价值，然而，大部分的印度地区似乎已经对此不再抱有期待。因此，对于现在应该扮演什么角色——他应该在哪里“孤军”奋战——经历了一段时间的质疑困惑之后，甘地在 78 岁伊始便动身前往穆斯林占主导地位的东孟加拉（East Bengal）一个偏远多水的地区，如今隶属于孟加拉国。这里几乎是他所能来到的当时仍是印度区域的最远的东端，远离德里的政治决策中心有 1600 多公里。这个地区叫作诺阿卡利（Noakhali），甚至在当时就因其毛

[1] 普亚里拉尔（Pyarelal）:《圣雄甘地：最后阶段》（*Mahatma Gandhi*: *Last Phase*），第 1 卷，第 252 页。

[2] 同上，第 464 页。

拉（mullah）极端主义而闻名。[1] 当地很少有电话线路，实际上这里更靠近缅甸中心的曼德勒（Mandalay）[2]，而非德里。从首都的位置上看，甘地实际上是在东南亚（Southeast Asia）。

诺阿卡利被选为目的地是因为最近那里刮起了又一阵教派狂热之风：恐怖的 294
暴力行为是对加尔各答流血事件的报复。在这里，印度教徒被砍头、活活烧死、性侵、强迫改宗伊斯兰教、食牛肉，在此情况下，至少有两个和可能更多的女性被迫嫁给穆斯林男人。[3] 在一个叫作卡拉帕（Karapa）的村庄，一户印度教地主家庭受到攻击，包括男人、女人和孩子在内的 21 人全部被屠杀。加尔各答的报纸很快刊出死亡人数约为 5000 人，这个数字过于夸张。据证实，200—300 人是较为可能的数字。这也十分糟糕了。

在还未分割前的孟加拉邦，那里的首席部长是一个圆滑的穆斯林政治家，拥有牛津大学的教育背景，名字叫作沙希德·苏拉瓦底（Shaheed Suhrawardy）[4]。如果甘地来到东孟加拉的骚乱地区，苏拉瓦底只看到由此给他和穆斯林联盟带来的麻烦，因而他想方设法让圣雄离开。在 10 月 31 日，他前去加尔各答郊区的苏底堡（Sodepur），到一个一层楼高的小型印度土布中心兼阿什拉姆拜访甘地，这里是圣雄经常扎营的地方。20 世纪 50 年代，苏拉瓦底东山再起，成为巴基斯坦的总理。印度教徒中的阴谋论者无法相信他就是加尔各答大屠杀的幕后黑手。但是他声称自基拉法特骚乱起，他对圣雄就是一种孝顺的关系，圣雄原本对苏拉瓦底不抱什么幻想，但从那时起对他保持着某种慈爱之情。“沙希德大人，似乎每个人都称呼你是暴徒的首领。”甘地用暴徒常用的术语开始取笑道，“好像没有哪个人说你的好话！”[5] 这位首席部长懒散地坐在长枕上，打趣地回问：“圣雄吉，人

[1] 甘地第一次干预诺阿卡利地区的事务是在 1940 年，当时那里的印度教徒找到他，说他们受到穆斯林暴力的威胁。甘地督促他们通过非暴力的手段保卫自己，但之后他补充了对他来说不同寻常却非新奇的建议：“如果没有非暴力自卫的能力，不用犹豫，那你就需要采用暴力行径。”坦杜卡尔（Tendulkar）:《圣雄》（*Mahatma*），第 5 卷，第 249 页。

[2] 译注：曼德勒（Mandalay）位于缅甸中部偏北的内陆，是曼德勒省的省会，也是缅甸的第二大城市。

[3] 据说很多印度教女性被迫嫁给穆斯林男人，然而，当菲利普斯·塔尔博特（Philips Talbot）在此地追上甘地时，据他报道，只有两例诱拐迫婚被证实。塔尔博特（Talbot）:《印度分治的美国见证者》（*American Witness to India's Partition*），第 203 页。

[4] 译注：苏拉瓦底（Sudrawardy）：英属印度时期是孟加拉邦的最高领导人。1947 年巴基斯坦独立后，他成为东巴基斯坦人民党的领导人，于 1956 年成为巴基斯坦的第五任总理。

[5] 普亚里拉尔（Pyarelal）:《圣雄甘地：最后阶段》（*Mahatma Gandhi*：*Last Phase*），第 1 卷，第 358 页。

们对你不也是没什么好话可说吗？”

巴伦·达斯·古普塔（Barun Das Gupta）是从《印度教徒报》（*Hindu*）退休的一名通讯记者，也是苏底堡阿什拉姆创建者的儿子，他在年轻时亲自见证了这段对话。在他记忆里的场景中，首席部长是有些醉醺醺的。[1] 苏拉瓦底竭尽所能地劝说甘地放弃他的诺阿卡利使命，尝试用这样的理由说服他，也是甘地在随后的几个月里将会不断听到的说法：他在印度教徒占主导地位的比哈尔邦将会发挥更大的作用。在前来加尔各答时，他刚好横穿过这个北印度省份。6 天前，此地的印度教徒宣布了一个“诺阿卡利日”，这一天曾经标志着而且仍然标志着他们自己的报复。诺阿卡利的杀戮差不多停止了。比哈尔邦的杀戮正在大片大片地
295 持续着，死亡人数远远超过了东孟加拉的恐怖数字。在杀戮停止之前，已经致使 8000—9000 人丧生。[2]

据这位年迈的《印度教徒报》记者所说，听完苏拉瓦底的话后，甘地一阵沉默。首席部长的论据不乏强制力，但圣雄不会动摇，他已将视线锁定在了东孟加拉和诺阿卡利。他的本能和抱负不再只是作为政治家象征性地临时到访危机区域，在当时这或许会被他人贬低为塑造媒体形象的好机会。甘地在诺阿卡利安顿下来，最终发誓说，他会一直住在这里，直到此地区为次大陆其他地区树立起振奋人心的、和解的榜样为止。这个誓言是独特的甘地式的深思熟虑和含蓄情感混合作用的产物。由于他自身的原因，比起劝说比哈尔邦的印度教徒停止屠杀穆斯林，他更看重亲临此地现身说法地告诉大家，印度教徒可以与占多数的穆斯林一起和平生活。相对于比哈尔邦，诺阿卡利对他和他的学说挑战更大，确切地说是因为诺阿卡利属于穆斯林联盟管辖的范围，因而在任何可能的分裂中都是必然被割让的区域。甘地很轻易地说服自己，他可以在远方通过进行部分绝食使比哈尔邦的印度教徒平静下来，部分绝食包括放弃喝羊奶、减少他少得可怜的蔬菜泥的摄入量。他警告说，如果杀戮继续，他将不再吃任何东西。这个强大的最终通牒悬在所有人的头顶上，比哈尔邦的新国大党政府向他保证，他们自己可以恢复秩序。在甘地看来，允许自己绕开穆斯林为主的诺阿卡利就等同于放弃这个省份。

[1] 2009 年 10 月于加尔各答（Kolkata）采访巴伦·达斯·古普塔（Barun Das Gupta）。

[2] 穆斯林联盟（Muslim League）宣称有 5 万穆斯林死于比哈尔邦的大屠杀。官方表示死亡人数在 5000 人以下。美国公谊服务委员会（American Friends Service Committee）的估计为 1 万人，至少有一次甘地在某个场合中接受了这个数字。

因此，他让自己成为一个人质，不仅是为了和平，也是为了一个不分裂的印度。

苏拉瓦底没有极力坚持他的观点。[1] 这位穆斯林联盟首领以宽容大度的姿态精心安排了一辆专用列车，载着圣雄和他的队伍去到离他目的地最近的火车站，同时指派了省政府中的 3 名成员一路跟随。此时的甘地还剩下 15 个月的时间，他在诺阿卡利附近住了 4 个月。他说将会把自己变成一个诺阿卡利人、一个孟加拉人，这可能需要在此地住上很多年，甚至很有可能在这里遇害。他还说，诺阿卡利“可能是我的最后一次行动”。在一贯自作多情的天赋下，他日复一日地提高赌注。他最终宣布道：“如果失去了诺阿卡利，我们也就失去了印度。”[2] 他原本想要说什么？这里是个鲜为人知且贫穷的小地方，是次大陆边缘几乎浸在水中的一块三角洲，是什么让他如此着迷？

尽管甘地给出了许多答案，但这些答案都不是立刻就能让人一目了然的。[3] 296
普亚里拉尔告诉我们，正是印度教徒的苦难特别是“女人愤怒的呐喊”致使诺阿卡利在甘地的想象中成为一个必然的目的地。从他最近的一次布道中可以看出，甘地最初的使命的内容包括劝服印度教徒家庭接回从他们身旁被掳走的妻子和女儿，不应该因觉得丢脸而拒绝接受她们。他还想劝说他们留在自己的村庄，在这些村庄里，特别是东孟加拉的村庄，穆斯林人数远超印度教徒，比例是 4∶1，或者，如果他们已经逃到了难民营（成千上万的人已经逃到了难民营），此时印度
教徒必须敞开心扉，接受建议，返回去重建他们烧毁坍塌的家园。但是，既然教 297
派间的和平是他最重要的目标，他也需要向这个地区内占多数的穆斯林传达消息。对于东孟加拉的穆斯林来说，复仇中的加尔各答带来了一个时机——甚至可以称之为一个借口——去驱逐印度教地主和放债者，由此推翻压迫在他们身上不公平的土地制度。据确认的社会统计显示，占少数的印度教徒拥有 80% 的土地。在某种意义上，他不得不在“女人愤怒的呐喊”和较为公平地分配收入的呐喊中寻求平衡，收入是来自诺阿卡利的鱼、米、黄麻、椰子、槟榔和木瓜的大丰收。

---

[1]　普亚里拉尔（Pyarelal）：《圣雄甘地：最后阶段》（*Mahatma Gandhi: Last Phase*），第 1 卷，第 387、397 页。

[2]　同上，第 405 页。

[3]　同上，第 356 页。

1946 年 11 月，甘地在诺阿卡利

11 月 7 日，在一个叫作绍姆哈尼（Chaumuhani）的地方，在他的第一场大型祈祷会上，这位年迈的印度教徒身缠腰布，面对着压倒性的一大片穆斯林群众，约有 15000 人。[1] 他详细阐述了这样一个主题：他所学习的伊斯兰教是一个热爱和平的教派。他早些时候已发誓不会离开东孟加拉，除非“独自一人的印度教女孩”可以安全地走在穆斯林之中。他当时说，占多数的穆斯林需要告诉“占小比例的少数派的印度教”女性，“只要她们在那里，没有人敢向她们投去恶意的眼神”。在一周之内，他发现一直追随着他的仅剩的两名穆斯林联盟成员也退出了，他们看到穆斯林新闻报道中对他们“向甘地先生大献殷勤”的批评后离开了甘地

[1] 普亚里拉尔（Pyarelal）：《圣雄甘地：最后阶段》（*Mahatma Gandhi*：*Last Phase*），第 1 卷，第 370、373 页。

的队伍。[1]

很快，他被迫承认穆斯林正在远离他的晚间祈祷会，他希望在每个村庄建立的“和平委员会”只能存于纸上。“和平委员会”是由一名受人尊重的穆斯林和一名志趣相同的印度教徒组成，双方发誓要阻止新的袭击，不惜牺牲自己的生命。倘若当时他有提到巴基斯坦，也只是声明他不是巴基斯坦的敌人。苦苦哀求的圣雄甚至夸张地建议，若是东孟加拉所有的印度教徒都离开了，他自己会是最后一人，仍会留在这个随后将成为巴基斯坦的地方。“如果印度注定要被分割，我无法阻止。”他说，“但是，如果东孟加拉的所有印度教徒都离开了，我应该照旧继续在东孟加拉的穆斯林人群中生活……（和）靠他们给我的东西生存。”[2] 几晚之后，他被人看到正在阅读一份真纳的声明，该声明警告穆斯林：如果他们沉溺于教派暴力当中，那么他们可能会失去巴基斯坦的要求。伟大领袖许诺，印度教徒在巴基斯坦将比穆斯林更安全。

与真纳虚无缥缈的承诺相对的正是甘地心中逐渐产生的那不大可能实现的愿望，这个愿望在当时就时常令人绝望。他催促诺阿卡利的印度教徒返回他们的村庄，他一个人在那里安然地生活。通过这些方式，他仍想要证明给次大陆上所有 298
的穆斯林和印度教徒看，无须任何规模或任何性质的巴基斯坦。“如果印度教徒在诺阿卡利可以和穆斯林一起生活。”普亚里拉尔写道，他将圣雄的乌托邦愿景化为自己的言语，“那么在印度其他地方，这两个教派也能够和平共处，不用活体解剖祖国。因此，印度的命运取决于诺阿卡利挑战的解决方法。”[3] 甘地已经将自己置于次大陆非常边缘的远处，此时他发誓要让偏僻的诺阿卡利成为决定次大陆命运的中心。

有意识或无意识地，甘地正在跟随他旧时的冲动将目光转向内心，独自行动。10 年前，正是这一冲动让他试图独身一人坚定地走向偏远的赛格昂村，希望从阻挡、击败他同事的障碍和种姓禁令中找到一条出路。在南非的岁月里，也是同样的冲动引发了托尔斯泰农场集体生活中的短期试验。在此时类似的探索中，他发誓隐居于诺阿卡利一个偏远村庄，不带随从人员，与一个穆斯林联盟家庭住

---

[1]　普亚里拉尔（Pyarelal）:《圣雄甘地：最后阶段》(*Mahatma Gandhi: Last Phase*)，第 1 卷，第 378 页。

[2]　同上，第 379、383 页。

[3]　同上，第 381 页。

在一起。[1] 他说那是他的“理想”。如果他在那里找不到愿意提供住宿的穆斯林家庭，他就一个人生活。于是，他只带上一个翻译员和一个速记员，朝着一个叫作斯里拉姆普尔（Srirampur）的鲜为人知的村庄出发，那里距离最严重的的诺阿卡利暴力中心并不远。翻译员要兼任他的孟加拉语老师，在当时还被要求担当他的按摩师。

速记员通常会处理甘地的信函，匆忙地完成他在夜间祈祷会上讲话的文本，拿给尾随着他的一小队记者人员。作为舆论操纵艺术的先驱，甘地强调给记者的文本不应是从他嘴中说出的真实的言语，而是他“所认可的”说法，有时他自己对文本进行大量的修改。这些记者就像是苏拉瓦底派来保护他的武装警察分队，他们也得到指示，与圣雄保持合适的距离，以便圣雄孤独的使命感不会打折扣。

当时甘地给留下的同事起草了一份声明。“我发现自己身陷浮夸和虚假之中，找不到真理。”声明上写道，“老朋友们已经不再联系。我极其信赖真理和非暴力，据我所知，它们已经支撑我走过了 60 年，然而它们似乎无法展现出我归功于它们的那些特质。”[2] 正因为这个悲伤的想法，他来到斯里拉姆普尔，在一间用
299 瓦楞金属板和交织的棕榈叶作为墙壁的木结构的小屋里住了 6 个星期，努力克制在他脑海中持续迸发的黑暗的预兆和想法，等待灵感显现。

仍旧生活在这个地区的老人对这段时日的甘地还保有清晰的心理影像。他们描绘了一个富有活力、说活温柔且面带微笑的公众人物，圣雄经常涂油按摩的肌肤闪闪发光。一个名叫莫兰吉巴拉·南迪（Moranjibala Nandi）的印度教妇女还能描述出圣雄来到这块场地给难民分发衣物的场景。63 年来，她一直住在这里，据她的儿子所说，她已经 105 岁了。她指出圣雄当时站的地方，大约距离此处有 20 码 [3]。此时的南迪身裹寡妇所穿的白色纱丽，蜷缩地坐着，像一个小圆球，只有她凹陷的面颊和扭曲但富有表现力的手指露在外面。她说：“他没有面带愁容。”我从另外 6 位 90 多岁和 80 多岁的老人那里听到了类似的邂逅场景的描述。但在抵达斯里拉姆普尔 4 天后，圣雄的新译员兼孟加拉语老师，一个来自加尔各答、名叫尼尔默尔·库马尔·鲍斯的知识分子听到他用印地语自言自语：“我应该怎么

[1] 尼尔默尔·库马尔·鲍斯（Nirmal Kumar Bose）:《我与甘地一起的日子》（*My Days with Gandhi*），第 47 页。

[2] 同上，第 46—47 页。

[3] 译注：1 码等于 3 英尺，约为 0.91 米。

办，我应该怎么办？”[1]

尽管斯里拉姆普尔的人口在这几十年里已经增加了两倍，但如果甘地今天再来到这里，他还可以轻而易举地认出这个地方。事实上人们在这里混住安居，大片大片耀眼的阳光仍旧透过棕榈树的树冠和其他树木的叶子洒下来，树木尽可能密集地被种植着，不是为乘凉的树荫而是为了金钱，它们产出并不太多的经济作物——槟榔、木瓜和芒果。相比于刺激眼睛的直接光线，渗入进来的阳光呈浅绿色，看起来像是在水中一样，让人心灵平静。清扫干净的土路依然是主干道，沿着这条路，游客来到稻田周边的围堤上，生长季时远处无尽的绿色美得令人窒息，收获季后则灌木丛生、颜色昏暗。

当甘地每天两次在这里散步时，收获季节刚刚开始；他走的时候，庄稼已经收割入仓。大多数男人腰间缠着腰布（一种休闲短裙），在路口的茶摊边闲逛，这样的场景绝不会出现在北印度。在孟加拉国，大部分时间天气都是炎热的，此时他们连衬衫也不穿。小汽车无法进到这里的中心地带，就连黄包车也很罕见，但如今公共汽车和卡车可以来到村子边上，这在甘地时期是办不到的，那时最普 300
遍的是运河交通，但是自那时起很久以来，这些运河已经被大片的风信子作物和水泥桩的建筑物堵塞。

“几乎没有车……我没有见过汽车道。作为印度真实的象征之一的牛车在这里也没有。”菲利普斯·塔尔博特（Philips Talbot）写道，“文明是具有双重作用的。”[2] 那时他还是年轻的美国记者，后来成为外交官。他是在诺阿卡利追赶上甘地的。

表面上看，今天的诺阿卡利仿若超越了历史，永恒且平静。但是，60 多年前，孟加拉国尚隶属于印度，提到当时的甘地和臭名昭著的持续了近一季的诺阿卡利大屠杀，当时还是孩子的人会站出来指出那个时代遗留下来的标志性建筑物，或者更多的是指出今天已经消失了的这些标志性建筑物原来的位置。为甘地搭建的简陋小木屋早已消失不见，此前那里是一个印度教地主的房屋废墟，在圣雄来之前已被大火烧毁。但是，村里只要上了点年纪的人都知道他们站在何处。

[1] 尼尔默尔·库马尔·鲍斯（Nirmal Kumar Bose）：《我与甘地一起的日子》（*My Days with Gandhi*），第 63 页。

[2] 塔尔博特（Talbot）：《印度分治的美国见证者》（American Witness to Incia’s Partition），第 202 页。

甘地在斯里拉姆普尔

301 在当时被摧毁的一座小型印度教圣殿下，曾有一棵菩提树，那里被认为是圣雄曾经停下来对着废墟摇头的地方。自圣殿重建后，村里为数不多的印度教徒在这里祈求保护，以免于疾病侵袭。在附近一个乡村清真寺内，90 岁的老穆斯林阿卜杜勒·拉希德·帕瓦里（Abdul Rashid Patwari）给出了肯定的说法，甘地在某天清晨散步时来过这里。

这个故事众所周知，但是在另外一层意义上，它却发生在“史前时期”，因为在今天的孟加拉国人们所学的和理解的孟加拉历史通常始于1971年，那时孟加拉国从巴基斯坦“解放”出来。孟加拉国解放之前叫作东巴基斯坦（East Pakistan），持续了短短24年，这段历史人们是记得的。但是人们普遍认为那是深受次大陆另一端的旁遮普邦穆斯林粗暴压制的日子。在孟加拉人眼中，真纳从未是个英雄，他被国民深深遗忘。然而，甘地作为一个圣洁的印度教徒，曾带着和平使命来到这里，隐约地受到尊崇，而且人们至今仍然能感受到他的存在。他的声音归于沉寂，然而他的名字唤起了人们的敬意，甚至包括那些一点儿都不知道他在这里度过的时光有哪些具体细节的人。

这种脆弱的感情并非没有价值，而圣雄在这里的使命失败的证据在斯里拉姆普尔也只是流于表面。如果说1946年东孟加拉印度教徒人口比例约为总人口的五分之一，那么今天在斯里拉姆普尔印度教徒的比例约为总人口的二十分之一，而在斯里拉姆普尔附近，人数不超过500人。[1] 几乎没有人为很久之前的分治而哀伤，甘地曾希望通过树立令人信服的非暴力光辉榜样来阻挡印度分治，他希望次大陆其余地区都会考虑非暴力范例。这个梦想被人遗忘。所留下来的是和平的观念及其与善举相关的深刻印象。诺阿卡利没有为巴基斯坦建立纪念馆，但令人惊讶的是，在距离斯里拉姆普尔不到24公里处，甘地曾停留过一晚的乔亚格（Joyag）小镇附近，有一座小型的甘地博物馆。甘地阿什拉姆托拉斯（Gandhi Ashram Trust）[2] 是一个资金短缺的社会服务组织的分支，它想到要建立博物馆来追忆甘地在诺阿卡利度过的时光。甘地阿什拉姆托拉斯的高层管理者都是印度教徒，但80%的受益人口是穆斯林。在这里，孟加拉女人依然学习手工纺纱和织布。甘地阿什拉姆托拉斯希望，在不久之后，手工艺品开始带来一定的收益，从而完成圣雄的愿景。甘地阿什拉姆托拉斯与乔亚格乡村委员会主席保持着良好的关系，这样的局面已经足够了。村委会主席阿卜杜伊·瓦哈卜（Abdue Wahab）

[1] 数字大体如下：孟加拉国（Bangladesh）约有1200万印度教徒，占全国人口总数的10%左右。巴基斯坦（Pakistan）的人口数量比孟加拉国多一半，约为1.7亿人，印度教徒只有300万人左右。印度12亿人口中，有1.4亿是穆斯林，穆斯林人口数量仅次于印度尼西亚（Indonesia）和巴基斯坦。

[2] 译注：甘地阿什拉姆托拉斯（Gandhi Ashram Trust）：位于诺阿卡利（Noakhali），是一个慈善发展组织。自1946年起，在甘地哲学思想的指导下，该组织致力于乡村发展、和平及社会和谐，为乡村贫穷之人，特别是妇女，提供帮助。其两大主要职责是乡村发展和慈善活动。

是一个正统的穆斯林，他曾去麦加朝圣，也曾是以激进分子著称的宗教政党——伊斯兰促进会（Jamaat-i-Islami）[1] 的候选人。“甘地这样的人正是社会和世界所需
302 要的。”这位伊斯兰促进会人士告诉我。他的运动团体中有人指责他与甘地阿什拉姆托拉斯合作，因为甘地是印度教徒。“那是因为缺乏了解。”[2] 瓦哈卜主席面带亲切微笑地说。

在附近的一个村子里，我和一位年迈的印度教徒以及一位更年长的穆斯林一起，喝着绿色椰子中甜甜的椰子水。他们俩一直是邻居，共同见证了诺阿卡利从印度划归到巴基斯坦，再从巴基斯坦划归到孟加拉国。如今，他们并肩而坐，我不确定这是出于长期的习惯还是为了配合我。“他为这里带来了和平。”印度教徒虔诚地说。“悲伤的是，没有人追随他。”穆斯林说。我认为这是对整个国家所见证过的甘地领导力的一种赞美。在这一刻，历史好像在前进又好像在静止。人们记得的那场杀戮，就像很久之前的一场台风，是另外一种自然灾难。甘地在这里的时光是被人认可的，或者说是令人感伤的——这取决于提问的方式——仿佛他的使命得到了某种程度的实现，仿佛那时以来教派暴力的相对平息可以归功于他的影响。

这并不是圣雄真正的经历。事实上，在甘地来到斯里拉姆普尔定居之前，那里的大部分印度教徒已经逃离。根据纳拉扬·德赛的说法，200 户印度教家庭中只剩 3 户人家还居住在此地。[3] 到此地一周后，甘地在信中说：“整个村子里只住了一户印度教家庭，其余的全部是穆斯林。”因为没有穆斯林联盟家庭愿意挺身而出，为他提供庇护所，所以他继续住在他的小木屋里，冒险外出散步时偶尔会拜访生病的孩子，孩子的穆斯林父母希望从他那里获取关于规定饮食和泥敷

---

[1] 译注：伊斯兰促进会（Jamaat-i-Islami）：伊斯兰促进会是巴基斯坦最大且最有影响力的宗教政党，其前身为印度伊斯兰促进会，艾布·阿拉·毛杜迪（Abul Ala Maududi）于 1941 年 8 月在拉合尔（Lahore）创建。伊斯兰促进会起初的目的是反对巴基斯坦独立运动，声称伊斯兰教不分国界。1947 年，毛杜迪重新定义的伊斯兰促进会的目标是在巴基斯坦建立伊斯兰国家。印巴分治后，伊斯兰促进会除保留在印度组织外于 1950 年起开始在巴基斯坦活动，1951 年在卡拉奇（Karachi）召开伊斯兰促进会全巴大会，在巴基斯坦建立组织。

[2] 作者于 2009 年 10 月在孟加拉国乔亚格村（Joyag）访谈了阿卜杜伊·瓦哈卜（Abdue Wahab）。当地伊斯兰促进会的主席大力赞扬了甘地，并未表示出异同的观点。费萨尔·迪夫吉（Faisal Devji）指出，运动的发起人艾布·阿拉·毛杜迪（Abul Ala Maududi）“吟唱着圣雄的赞歌”。迪夫吉（Devji）:《探索人性的恐怖主义者》（*Terrorist in Search of Humanity*），第 133 页。

[3] 纳拉扬·德赛（Narayan Desai）:《吾生即吾义》（*My Life Is My Message*），第 4 卷，《献身》（*Svarpan*），第 271 页;《圣雄甘地全集》（*CWMG*），第 86 卷，第 162 页。

剂[1]等自然疗法的建议。个别情况下，他会离开村庄与当地穆斯林宗教或政治领导人一起参加会议，他们通常会讨论比哈尔邦的情况，明显地暗示他是时候动身前往下一个地方了。他定期会见被派驻到附近受害地区村庄的甘地主义工作者，针对他们汇报的当地官员缺乏合作的问题，他起草了新的指示。他向苏拉瓦底提出呼吁，跟踪落实他的指示，因为苏拉瓦底不停地回信极力劝说他，比哈尔邦战火纷飞，圣雄在孟加拉邦的使命毫无意义。比哈尔邦国大党领导人向甘地保证，比哈尔邦已经恢复了和平，于是甘地恢复了羊奶的摄入，并且逐渐增加了日常饮食的摄入量。（鲍斯告诉我们，那时甘地的体重已经下降到 106.5 磅[2]。）甘地坚持 303
认为，他关于比哈尔邦的情报要比苏拉瓦底的可信得多。但无须提醒，他几乎没有取得任何进展，只需到处看看。尽管甘地承诺保证帮助他们重建家园，但很少有印度教徒重返他们被烧毁的家园。此外，穆斯林继续疏远印度教徒，抵制甘地的祈祷会，仅剩几个印度教徒店员还在集市上做买卖。

“所走的每一步都显现出我无法胜任此任务。”[3]他在斯里拉姆普尔停留期间这样宣称。印度教派冲突的棘手问题似乎在一定程度上再一次地被内化成为他自身的问题，他无法创造自己一心想要的奇迹，其原因可追溯至个人的“不完美”或某些缺陷。最终他详细地说明：“我知道自身某些地方存在着严重缺点，这是一切的根源。我周围是无边的黑暗，神何时会带我脱离黑暗走进光明？”[4]

为了更快地获得光明，绝望的甘地立下两大誓言。1946 年 11 月 11 日，在抵达斯里拉姆普尔仅 3 周后，他便放弃了一直待在一个地方，直至人人都看到和平的灿烂光辉的承诺。取而代之的是，他说即将延展使命的范围，并冒险开启诺阿卡利徒步之旅，每晚在不同的村庄停留。似乎是为了这个挑战做准备，甘地私下发誓加大个人宗教牺牲（yajna）的力度，也是一种自我献身的方式。他说服自己，为了从自己“无法胜任”的根源上发现缺陷所在，他在人生的这个阶段必须对 40 年来一直恪守的禁欲承诺做进一步考验。

也是在同一天，甘地在晚间祈祷会上宣布了他的新计划：穿越丰收的稻田和

[1]　译注：泥敷剂是一种外用贴膏剂，一般将温热的黏土或草药混合物涂在一块布料上，贴于人体受伤或感染的地方，常用于皮肤的局部消炎和镇痛。

[2]　译注：1 磅约为 0.4536 公斤，此时圣雄的体重约为 48.3 公斤。

[3]　普亚里拉尔（Pyarelal）：《圣雄甘地：最后阶段》（*Mahatma Gandhi: Last Phase*），第 1 卷，第 431 页。

[4]　同上，第 470 页。

摇晃的竹桥，开启该地区徒步巡回之旅。在宣布计划的数小时之前，他给侄子贾伊苏克拉尔·甘地（Jaisukhlal Gandhi）发了一封电报。贾伊苏克拉尔的年轻女儿曼努（Manu）曾服侍圣雄的妻子近 3 年，最早是从圣雄的妻子在拘禁期间病情加重时，直至她最终因心脏衰竭去世。虽然这个害羞纯真的 17 岁女孩长得并不俊秀，但忠诚的曼努是甘地最喜爱的一个笔友，甘地劝诱、哄骗她重新加入他的随行团队，并始终声称他想做的一切完全是对她最有益的。他给她父亲发去的电报措辞奇怪，上面写着：“如果你和曼努真心地感到担忧，并觉得和我在一起大有风险，你可以随她一起来。”[1]

甘地的这句话听起来像是在听凭这对父女的希求。事实上，他早已产生了这
304 个想法，并通过数月的书信来往培育其发展。他写道：“曼努不能在其他地方，只能在我的身边。”[2] 很快就显而易见的是，现今在诺阿卡利的甘地一心想让他年轻的亲人成为他的第一私人侍从，监督他的日常安排，确保他在确切的需求时间吃他正想吃的食物，这些食物都是以盎司[3] 为单位精确测量过的（8 盎司煮熟的蔬菜、8 盎司生蔬菜、2 盎司绿叶蔬菜、16 盎司山羊奶煮透浓缩为 4 盎司）。除此之外，她还要负责他每天一个半小时以上的沐浴和按摩。[4] 按摩时将一盎司的芥末油和一盎司的柠檬汁混合在一起，“每天用完全相同的方式”进行，尼尔默尔·鲍斯在后来的回忆录中写道：“身体的第一部分，然后另一部分……按照不变的顺序。”

那仅仅是开端而已。结果证明，在当时圣雄为保持自我纯洁所进行必不可少的禁欲测验中，曼努·甘地也有望成为女主角。自 20 世纪 30 年代末开始，他让他的女性侍从睡在他旁边的铺盖卷上。有时候他会全身震颤发抖，如果这样，她们需要抱住他直到他停止颤抖为止。现在，他打算让曼努与他同床共枕。如果这位年迈的男人与这位年轻的女人穿着尽可能少的衣服，最好是裸体而卧，双方都没有丝毫的性冲动，这样就达到了完美。后来他在一封信中写道，一个完美的禁欲者应该“能够赤身与裸体的女人躺在一起，无论她们有多美丽，无论用怎样的

---

[1] 《圣雄甘地全集》（CWMG），第 86 卷，第 215 页。

[2] 纳拉扬·德赛（Narayan Desai）：《吾生即吾义》（*My Life Is My Message*），第 4 卷，《献身》（*Svarpan*），第 303 页。

[3] 译注：1 盎司约为 28.35 克。

[4] 尼尔默尔·库马尔·鲍斯（Nirmal Kumar Bose）：《我与甘地一起的日子》（*My Days with Gandhi*），第 73、75 页。

方式，也不会产生性欲”。[1] 只有这样的人才能完全摆脱愤怒和恶意。

无性是他追求的完美理想。他告诉曼努，他与她之间本质上是父女关系。没有任何事情是秘密进行的，其他的随从人员可以与他们同住在走廊或房间里。[2]

这里重要的是甘地所追求的自我纯洁与他在诺阿卡利的孤独使命两者之间的关系，而非他从完美且安静的独身中获取的对灵性力量的信仰。真正的动机是什么？让他苦恼的失败感（禁欲层次的提升可以治愈这种失败感）或是他对人际联系的需要（如果不是他早已发誓放弃的亲密行为）？这个问题没有明显的答案。我们只能说，他的内心深处在痛苦挣扎，而且在斯里拉姆普尔，他经受了前所未有的极度痛苦。他在那里的生活有两个最显著的内容，即使命和灵性追求，这两 305
者经常被当作不同的事务来对待。但我们在此重申一遍，它们会同时发生，而且同时涌来：在甘地的脑海中，它们密不可分，完全是同一回事。

他召唤曼努的直接影响是在他的核心集团内引发了情感连锁危机，虽然这一切发生在默默无闻的、穆斯林占多数的斯里拉姆普尔，但很快就进入到公众的视野。显然，出发点在于甘地自身，在于他感到他的学说和使命都失败了。“我不想从孟加拉失败地返回。”在召唤曼努的几天后，他对一个朋友说，“如果必要的话，我宁愿死在暗杀者的手里。但是我不想招致暗杀，更不希望这样。”[3]

他将最亲近的伙伴们——特别是他的秘书普亚里拉尔和普亚里拉尔的妹妹苏希拉·纳亚尔医生——派遣到其他村庄的工作站，为曼努的到来做好准备。苏希拉之前一直扮演着现正招募的曼努的角色。早在1938年，甘地曾与一个来自巴勒斯坦的年轻犹太女人做过尝试，女人名叫汉娜·拉扎尔（Hannah Lazar），是赫尔曼·卡伦巴赫的侄女，曾经接受过按摩训练。“她当然知道自己的技能。”他写信给她在约翰内斯堡的叔叔，“但她无法在短时间内赶上苏希拉的手法，苏希拉是一位职业医生，特别为医治我学习的按摩。”[4] 由此听起来，甘地更像是一个拥

[1] 普亚里拉尔（Pyarelal）:《圣雄甘地：最后阶段》（*Mahatma Gandhi*: *Last Phase*），第1卷，第591页。

[2] 甘地与曼努的牺牲（yajna）在下面这些著作中不同程度地被讨论过：尼尔默尔·库马尔·鲍斯（Nirmal Kumar Bose），《我与甘地一起的日子》（*My Days with Gandhi*）；纳拉扬·德赛（Narayan Desai），《吾生即吾义》（*My Life Is My Message*），第4卷，《献身》（*Svarpan*）；普亚里拉尔（Pyarelal），《圣雄甘地：最后阶段》（*Mahatma Gandhi*: *Last Phase*），第2卷；梅塔（Mehta），《圣雄甘地与他的使徒》（*Mahatma Gandhi and His Apostles*）。同时在甘地《全集》（*Collected Works*）中的来往书信里也有所体现，特别是在第86卷。

[3] 《圣雄甘地全集》（*CWMG*），第86卷，第224页。

[4] 同上，第96卷，第295页。

有后宫妻妾挑选权的帕夏[1]。

甘地与曼努在一起，曼努成为他“行走的拐杖”

现在，时隔写完这封信 8 年多之后，亦即他召唤曼努的第七天，甘地告诉苏希拉，她可以继续在村庄工作——换句话说，她没有被纳入他的徒步团队之中，因为曼努将会负责他大部分的个人需求。尼尔默尔·鲍斯正站在外面，他听到“一阵撕心裂肺的痛哭从主厅里传来……（紧接着是）落在某人身上两下重重的拍打声。然后哭声逐渐降低为粗重的呜咽声”。[2] 当鲍斯赶到门口时，甘地和苏希拉两人都是“满脸泪水”。他意识到哭声和粗重的呜咽声是来自圣雄。3 天之后，鲍斯看上去应该是最后一次给甘地洗澡，他鼓起勇气问圣雄是不是打了苏希拉。“甘地的脸上挂着悲伤的笑容。”鲍斯在他的回忆录中写道，“他说‘没有，我没有打她。我打的是我自己的额头’。”在 1946 年 12 月 20 日同样的夜晚，甘地和曼努第一次同床共眠，开始了他所谓的牺牲，或者说自我献身，
306 有时候他称其为一种“试验”。

当天他给曼努的纸条上写道：“信守你的诺言，不要对我隐瞒一丝一毫的想法……你要牢记，我所说所做的一切完全是为了你好。”[3]

甘地的速记员是一个年轻的南印度人（South Indian），名叫帕苏拉姆

---

[1] 译注：帕夏（pasha）：旧时奥斯曼帝国和近代埃及王朝对高官的尊称，放在名字后作为职位使用。

[2] 尼尔默尔·库马尔·鲍斯（Nirmal Kumar Bose）：《我与甘地一起的日子》（*My Days with Gandhi*），第 95、101 页。

[3] 纳拉扬·德赛（Narayan Desai）：《吾生即吾义》（*My Life Is My Message*），第 4 卷，《献身》（*Svarpan*），第 304 页。

（Parsuram），他亲眼看着自己崇敬的领导人在夜里与曼努相拥而眠，不到 10 天，他便辞职以示抗议。他没有质疑甘地对其灵性追求的解释，而是提出了一项政治忧虑——不可避免的报道和流言蜚语会使公众舆论转向。他的观点并没有引起圣雄的注意。“我欣赏你的坦白和勇气。”看完 10 页的辞职信后，甘地给这个年轻人回信，“你可以自由地发表任何你觉得我和周围人做错的事情。”[1] 随后他责备鲍斯在其孟加拉语口译中掩饰了在一次祈祷会上试图坦率地向公众解释圣雄为自己设置的最新考验。

普亚里拉尔也被卷入这场情感旋涡之中，不只是因为他偏袒他的妹妹。[2] 他自己对曼努有着爱慕之情。现在甘地承诺，如果曼努“不想见到他的秘书普亚里拉尔”，他会让普亚里拉尔与曼努保持距离。他可以为助手的良好品性作证。在 307
曼努计划抵达诺阿卡利的一周前，他给她的父亲写信说：“普亚里拉尔的眼睛是清澈的，他不可能强迫他人接受他自己。”随后，甘地写信给普亚里拉尔，督促他保持距离。“我可以看出你是不可能娶曼努为妻的。”[3] 这位备受尊崇的人物说道，如今他每晚睡在曼努身旁。很显然，在这个世界上，自我纯洁不可能不经磨难地轻易获得。

尼尔默尔·鲍斯来自加尔各答，是一个公正的知识分子，他担任甘地的孟加拉语译员，起初他并没有对甘地对曼努的信赖妄下结论。但在国家和个人陷入危机的时刻，他看到甘地对随行人员情感波动的管理和操控方式，他的忠诚逐渐殆尽。他感觉到圣雄在分心，关注着普亚里拉尔和他妹妹的感情。鲍斯在他的日记中写道：“在经历长期的禁欲生活后，他已经不能理解存在于普通人层次上的爱或者性的问题。”[4] 因此，在接下来的 3 个月里，为了解他的主人对心理学分析概念中潜意识、神经症和压抑的理解，鲍斯主动与其对话，并写了几封长信。在鲍斯的一封信中，甘地挑出了一处稍微提及弗洛伊德[5] 的引证。他读过哈维洛克·艾

[1] 尼尔默尔·库马尔·鲍斯（Nirmal Kumar Bose）：《我与甘地一起的日子》（*My Days with Gandhi*），第 118 页。

[2] 《圣雄甘地全集》（*CWMG*），第 85 卷，第 221 页。

[3] 同上，第 94 卷，第 337 页。

[4] 尼尔默尔·库马尔·鲍斯（Nirmal Kumar Bose）：《我与甘地一起的日子》（*My Days with Gandhi*），第 135 页。

[5] 译注：弗洛伊德（Freud）：奥地利精神病医师、心理学家、精神分析学派创始人。作为一个泛性论者，他认为被压抑的欲望绝大部分是属于性的，性本能冲动是人一切心理活动的内在动力。此外，他还提出了“潜意识”“自我”“本我”“超我”“俄狄浦斯情结”“心理防卫机制”等概念，促进了动力心理学、人格心理学和变态心理学的发展。

利斯[1]和伯特兰·罗素[2]的关于性方面的著作，但从未涉猎过弗洛伊德的作品。[3]他在回信中写道，这是他第二次听到这个名字。“弗洛伊德的哲学思想是什么？”圣雄好奇地问道，“我从未读过他的任何作品。”[4]

鲍斯在他的日记和给朋友的一封信中更直率地表达了自己的基本观点，而在他与圣雄的通信中，没有这么直率。[5]他的基本观点就是，甘地为了自身利益，将自己的床伴当作试验的工具，因而他有可能“给不在同一道德高度的人留下伤害其品性的印记……而且对他们来说，分享甘地吉的试验并非精神上的必要”。鲍斯认为曼努可能是个例外，但他不确定。尽管他克制着没有明说，但甘地明白他要说的重点。“我非常希望你改变想法，不再认为我对与我赤裸相拥的女人或女孩有性欲企图。”[6]他回信道。就是这句话让信仰弗洛伊德学说的鲍斯确信甘地是清白的。

鲍斯感觉到自己因坦率直言已被疏远，他不确定自己对甘地是否还有更大的
308 用处。最终他请求解除职务。在辞别信中，他说他看到了迹象，圣雄实际上已经开始达到了他在这几个月中所追求的集中个人力量的层次：“当你站在我们国民生活中无人能及的高度时，我看到你的力量瞬间回归。”[7]

甘地将侄孙女曼努安置在他的家中，并安排她睡在他的床上一周之后，新德里宪法危机的紧迫和重任降临斯里拉姆普尔这个偏远的村庄，尼赫鲁和克里帕兰尼（J. B. Kripalani）到此进行了为期两天半的访问。尼赫鲁现在是“临时政府”的首脑，但仍受制于英国总督。作为国大党主席的克里帕兰尼是尼赫鲁的继任

---

[1] 译注：哈维洛克·艾利斯（Havelock Ellis）：英国性心理学家、作家、社会改革家，主要研究人类的性行为。他是英语学界第一本同性恋医学著作的合著者，还出版了多部关于性行为、性倾向和变性心理学的著作。他引入了自恋和自我性行为的概念，后来被精神分析学所采用。

[2] 译注：伯特兰·罗素（Bertrand Russell）：20世纪最有影响力的哲学家、数学家和逻辑学家，同时也是一位活跃的政治活动家，并致力于哲学的大众化、普及化。在伦理学和道德方面，罗素持开放态度，他认为过多的道德束缚是人类不幸的根源，道德不应限制人类本能的快乐，因此提倡试婚、离婚从简和节育等，认为婚外性行为和同性恋现象并不是不道德的行为。

[3] 普亚里拉尔（Pyarelal）：《圣雄甘地：最后阶段》（*Mahatma Gandhi: Last Phase*），第1卷，第588页。

[4] 尼尔默尔·库马尔·鲍斯（Nirmal Kumar Bose）：《我与甘地一起的日子》（*My Days with Gandhi*），第158页。

[5] 尼尔默尔·库马尔·鲍斯（Nirmal Kumar Bose）：《我与甘地一起的日子》（*My Days with Gandhi*），第150—151页。

[6] 同上，第153页。

[7] 同上，第161页。

者，他追随甘地已有30年。这位国大党主席的妻子苏彻塔（Sucheta）在最近一天晚上与圣雄和曼努同床过夜，鉴于此，甘地无须再向访客介绍他正在进行的牺牲。[1] 有种说法是，尼赫鲁在斯里拉姆普尔的第一个夜晚走到甘地和曼努睡觉的房间门口，往里看了看，然后默默地走开了。[2] 上述简略说法并没有记录下他是否皱眉或者摇头。

在接下来的这个月里，甘地通过书信试图向这两人解释他的追求。两人都不想对圣雄做评判。“我永远不会对您失望，除非我在您身上发现荒唐和堕落的迹象。”克里帕兰尼回复道，“我没有发现这样的迹象。”[3] 尼赫鲁则更含蓄：“我觉得我有点儿理解不了，而且我不喜欢谈论私人问题。”[4] 他回信给他尊敬的导师，但他经常觉得导师令人费解，甚至令人烦恼。

1928年，甘地首次提出选择尼赫鲁做国大党的领导人，尽管他承认两人的观点有着明显差异，但自1934年当众放弃了国大党的成员身份后，他便公开地称尼赫鲁为“我的继承人和继任者”。5年之后，他讲道：“贾瓦哈拉尔是唯一能够继承我位置的人。”[5] 他对尼赫鲁的溺爱是源于务实的政治判断，基于两个显著因素——尼赫鲁所展现出的公众魅力和在危机中服从甘地观点的倾向。他知道他的继承人永远不会给甘地主义价值观念打高分，这个年轻人更倾向于费边主义而非甘地主义，有可能更热衷于推动国家计划和国有化工业，而不是他一直主张的那种乡村重建。而且在他的思想中，对未来印度国家确立现代军事力量的需求毋庸置疑。[6] 但是，他将这些矛盾置之脑后，视之为要务。“他表达了他心中最重要的想法。”甘地在1938年的一篇评论中既说到他自己也说到尼赫鲁，“但他一直在 309
做我想做的事情。当我离开人世后，他将会做我现在正在做的事情。此后他会表达我的思想。”[7]

---

[1] 拉吉莫汉·甘地（Rajmohan Gandhi）:《甘地》（*Gandhi*），第551页。

[2] 马克苏德（Maksud）:《甘地、尼赫鲁和诺阿卡利》（*Gandhi, Nehru, and Noakhali*），第41页。

[3] 拉吉莫汉·甘地（Rajmohan Gandhi）:《甘地》（*Gandhi*），第554页。

[4] 布朗（Brown）:《尼赫鲁》（*Nerhru*），第169页。

[5] 辛格拉尼（Hingorani）:《甘地论尼赫鲁》（*Gandhi on Nehru*），第12—13页。

[6] 1945年10月至11月，甘地（Gandhi）和尼赫鲁（Nehru）在来往书信中列出了他们之间的不同观点。可参阅尼赫鲁（Nehru）:《旧信札》（*Bunch of Old Letters*），第509—516页；坦杜卡尔（Tendulkar）:《圣雄》（*Mahatma*），第8卷，第302—306页。

[7] 辛格拉尼（Hingorani）:《甘地论尼赫鲁》（*Gandhi on Nehru*），第12页。

1946 年，甘地（左）与他选定的“继承人”

后来，他这样说起尼赫鲁：“他的爱已经将我俘获。”[1] 这也许更接近实情。

但是现在，随着与诺阿卡利的甘地联系减少，加上权力快速移交到尼赫鲁手上，尼赫鲁出于意愿和需要开始表达自己的思想，很少倾听他人的意见。他到访斯里拉姆普尔的表面目的是向甘地说明他计划下周向国大党提交的方案，进而锁定分治和成立巴基斯坦的发展进程。尼赫鲁还说，此行的目的也是敦促甘地放下诺阿卡利回到德里，以便更容易地找他磋商，并私下请求他不要太过偏离新兴的政党路线——这一点是不言而喻的。

圣雄处理国家问题的欲望被调动起来了，但是他并没有接受诱惑返回德里。他说他在诺阿卡利的工作还没做完，
310 在他自己看来，直到死亡那天，他也完成不了在此地的使命。他的判断力令人折服，他意识到自己已经失去了对以往追随者的影响力，就像他最近在短笺中向实业家比尔拉（G. D. Birla）[2] 所抱怨的。他在短笺上写道：“我的声音在国大党工作委员会中没有了任何分量……我不喜欢事情变成这样子，我无法畅所欲言。”[3]

然而，这些忧虑并没有阻止他让尼赫鲁带着“指示”回去。文件起草于尼赫鲁停留在斯里拉姆普尔的最后一晚，同时指出了几种方向。基本而言，文件表明，在建议国大党拒绝英国方案这件事上，甘地是正确的。由于国大党不听他的建议，国大党被该方案缠住脱不了身。因此，国大党需要与真纳达成一个共同的协议，只要不强迫印度国土成为巴基斯坦的一部分，就为“他的巴基斯坦提供一

[1] 普亚里拉尔（Pyarelal）：《圣雄甘地：最后阶段》（*Mahatma Gandhi*：*Last Phase*），第 2 卷，第 251 页。

[2] 译注：比尔拉（G.D.Birla）：印度企业家，比尔拉财团的创始人。他是圣雄甘地的密友及支持者，甘地遇刺前的 4 个月里，一直住在新德里（New Delhi）比尔拉的家中。

[3] 《圣雄甘地全集》（*CWMG*），第 86 卷，第 295 页。

个普遍接受且温和无害的方案”。[1]

“普遍接受且温和无害”这些字眼道出了其中的问题。它指出的方向多多少少与尼赫鲁异常烦琐的方案是相同的，差不多用大量的技术细节、批评反对和抱怨来遏止人们对令人难以接受的英国方案的基本认可。从字里行间可见，甘地的“指示”和尼赫鲁的方案都指向同一方向，即在最佳可行条件下使印度最快地走向独立，尽可能少地向穆斯林联盟让步。显然，甘地所指的“可接受”和“温和无害”是对国大党和他自己而言，而非针对真纳和其追随者，他也没有说明如何去完成这个方案。从一方面来看，他没有放弃两年前真纳与他中断会谈时所持的立场。从另一方面来看，他表现出即使涉及两个权力移交接收方并非一个，他也不会做任何事情来延迟权力的移交。

尼赫鲁的方案于下一周被全印国大党委员会采纳，但是并非全体拥护，投票结果为 99 : 52。当一个国大党成员问及甘地的建议时，克里帕兰尼打断他说道，那些建议“在此阶段无关紧要”，无须费力去引证圣雄写给尼赫鲁的模糊“指示”。尼赫鲁曾乘飞机去过东孟加拉，这样看来，他的部分目的可能是确保甘地不会站在另一边。[2] 甘地自己也乐于掩饰他最近领导地位的破裂。“我建议你要与祖国忠诚可靠的老仆人经常磋商讨论。”[3] 他在给尼赫鲁的告别信中写道。

仅仅两天后，也就是新年的第二天，甘地一只手抓着竹杖，另一只手搭在曼努的肩膀上，带着他的诺阿卡利徒步团队离开了斯里拉姆普尔。他赤着脚，一 311
直没有穿凉鞋，一步一步地走完后面两个月里的路程。在清晨，这个朝圣者的双脚有时会被冻得麻木。至少有一回，他的双脚流着血。到了夜晚，他再用植物油按摩双脚。就在第一天早上，斯里拉姆普尔储量丰富的渔场——达利卡纳斯（Darikanath）池塘的环形小路上，站满了穆斯林村民，大约有 100 人跟随着圣雄，还有一支由 8 个武装警察和许多记者组成的小分队。第二天早上，加尔各答印度

---

[1]　普亚里拉尔（Pyarelal）:《圣雄甘地：最后阶段》（*Mahatma Gandhi: Last Phase*），第 2 卷，第 483 页。

[2]　《甘露市场报》（*Amrita Bazar Patrika*），1946 年 1 月 6 日。

[3]　普亚里拉尔（Pyarelal）:《圣雄甘地：最后阶段》（*Mahatma Gandhi: Last Phase*），第 2 卷，第 482 页;《圣雄甘地全集》（*CWMG*），第 86 卷，第 286 页。

人创办的亲国大党的英语日报——《甘露市场报》(*Amrita Bazar Patrika*)[1] 的头条报道了这场行动：

甘地吉史诗般的
徒步之旅开启
具有重大历史意义的进军
穿越稻田和树林
甘地吉可能
创造
奇迹

在未来6周里，报纸的头版除一天外都是记录甘地的徒步之旅，传达甘地晚间祈祷会谈话内容的权威说法。作为几十年前发生的事情，当时尚无轰动性的电视报道，它在其他地区逐渐销声匿迹，成为一个故事而已。因而，圣雄艰难跋涉中的孤独与悲欢从未真正地给孟加拉邦之外的人留下印象。过了最初的几天，跟随的人群逐渐减少，引人注目的是，穆斯林再次缺席。基本不用怀疑，此时的穆斯林联盟成员正在发起联合抵制。在第二个月里，传单开始出现，催促甘地关注比哈尔邦，并夸大他遇到的大部分穆斯林官员的主题想法。“要记得比哈尔邦。”一个人说，“我们已经提醒你很多次了，回去吧。不然，你会后悔的。”[2] 另一个人很显然是给他颜色看，告诉他：“收起你的虚伪，接受巴基斯坦。”

在某些清晨，甘地的同伴们发现他即将要走的小路上被放置、堆积甚至撒满了粪便。在去往一个叫作阿塔卡拉村（Atakora）的路上，这位年迈的老人亲自弯下腰，用干树叶铲除粪便。曼努慌乱地抗议，他这样做让她感到羞耻。“你不知道它带给我的快乐。”[3] 当时77岁的圣雄回答道。

---

[1] 译注：《甘露市场报》(*Amrita Bazar Patrika*)：印度最早的报纸之一，带有较强的民族主义色彩，于1868年2月20日在孟加拉邦首次发行。此报因其真实而严苛的报道大受欢迎，除加尔各答地区外，还覆盖了克塔克（Cuttack）、兰契（Ranchi）和阿拉哈巴德（Allahabad）等地区，1986年停办。

[2] 普亚里拉尔（Pyarelal）：《圣雄甘地：最后阶段》(*Mahatma Gandhi: Last Phase*)，第1卷，第557页。

[3] 同上，第509页。

1947 年 1 月，诺阿卡利受害者的遗骸展现在圣雄面前

在接下来的 57 天里，他到访了诺阿卡利地区的 47 个村庄和邻近的蒂普拉（Tipperah）地区，全程赤脚跋涉约 187 公里，以便通过展示他自己的亲切、和善、质朴、真诚来打动穆斯林。他称之为“朝圣之旅”，有时他说这是一种“赎罪”，因为最近印度教徒与穆斯林之间的杀戮使彼此都遭受痛苦，或者是因为他自己未能阻止这场杀戮。他问候遇到的每一个穆斯林，即使大部分人冷淡地不回应他。在这些天乃至这些周经过的所有村庄里，他只有 3 回被邀请住进穆斯林的家中。为了让他住得舒适，他的随行人员每天都会预先搭建一个可拆卸的整洁的竹板小屋，每到一个新的村庄，再重新组建。他抱怨那“像宫殿一样”。当他得知他可拆卸的住所需要 7 个搬运工来搬运后，他拒绝睡在里面、坚持将其改造为一个医疗室。如果穆斯林不去他的祈祷会，他就追到他们的房子或小木屋里。每到一个新村庄，曼努就被派出去拜访深闺中的穆斯林妇女。她有时会成功劝服她们去见圣雄，但有时会吃到闭门羹。年轻的穆斯林联盟成员来到他的祈祷会上责 313

问他，他用冷静缜密的回答将他们的尖锐问题挡了回去。

“你的非暴力在比哈尔邦是如何发挥作用的？”他在一个叫作帕蒂亚拉（Paniala）的村庄被一针见血地问道。

“它根本没有发挥作用。”他回答说，“可悲地失败了。”[1]

“在你看来是什么引起了教派暴乱？”[2] 另一个人问道。

“两大教派的愚昧无知。”圣雄说道。

在9周内，他两次被带至杀戮残留暴露在日光下的人体遗骸之处。[3] 第一次是在11月11日，一只流浪狗领着他来到一家印度教徒的骸骨之处。之后是在1月11日，他经过一个杜巴（doba）[4]，在这个池塘里打捞出死于卡帕拉（Karpara）早期激烈屠杀的印度教徒的尸体。

圣雄依然急速前进。他说：“回想那些死去的人是没用的。”他的目的不是安
314 慰丧失亲人的印度教徒，而是让他们挺直腰杆，同时打动那些不关注大屠杀甚至称许大屠杀的穆斯林。他说，他只能够“通过与那些不相信我的人一起生活和行动”来展现他的善意。[5] 因此，不管每天早上遇到怎样的迎接，他都继续前行。他的随行人员唱起宗教圣歌，经常唱的那首歌是以泰戈尔的孟加拉语诗《独自行走》（*Walk Alone*）作为歌词的。朝圣之旅偶尔有场欢迎仪式，偶尔有大群人簇拥。第四周，在一个叫作木莲（Murian）的村庄，一个友好的毛拉纳哈比布拉·巴塔瑞（Habibullah Batari）精心安排了一场来自穆斯林的热烈欢迎仪式——如果普亚里拉尔的记录可信的话，他自我介绍道：“今天我们穆斯林群体蒙受着杀害我们印度教兄弟的污名。圣雄来此将我们从这污名中解救出来。”[6] 对于甘地来说，这是摆在他和国家面前可行性的证据。但这样的事情几乎不可能每天都发生。4天之后在盘赤岗村（Panchgaon），当地穆斯林联盟的领导人催促他停止祈祷会，因为祈祷会冒犯了穆斯林，而且敦促他最好也一起结束他的诺阿卡利

[1] 引自尼尔默尔·库马尔·鲍斯（Nirmal Kumar Bose）的日记，第991页，收藏于加尔各答（Kolkata）亚洲协会（Asiatic Society）的档案馆。

[2] 费舍尔（Fischer）：《圣雄甘地的生平》（*Life of Mahatma Gandhi*），第451页。

[3] 普亚里拉尔（Pyarelal）：《圣雄甘地：最后阶段》（*Mahatma Gandhi: Last Phase*），第1卷，第380页。

[4] 译注：杜巴（doba）：孟加拉语池塘的意思。

[5] 引自尼尔默尔·库马尔·鲍斯（Nirmal Kumar Bose）的日记，第887页，收藏于加尔各答（Kolkata）亚洲协会（Asiatic Society）的档案馆。

[6] 普亚里拉尔（Pyarelal）：《圣雄甘地：最后阶段》（*Mahatma Gandhi: Last Phase*），第1卷，第518、520页。

1946 年 11 月，甘地在他可移动的小木屋里

之行。

在祈祷会上，甘地仔细审视他的听众，然后从一生的经历中获取为人熟知的主题和信息。如果他想表明，他和他带来的乡村工作人员不是来评判的，而是来服务的，那么他会详细论述如何竭尽全力改善公共卫生和清洁当地水源。谈及失传的生计，他会提到手工艺和它们能为振兴村庄发挥什么作用。关于土地所有权这个令人担忧的首要问题，他会说土地属于神和真正耕耘的人，因而，削减地主作物份额是非常公正合理的，但甘地的附带条件是，地主作物份额削减必须通过非暴力的方式完成。

甘地一直坚持的价值观是无所畏惧。他说，为了确保国家和平，穆斯林和印度教徒必须时刻做好牺牲的准备。这是过去 10 年中他告诉捷克人和欧洲犹太人如何面对纳粹的法宝，即勇敢的萨提亚格拉哈主义勇士可以“融化暴君的心”。他不断要求撤走苏拉瓦底派来的警卫，如此才不会削弱他有望通过这次朝圣之旅树立的榜样作用（警卫们从未离开。苏拉瓦底说确保圣雄活着离开东孟加拉是政府的职责）。早些时候，他说起以身殉教：“我和我同伴们的牺牲至少会教会（印度教女人）自尊死亡的艺术。它也可能使镇压者大开眼界。”[1] 一个难民问他，如
315 何期望印度教徒重返他们有可能面临袭击的村庄，他回答说：“我并不介意你这个区域内的 500 户人家全部遇害身亡。”在抵达诺阿卡利之前，他向计划走在他前面的 3 名甘地主义工作者表达了同样的观点：“如果明天我收到你们全部遇害的消息，我不会流泪，而是感到喜悦。”[2]

这几个月里这样的事情经常发生，甘地的言辞听起来就是这般极端，他有时被人指责为狂热分子。我们可以将他的这种言辞看作是一种修辞手法，不必按照字面意思解读。但即使是曼努，也无不受到他的决心的影响，他教导她这种勇气在和平事业中可以——有时必须——像战场上表现出来的勇气一样激烈和无私。

行走到第三周抵达纳拉扬普尔村（Narayanpur）时，甘地找不到他在泡脚前常用来刮脚的那块浮石。他最后一次使用这块浮石是在一个织工的小木屋里，他在那里停留了一下，暖和了一下冻僵了的双脚。显然，曼努把浮石忘在那里了。这是个“大错误”，甘地严肃地说，命令她原路返回并找到它。这意味着她要沿着小路穿越浓密的树林，众所周知，在那个树林中，年轻女性常常会受到侵袭。她问能否带几个志愿者同去，甘地拒绝了她。她不得不独自一人回去。织工的妻子不知道圣雄把这块石头视为珍宝，把它扔了出去。普亚里拉尔告诉我们，当曼
316 努最终找到浮石回来后，不禁大哭起来，但得到的只是甘地咯咯的笑声。对甘地来说，她下午的煎熬只是他们相互“考验”的一部分。

“如果暴徒将你带走，你就勇敢地迎接死亡。”他告诉她，“我的心会高兴得手舞足蹈。但是，如果你半路折回或从危险中逃离，我会感到羞耻而且难过。”[3]

---

[1] 普亚里拉尔（Pyarelal）：《圣雄甘地：最后阶段》（*Mahatma Gandhi*：*Last Phase*），第 1 卷，第 386、372 页。

[2] 同上，第 321 页。

[3] 同上，第 505 页。

提及被驱逐的拥有种姓的印度教徒，甘地一点儿也不温和。[1] 显然他认为，他们需要明白现在的不幸与他们的特权和恶行有关。他说，自己不劳动而倚赖别人辛苦劳作来生活的人都是贼。令人惊讶的发现是，在与诺阿卡利难民的交谈中，他经常提到不可接触制的罪恶，甚至在那里为他的哈里真基金发起募捐。在与穆斯林最近的冲突中，拥有种姓的印度教徒的家园被烧毁，甘地对他们的讲话起初看起来并不合适，只是一个老人毫无逻辑的推论。但一直以来，对于甘地来说，不可接触制是包括“高级”和“低级”在内的所有社会压迫形式的隐喻。如果拥有种姓的印度教徒拒绝与穆斯林共同用餐或通婚，那么现在他就会说他们在实行一种不可接触制。他思想深处想必抱有这样的想法：许多穆斯林是改宗后的不可接触制者的后代。普亚里拉尔之后写道：“他一再告诉我们，印度教和伊斯兰教问题的根源在于不可接触制。”[2]

看来，多年的谨言慎语后，他在社会公平问题上不再用暗语说话或衡量他的措辞。他结束了自德班开始的漫长的智力与政治之旅，当时他第一次意识到白人用印度人对待其他人——如不可接触制者——的方式来对待印度人。在被问及如何做才能弥合穆斯林和以印度教徒为主的国大党之间的裂口时，他回答说：“给不可接触者平等的权利。”[3] 这话听起来像个谜语，但这是他用自己的方式说出了安贝德卡尔一直所说的话——印度教社会的疾病是因实行印度教种姓制度而起。

在诺阿卡利徒步行走的第二天，甘地在昌迪普尔村（Chandipur）的印度教女性集会上发表了演讲。就像他曾经将地震追溯至神对不可接触制的不满意那样，现在他将诺阿卡利的灾难归因于同样的罪过。据甘地会谈纪要的权威记载，这很有可能是甘地自己改写的结果，他说：

> 如果他们仍然继续排斥不可接触者，他们将面对更多的悲伤。他要求听众每天邀请一位哈里真与他们一起用餐。如果他们做不到一起用餐，也可以 317
> 在吃饭前让一位哈里真触摸一下要喝的水或要吃的食物……除非他们为他们的罪行赎罪……否则更多的灾难和更为严重的灾害将会侵袭他们。[4]

[1] 《圣雄甘地全集》（*CWMG*），第 86 卷，第 305 页。

[2] 普亚里拉尔（Pyarelal）：《圣雄甘地：最后阶段》（*Mahatma Gandhi: Last Phase*），第 1 卷，第 417 页。

[3] 费舍尔（Fischer）：《圣雄甘地的生平》（*Life of Mahatma Gandhi*），第 436 页。

[4] 《圣雄甘地全集》（*CWMG*），第 86 卷，第 305 页。

在接下来的一周里，甘地两次劝说该地区人口占多数的穆斯林不要把印度教徒当作不可接触制者。[1] 一个月后仍是在诺阿卡利，他呼吁建立一个无种姓的社会。在卡马拉普尔村（Kamalapur），他被盘问道，如果他现在允许不同种姓间通婚，那他对教派间的通婚有怎样的看法。据鲍斯的解释，他回应道："不管何时发生，宗教之间的通婚都是件令人欢迎的事情，我不总是抱有这样的观点，（但）很早就得出了这样的结论。"[2] 他忍不住补充说，只要不是因为性欲而进行的通婚。

队伍继续前进，穆斯林通常保持着一定的距离。前来祈祷会的穆斯林往往是冷漠的。据菲利普斯・塔尔博特描述，他们"安静地聆听祈祷后的讲话，然后离开"。[3] 这个年轻的美国人想知道他是否见证着穆斯林从反对到"中立的沉默"的微妙转变。如果与甘地多待几个星期，他会不得不放弃这个微弱的希望。随着穆斯林抵制运动的日益加剧——不仅针对甘地的祈祷会，还针对印度教的地主、鱼贩和商人——圣雄发现自己对印度教徒谈起了可能被认为是印度教主题的话题。2 月 22 日，他在三角洲的一座小岛上，一处叫查克里希纳普尔（Char Krishnapur）的地方安顿下来，在这里他的听众主要是不可接触者，孟加拉语叫作那摩首陀罗（Namasudra）[4]。他们和最贫穷的穆斯林农民一样穷困，在暴乱期间，他们遭受的痛苦和最富有的印度教地主一样多。在这里，甘地住在一个"低屋顶的庇护所，用从烧毁的房屋中挑选出来的烧焦的、带有瓦楞的板片临时搭建而成"。[5] 在他的最后一站黑姆查尔村（Haimchar），他告诉那摩首陀罗要用自己的努力提升自身的地位。首先他们要废除童婚、停止性乱交，以便"所谓的高等种姓为排斥他们的罪行感到羞耻"。[6]

他已经在地图上标出了下一阶段乡村行走的路线，但此时，他终于觉得必须要着手处理来自两个阵线的越来越多的批评，一边是他自己的阵营，另一边则是

---

[1] 《圣雄甘地全集》（*CWMG*），第 86 卷，第 348—350、459 页。

[2] 引自尼尔默尔・库马尔・鲍斯（Nirmal Kumar Bose）的日记，第 1251 页，收藏于加尔各答（Kolkata）亚洲协会（Asiatic Society）的档案馆。

[3] 塔尔博特（Talbot）：《印度分治的美国见证者》（*American Witness to India's Partition*），第 202 页。

[4] 译注：那摩首陀罗（Namasudra）：亦即那摩赛伊（Namassej）或那摩苏特（Namassut），起源于印度孟加拉地区，传统职业是农民或渔民，属于印度教四大种姓之外的不可接触者。

[5] 普亚里拉尔（Pyarelal）：《圣雄甘地：最后阶段》（*Mahatma Gandhi: Last Phase*），第 1 卷，第 559 页。

[6] 《圣雄甘地全集》（*CWMG*），第 87 卷，第 17 页。

穆斯林联盟成员。尽管没有公开说出来，但甘地自己的阵营因禁欲考验已乱作一团：这可能远不止是因为夜晚的拥抱，还可能是因为甘地想要公开辩护的意愿，就像他在 2 月的前 3 天里所做的那样。[1] 4 个月以来，他执意拒绝前往以印度教 318
徒为主的、穆斯林为受害者的比哈尔邦，穆斯林联盟成员对此一直喋喋不休。从表面上看，这两个问题没有任何关联，但在他自己看来，它们几乎在同一时刻凸显出来，这可能并不是巧合，因为他认为这两者一直联系在一起。

在黑姆查尔村，甘地有 6 天是与塔迦尔一起度过的，塔迦尔父亲是一个上了年纪的古吉拉特人，是他在处理不可接触制问题时最亲密、最尊敬的合作伙伴。两位老人就甘地的睡眠安排进行了讨论，塔迦尔每天晚上对甘地的睡眠进行近距离观察。塔迦尔最终被甘地说服这种牺牲对圣雄而言有着精神上的意义，但是他给曼努写了一封信，催促她退出这一“试验”，想必是为了甘地着想，也是为了运动着想。甘地后来将这封信称为“一封令人悲哀的信”，不以为然。[2] 根据并不是很客观公正的普亚里拉尔的说法，当时曼努告诉甘地，她觉得“眼下向塔迦尔先生的要求让步没有害处”。[3] 甘地的传记作者也是曼努的矢意的求婚者告诉我们，甘地愤怒且固执己见，责备曼努“缺乏洞察力”。虽然没有让太多步，但圣雄同意让她离开床。这场牺牲如果尚未彻底结束的话，至少暂时停止了，同时，诺阿卡利徒步之行也暂时停止了。

圣雄几乎是立刻决定了停止行程。他曾说过他准备在诺阿卡利待上多年，“如果需要的话，我会死在这里”。[4] 但在 1947 年 3 月 2 日，自徒步之旅开始的两个月后，他第一次穿上凉鞋，开启了前往比哈尔邦的反向旅程。

在这 4 个月里，他一直避开印度各地穆斯林的呼吁，通过对抗印度教徒引起的暴力冲突来证明他的善意。他关于没有尽早前往比哈尔邦的借口听起来愈加牵强。很早之前，他就意识到了比哈尔邦的暴力冲突远比孟加拉邦更严重。现在是 3 月初，4 个月之前，尼赫鲁亲眼看到比哈尔邦的大屠杀，他感到十分惊骇，以至于威胁要下令轰炸这里的印度教暴徒。[5] 暴力冲突如今在突然之间，因为一个

---

[1] 提德里克（Tidrick）：甘地（*Gandhi*），第 315 页。

[2] 《圣雄甘地全集》（*CWMG*），第 87 卷，第 63 页。

[3] 普亚里拉尔（Pyarelal）：《圣雄甘地：最后阶段》（*Mahatma Gandhi：Last Phase*），第 1 卷，第 587 页。

[4] 同上，第 356 页。

[5] 费舍尔（Fischer）：《圣雄甘地的生平》（*Life of Mahatma Gandhi*），第 445 页。

民族主义穆斯林的来信，使得甘地终于愿意离开诺阿卡利。信中说他的国大党对比哈尔邦的暴力冲突无所作为，正如穆斯林联盟对东孟加拉的暴力冲突无所作为一样。

甘地保证会重回诺阿卡利履行他的承诺。在他一生最后的几个月里，他把这次旅程排在他长长的任务清单的最前面。但随着分治的逐渐逼近，印度教徒和穆斯林之间的屠杀像传染病一样在北印度蔓延开来——可能更像是一场野火，烧毁
319 一些地方，跳过一些地方——他面临着新的要求，即亲临现场给人们带来慰藉。诺阿卡利之行不得不一再延后。

旅程过半时，一次预兆曾突然出现，后来回想起来，这个预兆简直就是宿命。甘地喝完了山羊奶，不得不用椰子奶代替。那天晚上很晚的时候，这个不堪重负的老人腹泻严重，开始时汗流浃背，最后昏倒过去。那时是 1947 年 1 月 30 日，他清醒后告诉曼努，如果他死于疾病，就说明他是个伪善者。后来，曼努在回忆录中如此写道，他接着告诉她："但是，如果我在离开这个世界时从口中说出了罗摩的名字，那时我才是一个真正的梵行者、一个真实的圣雄。"[1] 正是一年之后，即 1948 年的 1 月 30 日，当他在她身边倒下时，她回想起这些话觉得一语成谶。

对于甘地在诺阿卡利地区度过的这几个月，任何世俗或现世的描述都难以显示出其政治或社会收获。他希望预先阻止的分裂成为现实，巴基斯坦成立。截至 1948 年 6 月，100 多万印度教难民越过新的国际边界，进入印度的西孟加拉邦。[2] 在接下来的 3 年里，越过边境的人数翻了一番，截至 1970 年，从东孟加拉来到印度定居的难民总数超过 500 万人。据学者乔亚·查特吉（Joya Chatterji）考证，"最早期的移民中有制作印度教已婚女性必须佩戴的贝壳手镯的饰品制造商；有制作富裕的印度教徒所穿的精致丝绸和棉布的织工；有制作印度教节庆所用的神像的陶器工人；还有主持印度教徒出生、结婚和死亡仪式的祭司和占星师"。他们紧紧追随着雇用他们工作的贵族和镇民逃走。甘地一直愿意献出生命去调解和改革的社会秩序——用他的话来说——"被活体解剖"。然而，如他所预测的一

[1] 曼努贝恩·甘地（Manubehn Gandhi）：《孤独的朝圣》（*Lonely Pilgrim*），第 157 页；转引自纳拉扬·德赛（Narayan Desai）：《吾生即吾义》（*My Life Is My Message*），第 4 卷，《献身》（*Svarpan*），第 287 页。罗摩（Rama）是印度教保护神毗湿奴（Vishnu）的化身，印度教叙事史诗《罗摩衍那》（*Ramayana*）中的英雄。甘地将他的名字作为"上帝"的代名词。

[2] 查特吉（Chatterji）：《分裂的战利品》（*Spoils of Partition*），第 112—119 页。

样，分治并没有解决问题。它导致了土地、战利品和政治权力的分割，但在新孟加拉的两边，多数教派不得不与少数教派共处。尽管军政府已经正式宣布当代孟加拉国是一个伊斯兰共和国，但那里仍居住着 1200 万印度教徒。

而且，出于某种原因，甘地仍然在此地被视为灵感的一个可能来源。在他离开诺阿卡利的 62 年后，我来到这个伊斯兰共和国的首都达卡（Dhaka），参加了由众多知识分子和热情的社会改革家出席的纪念甘地 140 周年诞辰的纪念性集会。司法部长点亮了一盏灯，首先吟诵的是《古兰经》中的诗句，接着是《薄伽 320
梵歌》中的篇章，随后是佛教徒和基督徒的祈祷，此次活动就像甘地自己的祈祷会一样自觉地兼收并蓄。5 位穆斯林和 3 位印度教徒发表了演讲——反对宗教极端主义，呼吁和谐共处、法治、政治廉洁、乡村发展和社会平等——并未论及英统印度时期和甘地时期，而是关注于当今人口拥挤的孟加拉国。6 位电视工作人员为晚上的新闻录制了上述演讲，摄像机扫过听众，挑选出因受激励而仰起的面孔。“事实是，如此一个血肉之躯出生在我们次大陆，我们都是他的子民。”一位以人权倡导者著称的女性说道，“我每时每刻都能感觉到他存在的必要性。”集会以甘地最喜欢的一首宗教圣歌作为结束，圣歌由一支印度教徒学生和穆斯林学生均衡组合的小团体甜美演唱，大部分听众共声合唱。[1]

我之前说过，任何世俗的描述都很难显示甘地在生命即将结束的 1946 年和 1947 年，在诺阿卡利地区 4 个月带来的政治或社会收获。然而，2009 年，这一
切却发生了。 321

[1]　他们唱的是一首古老的祈祷赞歌的变奏曲，《众生之主，神明罗摩》（*Raghupati Raghav Raja Ram*）经常被描述为甘地最喜欢的赞歌。他一贯自己加一行，宣布道：“神或阿拉是你的名字 / 主啊，保佑人人都有这智慧。”句子中继续引用神的多种名字，最终合一结束。此时，即兴创作的歌词中也囊括了佛教徒和基督徒。

第十二章　决　战

他每到一个地方，都会有人劝他去另外一个地方。在印度教徒被屠杀的东孟加拉诺阿卡利地区，穆斯林联盟成员强烈要求甘地开启前往比哈尔邦的朝圣旅程，在那里证明他愿意对抗占多数且手染鲜血的印度教徒。一旦他最终抵达比哈尔邦，印度教民族主义者就会想方设法让他改道去往旁遮普邦，那里的印度教徒和锡克教徒正被恐吓离开这个以穆斯林为主的省份，不久之后旁遮普邦将被分割，一部分划归为即将诞生的巴基斯坦。最终，在迎来分治和独立不到两周前，不堪重负且焦虑不安的圣雄突然出现在旁遮普邦，并且于 1947 年 8 月 6 日在拉合尔进行了演讲，发出了也许是最令人惊讶的、绝对且直白的誓言。这个一直被称为“国父”的人曾说过他会在诺阿卡利“决一死战”，后来在比哈尔邦也这样说，如今他许诺：“我的余生将会在巴基斯坦度过”。[1]

他解释说，他一直渴望前来旁遮普邦，但现在不得不快速穿越次大陆，一路回到诺阿卡利，因为他承诺 8 月 15 日在那里迎接印度的独立。也就是说，在独立印度诞生之日，他会在巴基斯坦醒来。“即便我必须得死，我也要去那里。”他说，“但是，只要从诺阿卡利脱身，我就去旁遮普邦”。

从印度教徒的支柱到穆斯林的标杆，甘地的生涯勇往直前，但当考虑到逐渐逼近的“活体解剖”时，他的头脑显然是眩晕的。几十年前，在印度洋另一边的德班和约翰内斯堡，他提出了一个统一印度的梦想，坚持这个梦想的唯一办法就
322 是宣称今后他将拥有两个家园。[2] 也许有一天它们会重新统一，但目前显然是，他不可能同时出现在两个地方。这正是国大党主席克里帕兰尼于 6 月 15 日悲痛地提出的观点，这一天在甘地沉默的反对中，甘地运动在分治方案上盖上了最后的通行印章。克里帕兰尼说，他追随圣雄已有 30 年了，但不能再继续了。虽然他仍然感觉到“他至高无上，无所畏惧，他是正确的，而我的立场（支持分治）

[1] 《圣雄甘地全集》（*CWMG*），第 89 卷，第 10—11 页。

[2] 同上，第 21 页。

是有缺陷的”，但我们一点儿也看不出甘地在比哈尔邦的崇高努力如何能够挽救旁遮普邦。“他自己现在也在黑暗中摸索……今天，对我们而言不幸的是，虽然他能宣布政策，但政策主要靠他人来实施，而这些人的思考方式并不能转换成他的思考方式。”[1]

这说明了一切问题，但甘地仍在坚持。两日之后在巴特那，当他承诺在诺阿卡利停留几周后便返回比哈尔邦时，他重返旁遮普邦并在巴基斯坦度过余生的保证不得不被淡化。事实上，所有的这些许诺都没有兑现。现在甘地的生命还有最后的半年。他无法抵达诺阿卡利，不能重返比哈尔邦或旁遮普邦，也未曾踏足独立的巴基斯坦。在最后的几个月里，他关注着整个次大陆，但努力的区域仅限于两个城市。首先是加尔各答，然后是德里，通过最后一次绝食“至死”的方式，他几乎是单枪匹马地平息了暴力冲突的浪潮。他从未如此英勇，从未比现在更能称得上是奇迹的创造者，然而，克里帕兰尼担心的预感正在上演，旁遮普邦仍然充斥着可怕的群众暴力：在如今属于印度的旁遮普东部地区，锡克教徒和印度教徒正在屠杀穆斯林；在如今属于巴基斯坦的西旁遮普，穆斯林正在残杀印度教徒和锡克教徒，掠夺妇女，洗劫庙宇。直到精疲力竭的次大陆不得不思考甘地死亡的事实时，甘地的理论才得到了证实，即在神灵的感召下，一个地方调节冲突谋求和平会产生强烈的感染力，这可以平息其他地方极端暴力的爆发。截至那时，成千上万的人已被杀害，数百万人无家可归。[2]

“国家被一分为二是为了避免印度教徒与穆斯林之间的暴乱。”后来，社会主义领导人拉玛诺哈尔·洛希亚（Rammanohar Lohia）写道，“然而分治产生的结果恰恰是它所期待要避免的暴乱，暴乱规模如此之大，以致人们可能对人类的智力或正直永远绝望。”[3]

圣雄没有长生不老药，有的只是他的以身作则和榜样力量。无论行至何处，他的基本策略是重振四面楚歌的、脆弱的、少数者的勇气，同时劝说到处抢劫的多数派恢复某种初级的理性（如果不是怜悯之心的话）。倘若他活着来到巴基斯 323
坦，他也会如此，为少数派的印度教徒提供保护。由于他人生中最后几个月的时

[1] 纳拉扬·德赛（Narayan Desai）:《吾生即吾义》（*My Life Is My Message*），第 4 卷，《献身》（*Svarpan*），第 393 页。

[2] 对难民涌入的具体描述可参阅古哈（Guha）:《甘地之后的印度》（*India After Gandhi*），第 97—108 页。

[3] 洛希亚（Lohia）:《印度分治的罪人》（*Guilty Men of India's Partition*），第 44 页。

光正好是在未来的印度度过，因此少数派的穆斯林呼吁得到他的道德庇护。然而，这种情况使得他在一些人眼中成为一个亲穆斯林者，包括所有印度教沙文主义者，以及从即将成为巴基斯坦区域涌入印度的印度教和锡克教难民，他们流离失所而且满怀愤怒。甘地正在扮演着他一生都在为之准备的角色，如今他的行动正在帮助他设计长期以来感觉自己在为之奔劳的死亡通缉令。

对于主要事务是负责驱除英国政府、建立新国家的人来说，圣雄持续且交叠的朝圣旅程大概就像一场助兴表演。毫无耐心的尼赫鲁说他“拿着药膏到处走，试图治愈印度身体上一个接一个的伤疤”。[1] 当国大党最终批准分治方案时，尼赫鲁很担心甘地可能打破局面，让他的得力助手克里希那·梅农（Krishna Menon）寻求最后一位印度总督蒙巴顿勋爵（Lord Mountbatten）的帮助。梅农在6月的第一周提醒说，圣雄情绪激动，心情难以预料。

随后，总督确认了他在下一次祈祷会公开演讲之前能够会见甘地。甘地收到请他前去总督府的恳切邀请，参加由印度的第一位女王（维多利亚女王）的曾外孙[2]举办的演奏会。红色砂岩色调的总督府是一座拥有340个宫室的宫殿式建筑，圣雄最近建议将其改造成一家医院。[3] 温文尔雅的蒙巴顿用尽个人魅力并阿谀奉承地说服他的客人，说这个方案实际上综合了甘地自己关于非强制和民族自决的想法，确保了他长期追求的目标——英国尽可能早地撤离。总督说，实际上它不应该被称作蒙巴顿方案，而应该是“甘地方案”。甘地一定知道这句话是照顾了他的自尊。但此方案缓解了他一直以来的紧张情绪。那天晚上在他的祈祷会上，他说总督和国大党一样非常反对分治。既然印度教徒与穆斯林不能达成一致，总督也“别无选择”。[4] 如果这算不上是一盏绿灯，那也是他表达继续谨慎前行的方式。

尼赫鲁可能预料到甘地常常与总督及其他殖民使节共同处理事务，不再费心与他自己的同事讨论磋商，因此尼赫鲁于6月4日采取了利用蒙巴顿去接触甘

---

[1] 屯扎尔曼（Tunzelmann）:《印度之夏》(*Indian Summer*)，第388页。

[2] 译注：蒙巴顿勋爵（Lord Mountbatten）生于英国温莎的王室家庭，其外祖母是维多利亚女王（Queen Victoria）的女儿。蒙巴顿于1947年3月出任印度总督，提出了关于次大陆独立的“蒙巴顿方案”。

[3] 坦杜卡尔（Tendulkar),《圣雄》(*Mahatma*)，第7卷，第162页。甘地还曾建议将总督府（Viceregal Lodge）送给哈里真（Harijans）。

[4] 坎贝尔－约翰逊（Campbell-Johnson）:《蒙巴顿的使命》(*Mission with Mountbatten*)，第110页。

地的方式。就在最近的 4 月 1 日，甘地在他们的第二次会议上让刚上任的蒙巴顿 324
“目瞪口呆”。他的想法是给穆罕默德·阿里·真纳一个机会，让他担任临时政府的首脑，从而使他放下对巴基斯坦的执着，时间一久，至少可以避免国家分治。在这个方案里，真纳可以自由选择清一色穆斯林联盟成员组成临时政府。这可能会让国大党陷入疯狂之中，但这一后果并没有给甘地带来特别的烦扰，他想必认为这是为了国家统一而付出的小小代价，更不用说是 20 年来他一直所祈求的让运动在被忽视的基层复兴的一个机会。据蒙巴顿后来在回忆录的说法，甘地部分的提议是，由总督而不是他自己向尼赫鲁和其他国大党领导人提出这个方案。[1] 可想而知，蒙巴顿拒绝担任圣雄的使节。[2] 到了总督和尼赫鲁谈论这个方案时，总督已经从顾问那里得知这是甘地之前放飞的“一只旧风筝”，而真纳从来没有认真考虑过这个想法。尼赫鲁公开地表示不屑一顾。尼赫鲁与总督正在建立起比同事更为亲密的关系，他告诉总督，甘地“已经离开 4 个月了，很快就会失去联系”。

甘地起草了一个有 9 点概要的方案。半个多世纪来他曾在三大洲向英国殖民当局提交了无数份请愿书、外交意见和备忘录，而这次将是最后一次。随后，他不得不向蒙巴顿坦言蒙巴顿已经知道的事实：他的想法几乎没有得到国大党高层的任何支持。“因此，我不得不告诉你，不用再考虑我了。”[3] 他绝望地写道，意思是他如今缺乏影响力，不再是必须要咨询磋商的人了。

当总督第一次听到甘地的大胆建议时，他问甘地，真纳会说什么。[4] “如果告诉他，我是提议人，他会回应说‘狡黠的甘地’。”甘地预测说。这与真纳真正所说的话非常接近。此事时隔 20 多年后，如果蒙巴顿的记述多少是正确的且为人接受，而不是一口气写成的一段浮夸修辞、一个归因错误的猜测，那么甘地自己不得不向总督坦白的话就证实了此事。“真纳能做的不是太多。”据称甘地这样说，“因为实际上，你不能通过中央行政条例来强迫多数人，而且真纳并没有他自认为能得到的

[1] 柯林斯（Collins）和拉皮埃尔（Lapierre）:《蒙巴顿和印巴分治》(*Mountbatten and the Partition of India*)，第 34—35 页。

[2] 坎贝尔 – 约翰逊（Campbell-Johnson）:《蒙巴顿的使命》(*Mission with Mountbatten*)，第 55 页。

[3] 普亚里拉尔（Pyarelal）:《圣雄甘地：最后阶段》(*Mahatma Gandhi: Last Phase*)，第 2 卷，第 85 页。

[4] 坎贝尔 – 约翰逊（Campbell-Johnson）:《蒙巴顿的使命》(*Mission with Mountbatten*)，第 52 页。

325 那么多的权力。”[1] 甘地“狡黠”方案中的陷阱是，他想象中的真纳政府必然要对国大党成员占多数的议会负责，而议会可以制约政府，最终将其拉下马。

325 在写信给蒙巴顿表明退意的第二天，甘地回到了比哈尔邦，上一次他在这里只待了不到 3 个星期。在发生严重流血事件 4 个月后，他才迟迟来到比哈尔邦，但是在很多印度教徒身上，包括很多国大党人身上，他并没有看到太多懊悔的迹象，于是他开始布道，主题是悔改、和解和统一。有人告诉甘地，杀戮经常伴随着呼喊：“圣雄甘地万岁！”[2]

“我讨厌听到这种‘万岁’的呼喊。”甘地说，“每当我想到在声声‘万岁’中，印度教徒对无辜的男女大肆屠杀，就像穆斯林残杀印度教徒时高喊‘真主最伟大！’（Allab-o-akbar！），我就感到深恶痛绝。”[3]

第二次拜访比哈尔，甘地设法多待了两周，之后被召回首都。他的道德威信可能达到了前所未有的顶点，但政治上的孤立性却不可忽视，这让他不止一次感到，自己作为一位有力领袖的生涯可能已经到达终点。这种想法依然在他脑中挥之不去。他自称是“强弩之末”“气数已尽”。[4] 他脑中不断萦绕着矛盾的想法，让他苦恼不已。一方面，他坚定地准备好了要孤身奋战到底；另一方面，他又思忖现在我行我素的国大党领导是否更清楚地明白国家的需求。在去往比哈尔的火车上，甘地给他昔日的弟子瓦拉拜·帕特尔写了一封信。帕特尔现在与尼赫鲁共事，两人相处得不是很愉快。帕特尔承认：“在对大众事务的管理中，也许你能看见我看不见的东西。如果我站在你的位置，可能我也会和你一样说这些话，做这些事。”[5] 联系前后语境，这句话听起来像是真诚地发出疑问，而不是摆摆姿态或是为了安慰甘地而说出的礼貌之词。他提出的疑问是，印度能否依照甘地的路线方针来治理。

甘地曾在一场告别式的演讲中讲到关于运动效果的问题，从中展现出同样的

---

[1] 柯林斯（Collins）和拉皮埃尔（Lapierre）：《蒙巴顿和印巴分治》（*Mountbatten and the Partition of India*），第 33 页。

[2] 《圣雄甘地全集》（*CWMG*），第 87 卷，第 52 页。

[3] 普亚里拉尔（Pyarelal）：《圣雄甘地：最后阶段》（*Mahatma Gandhi：Last Phase*），第 2 卷，第 52 页。

[4] 同上，第 309 页；尼尔默尔·库马尔·鲍斯（Nirmal Kumar Bose），《我与甘地一起的日子》（*My Days with Gandhi*），第 208 页；也见甘地（M. K. Gandhi），《德里日记》（*Delhi Diary*），第 147 页。

[5] 普亚里拉尔（Pyarelal）：《圣雄甘地：最后阶段》（*Mahatma Gandhi：Last Phase*），第 2 卷，第 85 页。

矛盾想法。他一度想激发的非暴力抵抗是强大、守纪而勇敢的，足以承担受伤乃至死亡的风险，所以他称其为“强者的非暴力”。而现在，甘地说，他从印度民众中唤起的只是消极抵抗，是“弱者的非暴力”。在印度独立早期，甘地与一位美国教授谈话时反省说，他的事业完全一直建立在一种“幻想”之上。他并不感到痛苦。他甚至努力在自己指出的幻想破灭前保持泰然自若。这场谈话的概要获 326
得了甘地本人的认可，其中说道：“他意识到，如果他的愿景没有被那种幻想所笼罩，印度绝不会达到今天这样的目标。”[1] 甘地似乎在说，如果说他骗了谁，那他是骗了他自己。他至少是带着一丝骄傲，说着并不为此感到后悔。

季风季节到来，甘地终于开始着手准备承诺已久的返回诺阿卡利之行，希望能为了巴基斯坦和印度的双重独立及时抵达这片地区。回到诺阿卡利是甘地免于承担任何分裂责任而又不用谴责国大党领导层的一种方式，也是他表达自己对印度教徒和穆斯林“团结”事业孜孜不倦的奉献精神的一种方式，虽然这种“团结”如今似乎只剩下最后一线生机。“我不喜欢这里正在发生的事情……（也）不希望别人说我曾经和它有关。”[2] 在准备最近一次行程前，他在给帕特尔的信中这样写道。这一次，他的脚步没有越过加尔各答，加尔各答的地位逐渐降低，已然风光不再：它曾是整片次大陆和整个英属印度的首都，直到 1911 年，英国宣布将政府所在地迁往德里。其后，它成为分裂前孟加拉邦的首府。而现在，随着孟加拉邦的分裂，加尔各答即将成为西孟加拉邦印度残存政府的所在地，而印度教徒占大多数的西孟加拉，只是分裂后较小的一片地区。

穆斯林联盟政府已经秘密地匆忙撤往即将被宣布为东巴基斯坦的首府达卡，行政部门和警察局的穆斯林高层官员随之一同撤离，使得这两个岗位突然一下又被印度教徒占据。留守当地的、焦虑的穆斯林看到了墙上的字迹——为前一年的加尔各答大屠杀复仇。10 个月前，穆斯林联盟首席部长苏拉瓦底拜访当时住在苏底堡阿什拉姆的甘地，希望能让他改变行程；同样，另一个穆斯林联盟代表团也在 8 月 9 日甘地抵达的当天在那里等候着他，他们的请求要迫切得多。他们恳求甘地留在加尔各答，以保护如今生活在恐怖之中的穆斯林民众。据他们说，穆斯林正生活在国大党政府的阴影之下。

[1]《圣雄甘地全集》（*CWMG*），第 89 卷，第 62 页。

[2] 普亚里拉尔（Pyarelal）：《圣雄甘地：最后阶段》（*Mahatma Gandhi*：*Last Phase*），第 2 卷，第 329 页。

“我们对您的要求和印度教徒对您的要求一样。”[1]在甘地回来的第二天，代表团团长兼加尔各答前市长穆罕默德・乌斯曼（Mohammad Usman）说。乌斯曼是穆斯林联盟成员，这个联盟极大地助长了危机的发生。而就在半年前，他们还对圣雄在东孟加拉的使命横加指责。但是，既然甘地已经去往比哈尔邦，谴责了那
327 里印度教徒施加在他们穆斯林同胞身上的野蛮残忍的行径，既然国家的分裂让他们感到自己在这个今后永远只能是少数派的国家是弱势的，遗留在印度的孟加拉穆斯林便对圣雄有了新的看法：他有望成为他们的救星。“您自己亲口说过，您一半是印度教徒，一半是穆斯林。”前市长乞求道。

甘地同意推迟返回诺阿卡利，但有两个条件。一是要穆斯林保证诺阿卡利的和平，以及那里少数派印度教徒的安全，这正是甘地本来要做的。甘地威胁说，如果诺阿卡利发生挑衅行为，他的生命将因绝食而“丧失”。二是，苏拉瓦底——一听说甘地要来，就火速从卡拉奇赶到了加尔各答——和他共建一个两人的和平委员会，以维护加尔各答在英国统治结束后的秩序。

苏拉瓦底是一位穆斯林联盟政治家，随着巴基斯坦的建立，他的政治命运遭遇了大挫折。他所统治的统一的孟加拉邦即将不复存在，到那时，无论是在巴基斯坦还是在印度，都不会再有他的一席之地。这在一定程度上是因为他在最后一刻还异想天开地维护着孟加拉邦的统一，即使这意味着让孟加拉邦分裂成第三个独立国家。他的失败是命中注定的，苏拉瓦底这位首席部长说乌尔都语，并不被视为真正的孟加拉人。他所做的努力付诸东流，使他最终成为一个无兵司令，一个孤零零唱独角戏的演员，身上的希望逐渐破灭。在圣雄情绪低落的时候，他又成为一个能引发共鸣的角色，甚至可以说，是一个失意的同病相怜者。

真纳的理论认为，印度教徒和穆斯林显然是不同的两个民族，而对甘地来说，用一个孟加拉将印度教徒和穆斯林团结在一起，这个想法极有吸引力，于是在 5 月运动短暂爆发的期间，这位一把年纪的非孟加拉人，也是孟加拉语初学者提出，要担任类似总部陆军准尉的职务。已经上了年纪的圣雄在当时致苏拉瓦底的信中写道：“我非常愿意成为您的名誉私人秘书，为您效力，直到印度教徒和穆

---

[1] 普亚里拉尔（Pyarelal）：《圣雄甘地：最后阶段》（*Mahatma Gandhi*：*Last Phase*），第 2 卷，第 363 页。

斯林亲如兄弟。”[1]

“这提议真是疯了！”苏拉瓦底想必会有这样的反应，“我想破头也想不明白，这其中到底有何深意。”实际上，甘地所提出的是要恢复他在 25 年前和基拉法特领导人穆罕默德·阿里建立的合作关系。

他不会坐等良机错失。这个最新方案能弥补教派间的裂痕，这是甘地喜于见到的。所以现在，在 3 个月后的独立前夕，甘地重提方案，问苏拉瓦底敢不敢和他一同搬往让穆斯林居民感到自己是弱势群体的加尔各答动乱地区，和他一起生活在那里，生活在同一屋檐下，没有军队或警察保护。这位穆斯林盟员花了一夜 328
的时间再三考虑，之后无条件地同意了。8 月 13 日，距独立不足两日，两人搬进了一栋位于贝利亚加达（Beliaghata）[2] 的摇摇欲坠的废弃大楼。贝利亚加达是一个拥挤嘈杂的地方，这里的穆斯林居民住在贫民窟或棚户房里，旁边就是印度教徒的独栋房屋，不过后者的生活境况也好不了多少，来自东孟加拉的难民最近正不断涌入这里，邻里关系已经紧张得像一个炸药箱。印度教徒团伙用斯特恩式（Sten）轻机关枪和自制手榴弹袭击穆斯林居民，把他们赶跑。

甘地一到这里，就遭遇到了一伙 200 人左右的印度教徒的招呼。他们挥舞黑旗，齐声谩骂，有的还试图从为圣雄预留的房间窗户爬进大楼。任何企图关上老式百叶窗的行为都会引来一阵石块的攻击。当这群年轻的印度教徒多多少少平静了一点，他们便要求被告知为什么甘地如此关心穆斯林。

甘地花了一个多小时才劝服了这帮暴民。“我们不需要你关于非暴力的布道。”[3] 其中一个年轻的印度教徒这样直白地对甘地说。甘地告诉他们，他绝不会被吓倒，也绝不会屈服于暴力或请求帮助。接着他谈起他们指控他是印度教徒的敌人一事。“无论是从宗教信仰、言行举止还是姓名上看，我都是一名印度教徒，绝不可能成为自己人民的敌人，难道你们连这都不明白？”[4] 甘地反驳说。这群年轻人对此无言以对，其中一些人最终自愿为他充当守卫。

---

[1]　普亚里拉尔（Pyarelal）：《圣雄甘地：最后阶段》（*Mahatma Gandhi: Last Phase*），第 2 卷，第 183 页。

[2]　译注：贝利亚加达（Beliaghata）：也叫贝利加达（Beleghata），是加尔各答的重要组成部分，主要居民为加尔各答社会的底层和中低层人民，人口密度非常大。

[3]　普亚里拉尔（Pyarelal）：《圣雄甘地：最后阶段》（*Mahatma Gandhi: Last Phase*），第 2 卷，第 367 页。

[4]　同上，第 365 页。

瓦拉拜·帕特尔对此仍十分困惑，不甚明了。“所以说你在加尔各答被扣押了……（在）一个歹徒和流氓聚集的臭名昭著之地，和这样一群人在一起！”他从新德里写来这样的信。他在新德里负责主持内政部（Home Ministry）的工作，是一位对维护和平负有极重要责任的印度官员，他对此十分惊讶：“这是多么冒险的事啊！”

这栋破旧的单层别墅人称海达里·曼济勒（Hydari Manzil），别墅只有一个厕所，供客人和上百名每天来拜访客人的来访者使用，只有一张轻便床，或者叫吊床，这位老人不爱睡在上面，宁愿睡在地板上。在圣雄搬来的前一天，房间为了消毒而用氨水匆匆拖了一遍，强烈的味道一整天在空气中挥散不去。我们从别墅的气派格局能看出它之前的富丽堂皇：约 9 米高的天花板，宽阔的窗扉和走
329 廊，还有经常被撞坏的玻璃窗和门。这里远离德里的独立庆祝活动，在印度独立过山车般跌宕起伏的前 3 周，这里成了甘地的总部。今天，这里镶着大理石墙面，安上了明亮的日光灯，常年展示着老照片，已经成为一座博物馆，也是又一座甘地纪念馆，这些展品隐隐约约地折射出 1947 年波涛汹涌又备受压抑的恐惧和热情。

甘地一直说，在 8 月 15 日独立日那天，他会全身心地进行绝食和纺纱劳作。当英国广播公司（BBC）邀请他为独立日录制一段特别的讲话时，老人回答：“他们一定是忘了我会说英语。”[1] 当全印广播电台（All India Radio）向他发出相似的请求时，他说：“我真是筋疲力尽了。”[2] 那天他只睡了 3 个小时，深夜两点就醒来了。清晨的贝利亚加达寂静无声，只有一小群主要由穆斯林构成的民众等在外面，想祝贺他为自由取得的成就。黎明来临，大批民众开始聚集。令人震惊的是，这群人里既有印度教徒，又有穆斯林。几天前他们还剑拔弩张，关系紧张，现在却在共同庆祝。根据当时的报道，他们彼此拥抱，互称“兄弟”。兴高采烈的气氛持续了两个星期之久。这里没有再发生一起加尔各答大屠杀，却突然流传开了对加尔各答奇迹的谈论，很多人立刻把这归功于甘地的到来和他的以身作则。

由苏拉瓦底开车，甘地连续两晚乘车出去见证盛大的民众集会，感受欢乐的气氛。起初他不愿过多参与，哪怕穆斯林地区的民众包围他的车，大喊“印度万

---

[1] 尼尔默尔·库马尔·鲍斯（Nirmal Kumar Bose），《我与甘地一起的日子》（*My Days with Gandhi*），第 224 页。

[2] 坦杜卡尔（Tendulkar）：《圣雄》（*Mahatma*），第 8 卷，第 80 页。

岁！”（Jai Hind!）。在 15 日和 16 日的祈祷会上，甘地苦恼地谈起庆祝者的冲动行为：他们涌进政府办公大楼和原总督办公室（在独立日当天刚移交给一位印度总督），偷走银币，污损绘画，这股劲头或多或少有点儿像粗暴的民众为庆祝安德鲁·杰克逊（Andrew Jackson）[1] 总统的就职而洗劫了白宫。当报道传来次大陆另一边的拉合尔市发生骚乱时，甘地继而哀叹，独立正在被打上流血事件的烙印。他一直对加尔各答奇迹能延续多久心存疑虑。在给帕特尔的信中，他写道：“如果这只是短暂的热情该怎么办？”[2]

他的心时时刻刻在警惕和希望之间备受折磨。因为几乎每天都有越来越多的印度教徒和穆斯林混在一起前来聆听他和苏拉瓦底的讲话——据报道，至少有两次集会超过了 50 万人——这让他想起在基拉法特运动高潮中被推举为国家领导 330
人的经历。“几乎可以说，友善带来的欢乐感时时都在猛增。”[3] 他写道。

曾在那年早些时候想千方百计将甘地撵出诺阿卡利的沙希德·苏拉瓦底，现在已经沉浸在圣雄的光辉中，加尔各答从令人惊讶的友好关系中收获了欢乐和轻松，苏拉瓦底对甘地深感敬意。“所有这一切都要感谢阿拉（Allah）的无限仁慈和我们热爱的巴布的善行。”[4] 这位穆斯林盟员说。时任独立印度总督的蒙巴顿注意到，一支由英国军官率领的“边防军”已被派往旁遮普邦，以期镇压当地的暴乱。蒙巴顿写道：“在旁遮普，我们有 55000 名士兵，但仍有大规模骚乱发生。而在孟加拉，我们的武装力量只有一人，那里却没有发生任何骚乱……请允许我向这支单人边防军（One Man Boundary Force）致以敬意，并且不忘他的副指挥官，苏拉瓦底先生。”[5]

蒙巴顿的信于 8 月 30 日寄给了甘地，甘地随即计划在 9 月 1 日返回诺阿卡利。但是那一天并没有和平地到来。在加尔各答的最后一晚，一伙气势汹汹的年轻印度教徒再次闯入甘地在贝利亚加达的指挥所海达里大楼，他们说和苏拉瓦底有笔旧账要算。幸好这位前首席部长已经回家准备圣雄的诺阿卡利之行去了，他

---

[1] 译注：安德鲁·杰克逊（Andrew Jackson，1767—1845）：美国第七任总统，在任时间为 1829—1837 年，民主党创建者之一，美国历史上第一位平民出身的总统。

[2] 《圣雄甘地全集》（*CWMG*），第 89 卷，第 55 页。

[3] 同上，第 49 页。

[4] 戈帕尔克里希那·甘地（Gopalkrishna Gandhi）：《诚挚的友谊》（*A Frank Friendship*），第 501 页。

[5] 同上，第 517 页。

也应征要走这一趟。根据甘地的描述，这群闯入者抬着一名印度教徒，身上缠着绷带，说是被穆斯林刺伤的。但经过仔细检查，甘地发现他根本就没有被刺伤。甘地当时刚刚就寝，起先他静静地躺在床上，闭着眼睛。后来，听到喊叫声和玻璃破碎的声音，这位老人走到旁边的接待室，与这群袭击者见了面。那天是他的沉默日，是每周一天不说话的日子，但因为来者气势汹汹，他还是破例了。

“这是怎么回事？”他要求道，“杀了我吧，杀了我吧！我说，为什么不杀了我？”[1]

甘地是用印地语说的。即便他的话被翻译成了孟加拉语，对他们也没有效果。圣雄旁边站着一个人，因为被误认为是穆斯林而挨了一砖头。“8 月 15 日建立的和平，现实就是如此模样？”甘地忧心如焚，却也无所畏惧地说，“你们要攻击就攻击我吧。”

他不得不再次停下来等待翻译。慢慢地，他的话为人所理解，但正如第二
331 天在汇总城市四处发生暴动的报告后他亲自写下的那样：“加尔各答的泡沫似乎已经破灭了……所谓的奇迹被证明是短命的，只维持了 9 天。”[2] 几个小时后，他再次取消诺阿卡利之行，决心留下来，开始进行绝食。他说这是他的“强大的武器”，有的时候也说是“绝对可靠的武器”。[3] 也许这次他能够像在加尔各答一样打动旁遮普民众的心。“如果我连抚慰人心的力量都没有了，那我还能做什么呢？”在给帕特尔的信中，他这样写道。

海达里大楼攻击事件的第二天，有报道说，在加尔各答已不受控制的暴乱中有 50 人被杀害，300 人受伤。[4] 派出的部队远远不足以控制情况，当地的守备军不断被派往北印度和旁遮普的危急地区，几乎是全员上阵。这座城市似乎正在倒退，就要再现一年前的“大屠杀”，就在这时，9 月 2 日，甘地开始绝食。

两天后，一切恢复平静。因为感到了必要性和紧急性，大批和平的队伍在朝贝利亚加达挺进，这让圣雄相信，这一次的休战将得以持续。激进的印度教徒团体和臭名昭著的歹徒都来到圣雄面前，在他脚下放下武器，至少是部分武器。上千人怀着同样的心情开始绝食，包括警方的一些人员。两名印度教徒一直作为甘

[1] 纳拉扬·德赛（Narayan Desai）：《吾生即吾意》（*My Life Is My Message*），第 4 卷，《献身》（*Svarpan*），第 422—423 页。

[2] 《圣雄甘地全集》（*CWMG*），第 89 卷，第 131 页。

[3] 同上，第 134 页。

[4] 达尔顿（Dalton）：《圣雄甘地》（*Mahatma Gandhi*），第 154 页。

地主义和平工作者在为保护受袭的穆斯林而斗争，他们自愿自杀，以牺牲自己生命的方式完成了甘地对萨提亚格拉哈最严格的定义。所有事件都指向一个结论，那就是整座城市都认识到，如果让这位领导独立斗争的圣徒般的老人在这座城里死去，死在所谓的印度自由的黎明，这将是多么难以置信、多么不光彩的事情啊！

傍晚，一大群人来到了甘地的房间，他们实际上代表了整个宗教界和政治界，敦促甘地停止绝食。这里面有国大党和穆斯林联盟的领导人，有因旁遮普大屠杀报道而愤怒的锡克教领导人，有激进的印度教大会的领导人，还有前首席部长沙希德·苏拉瓦底，他为加尔各答大屠杀期间自己的失败公开赎罪，精心准备了这次活动。按照自己班尼亚种姓的老规矩，甘地在同意他们的请求前提出了条件。

代表团要满足甘地提出的两个条件。第一，他们必须签署一份开放式的保证书，保证加尔各答绝不会再次发生教派暴乱，这一条比较简单。第二，保证书中 332
必须写进一条承诺，即如若暴力事件再次爆发，各方领导都必须将自身的生死置之度外，重建和平。领导们退到另一间房间，之后带着甘地要求的文件回来了。复食仪式由苏拉瓦底主持，他递给甘地一小杯甜青柠汁，唱起了泰戈尔在 14 年前耶罗伐达监狱绝食结束时唱过的那首孟加拉歌曲："在我的心坚硬焦躁的时候，请予以我仁慈的甘霖。"[1]

加尔各答一派喜气。甘地的老同志拉贾戈帕拉查里（Rajagopalachari）是西孟加拉邦的新省督，他说，在甘地所完成的事业中，没有任何事（包括独立在内）能像"他在加尔各答战胜邪恶的胜利那样无与伦比"。[2] 关于对自己所扮演的角色的描述，甘地是谦逊的，但仔细读来，也反映出他愈发增长的信念——是上天挑选他成为一名和平使者。"这场突发的巨变并不是一人或两人所为。"他在第一次听到关于加尔各答奇迹的谈论时，在还没有发生新一轮暴力事件，也没有进行结束暴力事件的绝食之前写道，"我们都是神手中的玩偶，他让我们随他的曲调而舞。"[3]

在 3 天后的 9 月 7 日，甘地乘火车前往德里。最后证明这是他漫长一生的最终舞台，他终生是一位好奇者、追寻者，是一位永远的朝圣者，留下未竟的

[1] 纳拉扬·德赛（Narayan Desai）：《吾生即吾意》（*My Life Is My Message*），第 4 卷，《献身》（*Svarpan*），第 434 页。

[2] 达尔顿（Dalton）：《圣雄甘地》（*Mahatma Gandhi*），第 158 页。

[3] 《圣雄甘地全集》（*CWMG*），第 89 卷，第 49 页。

誓言，没能回到诺阿卡利，也未能开始在所属于巴基斯坦的旁遮普杀戮之地旅居。他之所以留在德里，是因为教派暴力如野火般蔓延到这座城市，在那段日子里，这个城市其实还是两个城市，没有融为一体：旧德里是前莫卧儿帝国的首都，大约一个世纪前那场反抗英国统治的斗争就发生在这里，印度教徒和穆斯林组成的军队为恢复穆斯林王朝并肩战斗；新德里是外国统治的权力集中地，当时建造新德里，就是因为英国正在丧失对这片次大陆的统治。在 1947 年，它比之后在 20 世纪建立的其他城市，比如今天的巴西利亚（Brasília）[1] 或者伊斯兰堡（Islamabad）[2] 要新。事实上，德里之于拉合尔的关系，就如华盛顿之于纽约。现在，突然之间，它分裂成了两个世界，受难的印度教徒难民不断跨越边境线，讲述着他们失去亲人和家园的悲惨遭遇，以及他们目睹的大面积破坏。看起来必然无疑的是，强烈的复仇之心加上不受控制的人类欲望，两者结合起来，扩大了加尔各答大屠杀在 13 个月前引发的连锁反应：被赶出家园的印度教徒如今在旁遮普与当地极端主义分子一同参加了武装队伍，要将穆斯林从他们在德里的家园赶走。

333 此时还是印度独立的第一个月。很快，四分之一的首都民众都将沦为难民。直到甘地于 9 月 9 日清晨抵达德里之时，清真寺仍在遭受攻击，暴徒掠夺和杀戮的行径毫无节制地持续了几天之后才刚刚开始减少，街道上仍在清除尸体，军方的宵禁已经开始。从“奇迹”里清醒过来，圣雄受到震撼是理所当然的，但他依然保持平静，遵循自己一贯的模式，做着几个月以来在诺阿卡利、比哈尔邦和加尔各答不断做着的事情：承诺留在首都“决一死战”，直到首都彻底和平。这一次，他最喜欢的那一套说辞将像导火线一样燃烧。

强烈的危险和恐惧氛围牢牢地攫住了这座首都城市，帕特尔直截了当地告诉甘地，他绝无可能回到那个最受轻视的不可接触者区域。那里居住着班吉种姓人，又叫作清洁工。曾经在两年中的大部分时间里，甘地明确地将这个地区作为他在德里的基地。在甘地自己看来，让拜访他的印度人和外国人都来到班吉种姓聚集地，是反不可接触制斗争的自然延伸，他经常将反不可接触制斗争追溯到他在南非的经历。

---

[1] 译注：巴西利亚（Brasília）：巴西联邦共和国首都，巴西第四大城市，位于中部戈亚斯州境内，地处高原，气候温和宜人。巴西利亚建于 1956—1960 年，1960 年 4 月 21 日，巴西将首都由里约热内卢迁至巴西利亚。

[2] 译注：伊斯兰堡（Islamabad）：巴基斯坦首都，全国政治中心。位于巴基斯坦东北部海拔 540 米的山麓平原上，1965 年，巴基斯坦把首都从卡拉奇迁于此。

1946 年，通过实业家比尔拉——他的主要赞助人——的帮助，甘地在那里定居下来。甘地并不知道，在他定居之前，班吉种姓聚集地已经部分变成了一个展示区。甘地先生见到了波特金先生（Potemkin）。美国新闻摄影记者玛格丽特·伯克－怀特（Margaret Bourke-White）[1] 真实生动地描述了他们是怎么拆除悲惨的贫民区，驱逐一半居民，然后为那些获准留下来的人们建起成排整洁的小泥屋，窗扉和门廊都安装有良好的通风设备，房屋一幢幢整齐地排列呈格子状，街道宽阔，用方砖拼出条纹，每天洒水防尘。[2] 根据她的记载，电、电扇和电话也是这个新政的一部分。一栋小楼专为甘地而建，它略宽敞一些，但仍然很朴实，就建在一座新粉刷的小寺庙旁边。在这里，甘地与国大党领导和英国内阁大臣见面会谈。当他不得不离开当时印度最体面、最没有恶臭散发的贫民窟，前往宏伟的总督府参加会议的时候，他乘坐的是这位实业家的“奶白色的帕卡德（Packard）汽车”。[3]

但是现在班吉种姓聚集地和其周边地区已经被难民淹没了，被赶走的难民中很多人都将自己的命运怪罪在甘地头上。所以对于甘地来说，最有远见的做法就是重新安顿住进比尔拉馆（Birla House）。比尔拉馆是这位实业家的一幢宽敞的、高穹顶的大厦，坐落在新德里一条宽敞崭新的林荫大道上，有着被精心照料的繁 334
茂花园。甘地对在奢侈的环境中保持苦行做派的挑战并不陌生。在甘地受到激励搬去与班吉种姓人同住之前，比尔拉馆一直是他在德里的基地，持续时间近 20 年。9 月 16 日，在他抵达德里一周后，他回到班吉种姓聚集地附近，会见了在附近的贾木纳河（Jamuna）[4] 两岸进行军事操练的一个右翼极端主义组织——国民志愿团（Rashtriya Swayamsevak Sang，简称 RSS）。国民志愿团被指责要为大多数暴力事件负责。之后，它在甘地遇刺后针对印度教徒极端主义分子的制裁行动

[1]　译注：玛格丽特·伯克－怀特（Margaret Bourke-White）：第一个到二战战争区域拍摄、第一个获准到苏联拍摄、第一个给《生活》杂志拍摄的女摄影师，她在印度期间拍摄的最著名作品是《斋日里的甘地》。

[2]　玛格丽特·伯克－怀特（Margaret Bourke-White）：《半路自由》（*Halfway to Freedom*），第 81—82 页。

[3]　译注：帕卡德汽车（Packard car）：20 世纪重要的豪华汽车品牌之一，诞生于美国俄亥俄州，后来由于一系列决策上的错误，逐渐没落并淡出了人们的视野。玛格丽特·伯克－怀特（Margaret Bourke-White）：《半路自由》（*Halfway to Freedom*），第 90 页。

[4]　译注：贾木纳河（Jamuna）：亦译为亚穆纳河，是布拉马普特拉河下游进入孟加拉国境内的名称。布拉马普特拉河在中国境内的河段为雅鲁藏布江，从高哈蒂下游 200 里处转弯后被称为贾木纳河。贾木纳河由北向南流，在戈阿隆多附近与恒河汇合。

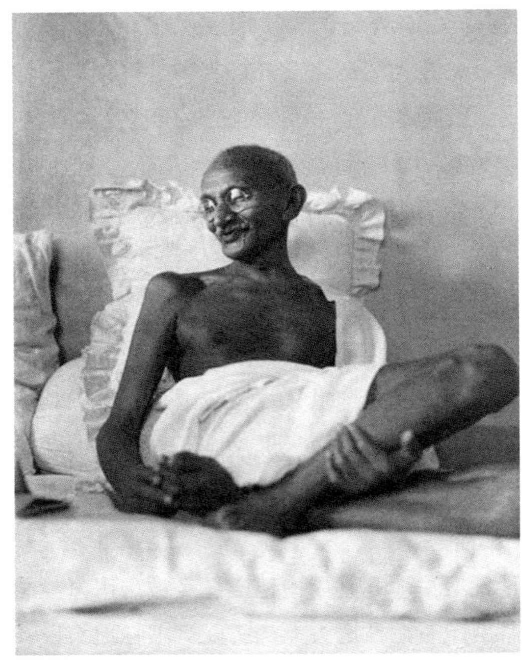

1942 年，比尔拉馆，甘地舒适地靠在一个褶边枕头上

中被取缔。但是圣雄没有在这最后一次会见的时候谴责他们，而是试图找出共同点，就像一个印度爱国者在国家的和平进程中对其他人说话那样。近几十年来，国民志愿团在其每日念诵印度教徒英雄名字的时候，都会提到甘地的名字。那天甘地与国民志愿团开会后，本来还要举行一场祈祷会，但是粗鲁的印度教徒诘问者让祈祷会无法进行。[1] 阅读《古兰经》的章节是甘地祈祷会仪式中一贯遵循的
335 程序，这次刚准备这样做，他们就喊道："甘地去死！"所以，在接下来的四个半月中，甘地的祈祷会都在比尔拉先生的花园里举行，花园四面有围墙，想来十分安全，参加民众的数量可以得到有效控制，而且还会受到便衣警察的密切注视。今天的大厦和花园作为甘地陵（Gandhi Smriti），即甘地的殉难处被保存下来。

今天的班吉种姓聚集地也有自己的甘地纪念馆。班吉人不再使用那个蔑称。他们更喜欢自称为跋弥（Balmiki，有时也使用罗马字母，拼成 Valmiki），这个称呼来自一位古代的圣人里希·跋弥（Rishi Balmiki，或写为 Valmiki），传说他是

[1] 《圣雄甘地全集》（*CWMG*），第 89 卷，第 195 页。

印度史诗《罗摩衍那》(*Ramayana*)[1] 的作者，跋弥把罗摩称作他们的祖先，现在已经半神化。在重建的甘地纪念馆旁边有一座小型庙宇，里面供奉着这位圣人的塑像。要进入这座庙宇，参观者必须脱掉鞋袜。要进入甘地纪念馆——或是进入纪念馆以走近比尔拉花园中甘地的殉难处——参观者也同样需要这样做。也许，尽管甘地清晰地表达过他的愿望，但他的塑像已成为超人类的一件事物，所以仍然需要如此。比尔拉馆是一处重要的旅游景点。前班吉种姓聚集地很少有人光顾，除非到大选的时候，国大党的政治家们会前来拜谒。但是那里的甘地肖像戴着新鲜的花环，定期更换，与如今次大陆上的几个达利特地区（如果还有的话）的做法一样。同时，跋弥住在一栋栋奶白色和褐红色的四层水泥公寓楼里，公寓楼是国家建立的，每所公寓都带有可爱的小阳台。

甘地住在那里的时候，这个区域还很偏僻，现在这个区域的居民已经与德里新建地铁的一些站点连接。他们主要还是清洁工，以前只能维持基本温饱，现在可以从新德里市政公司（New Delhi Municipal Corporation）那里领到补助金，生活水平有所提高。但是，似乎只有前跋弥，即改名后的班吉人，生活在这些非官方隔离的区域。我们最多可以说，虽然他们的生活环境明显改善，但他们的地位却似乎是在以印度式的极缓慢的速度提升，甘地与他们生活在一起的时光已经过去 60 多年了。

尽管离开了班吉种姓聚集地，甘地在生命中的最后 4 个月中仍然在为反对种姓制度而传道，这是他在这段时间里第二个常讲的话题，最常讲到的就是印度教徒要放弃对穆斯林的报复。“愤怒是短暂的疯狂。”他告诉他们，恳求他们“住手”。[2] 他去过印度教徒和穆斯林的难民营，那里没有公厕，人们的排泄物臭气熏 336
天，这不可避免地不断唤起甘地在 1901 年的加尔各答和 1915 年的哈尔德瓦尔所体会到的那种强烈反感，不同的是这已经是 1947 年，印度已经解放了。“为什么（当局）能容忍这样的恶臭？”[3] 他想知道。他们应该坚持让难民自己清理。“我们必须告诉他们，我们会给他们食物和水，但是不会给清洁工。”甘地说，“我可是

---

[1] 译注：《罗摩衍那》(Ramayana)：印度教的重要诗文之一。该文讲述了充满正义感的罗摩王子的冒险经历，他娶了美丽的悉多作为妻子，并在猴子军队的帮助下打败了鬼王罗波那，最终成为君主。这部史诗共有 7 卷，在第一卷和最后一卷中，罗摩被描述为毗湿奴神的化身。据传，《罗摩衍那》可能写作于公元前 500 年至公元 300 年之间。

[2] 《圣雄甘地全集》(*CWMG*)，第 89 卷，第 167 页。

[3] 同上，第 184 页。

个铁石心肠的人。”

他的祈祷会每天晚上都广播 15 分钟，已经成为这座仍未平静的首都每天生活的一部分。整整一生的时间过去，这些广播的影响难以估量。它们没有吸引大批民众前往比尔拉花园参加祈祷会，那里实际上只有几百人，比起几周前在加尔各答聆听他祈祷的印度教徒和穆斯林的庞大人群来说，实在是很少。贾瓦哈拉尔·尼赫鲁被任命为印度的首任总理，他每天晚上都来，和甘地一起坐在一楼甘地居住的一个小房间里，就坐在露台旁。甘地每次洗完澡，都会在这块露台上晒太阳，戴着别人在诺阿卡利给他的一顶宽檐农夫草帽。尼赫鲁的不断来访让人产生一种印象，好像他是就紧急问题来咨询这位老人的意见。我们不清楚老人给出了多少指导建议，也不清楚他的建议有多大可能性被听取了。

“他们都是我的，又都不是我的。”[1]他这样说起他的前同僚们。他们现在都身居高位，正向克什米尔（Kashmir）派兵，这个措施甘地既不赞成，也不谴责。一架纺车，一张小小的写字台，还有一张白天叠起来的薄床垫，就是甘地那所房间里的所有固定资产。他在那里的一些小物件如今被放在展示柜里展示，这些东西都不值什么钱。一副线框眼镜、一个眼镜盒、一副金属叉匙、一副木质叉匙、一把小刀、一块怀表，此外还有一根拐杖。

他坚持着他的事业——为宣传和平发表演讲，表达他把印度斯坦语作为官方语言的愿景，甚至还宣传处理堆肥的最好方法——他也坚持着每天的作息，天不亮就起床祈祷、散步、吃饭、洗澡、灌肠、按摩。像往常那样，接下来是他写信和接见来访者的时间。来访者既有穆斯林也有印度教徒，他们向他讲述自己对德里局势的感受，他们感到暴力仍潜伏在表面的平静之下。甘地极少听到鼓舞人心的消息。穆斯林仍在不断逃走，尽管甘地一再请求，印度教徒也不愿哪怕动动手指，让穆斯林的生活好过点，更不用说保证他们的安全。他的情绪又变得一阵阵
337 迟疑不定，灰暗绝望，就像在斯里拉姆普尔承受的重压一样。“这些日子有谁听我的？”在回到德里的第三周他说，“我的声音太孤独了……我来到这里，正在做一些事，但我感到我现在已经没用了。”[2]

1947 年 10 月 2 日是甘地过的最后一个生日，他年满 78 岁。他说他不指望能再过一次生日了。他说：“自从我来到印度，我就把为教派和谐而奋斗作为我毕

[1] 《圣雄甘地全集》(*CWMG*)，第 89 卷，第 480 页。

[2] 同上，第 237 页。

生的追求……今天我们似乎已经成了敌人。我们断言绝不可能有一个诚实的穆斯林。穆斯林总是毫无价值的家伙。在这种情况下，我在印度还有何立场，我在这里还有何意义可言？”[1] 他不知道是该责怪自己，还是该责怪德里的印度教徒。他一时说德里的百姓一定是都疯了，一时又内心困惑不已：“我究竟犯了什么罪，以至于（神）还要让我活着，让我看到所有的这些惨状？”[2]

几个星期慢慢过去，如果说他的心情有什么变化的话，那就是逐渐变得愈发悲伤，虽然暴力事件的程度有所降低，至少在德里是如此。“表面上的情况十分好。”他给身在加尔各答的拉贾戈帕拉查里写信说，“但是暗流汹涌，渺无希望。”[3] 两周后他在祈祷会上发布消息，仅在德里就有 137 座清真寺惨遭严重损坏或被彻底摧毁，其中一些被改建成了印度教寺庙。甘地斥责这种行为，说这是彻底的反宗教，虽然巴基斯坦也发生了印度教寺庙被改建为清真寺的情况，但这件事丝毫不可原谅。3 个星期后，他仍为此悲哀不已。他说：“如果要控制或阻止巴基斯坦的穆斯林的所作所为，那印度教徒应该公开承认自己（在印度）所犯的罪行。”[4] 甘地是他们之中的严厉的耶利米（Jeremiah）[5]，但受到驱逐的印度教徒难民和印度教徒沙文主义者丝毫不因此而感到羞耻。相反，正如甘地看到的，他们中一些人很容易被激怒，进而起身反抗他。

印度现在已经实现自由独立约 4 个月了，而这位独立的领头缔造者仍然犹豫不决，感到无望。1948 年早期，他一直在思考一个问题：既然他在强制自己所做的德里“决战”的前半部分已经明显失败，那么现在是时候去践行后半部分了。不断发生的灾难事件充当了催化剂，使他做出了在 1 月 13 日开始第十七次也是最后一次绝食的决定。[6] 在绝食之前的一段日子里，他已经遭到了强烈的打击，有几处迹象都表明，情况正在朝着不好的方向发展。首先，他收到了一份详细的账目，里面记载了新掌权的国大党在印度东南部的安德拉地区（Andhra）从

[1] 《圣雄甘地全集》(*CWMG*)，第 89 卷，第 275、524 页。

[2] 同上，第 89 卷，第 525 页。

[3] 同上，第 89 卷，第 483 页。

[4] 同上，第 90 卷，第 228 页。

[5] 译注：耶利米（Jeremiah）：《圣经》中犹大国灭国前最黑暗时期的一位先知，《旧约圣经》中《耶利米书》《耶利米哀歌》《列王纪上》和《列王纪下》的作者。他被称作“流泪的先知”，因为他明知犹大国远离上帝后所注定的悲哀命运，但不能改变他们顽固的心。

[6] 一些人认为这是他的第十五次或第十六次绝食。纳拉扬·德赛（Narayan Desai）认为这是第三十次。纳拉扬·德赛（Narayan Desai）：《吾生即吾意》(*My Life Is My Message*)，第 4 卷，《献身》(*Svarpan*)，第 472—473 页。

上到下大肆贪污腐败的情况。其次，一些民族主义穆斯林感到自己无论在印度还是在巴基斯坦都无法找到一处安全的栖身之所，既然情况已经很清楚，那么他们
338 请求甘地帮助他们从印度移民到英国。民族主义者在斗争结束后却只有这样的结局，这让甘地发出感叹。最后，沙希德·苏拉瓦底之前一直在尝试非官方调解手段，希望真纳能与甘地进行对话，因而给圣雄留下了他仍把自己看作一个印度人的印象。但是现在他告诉甘地，他觉得在德里四处走动很不安全，哪怕是坐车也不安全。

真纳说苏拉瓦底正在变成甘地的傀儡。苏拉瓦底从卡拉奇回来，为了巴基斯坦的利益提出一个请求。他请求甘地能够从中调解，恢复巴基斯坦对英属印度资产的所有权。根据条约新印度政府必须支付这笔资产，根据当时的标准，数目不菲（5 亿卢比，根据当时的汇率约合 1.45 亿美元）。甘地的追随者帕特尔愈发不高兴起来——在有关穆斯林的问题上，他是最不同意甘地做法的——帕特尔劝服了内阁，说这笔钱要一直扣留用以解决诸如克什米尔一类的问题。除此之外，他辩称，这笔资产可能会被用来购买武器和弹药。时任总督的蒙巴顿也希望甘地能注意这个问题，这惹恼了帕特尔，帕特尔说英国人没有权力游说阻止内阁的决定。[1] 无论是前总督还是前首席部长都想象不到，甘地对他们挑起的这件资产事件非常关注，而事实证明这一关注对甘地是致命的。

圣雄在 1 月 12 日的祈祷会上宣布绝食，他提到了穆斯林的不安全和国大党的腐败，但没有提到对巴基斯坦冻结资产的问题。“一段时间以来，无助感一直在侵蚀我的腑脏。”他说，“一旦我开始绝食，这一切就会结束……当我确信各教派民众已经恢复友好关系，而且并不是因为来自外部的压力，而是出于他们自身的自由意志时，我就会停止绝食。”[2] 但是绝食的第二天，内阁成员来到比尔拉馆，在老人躺着的吊床边开会，重新考虑冻结资产问题。帕特尔痛心不已，他一时确信他是领袖绝食的目标，并痛苦地向甘地抱怨了一通，然后在绝食的第三天动身前往孟买，尽管那时圣雄已经明显衰弱。“甘地吉不准备听我的。”报道中他这样说过，“他似乎已决定要在全世界面前败坏印度教徒的名声。”[3]

---

[1] 拉吉莫汉·甘地（Rajmohan Gandhi）:《甘地传》（*Gandhi*），第 612 页；苏拉瓦底（Suhrawardy）:《回忆录》（*Memoirs*），第 34 页；齐格勒（Ziegler）:《蒙巴顿》（*Mountbatten*），第 462 页；《圣雄甘地全集》（*CWMG*），第 96 卷，第 568 页。

[2] 曼努贝恩·甘地（Manubehn Gandhi）:《巴布最后一瞥》（*Last Glimpses of Bapu*），第 108 页。

[3] 阿扎德（Azad）:《印度赢得自由》（*India Wins Freedom*），第 236 页。

甘地的绝食被认为是代表穆斯林的利益而违反印度教徒的利益，面对这样的指控，甘地坦承事情基本上确实如此。“终其一生，他都代表了少数派和需要帮 339
助的人的利益，正如每个人都应该做的那样。”[1] 根据一本甘地授权发表的讲话摘录集记载，甘地在祈祷会后第一天绝食的晚上这样说过。

这里的时间进展至关重要，因为它命中注定般地与印度教极端主义分子阴谋的齿轮相咬合，最终紧紧地卡在了一起。阴谋一直在浦那市慢慢酝酿着，英国人曾在这里 3 次关押过甘地，总计关押了 6 年。现在英国人离开了，很讽刺的是，甘地又在那里成了印度斯坦的敌人。根据暗杀者的亲口证词，是甘地 12 日的绝食声明点燃了阴谋的导火索，暗杀者及其共犯从那夜开始酝酿阴谋计划。也是 3 天后内阁发表的声明，说内阁改变了决定，要将冻结的资产转移给巴基斯坦，并解释说这是受到希望的感召，“用一切易于他们接受的方式帮助他们，实现甘地吉心中的目标”正是这些最终造成了谋反者的秘密谋划，判处了甘地死刑。[2] 同时，帕特尔离开德里也使得内政部缺乏有力的领导[3]。“（甘地）放弃绝食的每项条件都是为了穆斯林的利益，却在反对印度教徒。”纳图拉姆·戈德塞之后在审讯时发表了这样的证言。最终他被判处绞刑，他说自己所做的一切都是受一颗爱国之心的驱使。在甘地的条件中还有这样一条：停止对穆斯林清真寺的袭击和亵渎，停止将其改建为印度教寺庙，恢复对其保护。

关于对资产的解冻，暗杀者说：“人民政府改变决定，是为了迎合甘地吉的绝食。在我看来，很明显，公众意见的力量比起甘地吉对巴基斯坦的偏爱，简直是一文不值。”[4] 这位遇害者的优秀美德成为产生这一问题的内在原因，也是他成为绊脚石的内在原因。“厉行生活节俭、辛勤不断的工作和崇高的人格让甘地吉变得强大而不可违抗。”在事后为自己的行径辩护时，暗杀者说。如果印度还想象其他国家那样追求属于自己的利益，就必须有人做点什么。因此，戈德塞说，他

[1] 甘地（M. K. Gandhi）:《德里日记》(*Delhi Diary*)，第 336 页。

[2] 马尔岗卡尔（Malgonkar）:《刺杀甘地的人》(*Men Who Killed Gandhi*)，第 344 页；图沙尔·甘地（Tushar A. Gandhi），《“杀了甘地！”》(“*Let's Kill Gandhi!*”)，第 58 页。

[3] 内政部长离开德里是前往甘地出生的卡提亚华（Kathiawad）地区，劝说那里拒不让步的邦加入印度联邦，甘地本人对此项工作非常感兴趣。但是，帕特尔刚刚冻结了这笔预留资产，内阁就基于甘地绝食的压力做出解冻资产的决定，这让他痛心万分。在离开德里之前，他已向甘地写信请求辞职。拉吉莫汉·甘地（Rajmohan Gandhi），《帕特尔》(*Patel*)，第 462—463 页。

[4] 马尔岗卡尔（Malgonkar）:《刺杀甘地的人》(*Men Who Killed Gandhi*)，第 341 页，戈德塞陈述文稿复印本的第 126 段。

“决定将甘地吉从政治舞台上抹去”。

4 个月前在加尔各答，印度教徒和穆斯林举行了大规模的和平游行，而在德里，直到绝食的第五天，也就是倒数第二天，这种情况才出现。当时，一群据说
340 人数达 10 万的和平追求者浩浩荡荡，队伍延伸了大约 1.6 公里。几天前，一小群锡克教徒举行了游行，怒气冲冲地来到比尔拉馆，抗议在巴基斯坦的旁遮普地区他们的同胞遭到屠杀，他们大声喊道：“血债血偿！让甘地去死！”[1]

“他们在喊什么？”圣雄问。他正准备在昏暗的房间里尝试入睡。

“他们在喊‘让甘地去死’。”有人告诉圣雄。

“有多少人？”这位对群众抗议已司空见惯的人问。

当听到“不是很多”的回答后，他又重新开始祷告。

和之前一样，印度教徒领导和穆斯林领导深知他们自己在甘地筹划的这场舞台剧中所要扮演的角色，为了尽快使甘地感到慰藉和满意，他们立刻付诸行动。他们不得不再一次合作，务必使甘地相信，和解条件已经确定达成。洋溢着兄弟友爱之情的电报雪片般地从巴基斯坦纷纷而来。德里成立了一个拥有 130 名成员的中央和平委员会（Central Peace Committee），该会起草了一份声明，承诺将完全满足甘地的所有要求，包括开放一个重要的食品市场，之前市场的印度教徒商人和店主联合抵制穆斯林，现在却急不可耐地慷慨给予他们食物，和他们做生意。再一次地，经过一番惯常的讨价还价，甘地对声明上的签名进行仔细检查，确保各方都做出妥协，之后，他接受劝服，最终在第六天，即 1 月 18 日结束了自己的最后一次绝食。那时他的身边照例围绕着一众政治和宗教领袖，包括巴基斯坦大使和尼赫鲁总理，尼赫鲁悄悄告诉甘地，自己也感同身受地进行了两天绝食。甘地表示，他已经准备好了重新开始进食。

这一次是由毛拉纳阿扎德主持复食仪式，他递给圣雄一杯甜青柠汁，为了加强功效，还加了一盎司葡萄糖。甘地得到保证，德里已经恢复了平静，不仅仅是在表面上，而是真正地平静下来。但是，尚无人欢呼“德里奇迹”。事情一件件紧接而来，根本没有缓冲的时间。

1 月 20 日傍晚，甘地的身体正逐渐恢复，这是他在近一周的时间里第一次在花园里主持祈祷会，突然响起一声炸弹的巨响，接着传来渐渐低沉的隆隆声，这

[1] 普亚里拉尔（Pyarelal）：《圣雄甘地：最后阶段》（*Mahatma Gandhi：Last Phase*），第 2 卷，第 711 页。

引发了骚乱。那晚的炸弹应该只是一个幌子，用以掩藏刺杀甘地的真实意图，但尽管当时花园里潜藏着 7 名共犯，包括纳图拉姆·戈德塞本人，但刺杀甘地的行动却没有展开。甘地继续演讲，负责点燃炸弹的那个 20 岁的印度教徒难民则最终被带走，在严厉的拷问下道出了实情。

“听着，听着！大家听着！”圣雄喊道，他的声音因为绝食而比平时虚弱， 341
“什么也没有发生。”[1] 他几个月来一直预感有人要谋杀他，但那天傍晚他的第一反应是，炸弹想必和警察或军队的训练演习有关。

调查人员没用多久就搞清楚了与密谋者目的有关的所有耐人寻味的疑问。截至第二天早上，他们掌握的信息本应该足以使他们能追踪到投弹者同谋的踪迹，并将他们一网打尽。因为他们已经发现，预谋者之一就是浦那一家叫作《印度民族报》（*Hindu Rashtra*）的激进的马拉地语报纸的编辑。这个人就是戈德塞，而报纸的名字恰如其分地说明了它的动机。之后，他们花了 10 天时间才将已知的情况和这个人联系在一起，并开始调查他。为什么调查没有从速进行，这一直以来都是一个思而未解、悬而未决的事情。（我于 1966 年抵达新德里的时候，一个司法调查委员会仍在调查该问题，但直到 1969 年，它才公布了最终的调查报告，21 年的时间也太慢了点。）

那是印度获得自由后的 1 月份，在整整 10 天时间里，一方面是阴谋者的拙劣谋划和惶惑不安，另一方面是警方难以置信的低效无能与无动于衷。各方都为甘地从刺杀中幸存下来表示祝贺，对此，甘地怀着一种听天由命的想法表示拒绝。“如果神需要我，他自然会让我活着；当他不再需要我时，我的生命也就到了尽头。”他说，“我只是神的仆人，那还有什么好担心的呢？”[2]

怀着这样的心情，他拒绝了警方提出的搜查所有参加花园晚间祈祷会的市民的建议。庆贺确实言之过早，而他拒绝警方的提议也是最终悲剧的原因之一。对甘地来说这是原则问题，是对非暴力的考验。“国家的统治者对我的非暴力没有信心。”他说，“他们只相信警卫能拯救我的生命……也许我是唯一对非暴力怀有信念的人。”[3]

---

[1] 坦杜卡尔（Tendulkar）：《圣雄》（*Mahatma*），第 8 卷，第 273 页。

[2] 曼努贝恩·甘地（Manubehn Gandhi）：《巴布最后一瞥》（*Last Glimpses of Bapu*），第 224 页。

[3] 同上，第 225 页。

原因并不是他将搜查和搜身本身看成暴力行为。这些行为是一种联系世界的可行方法，他们所传递出的关于非暴力的信息让他本能地退缩。他怎么能宣扬一套价值观，却又让自己受到另一套价值观的保护呢？在诺阿卡利、加尔各答和比哈尔，他极力主张无辜的百姓和重重受困的少数派不要逃离家园，要勇敢地面对死亡。如果这就是扭转暴力浪潮所要付出的代价的话，现在他亲身实践了这个信条，也在比尔拉馆留下了巨大的安全防范漏洞。1 月 30 日，纳图拉姆·戈德塞又
342 回到了花园，尽管浦那警方已彻底了解他是个印度教极端主义分子，但当时没人认出他，也没人注意他拿着一把大大的黑色伯莱塔（Beretta）手枪。

在最后的日子里，甘地多次预想到了即将到来的死亡，以至于他几乎将这场阴谋看作是一场聚会。在花园发生破坏性爆炸后的 10 天里，有关死亡的话题不断出现在他的讲话、信件和祈祷会发言中，至少有 14 次。第一天他说：“如果有人近距离朝我开枪，而我能面带微笑地迎接他的子弹，心中不断重复着罗摩的名字，那我就真的值得庆贺了。”[1] 第二天他说：“我正在等待这样的好运。”第三天，他告诉曼努·甘地，他的侄孙女，也是他的同床者，“我希望我在面对暗杀者子弹的时候能躺在你的腿上，面带笑容，不断重复着罗摩的名字”。之后，时间就来到了 1 月 29 日傍晚，他的人生旅途已经只剩下不到 24 小时，他再一次告诉曼努：“如果像上周那样发生爆炸，或者有人朝我开枪，而我敞开胸怀接受了这枚子弹，口中不是叹息，而是念着罗摩的名字，只有在那时你才能说，我是一位真正的圣雄。”

所以他不能被指责说是对威胁视若无睹。即使是有，他也是将威胁想象成刚刚露出地平线，马上就要出现。同时，他日常的纺织还在继续，基础的工作也从未间断。他甚至还在继续上孟加拉语课，仍然准备着按计划回到诺阿卡利，也仍然在讲话中谈起以前的老话题。在 1 月 28 日的祈祷会上，他提到了在南非恢复印度的非暴力抵抗。之前洗澡的时候，他读到了一些关于这个话题的文章。他说，那个国家对黑人的隔离犹如印度对不可接触者的隔离。

“我是亲眼所见的。”他说，“那就是我们在那里的同胞为自己的正当权益做

---

[1] 曼努贝恩·甘地（Manubehn Gandhi）:《巴布最后一瞥》（*Last Glimpses of Bapu*），第 222、228、234、298 页。

斗争的原因。”[1] 在甘地的描绘中，那里的印度教徒和穆斯林正联合起来，反抗白人的压迫。他似乎是在把南非的印度人当作“团结”的模范典型，展示给印度和巴基斯坦看，正像他 1915 年回到印度时所做的那样。“我在南非生活了 20 年。”他现在说，“所以，我也把南非看作祖国，和印度一样。”

第二天傍晚，在最后一次祈祷会的讲话中，他再次谈到了南非。他的主题
是南方印度人的自力更生。他提出这一点是为应对目前发生在马德拉斯邦，即现 343
在的泰米尔纳德邦的粮食短缺情况，这让他回想起 30 年前。1913 年，他率领一众身负契约的泰米尔人来到了德兰士瓦，这是他第一次领导民众运动。甘地回忆说，当时他们每天只有极少量的面包和粗糖配给，但是在野外寻找到了食物。因此，他们是今天可怜的印度人的榜样。“要想获得救助，满足自身需求，一定要依靠我们的诚实劳动。”[2] 他总结道。从 1913 年在白人统治下的南非德兰士瓦，到 1948 年的独立印度首都，纵览这段人生历程，甘地将诚实劳动视为他的核心价值观。

早在 14 年前，甘地就从国大党正式退出了，但在那场集会之后，他开始致力于起草一份关于印度国大党未来的备忘录。[3] 现如今的国大党在尼赫鲁的执掌下，已经成为印度真正的政府。“诚实劳动”是备忘录的中心思想。甘地主张，在实现政治独立后，国大党“已经完成了它的使命”。它需要放权，并自我调整为一个甘地起名为“人民服务社”（Lok Sevak Sangh，或称为 People’s Service League）的组织，它包括了甘地之前起草过条例和规定的所有的服务组织：纺纱工人协会和乡村产业协会，以及母牛服务社，还有致力于提高前不可接触者地位的哈里真服务社。

在生命的最后一天傍晚，圣雄甘地再次梦想着村庄的复兴。“印度有 70 万个村庄，它们是不同于城市的。在这方面，印度还需要实现社会、道德和经济上的独立。”

甘地继续憧憬着。每个村庄都有自己的工人，他们是无私的绝对禁酒主义者。他们纺着自己的纱，织着自己的土布，并且反对“任何个人形式或者家庭形

---

[1] 曼努贝恩·甘地（Manubehn Gandhi）：《巴布最后一瞥》（*Last Glimpses of Bapu*），第 279 页。

[2] 同上，第 293 页。

[3] 同上，第 293—297 页。

式”的不可接触制。

早上，他完成了起草工作，将稿件交给他忠诚的秘书普亚里拉尔修改润色。之后，普亚里拉尔会将其作为圣雄甘地的“遗嘱”发布。[1] 但它从来没有成为一个需要严肃讨论的话题，进入印度国大党任何会议的议程。[2]

然而，在生命的最后一个小时，甘地并没有想解散他曾经领导的运动。现在，正像他在整个政治生涯中经常发生的那样，他又从一位幻想型的政治家转变为务实派。瓦拉拜·帕特尔疑似对尼赫鲁失去了信心，甚至对圣雄本人也失去了信心。甘地和帕特尔一起坐在比尔拉馆，最后一次作为调解人深入分析了党派政
344 治的情况。甘地安慰这位心情烦躁又生着病的部长，告诉他支持尼赫鲁的领导对他来说有多重要。平时甘地总是严格准时地去花园举行祈祷会，这一次，这场两位老同志间的审慎交涉使祈祷会推迟了 10 分钟。在前往祈祷会的路上，老人一边比平时更加轻快地走着，一边提到他需要在饮食上做出的一些调整，之后他责备了曼努和另一个侄孙女阿巴·甘地（Abha Gandhi）——他轻轻地倚靠着她们俩，管她们叫“我的拐杖”——责怪她们令他迟到了。[3] 他抱怨道：“我可受不了祈祷会上迟到，哪怕一分钟也不行。”

后来，在将比尔拉馆改建成纪念馆的时候，设计师制作了 175 个水泥脚印，模拟甘地那天晚上精力充沛、大步流星的步伐。而正好相反的是，歌剧《萨提亚格拉哈》（*Stayagraha*）的结尾，为舞台上的甘地设计了缓慢、拖拉的舞蹈步伐。脚步在还有 4 步便迈进祈祷场的地方戛然而止，就在这一刻，纳图拉姆·戈德塞向前一步，两手以印度合十礼的方式紧紧叠在了一起。根据戈德塞自己的证言，那把黑色的伯莱塔手枪就藏在他的手掌之间，但是圣雄的曾孙图沙尔·甘地（Tushar Gandhi）在编撰暗杀原始资料集时写到，在研究了武器后，他觉得这把手枪太大了，无法用那种方式隐藏。所以他认为，伯莱塔手枪是藏在了戈德塞卡其布的衬衫式夹克里。“不可能有人能把这把枪藏在合起的手掌中。”他写道，“它

[1] 普亚里拉尔（Pyarelal）：《圣雄甘地：最后阶段》（*Mahatma Gandhi: Last Phase*），第 2 卷，第 819 页。

[2] 纳拉扬·德赛（Narayan Desai）：《吾生即吾意》（*My Life Is My Message*），第 4 卷，《献身》（*Svarpan*），第 479 页。

[3] 曼努贝恩·甘地（Manubehn Gandhi）：《巴布最后一瞥》（*Last Glimpses of Bapu*），第 308 页。

太大了，也太沉了。”[1]

不管枪是从哪儿来的，曼努都没有看见。她身处甘地和那个貌似虔诚、双手合十的男人之间，还以为这个男人只是想伸出手来触摸圣雄的脚。突然，她被击倒在地上。当她挣扎着爬起来搜捡之前拿着的念珠、笔记本和痰盂时，响起了三声枪响。然后，她听到了几个星期以来一直在耳边回响，现如今听起来并不陌生的话：“啊，罗……摩！啊，罗……”她写道，“子弹的声音震耳欲聋。”[2]但她也说，她确实听到了甘地曾说过的会证明自己是真正圣雄的祷言，这一点确信无疑。

凶手戈德塞和他部署在附近的一个同伙毗湿奴·卡卡尔（Vishnu Karkare）都发表了证言，说他们只听到受害者发出一声痛苦的呻吟，听起来像“啊”的一声。[3]普亚里拉尔在采访过证人后，修正了曼努的描述。他说最后的话语是“罗摩，罗摩”。[4]古尔巴昌·辛格（Gurbachan Singh），一位正巧走在甘地身后的锡克商人也说，听到的是低声的一句祷告。一位 78 岁、步履蹒跚的老人，在近距离遭到腹部两枪和胸部一枪的攻击后，在倒下的时候是否还能说出四五个祷告的音节，在长达 60 多年的岁月中，一直是个难以回答的争议性话题。如果他做到 345
了，可能只能说这是一个奇迹，因为他有圣徒的身份，才不能用平常的眼光看待。在这一点上，值得注意的是，大多数甘地传记的作者都愿意把这种圣徒的言行当作他整个人生故事的句点。他希望在死的时候口念神的名字，他做到了，这一点从未受到质疑，除了印度教民族主义分子在试图解释（如果不是辩护）甘地谋杀案之外。[5]如果是这样，那这位受害者成功预言了谋杀将是他成为圣雄的最终考验这件事，他说的话到最后都应验了。

一些与会者从花园里挖起沾血的泥块，将其作为圣物保存。曼努贝恩·甘地保存了剪下来的指甲。甘地的骨灰分散在印度各地，这项工作一直在进行。图沙尔·甘地于 1996 年从印度国家银行（State Bank of India）的地下室取出一些，将其撒在恒河（Ganges）和贾木纳河的交汇处。到 2010 年，这位已过世的圣雄的

---

[1] 图沙尔·甘地（Tushar A. Gandhi）:《“杀了甘地！”》（“*Let's Kill Gandhi!*”），第 780 页。

[2] 曼努贝恩·甘地（Manubehn Gandhi）:《巴布最后一瞥》（*Last Glimpses of Bapu*），第 309 页。

[3] 马尔岗卡尔（Malgonkar）:《刺杀甘地的人》（*Men Who Killed Gandhi*），第 250—251 页。

[4] 普亚里拉尔（Pyarelal）:《圣雄甘地：最后阶段》（*Mahatma Gandhi*: *Last Phase*），第 2 卷，第 861 页。

[5] 南迪（Nandy）:《最后的相遇》（*Final Encounter*），第 470—493 页。

另一小撮骨灰被撒在了南非海岸德班的港口，一个世纪前甘地第一次抵达南非，就是从这个港口入港的。

在甘地的送葬队伍行进的沿途，估计有一两百万老百姓，悲痛的气氛里夹杂着悔恨。历史学家们一致认为，次大陆饱尝因杀戮引起的仇恨达一年半之久，最终这种仇恨随着这场暗杀一起燃烧殆尽，或者说至少是退入了潜伏期。一位印度学者认为，通过“某种在公众面前的肉体牺牲——和一位杰出的领袖不同意新兴的政治共同体的某种观念”，这个国家永久走上了正途。[1] 那种观念——穆斯林在新印度没有立足之处——因这位跨越教派隔阂的团结领袖楷模遭到谋杀而宣告非法。在此之后，印度教徒和穆斯林间的暴力活动仍在当地时有爆发，但在半个多世纪里，再也没有发生分治时期的大规模的杀戮事件。直到 2002 年，在甘地的故乡所在地古吉拉特邦发生了针对穆斯林的大屠杀，3 个多月里估计有 2000 人死亡，20 万穆斯林被逐出家园。在甘地被刺杀后，因为被怀疑是谋杀案的同谋，他们的运动一度被禁止。在那以后，该党派一直在古吉拉特邦的首府甘地讷格尔
346 （Gandhinagar）[2] 掌权，作为极端主义分子的嫡系传人，他们悲叹沙文主义的没落，又创建了一种叫作“印度图瓦”（Hindutva）的民族认知主义学说，通常被翻译为“印度教特性”。正如通常注意到的那样，它与甘地的学说完全相反。在与教派暴力行为做斗争的最后几周里，甘地一直在重复他在半个世纪前在南非就开始提出的学说：公众成员不应该把彼此看成是印度教徒或穆斯林，而应该看成是印度人。他们的宗教信仰只关乎个人——而不是整个公众群体应该关心的。

“今天我们必须忘记自己是印度教徒、锡克教徒、穆斯林还是拜火教徒。”他在最后一次绝食前夕说，“如果我们想恰如其分地管理好印度事务，我们就只能是印度人。我们在自己的家里以何种名义称呼神是无关紧要的。在国家事务中，所有信仰的所有印度人是一个整体……我们是印度人，我们必须舍弃自己的生命来保护印度教徒、穆斯林、拜火教徒、锡克教徒，以及所有其他人。”[3] 即使这个观点在甘地讷格尔已经部分失色，但在印度依然鲜活。

---

[1] 贾南德拉·潘迪（Gyanendra Pandey）引自哈迪曼（Hardiman）：《甘地时代和我们时代的甘地》（*Gandhi in His Time and Ours*），第 190—191 页。

[2] 译注：甘地讷格尔（Gandhinagar）：印度西部城市，古吉拉特邦首府。在艾哈迈达巴德北 24 公里处，萨巴玛蒂河右侧。

[3] 《圣雄甘地全集》（*CWMG*），第 90 卷，第 403—404 页。

1948 年 1 月 31 日，贾木纳河边的火葬

当涉及国父的问题时，矛盾就理所当然地层出不穷了。[1] 第一个矛盾之处是，在暗杀发生后，他们立刻决定使用军队来负责甘地的葬礼安排，而军队当时还在一位英国将军的管辖之下。于是，这位属于整个时代的非暴力先知被用一辆军队武器装载车运到了火葬处，武器装载车由 200 名身着制服的军人拉动，前面是装甲车、枪骑兵和一个警察团。空军的飞机低低盘旋，在吊唁者身上洒下玫瑰花瓣。随即，一艘海军军舰载着从火葬场收集的骨灰，将之撒入恒河，就在靠近恒河与贾木纳河交汇的地方。如果（正如甘地在 5 个月前准备离开加尔各答时用生疏的孟加拉语写下的）甘地的生命有其意义，那他的死亡则包含另一重意义，即印度政府现在有权利用一种符合自己当即需要的方式重新解释其意图。

在檀香木塔上完成火葬几周后，甘地的政治和精神继承者在甘地最后待过的阿什拉姆塞瓦格拉姆聚会，会议的目的是考虑如何在失去甘地的情况下继续前行。保安部队害怕再发生一起暗杀，坚持将阿什拉姆用带倒刺的铁丝围住，以保护参会的尼赫鲁总理的人身安全。站岗的警察穿着统一的制服，枪上上着刺刀。

[1] 佩恩（Payne）：《圣雄的生与死》（*Life and Death of Mahatma*），第 598—599 页。

维奴巴·巴维被广泛认为是甘地精神的继承人，他表示这是他第一次同甘地的政治继承人贾瓦哈拉尔·尼赫鲁会面。这表明圣雄做事的尺度，他将他的阿什拉姆
347 活动和政治活动保持在两个不同的领域。

尼赫鲁也承认正是这样。在一场感人至深、极具启迪性的演讲中，他承认自己总是发现理解印度斯坦语很难。印度斯坦语是印地语和乌尔都语的通俗综合体，甘地将之作为通用语来推行，而尼赫鲁既不会印地语，也不会乌尔都语。他还承认，他没有尽心尽力地关注恩师一向重视的“建设性”纲领的发展进程，“对它们的细节一概不知”，也不明白甘地为何提出要将一直负责事务管理的印度国大党撤出政治舞台。“国大党现在要管理政府，而不是反对政府。”总理坚定地说，“所以它将会以一种全新的方式来履行职能，不会离开政治舞台。”[1]

带着一丝孤独感却并不愧疚，总理还指出了刚掌权的甘地政治弟子们和他们都称之为巴布的那个人之间的其他重大区别：比如，对现代军事的需求，或者对快速工业化的需求。然而，他说，这些区别不是根本性的。他们仍然遵循甘地的理念，基本符合他团结国家和扫除贫困的总体目标。他说：“我们需要思考的是，为什么这些理念在巴布的手中就有如此的推动力，而在我们手中就没有。”[2]

348 甘地的追随者朝着各自不同的方向，追寻着各自不同的目标。有些人直到今天仍散布在广阔的印度各处属于他们自己的小岛，继续着甘地式的奋斗。我在瓦尔达认识了贾尤博士（Dr. U. N. Jajoo），一位圣雄甘地医学科学研究所（Mahatma Gandhi Institute of Medical Science）的医学教授，该研究所隶属于嘉斯杜白·甘地医院（Kasturba Gandhi Hospital）。研究所在附近村庄的每家每户都实行了健康保险计划，并配备清洁的厕所和干净的自来水，使得婴儿和儿童的死亡率大幅下降。贾尤博士对学生的培训就始于要求他们在这些村庄住 15 天，对每个家庭，包括最贫穷的家庭，进行健康问题调查，并在 5 年的培训中至少每月回来一次。药物是现代的，目标是甘地式的，至今已覆盖了大约 30 个村庄。贾尤博士还自己纺纱做衣服。

在艾哈迈达巴德，我在妇女自主就业协会（Self Employed Women's Association）待了一天。这个协会简称为妇自会（SEWA），是全国可称为甘地式的最大组织，它向贫困特别是不识字的妇女提供基础卫生保健、接生、银行服务

[1] 戈帕尔克里希那·甘地（Gopalkrishna Gandhi）：《甘地去了》（*Gandhi Is Gone*），第 61 页。
[2] 同上，第 60 页。

和其他培训。这些妇女中有很多达利特和穆斯林——按照传统，她们注定要过一辈子辛辛苦苦的卑微生活。埃拉·巴特（Ela Bhatt）是这个组织的创立者，她告诉我，差不多40年前，她第一次开始组织女性从事“顶包人”的工作——女性用头顶着货物搬运到市场去。比起那个时候，现在她更加确信甘地的现实意义。“他就是一把量尺。”她说。

甘地活在贾尤教授、埃拉·巴特和其他人心中，但他们必须在印度粗暴的通常也是腐败的强权政治的边缘找到自己的道路。甘地之后没有发生全民性追随运动，他似乎也预见到了这个结果。“不可让人说他是甘地的追随者。”[1]他说。被无数次以各种形式提到的是，甘地留给了我们一个不断奋斗的榜样、一套社会价值以及一种抵抗的方式，要将之应用到由印度人统治下的印度实属不易，因为现如今印度的人口已经是甘地辞世时的近3倍。

他隽永的讲道词中最广为人知的一段被印下来，或者刺绣镶边，或者用框架框起来，在艾哈迈达巴德附近他的第一家印度阿什拉姆的礼品店里出售。作为“甘地吉的护身符”，它被以几个卢比的价格卖给学校的学生和其他旅游者。

“不论何时你产生怀疑，或者自我膨胀得太厉害时，你都可以采取以下考验。”在独立日前后用英语打印出来的没有列明日期的一份笔记中，甘地这样主张，并用印地语和孟加拉语在笔记上签了名。这可能是对普亚里拉尔说的，也可能是对更早前的一位传记作者也是第一个公布这份笔记的人坦杜卡尔说的，还可能是对曼努说的，也可能是对自己说的。他说：“回忆一下你可能见过的最贫穷、 349
最脆弱的人的脸，然后问自己，你下一步的打算是否能对他有所用处。他能借此获得什么吗？这是否能让他恢复对自己人生和命运的掌控？换句话说，它是否能使上百万挨饿受困、精神匮乏的人民实现自治？之后你就会发现，你的疑虑和自我都将烟消云散。”[2]

让疑虑和自我烟消云散是印度宗教原则的传统目标，包括节食、冥想和祈祷。使它们消散的方法是通过典型甘地主义式的社会和政治行动。作为一名领袖和榜样，甘地自己大多数时候都通过了他的“考验”。但上百万挨饿受困、精神

[1]　坦杜卡尔（Tendulkar）:《圣雄》（*Mahatma*），第5卷，第245页。

[2]　普亚里拉尔（Pyarelal）:《圣雄甘地：最后阶段》（*Mahatma Gandhi：Last Phase*），第2卷，第65页。这段话似乎从未在甘地活着的时候发表。在坦杜卡尔于1954年由印度政府首次出版的8卷的传记中，此段文字在最后一卷的第288页后的插页中被引用。

匮乏的人民却大都无法通过。

甘地想建成一个统一的国家。对他来说，要他承认印度教徒和穆斯林的利益，以及高级种姓和不可接触者的利益经常互相冲突，这是不容易的。直到最后的日子里，他都一直在与疑虑和自我做斗争，但是不管人民之间的关系如何剑拔弩张，他都将百万人民的困境当作自己的困境，现代没有哪位领导人能做到这样。所以事后看来，虽然作为一名社会空想家和改革家，他做出的努力并不完美，但还是比作为一位国家领导人的成功时刻更令人感动。但愿这是因为独立斗争在很久之前就已经草草结束的原因。

今天在印度，“甘地主义的”这个词最终和社会良心成为同义词，他的榜样作用——勇气、毅力、对穷苦人民的认同、为无私而进行的斗争——仍然具有鼓舞的力量，甚至比他的非暴力学说和抵抗方法更有影响力，当然也胜过他关于纺纱、节食和禁欲的各种教条及声明。可能这并不经常发生，但是这份鼓舞仍然催人奋进。而当其发生时，所产生的结果还是可以被称作是甘地主义的，虽然这个人自己——那个伟大的灵魂——从来不喜欢也没有接受过这个词。

甘地生平年表

1869 年　10 月 2 日出生于现在的古吉拉特邦卡提亚华地区博尔本德尔小土邦，濒临阿拉伯海。

1876 年　举家迁往拉杰果德，在此就读小学与中学。

1883 年　订婚 7 年后，与 13 岁女孩嘉斯杜白结婚。

1885 年　父亲卡拉姆昌德・甘地病逝，被称为卡巴。

1888 年　长子哈里拉尔出生，赴英国内殿攻读法律。

1891 年　完成学业，回到孟买。

1892 年　次子曼尼拉尔出生，加入孟买律师事务所。

1893 年　前往南非，抵达德班。

1894 年　成为纳塔尔印度国大党秘书，在纳塔尔开办律师事务所；阅读托尔斯泰《天国在你心中》。

1896 年　返回印度，将家人接到德班。

1897 年　三子拉姆达斯出生。

1899 年　在英布战争中组织印度救护队，为英军效劳。

1900 年　四子德夫达斯出生。

1901 年　与家人一起返回印度，打算定居下来；参加印度国大党加尔各答会议。

1902 年　被召回南非，带着家人，领导抵制种族歧视立法的斗争。

1903 年　在约翰内斯堡开办律师事务所，创办《印度舆论》。

1904 年　在拉斯金《给那后来的》感召下，在德班以北创办了称之为“凤凰村”的农村公社。

1906 年　组织印度担架队，协助镇压“祖鲁人叛乱”；立下禁欲誓言；在约翰内斯堡的德兰士瓦印度人集会上讲话，呼吁抵制“亚细亚人登记法案”；前往伦敦，请愿游说，寻求补救。

1907 年　发动第一次“消极抵抗”运动；12 月被捕、受审、被勒令离开德兰士瓦。

1908 年　用“萨提亚格拉哈”一词取代“消极抵抗”；被判刑 2 个月，3 周后释放；由于在抵制登记问题上改变立场，遭到帕坦人的攻击；鼓励印度侨民焚烧登记证；在福尔克斯勒斯特被捕，被判处 2 个月苦役。

1909 年　随着运动的持续，再次因为无身份证被捕；再次前往伦敦请愿，回南非途中写就《印度自治》一书。

1910 年　与托尔斯泰通信，与来自东普鲁士的犹太建筑师赫尔曼·卡伦巴赫一起，建立了另一个公社“托尔斯泰农场”。

1911 年　基于史沫资将军保证减除比较烦琐的条文，停止了抵抗种族歧视立法的运动。

1913 年　离开托尔斯泰农场，恢复“萨提亚格拉哈”；发动示威进军，率领 2221 名契约矿工，从纳塔尔的纽卡斯尔镇向德兰士瓦进军，向法律发起挑战；3 天之中 3 次被捕，最后被判处 9 个月苦役；印度契约工人罢工扩散到蔗糖种植园和城市；6 个星期之后获释。

1914 年　再次与史沫资达成协议，停止“萨提亚格拉哈”；离开南非，前往英国，“一战”爆发时抵达。

1915 年　1 月 4 日抵达孟买；在艾哈迈达巴德创立阿什拉姆。

1916 年　坐三等车，游历印度各地。

1917 年　在比哈尔邦查姆帕兰地区发动靛蓝种植工争取自身利益的运动。

1918 年　领导艾哈迈达巴德纺织工人争取自身利益的运动；发动古吉拉特邦凯达地区农民抗税的“萨提亚格拉哈”；成功招募印度人参军，在欧洲服役。

1919 年　发动第一次全国性的“萨提亚格拉哈”，以罢业的形式反抗高压法案；在阿姆利则惨案爆发前 4 天，因违反进入旁遮普命令而被捕。

1920 年　印度国大党采纳了他的“不合作纲领”，宣布其目的是通过非暴力方式争取司瓦拉吉或自治；成为国大党领袖和穆斯林争取恢复奥斯曼哈里发的基拉法特运动领袖。

1921 年　发动群众性的“萨提亚格拉哈”，抗议旁遮普大屠杀，支持基拉法特运动，承诺一年内实现司瓦拉吉；发动土布运动，抵制进口布。

1922年 因为乔里乔拉暴力事件而停止运动，进行5天“忏悔”绝食；被控煽动罪，判刑6年。

1924年 在狱中服刑2年后，因为阑尾炎提前获释出狱；为了推动印度教徒和穆斯林团结，绝食21天。

1926年 在他的英语和古吉拉特语周刊《青年印度》和《新生活》上连载《自传》；待在阿什拉姆静养，表面上远离政治。

1928年 重返政治，支持如果一年内不给予自治就宣布独立的号召。

1929年 起草国大党“完全独立”决议。

1930年 发动全国规模的“食盐进军”运动，从艾哈迈达巴德向阿拉伯海岸的丹迪进发；由于罢工向全国蔓延，未经审判被监禁。

1931年 8个月后被释放，与总督欧文勋爵谈判；前往英国，最后一次离开印度，参加“圆桌会议”，讨论印度未来宪法，在不可接触者和穆斯林投票权问题上未能达成协议；在罗马会见墨索里尼。

1932年 回到孟买不久，因号召恢复“萨提亚格拉哈”运动被捕；在耶罗伐达监狱“绝食至死”，迫使英国和不可接触者领袖安贝德卡尔同意不可接触者单独选举区计划；同时，号召立即终结这一歧视性陋习；印度似乎一度听从了这一号召。

1933年 仍然在耶罗伐达监狱，为了不可接触者待遇问题，再次绝食21天；获释后再次入狱，第二次绝食后再次获释。

1934年 在印度全国进行反对不可接触制的长途宣传，号召所有种姓的印度教徒开放一切寺庙；受到炸弹袭击，正统派印度教徒第一次试图刺杀他；退出国大党，专心致力于乡村建设，解放不可接触者，称之为“哈里真”（神的孩子）。

1936年 定居印度中部一个穷困地区瓦尔达附近的塞瓦格拉姆；这里兴起了一个新的阿什拉姆。

1939年 给希特勒写信，但是一直没有发出去。

1942年 发动“退出印度”运动，要求立即自治，作为支持战争努力的回报；被捕，监禁于浦那附近的阿迦汗宫。

1944年 夫人嘉斯杜白病死于阿迦汗宫；甘地患了高血压，10个星期之后因为健康原因获释；开始与穆斯林联盟领袖穆罕默德·阿里·真纳谈判；18 天之后，谈判破裂。

1946 年　参与立宪谈判；他乘坐的前往浦那的火车被炸；孟加拉印度教徒和穆斯林发生互相残杀，赶往穆斯林占多数的地区诺阿卡利，呼吁和睦相处，阻止分治；在那里待了 4 个月，8 个星期内赤脚逐村走访呼吁。

1947 年　走访比哈尔的骚乱地区，这里有成千上万穆斯林被杀害；发表演讲反对分治，但是不反对国大党赞成分治的决议；避开独立庆典，在加尔各答为结束暴力绝食。

1948 年　在新德里绝食，反对驱逐和杀害穆斯林；暴力事件消退了，但是他结束绝食后的第二天，有人向他举行晚祷的比尔拉馆花园投掷炸弹；10 天之后的 1 月 30 日，他在前往晚祷会时，被一位印度教极端主义者枪杀。

原始资料

甘地作品

1. *Autobiography: The Story of My Experiments with Truth.* Translated by Mahadev Desai. New York, 1983.

2. *The Collected Works of Mahatma Gandhi.* 97 vols. Ahmedabad, 1958–1994.

3. *Delhi Diary: Prayer Speeches from 10–9-47 to 3–1-48*. Ahmedabad, 1948.

4. *Gandhi on Nehru*. Edited by Anand T. Hingorani. New Delhi, 1993.

5. *Hind Swaraj and Other Writings.* Edited by Anthony J. Parel. Cambridge, U.K.,1997.

6. *The Moral and Political Writings of Mahatma Gandhi.* Vol.3. Edited by Raghavan Iyer. Oxford, 1985–1987.

7. *The Penguin Gandhi Reader. Edited by Rudrangshu Mukherjee*. New Delhi, 1996.

8. *The Removal of Untouchability*. Ahmedabad, 1954.

9. *Satyagraha in South Africa*. Ahmedabad, 1950.

10. *Selected Political Writings*. Edited by Dennis Dalton.Indianapolis, 1996

11. *The South African Gandhi: Speeches and Writings of M. K. Gandhi, 1893–1914*. Edited by Fatima Meer. Durban, 1994.

12. *Village Swaraj*. Ahmedabad, 1962.

13. *Indian Opinion*. Originally published at the Phoenix Settlement in South Africa, reproduced on three CD-ROMs by the National Gandhi Museum, New Delhi.

14. *Harijan*（1933–1955）. Reprinted in 19 volumes with an introduction by Joan Bondurant.New York, 1973.

其他资料

1. Ahir, D. C. *The Legacy of Dr. Ambedkar*. New Delhi, 1990.

2. Aiyar, P. Subramaniam. *Conflict of Races in South Africa.* Durban, 1946.

3. *The Indian Problem in South Africa.* Durban, 1975.

4. Ambedkar, B. R. *Annihilation of Caste*. Reprint, New Delhi, 2008.

5. Ambedkar, B. R. *Essential Writings*. Edited by Valerian Rodrigues. New Delhi, 2002.

6. Ambedkar, B. R. *Letters*. Edited by Surendra Ajnat. Jalandhar, 1993.

7. Ambedkar, B. R. *What Congress and Gandhi Have Done to the Untouchables.* 2nd ed. Bombay, 1946.

8. Ambedkar, B. R. Writings and Speeches. Edited by Vasant Moon. 17 vols. Nagpur, 1989.

9. Ambedkar, Mahesh. *Dr. Bhimrao Ambedkar: The Architect of Modern India*. New Delhi, 2005.

10. Amery, L. S., ed. *The "Times" History of the War in South Africa*, 1899–1900. Vol.1. London, 1900.

11. Amin, Shahid. "Gandhi as Mahatma: Gorakhpur District, Eastern U.P., 1921–1922." In *Selected Subaltern Studies*, edited by Ranajit Guha and Gayatri Chakravorty Spivak. New York, 1988.

12. Anand, Y. P. *Mahatma Gandhi and the Railways*. Ahmedabad, 2002.

13. Andrews, Charles F. *Mahatma Gandhi: His Life and Ideas*. Woodstock, Vt., 2003.

14. Arnold, David. *Gandhi*. London, 2001.

15. Ashe, Geoffrey. *Gandhi*. New York, 1968.

16. Aurobindo, Sri. *India's Rebirth: A Selection from Sri Aurobindo's Writings, Talks, and Speeches*. Mysore, 2000.

17. Azad, Maulana Abul Kalam. *India Wins Freedom*. Rev. ed. New Delhi, 1988.

18. Bakshi, S. R. *Gandhi and Hindu-Muslim Unity*. New Delhi, 1987.

19. Bayly,Susan. *Caste,Society,and Politics in India from the Eighteenth Century to the Modern Age*. Cambridge, U.K., 2001.

20. Bhana, Surendra. *Gandhi's Legacy: The Natal Indian Congress, 1894–1994*. Pietermaritzburg, 1997.

21. Bhana, Surendra. *Indentured Indian Emigrants to Natal, 1860–1902*. New Delhi, 1991.

22. Bhana, Surendra, and Bridglal, Pachai. eds. *A Documentary History of Indian South Africans.* Cape Town, 1984.

23. Bhana, Surendra, and Goolam Vahed. *The Making of a Political Reformer: Gandhi in*

South Africa, 1893–1914. New Delhi, 2005.

24. Bose, Ajoy. *Behenji: A Political Biography of Mayawati*. New Delhi, 2008.
25. Bose, Nirmal Kumar. *My Days with Gandhi*. New Delhi, 1974.
26. Bose, Nirmal Kumar. *Studies in Gandhism*. Calcutta, 1962.
27. Bourke-White, Margaret. *Halfway to Freedom: A Report on the New India*. New York, 1949.
28. Britton, Burnett. *Gandhi Arrives in South Africa*. Canton, Maine, 1999.
29. Brown, Judith M. *Gandhi and Civil Disobedience: The Mahatma in Indian Politics,1928–1934*. Cambridge, U.K., 1977.
30. Brown, Judith M. *Gandhi: Prisoner of Hope*. New Haven, Conn., 1991.
31. Brown, Judith M. *Gandhi's Rise to Power, 1915–1922*. Cambridge, U.K., 1972.
32. Brown, Judith M. *Nehru: A Political Life*. New Haven, Conn., 2003.
33. Brown, Judith M. ed. *Gandhi and South Africa: Principles and Politics*. Pietermaritzburg, 1996.
34. Campbell-Johnson, Alan. *Mission with Mountbatten*. New York, 1985.
35. Carstairs, G. Morris. *The Twice-Born: A Study of a Community of High-Caste Hindus*. Bloomington, Ind., 1967.
36. Chapman, David L. *Sandow the Magnificent: Eugen Sandow and the Beginnings of Bodybuilding*. Urbana, Ill., 1994.
37. Chatterjee, Margaret. *Gandhi and His Jewish Friends*. London, 1992.
38. Chatterjee, Margaret. *Gandhi's Religious Thought*. Notre Dame, Ind., 1983.
39. Chatterjee, Partha. "Nationalist Thought and the Colonial World." In *The Partha Chatterjee Omnibus*. New Delhi, 2005.
40. Chatterji, Joya. *Bengal Divided: Hindu Communalism and Partition*, 1932–1947. Cambridge, U.K., 1994.
41. Chatterji, Joya. *The Spoils of Partition: Bengal and India*. Cambridge, U.K., 2007.
42. Collins, Larry, and Dominique Lapierre. *Mountbatten and the Partition of India*. New Delhi, 1982.
43. Couper, Scott. *Albert Luthuli: Bound by Faith*. Pietermaritzburg, 2010.
44. Coward, Harold, ed. *Indian Critiques of Gandhi*. Albany, N.Y., 2003.

45. Dalal, Chandulal Bhagubhai. *Harilal Gandhi: A Life.* Translated by Tridip Suhrud.New Delhi, 2007.

46. Dalton, Dennis. *Mahatma Gandhi: Nonviolent Power in Action*. New York, 2000.

47. Das, Suranjan. *Communal Riots in Bengal, 1905–1947*. Delhi,1991.

48. Dasgupta, Ajit K. *Gandhi's Economic Thought*. London, 1996.

49. Desai, Ashwin. and Goolam Vahed. *Inside Indenture: A South African Story, 1860–1914*. Durban, 2007.

50. Desai, Mahadev. *Day-to-Day with Gandhi, Diaries, 1917—1927*. 9 vols. Varanasi, 1968–1974.

51. Desai, Mahadev. *The Diary of Mahadev Desai: Yeravda-Pact Eve, 1932*. Ahmedabad, 1953.

52. Desai, Mahadev. *The Epic of Travancore.* Ahmedabad, 1937.

53. Desai, Narayan. *The Fire and the Rose: A Biography of Mahadevbhai*. Ahmedabad, 1995.

54. Desai, Narayan. *My Gandhi*. Ahmedabad, 1999.

55. Desai, Narayan. *My Life Is My Message.* 4 vols. Translated by Tridip Suhrud. New Delhi, 2009.

56. Devanesen, Chandran D. S. *The Making of the Mahatma*. New Delhi, 1969.

57. Devji, Faisal. *The Terrorist in Search of Humanity: Militant Islam and Global Politics*. New York, 2008.

58. Dhupelia-Mesthrie, Uma. *Gandhi's Prisoner? The Life of Gandhi's Son Manilal.* Cape Town, 2004.

59. Dirks, Nicholas B. *Castes of Mind: Colonialism and the Making of Modern India.* Princeton, N. J., 2001.

60. Doke, Joseph J. *M. K. Gandhi: An Indian Patriot in South Africa*. Wardha, 1956.

61. Ebr-Vally, Rehana. *Kala Pani: Caste and Colour in South Africa*. Cape Town, 2001.

62. Erikson, Erik H. *Gandhi's Truth: On the Origins of Militant Nonviolence*. New York, 1970.

63. Fischer, Louis. *The Life of Mahatma Gandhi*. New York, 1962.

64. Fischer, Louis. ed. *The Essential Gandhi: His Life, Work, and Ideas: An Anthology*. New

York, 1963.

65. Fredrickson, George M. *Black Liberation: A Comparative History of Black Ideologies in the United States and South Africa.* New York, 1996.

66. Gandhi, Gopalkrishna. *A Frank Friendship: Gandhi and Bengal: A Descriptive Chronology*. Calcutta, 2007.

67. Gandhi, Gopalkrishna, ed. *Gandhi Is Gone: Who Will Guide Us Now?* Ranikhet, 2009.

68. Gandhi, Manubehn. *Bapu—My Mother*. Ahmedabad, 1949.

69. Gandhi, Manubehn. *The End of an Epoch*. Ahmedabad, 1962.

70. Gandhi, Manubehn. *Last Glimpses of Bapu*. Agra, 1962.

71. Gandhi, Manubehn. *The Lonely Pilgrim: Gandhi's Noakhali Pilgrimage*. Ahmedabad, 964.

72. Gandhi, Manubehn. *The Miracle of Calcutta.* Ahmedabad, 1959.

73. Gandhi, Prabhudas. *My Childhood with Gandhiji* .Ahmedabad, 1957.

74. Gandhi, Rajmohan. *Eight Lives: A Study of the Hindu-Muslim Encounter*. Albany, N. Y., 1986.

75. Gandhi, Rajmohan. *Gandhi: The Man, His People, and the Empire*. London, 2007.

76. Gandhi, Rajmohan. *Patel: A Life*. Ahmedabad, 1991.

77. Gandhi, Tushar A.*" Let's Kill Gandhi!"A Chronicle of His Last Days, the Conspiracy, Murder, Investigation, and Trial*. New Delhi, 2007.

78. Geertz, Clifford. "Gandhi: Non-violence as Therapy." New York *Review of Books*, Nov. 20, 1962.

79. Gordon, Leonard A. *Bengal: The Nationalist Movement, 1876—1940*. New York, 1974.

80. Gordon, Leonard A. *Brothers Against the Raj: Sarat and Subhas Chandra Bose*. New Delhi, 2000.

81. Goswami, K. P. *Mahatma Gandhi: A Chronology*. New Delhi, 1994.

82. Green, Martin. *Gandhi: Voice of a New Age Revolution*. New York,1993.

83. Grenier, Richard. "The Gandhi Nobody Knows" . *Commentary*, March 1983.

84. Guha, Ramachandra. *India After Gandhi*. New York, 2007.

85. Guy, Jeff. *The Maphumulo Uprising: War, Law, and Ritual in the Zulu Rebellion*. Scottsville, South Africa, 2005.

86. Guy, Jeff. *Remembering the Rebellion: The Zulu Uprising of 1906*. Scottsville, South Africa, 2005.

87. Hancock, W. K. *Smuts: The Sanguine Years, 1870—1919*. Cambridge, U.K., 1962.

88. Hardiman, David. *Gandhi in His Time and Ours: The Global Legacy of His Ideas*. New York,2003.

89. Heimsath, Charles H. *Indian Nationalism and Hindu Social Reform*. Princeton, N.J.,1964.

90. Herman, Arthur. *Gandhi and Churchill: The Epic Rivalry That Destroyed an Empire and Forged Our Age*. New York, 2008.

91. Hughes, Heather. "Doubly Elite: Exploring the Life of John Langalibalele Dube." *Journal of Southern Africa Studies* 27, no. 3 (Sept. 2001）.

92. Hunt, James D. *An American Looks at Gandhi*. New Delhi, 2005.

93. Hunt, James D. *Gandhi and the Nonconformists: Encounters in South Africa*. New Delhi, 1986.

94. Hunt, James D. *Gandhi in London*. New Delhi, 1978.

95. Hunt, James D. and Surendra Bhana. "Spiritual Rope-Walkers: Gandhi, Kallenbach,and the Tolstoy Farm, 1910–1913." *South African Historical Journal* 58, no. 1 (2007）, pp. 174–202.

96. Huttenback, Robert A. *Gandhi in South Africa: British Imperialism and the Indian Question, 1860–1914*. Ithaca, N.Y., 1971.

97. Hyslop, Jonathan. *Gandhi, Mandela, and the African Problem* (in draft）.

98. Imhasly, Bernard. *Goodbye to Gandhi? Travels in the New India.* New Delhi, 2007.

99. Itzkin, Eric. *Gandhi's Johannesburg: Birthplace of Satyagraha.* Johannesburg, 2000.

100. Iyer, Raghavan. *The Moral and Political Thought of Mahatma Gandhi*. New Delhi, 2000.

101. Iyer, Raghavan. *The Moral and Political Writings of Mahatma Gandhi*. Vol.3. Oxford, 1987.

102. Jaffrelot,Cristophe. *Dr.Ambedkar and Untouchability.* New York, 2005.

103. Jalal, Ayesha, *The Sole Spokesman: Jinnah, the Muslim League, and the Demand for Pakistan*. Lahore, 1999.

104. Jones, Kenneth W. *Socio-Religious Reform Movements in British India*. Cambridge, U. K., 1989.

105. Jordens, J. T. F. *Gandhi's Religion: A Homespun Shawl*. London,1998.

106. Jordens, J. T. F. *Swami Shraddhananda: His Life and Causes*. Oxford, 1981.

107. Joseph, George Gheverghese. *George Joseph: The Life and Times of a Kerala Christian Nationalist*. New Delhi, 2003.

108. Juergensmeyer, Mark. *Religion as Social Vision: The Movement Against Untouchability in 20th-Century Punjab*. Berkeley, Calif., 1982.

109. Juergensmeyer, Mark. "Saint Gandhi." In *Saints and Virtues*, edited by John Stratton Hawley. Berkeley, Calif., 1987.

110. Kasturi, Bhashyam. *Walking Alone: Gandhi and India's Partition*. New Delhi, 1999.

111. Keer, Dhananjay. *Dr. Ambedkar: Life and Mission*. Mumbai, 1990.

112. Kepel, Gilles. *Jihad: The Trail of Political Islam*. London, 2003.

113. Kochu, K. K. "Vaikom Satyagraha: Lessons of a Re-reading." *Madhyamam*, April 2, 1999.

114. Kuber, W. N. *Ambedkar: A Critical Study*. New Delhi, 2001.

115. Limaye, Madhu. *Manu, Gandhi,and Ambedkar*. New Delhi, 1995.

116. Lohia, Rammanohar. *Guilty Men of India's Partition*. New Delhi, 1960.

117. Mahadevan, T. K. *Gandhi, My Refrain: Controversial Essays*. Bombay, 1973.

118. Mahadevan, T. K. *The Year of the Phoenix: Gandhi's Pivotal Year, 1893–1894*. Chicago, 1982.

119. Mahadevan, T. K. and G. Ramachandran, eds. *Quest for Gandhi*. New Delhi, 1970.

120. Maksud, Syed Abul. *Gandhi, Nehru, and Noakhali*. Dhaka, 2008.

121. Maksud, Syed Abul. *Pyarelal's Unpublished Correspondence: The Noakhali Peace Mission*. Dhaka, 2006.

122. Malgonkar, Manohar. *The Men Who Killed Gandhi*. New Delhi, 2008.

123. Mandela, Nelson. *Long Walk to Freedom: The Autobiography of Nelson Mandela*. Boston, 1994.

124. Mankar, Vijay. *Denunciation of Poona Pact: 75 Years of Political Stooging and Religious Slavery*. Nagpur, 2007.

125. Mansergh, Nicholas, and E. W. R. Lumby, eds. *The Transfer of Power, 1942–1947*. 12 vols. London, 1970–1983.

126. Markovits, Claude. *The Un-Gandhian Gandhi: The Life and Afterlife of the Mahatma*. London, 2004.

127. Marks, Shula. *Reluctant Rebellion: The 1906–1908 Disturbances in Natal*. Oxford, 1970.

128. Meer, Fatima. *Apprenticeship of a Mahatma: A Biography of M. K. Gandhi, 1869–1914*. Moka, Mauritius, 1994.

129. Mehta, Ved. *Mahatma Gandhi and His Apostles*. New Haven, Conn., 1976.

130. Mende, Tibor. *Conversations with Mr. Nehru*. London, 1956.

131. Mendelsohn, Oliver, and Marika Vicziany. *The Untouchables: Subordination, Poverty,and the State in Modern India*. Cambridge, U. K., 1998.

132. Millin, Sarah Gertrude. *General Smuts*. Boston, 1936.

133. Minault, Gail. *The Khilafat Movement: Religious Symbolism and Political Mobilization in India*. New York, 1982.

134. Muggeridge, Malcolm. *Chronicles of Wasted Time*. Vol.1. New York, 1973.

135. Nagaraj, D. R. *The Flaming Feet: A Study of the Dalit Movement in India*. Bangalore, 1993.

136. Naidoo, Jay. "Was Gandhi' s South African Struggle Inspired by Race, Class, or Nation?" In *Tracking Down Historical Myths*. Johannesburg, 1989.

137. Naipaul, V. S. *An Area of Darkness*. London, 1964.

138. Naipaul, V. S. *The Overcrowded Barracoon*. London, 1972.

139. Naipaul, V. S. *A Writer's People*. London, 2007.

140. Nanda, B. R. *Gandhi and His Critics*. New Delhi, 1993.

141. Nanda, B. R. *Gandhi: Pan-Islamism, Imperialism, and Nationalism in India*. New Delhi, 2002.

142. Nanda, B. R. *Mahatma Gandhi: A Biography*. Delhi, 1996.

143. Nanda, B. R. *Three Statesmen: Gokhale, Gandhi, and Nehru*. New Delhi, 1995.

144. Nandy, Ashis. "Final Encounter: The Politics of the Assassination of Gandhi." In *Exiled at Home*. New Delhi, 2005.

145. Nauriya, Anil. *The African Element in Gandhi*. New Delhi, 2006.

146. Nayar, Sushila. *Mahatma Gandhi's Last Imprisonment: The Inside Story*. New Delhi, 1996.

147. Nayar, Sushila. *Preparing for Swaraj*. Vol.7 of *Mahatma Gandhi*. Ahmedabad, 1996.

148. Nayar, Sushila. *Salt Satyagraha: The Watershed*. Vol.6 of *Mahatma Gandhi*. Ahmedabad, 1995.

149. N Nehru, Jawaharlal. *A Bunch of Old Letters*. New Delhi, 2005.

150. N Nehru, Jawaharlal. *Mahatma Gandhi*. New Delhi, 1977.

151. N Nehru, Jawaharlal. *Toward Freedom*. Boston, 1958.

152. Nussbaum, Martha C. *The Clash Within: Democracy, Religious Violence, and India's Future*. Cambridge, Mass., 2007.

153. O'Hanlon, Rosalind. *Caste, Conflict, and Ideology: Mahatma Jotirao Phule and Low Caste Protest in Nineteenth-Century Western India*. Cambridge, U. K., 1985.

154. Omvedt, Gail.Ambedkar: *Towards an Enlightened India*.New Delhi, 2004.

155. Pakenham, Thomas. *The Boer War*. New York, 1979.

156. Parekh, Bhikhu. *Colonialism, Tradition, and Reform: An Analysis of Gandhi's Political Discourse*. Rev. ed. New Delhi, 1999.

157. Parekh, Bhikhu. *Gandhi: A Very Short Introduction*. Oxford, 1997.

158. Parekh, Bhikhu. *Gandhi's Political Philosophy: A Critical Examination*. Notre Dame, Ind., 1989.

159. Parikh, Nilam. *Gandhiji's Lost Jewel: Harilal Gandhi*. New Delhi, 2001.

160. Paxton, George. *Sonja Schlesin: Gandhi's South African Secretary*. Glasgow, 2006.

161. Payne, Robert. *The Life and Death of Mahatma Gandhi*. New York, 1969.

162. Pennington, Brian K. *Was Hinduism Invented? Britons, Indians, and the Colonial Construction of Religion*. New York, 2005.

163. Philips, C. H., and Mary Wainwright, eds. *The Partition of India: Policies and Perspectives, 1935–1947*. Cambridge, Mass., 1970.

164.Pouchepadass, Jacques. *Champaran and Gandhi: Planters, Peasants, and Gandhian Politics*. New Delhi, 1999.

165. Prasad, Rajendra. *At the Feet of Mahatma Gandhi*. Bombay, 1961.

166. Pyarelal. *The Discovery of Satyagraha–on the Threshold*. Vol.2 of *Mahatma Gandhi*. Ahmedabad, 1980.

167. Pyarelal. *The Early Phase*. Vol.1 of *Mahatma Gandhi*. Ahmedabad, 1965.

168. Pyarelal. The *Epic Fast*. Ahmedabad, 1932.

169. Pyarelal. *Mahatma Gandhi: The Last Phase*. 2 vols. Ahmedabad, 1956, 1958.

170. Pyarelal, and Sushila Nayar. In Gandhiji' s Mirror. New Delhi, 2004.

171. Raimon, S., ed. Selected Documents on the Vaikom Satyagraha. Thiruvanan thapuram, 2006.

172. Rajaram, N. S. *Gandhi, Khilafat, and the National Movement*. Bangalore, 1999.

173. Ramamurthy,V. *From the Pages of" The Hindu": Mahatma Gandhi: The Last 200 Days*. Chennai, 2005.

174. Rattu, Nanak Chand. *Last Few Years of Dr. Ambedkar*. New Delhi, 1997.

175. Ravindran, T.K. *Eight Furlongs of Freedom*. New Delhi, 1980.

176. Ray, Baren, ed. *Gandhi's Campaign Against Untouchability, 1933–1934: An Account from the Raj's Secret Official Reports*. New Delhi, 1996.

177. Rolland, Romain. *The Life of Vivekananda and the Universal Gospel*. Reprint, Kolkata, 2003.

178. Rolland, Romain. *Mahatma Gandhi: The Man Who Became One with the Universal Being*. New York, 1924.

179. Roux, Edward. *Time Longer Than Rope: The Black Man's Struggle for Freedom in South Africa*. 2nd ed. Madison, Wis., 1964.

180. Ruskin, John. *Unto This Last and Other Writings*. Edited by Clive Wilmer. London, 1997.

181. Sanghavi, Nagindas. *The Agony of Arrival: Gandhi, the South Africa Years*. New Delhi, 2006.

182. Sarid, Isa, and Christian Bartolf. *Hermann Kallenbach: Mahatma Gandhi's Friend in South Africa*. Berlin, 1997.

183. Sen, Amartya. *The Argumentative Indian: Writings on Indian History, Culture, and Identity*. New York, 2005.

184. Shimoni, Gideon. *Gandhi, Satyagraha, and the Jews: A Formative Factor in India's Policy Towards Israel*. Jerusalem, 1977.

185. Shirer, William L. *Gandhi: A Memoir*. New York, 1982.

186. Shirer, William L. *Twentieth Century Journey: The Start, 1904–1930*. New York, 1976.

187. Shourie, Arun. *Worshipping False Gods: Ambedkar and the Facts Which Have Been Erased*. New Delhi, 1997.

188. Shukla, Chandrashanker. *Conversations of Gandhiji*. Bombay, 1949.

189. Singh, Jaswant. *Jinnah: India, Partition, Independence*. New Delhi, 2009.

190. Singh, Shankar Dayal. *Gandhi's First Step: Champaran Movement*. New Delhi, 1994.

191. Slade, Madeleine. *The Spirit's Pilgrimage*. New York, 1960.

192. Sontakke, Y. D., ed. *Thoughts of Dr. Babasaheb Ambedkar*. New Delhi, 2004.

193. Soske, Jon. "'Wash Me Black Again': African Nationalism, the Indian Diaspora, and KwaZulu-Natal, 1944–1960." Ph.D. diss., University of Toronto, 2009.

194. Suhrawardy, Huseyn Shaheed. *Memoirs*. Edited by Mohammad H. R. Talukdar. Dhaka, 1987.

195. Swan, Maureen. *Gandhi: The South African Experience*. Johannesburg,1985.

196. Swan, Maureen. "The 1913 Natal Indian Strike." *Journal of Southern African Studies* 10, no. 2 (April 1984).

197. Tagore, Rabindranath. *Mahatmaji and the Depressed Humanity*. New Delhi, 2002.

198. Talbot, Phillips. *An American Witness to India's Partition*. New Delhi, 2007.

199. Tendulkar, D. G. *Mahatma: Life of Mohandas Karamchand Gandhi*. 8 vols. New Delhi, 1960–1963.

200. Thomson, Mark. *Gandhi and His Ashramas*. Bombay, 1993.

201. Tidrick, Kathryn. *Gandhi: A Political and Spiritual Life*. New York, 2006.

202. Tinker, Hugh. *A New System of Slavery: The Export of Indian Labour Overseas, 1830–1920*. London, 1974.

203. Tinker, Hugh. *The Ordeal of Love: C. F. Andrews and India*. Delhi, 1998.

204. Tolstoy, Leo. *The Kingdom of God Is Within You*. New York, 2005.

205. Tolstoy, Leo. *What Is to Be Done?* Reprint of 1899 ed., n.d.

206. Tuker, Francis. *While Memory Serves*. London, 1950.

207. Tunzelmann, Alex von. *Indian Summer: The Secret History of the End of an Empire*. New York, 2007.

208. Verma, Mukut Behari, ed. *Crusade Against Untouchability: History of the Harijan Sevak Sangh*. Delhi, 1971.

209. Virasai, Banphot. “The Emergence and Making of a Mass Movement Leader: Portrait of Mahatma Gandhi in South Africa, 1893–1914.” Ph.D. diss., University of California, Berkeley, 1968.

210. Wavell, Archibald Percival. *The Viceroy's Journal*. Edited by Penderel Moon. London, 1973.

211. Weber, Thomas. *Gandhi as Disciple and Mentor*. New Delhi, 2007.

212. Weber, Thomas. *Gandhi, Gandhism, and the Gandhians*. New Delhi, 2006.

213. Wells, Ian Bryant. *Ambassador of Hindu-Muslim Unity: Jinnah's Early Politics*. New Delhi, 2006.

214. Wolpert, Stanley. *Gandhi's Passion: The Life and Legacy of Mahatma Gandhi*. New York, 2001.

215. Zelliot, Eleanor. *From Untouchable to Dalit: Essays on the Ambedkar Movement*. 3rd ed. New Delhi, 2001.

216. Ziegler, Philip. *Mountbatten: A Biography*. New York, 1985.

索 引*

* 编者注：条目后的数字为原书页码，即本书页边码。原书中第355—359页为“甘地生平年表”，第361—398页为“注释”，其中“注释”部分由尾注改为脚注。

插图引用

第 d、39、68、78、84、111、115、117、134、135、160、167、178、204、243、290、296、312、347 页：维塔尔巴伊 · 加维里（Vithalbhai Jhaveri）/ 甘地服务中心（GandhiServe）

第 i 页：詹姆斯 · 米勒斯（James A. Milles）/AP 广阔世界（AP Wide World）

第 17 页：非洲博物馆（Museum Africa）

第 61、94、279 页：艾莎 · 萨里德（Isa Sarid）/ 甘地服务中心（GandhiServe）

第 110 页：律师哈西姆 · 希达特（courtesy of Hassim Seedat）

第 210 页：印度事务部图书馆（India Office Library），伦敦（London），英国图书馆（British Library）

第 216 页：大英图书馆（British Library）/ 布里奇曼（Bridgeman）

第 222 页：高优斯兄弟（Counsic Brothers）/《甘地服务》（GandhiServe）

第 259、284、309、334 页：迪诺蒂亚（Dinodia）

第 300、313 页：卡努 · 甘地（Kanu Gandhi）/ 甘地服务中心（GandhiServe）

第 306 页：贾根 · 梅塔（Jagan Mehta）/ 甘地服务中心（GandhiServe）

致　谢

甘地并非一成不变，而是永远处于发展变化之中。甘地在南非生活了 20 年，又回到了印度的怀抱。我试图另辟蹊径，重新审视甘地。为此，我发现有必要造访在甘地漫长的一生中曾经发挥过重要作用的地方，从他在博尔本德尔的出生地到新德里的一家花园。3 年里，我总共 3 次造访印度，两次造访南非。即使现在，我发现也很难用三言两语解释清楚这些造访的目的何在。诚然，它们给我提供了机会，深入研究德班、比勒陀里亚、艾哈迈达巴德、加尔各答、德里和伦敦的档案资料，但这绝不是主要目的。我可能经历了做学问的冲动，有时也经历了一个小小的发现带来的激动。但是，我不是学者，我也有机会与年迈的先生和女士聊天，他们在孩提时代就与圣雄有接触。通常我交谈最多的还是甘地的后人，或者其他在甘地生命中举足轻重的人。这些交谈更多的是从记者的角度出发，这是我擅长的方式。但是，鉴于几代人过去了，这些交谈充其量只能提供一些提示。作为一个记者，我仍然感到有一种造访甘地曾经长途跋涉的地方的冲动，从当年德兰士瓦边界的福尔克斯勒斯特，到后来成为孟加拉一个区的诺阿卡利，以便审视被我们当今世界所折射出的他的过去。我感到如果要真正理解他的生活轨迹，以及他的斗争概貌，就必须踏上这些土地。

不管我追寻的是什么，这些探访之旅都给我带来了额外的裨益。我接触到了四大洲的国际学者群体，不论这些接触是多么稍纵即逝，这些学者都深入而系统地思考了甘地的生活、时代和矛盾。甘地所受到的影响和珍视的价值，是我望尘莫及的。这些探访中的信息和观点交流基本上是单向的，特别是在刚开始的时候。从本质上说，这些交流属于个别辅导性质，要么是会晤、要么是介绍、要么是会晤加介绍，一个接着一个，有些是纯个人的，有些是学术性的。应该说明的是，我的辅导者对我所阅读的有关甘地的基本著作或者我的探究方向不承担任何责任。他们提供的是有用的观点、参考和提醒。随着甘地从一地游历到另一地，受辅导者欠下了许多债，现在需要申报。

我见到的甘地的后人包括三个孙辈和两个曾孙辈，都是甘地遗产的积极继承者。他们是：（1）拉吉莫汉·甘地，传记作家[1]；（2）他的弟弟戈帕尔克里希那·甘地[2]，一位文职人员，也是南非种族隔离制度结束后印度驻南非的第一任大使；（3）他们在南非的堂姐妹，德班的艾拉·甘地[3]，南非第一次经过民主选举的议会议员；（4）艾拉·甘地的两个侄女，约翰内斯堡的吉尔蒂·梅农[4]和开普敦的邬玛·杜派莉阿－梅斯列[5]，她们非常耐心地对待我的询问。其他在南非给我提供指导或建设性地挑战我想法的人包括凯斯·布雷肯里奇（Keith Breckenridge）和伊莎贝尔·霍夫梅尔（Isabel Hofmeyr），他们参加了威特沃特斯兰德大学（Witwatersrand University）的研讨会，就我关于甘地与非洲人关系中不恰的章节提出了委婉的批评。我得到了德班吉列·坎贝尔非洲图书馆（Killie Campbell Africana Library）穆外雷·赛雷（Mwele Cele）的宝贵帮助，他复印了祖鲁语报纸《伊兰加拉赛纳塔尔》提到甘地的版面，并把我介绍给美国传教士学者斯科特·库珀牧师（Scott Couper），他是我前往伊南达的向导，一直住在那里。夸祖鲁－纳塔尔大学（University of KwaZulu-Natal）的杰夫·嘉伊（Jeff Guy）和古拉姆·瓦海德，让我接触到了从未发现过的参考资料。在我开始倾力查阅南非印度契约劳工文献的时候，堪萨斯大学（University of Kansas）的苏伦德拉·巴纳（Surendra Bhana）非常慷慨地提供了学术引文和指南，他是南非印度契约劳工领域研究的开拓者。作家阿齐兹·哈西姆（Aziz Hassim）和罗尼·戈温德（Ronnie Govender）对几代南非印度人流传下来的脍炙人口的甘地记忆有着发人深省的

[1] 译注：拉吉莫汉·甘地（Rajmohan Gandhi，1936—）：圣雄甘地的第四子德夫达斯·甘地（Devdas Gandhi，1900—1964）的长子，他有两个弟弟（戈帕尔克里希那·甘地 Gopalkrishna Gandhi 和拉姆昌德拉·甘地，Ramchandra Gandhi），以及一个姐姐（塔拉·甘地，Tara Gandhi）。本书译者尚劝余与拉吉莫汉·甘地同为“萨沃达亚国际托拉斯”理事，曾邀请拉吉莫汉·甘地为5卷本《甘地文集》中文版（尚劝余、黄迎虹主编，云南人民出版社2018年1月出版）写了序言；2013年3月本书译者尚劝余受印度外交部和萨沃达亚国际托拉斯邀请，赴印度做巡回讲座并出席《甘地：杰出的领袖》（帕斯卡尔·艾伦·.纳扎里斯著，尚劝余等译，商务印书馆2012年12月出版）中文版首发式，塔拉·甘地出席了首发式，与译者见面交流，并邀请译者参观甘地纪念馆（塔拉·甘地任馆长）。

[2] 译注：戈帕尔克里希那·甘地（Gopalkrishna Gandhi，1945—）：政治家和外交家，曾任印度西孟加拉邦邦长、印度总统秘书，以及印度驻南非、斯里兰卡、挪威和冰岛大使。

[3] 译注：艾拉·甘地（Ela Gandhi，1940—）：甘地的第二子曼尼拉尔·甘地（1892—1956）的小女儿，南非议会议员，她有一个姐姐（希达，Sita）和一个哥哥（阿伦，Arun）。

[4] 译注：吉尔蒂·梅农（Kirti Menon，1959—）：希达（1928—）的小女儿，在南非维斯大学任教。

[5] 译注：邬玛·杜派莉阿－梅斯列（Uma Dhupelia-Mesthrie，1956—）：希达的大女儿，南非西开普大学教授，著有《甘地的囚徒？甘地之子曼尼拉尔的生平》（南非开普敦，2003年出版）。

思考。埃里克·伊茨辛（Eric Itzkin）花费一整个下午的时间，带领我参观约翰内斯堡的甘地遗址。菲罗兹·卡查利亚（Firoz Cachalia）和乔纳森·希斯洛普（Jonathan Hyslop）都对甘地在当时的南非以及此后南非历史上的地位做了深入思考。《约翰·杜布》（*John Dube*）传记作者希瑟·休斯与我进行邮件交流，他是一个非常慷慨而充满活力的交谈者。哈佛大学的唐纳德·范杰（Donald Fanger）教授非常热心地核对了几段托尔斯泰俄文原文的译稿。

在第一次探访印度之前，我在威斯敏斯特贵族院（House of Lords）与比库·帕瑞克共进晚餐，他是贵族院议员，也是著名的甘地思想阐释者。在古吉拉特，我有幸会见到了纳拉扬·德赛，他父亲长期担任甘地的秘书和日记作者。我还会见了特里迪普·苏赫鲁德，他是甘地学者和纳拉扬·德赛4卷本圣雄传记译者。我也会见了阿奇优特·亚格尼特（Achyut Yagnik），他是政治科学家。此外，我还会见了苏达山·伊因杰尔（Sudarshan Iyenger），他是古吉拉特大学（Gujarat Vidyapith）校长，这所大学是圣雄创建的，目的在于用他的方法和价值训练几代忠诚的野外工作者。我从古吉拉特当代社会活动家那里获得了宝贵的建议和感悟，特别值得一提的是“妇女自主就业协会”的米莱·查特吉（Mirai Chatterjee），以及达利特组织家和教育家马丁·迈克万（Martin Macwan），他是“达利特就业中心”（Dalit Shakti Kendra，Dalit Empowerment Center）的创始人。在那格浦尔，我会见了研究安贝德卡尔的学者普拉迪普·阿尔格拉夫（Pradip Algrave）、甘地经济学家什里尼瓦斯·卡戴瓦尔（Shreenivas Khadewale）、安贝德卡尔政治派别领袖约艮德拉·卡瓦德（Jogendra Kawade）。在新德里，我得到了国家甘地博物馆（National Gandhi Museum）瓦莎·达斯（Varsha Das）和乌塔姆·辛哈（Uttam Sinha）的帮助，乌塔姆·辛哈提供了马哈迪夫·德赛用古吉拉特语写的尚未用英语发表的几段日记的译文。

我的喀拉拉之行处处得到我的朋友马门（Mammen）和普列马·马修（Prema Matthew）的慷慨帮助。马修的家庭报纸《美丽马拉雅拉报》成为我的魔毯，满足了所有交通、行程和研究需要。更重要的是，它为我提供了一卷特别装订的甘地在特拉凡科尔和科钦4次之旅的所有新闻报道。这些报道都被娴熟地翻译成了英语，特拉凡科尔和科钦这两个古老王国后来合并成了现代的省邦。《美丽马拉雅拉报》的编辑之一哈里桑卡（A. V. Harisankar）成为我的旅伴和朋友，他还为我安排与喀拉拉作家及学者见面，包括家喻户晓的历史学家和达利特权利斗士乔希（N. K. Joshi）、喀拉拉历史研究理事会（Kerala Council for Historical Research）的切里安（P. J. Cherian）、位于戈德亚姆的圣雄甘地大学（Mahatma Gandhi University）校长拉詹·古鲁卡尔（Rajan Gurukkal）、师尊那拉扬（Narayan Guru）传记作家萨奴（M. K. Sanu）、瓦伊科姆萨提亚格拉哈运动史作者拉文德兰和达利特知识分子科初。

两位著名的孟加拉思想家也给了我很大的帮助，一位是哈佛大学和剑桥大学的阿玛蒂亚·森（Amartya Sen），另一位是哥伦比亚大学和加尔各答社会科学研究中心的帕塔·查特吉（Partha Chartterjee）。他们和蔼可亲地听我口述了准备访问曾经统一的孟加拉的两个部分的计划，随后给我提了一些非常有用的建议。在孟加拉国首都达卡，我从学者和公共知识分子那里获得了很多有见地的观点，这些学者包括德巴普利亚·巴塔查里亚（Debapriya Bhattacharya）、巴德鲁丁·乌马尔（Badruddin Umar）、赛义德·阿布·马克苏德（Syed Abul Maksud）、罗伊（A. K. Roy）、伊穆提亚兹·阿哈迈德（Imtiaz Ahmed）、安尼苏扎曼（Anisuzzaman 达卡大学荣誉教授）、沙里拉·卡比尔（Sharirar Kabir）。我也有机会与法兹勒·哈桑·阿贝德（Fazle Hasan Abed）谈论甘地，他是“孟加拉复兴协助委员会”（BRAC）[1] 的创始人和主席，这是一个福利组织，后来发展成为一个巨大的银行，成为向甘地当年力争扶持的农村手工艺人提供信贷的可靠源泉。坐落在乔亚格村的“甘地静修院托拉斯”主任拉哈·纳巴·库马尔（Raha Naba Kumar），在我访问诺阿卡利区期间招待了我，并做我的向导。我在加尔各答会见过的人有：鲁德兰舒·穆克吉（Rudrangshu Mukherjee）、拉纳比尔·萨马达（Ranabir Samaddar）、历史学家阿马楞杜·德（Amalendu De）、经济学家阿穆兰·达塔（Amlan Datta）、甘地追随者百岁老人普什帕坎健·查特吉（Pushpakanjan Chatterjee）、位于巴拉格布尔（Barrackpore）的甘地纪念博物馆资深馆长苏普利亚·穆恩什（Supriya Munshi）。我特别感谢提供信息的记者同事，他们在如下这些地方为我铺平了道路：昌德拉·塞卡·巴塔查吉（Chandra Sekhar Bhattacharjee）在加尔各答、朱尔费卡·阿里·马尼克（Julfikar Ali Manik）在达卡、普拉迪普·库马尔·马伊特拉（Pradip Kumar Maitra）在那格浦尔。在我表达鸣谢之时，我还要提到老朋友们为我提供了食宿和温暖的友谊，他们是：德里的比穆·比赛尔（Bim Bissell）、约

[1] 译注：“孟加拉复兴协助委员会”（BRAC）：1972 年由法兹勒·哈桑·阿贝德发起成立，是目前世界上最大的非政府组织，雇员超过了 10 万人。

翰内斯堡的黎里（Lily）和大卫·戈德布拉特（David Goldblatt）、开普敦的林迪（Lindy）和弗朗西斯·威尔逊（Francis Wilson）。

我请教最多的人是大卫·勒利维尔德（David Lelyveld），他是研究印度穆斯林历史的学者，但从未责备我侵犯了他的领地。这有可能是因为长期接触印度文化价值使得他将我放在兄长的位置，但是我其实并不这样认为。在这么一个迟暮而来的阶段，原因也可能是我捷足先登（我从事印度事务虽然断断续续，但是比他早几年开始）。唯一的解释昭然若揭：我弟弟确实是一个慷慨之士。我希望他不会因为我的致谢而感到难为情，我衷心地感谢他不辞辛劳校读我的原稿，由于他的校读，本书少了一些错误和经不起推敲的例证。同样要提到的是，我从另外两位读者那里得到了周到体贴的帮助：一位是雷迪（E. S. Reddy）[1]，他是一位退休的联合国官员，住在纽约。他多年来一直致力于收集和分享甘地资料档案，而且特别关注南非时期的内容。另一位是乔·索思凯（Jon Soske），他是一位年轻的俄克拉荷马州人（Oklahoman）。我第一次见他是在多伦多，他的博士论文探讨了 20 世纪纳塔尔印度人和祖鲁人的关系。

本书的收尾工作得到了凯瑟琳·塔利斯（Katherine Talese）的帮助，她几乎搜集了本书中的所有照片，并有效地确保我能够有权使用这些照片。德班的哈西姆·希达特允许我浏览他藏书丰富的图书馆，并拷贝了一幅他本人拥有版权的甘地摄于 1913 年的罕见照片。《纽约时报》的同事阿奇·泽（Archie Tse）提供了地图。哥伦比亚大学南亚研究专业的研究生贾伊·阿南德·卡斯杜里（Jai Anand Kasturi）和李·哈德巴伏尼（Lee Hadbavny）不辞辛劳地整理了书末注释，并核查了参考书目。斯蒂文·拉塔兹（Steven Rattazzi）负责技术工作，虽然我天生健忘，但他确保了我的每页书稿都做了备份。卫理代理机构的安德鲁·卫理（Andrew Wylie）和斯科特·莫耶思（Scott Moyers），从我一开始提出撰写这

[1] 译注：雷迪先生全名伊纽加·斯里尼瓦苏鲁·雷迪（Enuga Sreenivasulu Reddy），他在给译者尚劝余的邮件中解释了名字的来龙去脉。他出生在印度南部的安德拉邦，属于泰卢固语地区，姓名与中国汉族顺序一样，姓在前名在后。伊纽加是姓，意思是大象，斯里尼瓦苏鲁是名，雷迪是一个种姓。雷迪先生在联合国工作了 30 多年，退休后从事甘地以及印度历史研究。2016 年 1 月，他由纽约搬到了波士顿，离他女儿近，方便照顾。雷迪先生写了一本小册子《甘地与南非的中国人》（*Gandhi and the Chinese in South Africa*），由国家甘地博物馆 2017 年出版。应雷迪先生之邀，译者给这本小册子写了序言，并计划将本书译成中文与中国读者见面。2017 年 7 月，译者赴美国休假期间，有幸拜会了 93 岁的雷迪先生，他收集了很多甘地与中国方面的宝贵资料，事先存在一个 32GB 的优盘里，送给译者，令译者感动不已。

位被世人写透了但显然又没有写尽的伟人起，就给我提供了坚定的支持。这段时间，人们读到了大量关于本书即将出版的情况，但是这个经历给我留下了过分乐观的感觉，即本书好得无以复加。索尼·梅塔（Sonny Mehta）认为，我应该有什么独特的见解要表达，而我的编辑乔·赛加尔（Jon Segal）给我提供了一切机会，让我表达自己的见解，并且当我因为自我重复或脱离正题而分散他的注意力的时候，他会提醒我。尤其令人满意的是，能够与乔再次联合，25年前，他催生（如果他允许我使用这个词的话）了我关于南非隔离制度的著作的出版。我也很高兴，彼得·安德森（Peter Andersen）审查了本书的设计。

最后，感谢珍妮·斯科特（Janny Scott），她在我生命最黑暗的时刻进入了我的生活。倘若没有她，我不会有心思和精力从事这项工作。她在我生命中的意义，由此可略见一斑。

译者后记

本书的翻译是集体合作的结晶。具体翻译分工如下：

尚劝余、尚沫含：甘地引语、作者的话、甘地生平年表、致谢

袁方玉：第 3—24 页

何碧龙：第 25—49 页

方媛：第 50—74 页；第 283—290 页

梁昊文：第 75—99 页

李慧：第 100—124 页

钱菁菁：第 125—149 页

姚钦：第 150—174 页

陈小静：第 175—199 页

周淑涵：第 200—224 页

邓文婷：第 225—249 页

刘英：第 250—282 页

张芸祯：第 291—324 页

焦梦瑜：第 325—349 页

最后，全书由尚劝余、张芸祯、尚沫含校对、修改、统稿。此外，张芸祯负责专有名词汇总和索引的整理编辑。焦梦瑜也负责了部分章节的校对修改。

为了便于读者查找原文，译文中标示了原文的页码。需要指出的是，译文中标示的页码是原文每页的开头一句。

为了便于读者进一步阅读和研究，对于原著后面的索引，中译本全部译出，并标示原来的页码。

为了便于读者更好地理解本书内容，我们标注了相关脚注，除了原著作者的注释之外，各位译者也补充了相关注释（标为译注）。

本书能够与读者见面，首先要感谢各位译者的共同努力，此外也要感谢浙江

大学出版社王志毅先生和叶敏女士的辛勤付出。

需要特别说明的是，本书是一部颇具争议的甘地传记。本书译者本想通过甘地的孙子拉吉莫汉·甘地先生引荐本书作者，请他撰写一篇中译本前言，拉吉莫汉·甘地先生回复说恕他不能引荐，因为他对本书有不同看法，他曾于 2011 年 12 月在《经济政治周刊》发表书评（Economic & Political Weekly, Vol 46 No. 49 December 03 - December 09, 2011，http://www.epw.org.in/epw/uploads/articles/16826.pdf；http://www.epw.org.in/epw/user/viewAbstract.jsp），对《伟大的灵魂：圣雄甘地与印度的斗争》一书做了批判。

后来，经过伊纽加·斯里尼瓦苏鲁·雷迪先生牵针引线，译者联系上了本书作者约瑟夫·勒利维尔德先生，他回复说，多年前，他曾强化学习中文并能够读懂一些，现在已经忘完了。他表示非常荣幸地得知本书被译为中文，也非常感谢译者使得本书能够与中国读者见面，不过本书出版已经六七年了，他就不写中文版前言了，留给时间和读者去评说。

本书译者也曾在《南亚研究季刊》2013 年第 3 期上发表《浅析国外学界甘地研究新动态》一文，对相关问题做了探讨，现引用如下，供读者了解相关背景。

一

美国作家约瑟夫·勒利维尔德撰写的新著《伟大的灵魂：圣雄甘地与印度的斗争》[1]，以及英国历史学家安德鲁·罗伯茨发表的书评《甘地新揭秘》[2]，在印度乃至全球引发了一场前所未有的争议。印度和西方主要媒体及读者也纷纷发表评论，表达看法。[3]

实事求是地讲，引发这场争议的真正源头并非这本新书，而是这篇书评。安德鲁·罗伯茨在其两千多字的书评中并未对该书进行认真评价，而是大量引用书中有关甘地自我矛盾或行为怪异的事例，强调甘地的乖僻性格和政治缺陷。安德鲁·罗伯茨在书评中给甘地扣了三顶大帽子：一、甘地是一位有性怪癖的人；

[1] 约瑟夫·勒利维尔德（1937—），毕业于哈佛大学，《纽约时报》前驻印度和南非记者及执行编辑，曾获美国普利策新闻奖和其他多项奖项。Joseph Lelyveld, *Great Soul: Mahatma Gandhi and His Struggle With India,* New York: Alfred A Knopf, March, 2011.

[2] 安德鲁·罗伯茨（1963—），获剑桥大学博士学位，主要著作有《战争风暴：第二次世界大战新史》等。Andrew Roberts, New revelations about Gandhi, *Wall Street Journal,* 28 March, 2011.

[3] Corey Flintoff, “Gandhi Biography Causes Furor In India”, *NPR*, April 4, 2011.

二、甘地是一位政治上不合格的人；三、甘地是一位偏执狂。[1] 在这三顶大帽子中，不少西方作家和学者已经在他们的著述中屡屡提及后两顶，可谓老生常谈，不足为奇。引起争议的主要是第一顶帽子，即所谓的甘地的性怪癖。

安德鲁·罗伯茨在其书评中多处提到甘地的性怪癖。一、甘地要求他的追随者，即使是已婚者，也必须宣誓禁欲独身。他说："我想象不出还有什么比男女性交更丑恶的事。"二、甘地为了禁欲，发誓不喝牛奶，甚至不吃盐，因为牛奶中含有引起性欲的物质，食盐也会刺激感官。三、甘地 70 多岁时与他 17 岁的侄孙女曼努以及其他年轻女子赤身裸体同床共枕，并说："虽然我做了最大努力，但是我的生殖器依然有反应。这完全是一次奇怪而耻辱的经历。"四、甘地终生所爱的人是一位犹太裔德国建筑工程师和业余健身师赫尔曼·卡伦巴赫，因为他，甘地于 1908 年离开了他妻子。[2]

在这些"性怪癖"中，安德鲁·罗伯茨着力描述了甘地与赫尔曼·卡伦巴赫的亲密关系，不厌其烦地引述了甘地写给赫尔曼·卡伦巴赫的信件中的几段话。一、甘地在给赫尔曼·卡伦巴赫的信中写道："你的肖像（唯一的肖像）放在我卧室的壁炉台上，壁炉台在床的对面。"二、甘地在给赫尔曼·卡伦巴赫的信中还写道："你是何等地完全拥有了我的身体。这是出乎意料的奴役状态。"三、甘地戏称自己是"上院"，赫尔曼·卡伦巴赫是"下院"，他让下院保证不"好色地关注其他任何女子"。四、甘地和赫尔曼·卡伦巴赫两人誓言给予彼此"更多的爱……这种爱如他们所希望的，是全世界不曾见过的"。[3]

安德鲁·罗伯茨之所以对甘地与赫尔曼·卡伦巴赫通信中的这几段话详加引述，乐此不疲，用意不言自明，即甘地是同性恋者或双性恋者。正因如此，安德鲁·罗伯茨的书评发表之后，一石激起千层浪，西方和印度媒体纷纷报道，一时间甘地是同性恋者或双性恋者的争论铺天盖地。例如，《华尔街日报》报道："新书引发疑问：甘地是同性恋者？"[4]《每日邮报》报道："新书称甘地离开妻子与一

[1] Andrew Roberts, "New revelations about Gandhi", *Wall Street Journal*, March 28, 2011.

[2] Andrew Roberts, "New revelations about Gandhi", *Wall Street Journal*, March 28, 2011.

[3] Andrew Roberts, "New revelations about Gandhi", *Wall Street Journal*, March 28, 2011.

[4] Tripti Lahiri, "New Book Raises Question: Was Gandhi Gay?", *Wall Street Journal,* March 29, 2011.

位男性爱人同住。”[1]《今日美国报》报道：“印度禁书，因为该书暗示甘地有同性恋爱人。”[2]《印度快报》报道：“书信暗示甘地是双性恋者：普利策奖作者。”[3]

也正是安德鲁·罗伯茨在书评中对甘地与赫尔曼·卡伦巴赫所谓的同性恋关系的大肆渲染，激起了印度国大党、印度人民党、印度民众以及热爱甘地的人对约瑟夫·勒利维尔德《伟大的灵魂：圣雄甘地与印度的斗争》一书的同声讨伐。[4] 其实，不管是西方和印度媒体的报道，还是印度政党和民众的讨伐，都是源于安德鲁·罗伯茨的书评，人云亦云，以讹传讹，没有人真正阅读过约瑟夫·勒利维尔德的著作《伟大的灵魂：圣雄甘地与印度的斗争》。约瑟夫·勒利维尔德在后来接受采访时明确表示，他的书被媒体误解了，“双性恋者”和“同性恋者”在他的书中压根儿没有出现过，他的书之所以引起争议，是由英国历史学家安德鲁·罗伯茨的书评引发的。[5] 他指出：“争议源于对《华尔街日报》上发表的诋毁甘地的书评的报道，该书评没有特别诋毁我的书，而是引用书中一些资料对甘地进行了诋毁。”[6]

二

从约瑟夫·勒利维尔德的著作《伟大的灵魂：圣雄甘地与印度的斗争》中可以看出，甘地与赫尔曼·卡伦巴赫是志同道合、患难与共的莫逆之交，他们在南非的政治斗争和生活试验中同甘共苦、风雨同舟，建立起了真挚友情。赫尔曼·卡伦巴赫将一生中的主要时期献给了甘地的原则和理想，并因此改变了他的生活方式。甘地则在同赫尔曼·卡伦巴赫的交往中找到了他早期人格和思想发展过程中的“精神伴侣”。如《布拉马查里雅：甘地与他的女同伴们》的作者吉尔加·库马尔所说：“可以毫不夸张地说，赫尔曼·卡伦巴赫和其他南非朋友的帮助

---

[1] Daniel Bates, “Gandhi ‘left his wife to live with a male lover’ new book claims”, *Daily Mail,* March 28, 2011.

[2] R.K. Misra and Aijaz Ansari, India state bans book for hinting Gandhi had gay lover, *USA Today*, March 30, 2011

[3] Mandakini Gahlot, “Letters suggest Gandhi was bisexual: Pulitzer Prize author”, *Express India,* March 29, 2011.

[4] Insiya Amir, “Gandhians slam US author for putting gay tag on the Mahatma!” *Mail Today,* March 29, 2011.

[5] Deep K Datta-Ray, “If it's wrong to discuss sex and Gandhi, I'm guilty: Lelyveld”, *The Times of India,* April 6, 2011.

[6] Corey Flintoff, “Gandhi Biography Causes Furor In India”, *NPR*, April 4, 2011.

奠定了后来成为圣雄现象的基础。他们值得我们以感激的心永远铭记。”[1]

正因如此，甘地与赫尔曼·卡伦巴赫之间的友情超出了常人之间的友情。他们之间的通信揭示了彼此之间热烈、真挚的感情和友爱。赫尔曼·卡伦巴赫写给甘地的信件已经不可复得，因为甘地已经按照赫尔曼·卡伦巴赫的意愿将赫尔曼·卡伦巴赫写给他的信件销毁了。甘地写给赫尔曼·卡伦巴赫的信件有 200 多封，有些被收入《圣雄甘地全集》，有些由赫尔曼·卡伦巴赫的侄孙女艾莎·萨里德及家人收藏。印度历史学家拉姆昌德拉·古哈和苏尼尔·凯尔纳尼见过这些信件，并向印度政府打报告建议收购这些信件。[2] 在这些信件中，友爱是贯穿其中的一个主题，这些信件也显示了他们感情中幽默的一面。

研究甘地的学者在论及甘地与赫尔曼·卡伦巴赫友情的时候，都程度不同地引用了甘地写给赫尔曼·卡伦巴赫的信件。但是，统观有关甘地研究的著作和甘地研究专家的言论，可以说，迄今为止，研究甘地的学者包括所谓的“修正史学者”中并没有人认为甘地与赫尔曼·卡伦巴赫之间的关系是同性恋或双性恋，充其量认为他们之间的关系是同性爱，亦即柏拉图式的精神恋爱，也就是甘地所说的“精神伙伴”（soulmate）。如特里普蒂·拉西里所说：“近年来出版的许多修正学派著作中很少有哪本著作暗示他是同性恋者，甚至没有哪本著作暗示他有同性恋关系。”[3]

历史学家吉尔加·库马尔认为，甘地与卡伦巴赫的关系是一种特殊的男性情感，是别具一格的柏拉图式的关系，是精神伙伴。甘地 1909 年 4 月 5 日写信给卡伦巴赫说：“我的肉体没有与你在一起，但是我的精神永远与你在一起。”在另一封信中，甘地用“我们相互爱慕”来表达他对他的伙伴的“超凡的爱”。甘地所说的“你是如何完全拥有了我的身体”，指的是他们 1910 年 6 月协议中的条款，根据这个条款，甘地将住在卡伦巴赫家里。甘地早在 1906 年就发誓完全禁欲，我们没有理由怀疑甘地会违背他的誓言。[4] 而且，在甘地的影响下，赫尔

---

[1] Girja Kumar, *Brahmacharya: Gandhi and His Women Associates*. New Delhi: Vitasta Publishing, 2006; Girja Kumar, “Bapu and friends”, *Hindustan Times,* April 3, 2011.

[2] Akshaya Mukul, “Centre trying to acquire Gandhi's letters to German pal”, *The Times of India*, April 3, 2011.

[3] Tripti Lahiri, “New Book Raises Question: Was Gandhi Gay?”, *Wall Street Journal*, March 29, 2011.

[4] Girja Kumar, “Bapu and friends”, *Hindustan Times,* April 3, 2011.

曼·卡伦巴赫也实行禁欲。赫尔曼·卡伦巴赫在1908年给弟弟西蒙的信中写道："我放弃了性生活，我相信我获得了人格力量、精神活力和体质发展。我的体格变得更好，也更强壮。"[1]

历史学家加德·亚当斯在《甘地：赤裸的野心》一书中，大量描写了甘地与性的话题，如甘地如何与适婚年轻女子一起洗浴，与他的女追随者同床共枕。但是，加德·亚当斯本人对甘地是同性恋者的说法则嗤之以鼻。他表示："如果甘地有同性恋行为，他肯定会用大量证据，要么证明这种行为的正当，要么表明这种行为的耻辱。毕竟，甘地是属于坦白忏悔型的人，他从不隐瞒真相。"他指出，甘地经常在通信和演说中使用"爱"字，"他对感情非常真诚"。"就这样，甘地'爱'赫尔曼·卡伦巴赫，并给他写信谈到了爱，但是他不理解赫尔曼·卡伦巴赫对他的'超凡的爱'。我个人认为，赫尔曼·卡伦巴赫是同性恋者，但这并不意味着甘地也是同性恋者，也不意味着甘地真正理解赫尔曼·卡伦巴赫对他有强烈的吸引力"。"甘地的确与家人关系不融洽，但是他与家人在不在一起并不能证明什么，除非他是一个没有家庭的人"。[2]

研究甘地的学者詹姆斯·亨特在提交给亚洲研究学会的论文《赫尔曼·卡伦巴赫信件与托尔斯泰农场》中探讨了赫尔曼·卡伦巴赫与甘地的关系，认为他们之间的关系显然是"同性爱"（homoerotic），绝不是"同性恋"（homosexual）。[3]研究甘地的澳大利亚学者托马斯·韦伯在他的著作《甘地：弟子与导师》中，也持同样的观点，并对詹姆斯·亨特的观点做了注脚。托马斯·韦伯写道："从1909年开始，甘地与赫尔曼·卡伦巴赫互称上院与下院。甘地称赫尔曼·卡伦巴赫的信件为'迷人的情书'。1910年以后，甘地写给赫尔曼·卡伦巴赫的信件落款为'爱你'。有时候，甘地称他们为'一灵二体'。这一爱恋关系也包含大量幽默的成分，他们彼此称为上院和下院，只是表明长幼之分。"[4]

《赫尔曼·卡伦巴赫：圣雄甘地在南非的朋友》一书的作者赫尔曼·卡伦巴

---

[1] Isa Sarid and Christian Bartolf, *Hermann Kallenbach: Mahatma Gandhi's friend in South Africa*, Selbstverlag: Gandhi-Informations-Zentrum, 1997, p.16.

[2] Jad Adams, *Gandhi: Naked Ambition*, London: Quercus Publishing, 2010, see Insiya Amir, "Gandhians slam US author for putting gay tag on the Mahatma!" *Mail Today,* March 29, 2011.

[3] James D Hunt, "The Kallenbach papers and Tolstoy farm", 1995, see Ashish Vashi, "Gandhi-Kallenbach relationship: homoerotic not homosexual", The Times of India, April 20, 2011.

[4] Thomas Weber, *Gandhi As Disciple And Mentor*, Cambridge University Press, 2004, see Ashish Vashi, "Gandhi-Kallenbach relationship: homoerotic not homosexual", The Times of India, April 20, 2011.

赫的侄孙女艾莎·萨里德博士认为，甘地与赫尔曼·卡伦巴赫将他们之间的关系比附为英国议会中的两院，幽默地称对方为上院和下院，下院准备预算，上院核实预算；上院制定法律，下院执行法律。这意在表示他们二人分工有序，志同道合，合作默契。[1]《赫尔曼·卡伦巴赫：圣雄甘地在南非的朋友》一书的另一作者克里斯提安·巴多夫博士认为，甘地与赫尔曼·卡伦巴赫是亲密无间的朋友，但是没有任何迹象表明他们是同性恋或双性恋。[2]

三

约瑟夫·勒利维尔德的《伟大的灵魂：圣雄甘地与印度的斗争》一书实际上与詹姆斯·亨特和托马斯·韦伯等人的研究一脉相承。自从争议爆发以来，约瑟夫·勒利维尔德一直在否认他的著作将甘地描绘成一位双性恋者或同性恋者。他在接受《印度时报》采访时说："该书没有说甘地是双性恋者，也没有说他是同性恋者。这是一本负责任的书，是一本敏感的书，是一本敬仰甘地及其争取印度社会正义的书。但它却被变成了一本仿佛有点哗众取宠的粗制滥造的作品，但它不是。"他也提到了詹姆斯·亨特的论文，他说"一位令人尊敬的甘地学者认为这一关系的特征显然是同性爱绝不是同性恋，他通过这样的措辞旨在表示他们的关系是一种强烈的相互吸引的关系，仅此而已"。[3]

约瑟夫·勒利维尔德在接受《印度快报》采访时表示，这本书的中心主题比引起争议的段落更有挑战性，它关乎圣雄甘地争取社会正义的斗争，而不是他的亲密关系。有关他书中的争议主要聚焦在讨论甘地与赫尔曼·卡伦巴赫关系的三个段落，占全书 349 页（不包括注释和书目）中的 12 页左右，这三段提出了敏感的性问题。[4] 约瑟夫·勒利维尔德在初次阅读《圣雄甘地全集》中甘地给赫尔曼·卡伦巴赫的信件时，意识到他碰到了"敏感材料"。他说："我知道这是很微妙的材料，我满怀崇敬地对待它。我对这个主题小心翼翼，这是第一本广泛深讨

---

[1] Isa Sarid and Christian Bartolf, *Hermann Kallenbach: Mahatma Gandhi's friend in South Africa*, Selbstverlag: Gandhi-Informations-Zentrum, 1997, p.17.

[2] 笔者与克里斯提安·巴托夫博士通信。

[3] Ashish Vashi, "Gandhi-Kallenbach relationship: homoerotic not homosexual", The Times of India, April 20, 2011.

[4] 约瑟夫·勒利维尔德所说的三个段落指的是第四章"上院"中的三个段落，共 13 页，而集中讨论甘地与赫尔曼·卡伦巴赫关系的只有第二个段落，不到 5 页。参见 Joseph Lelyveld, *Great Soul: Mahatma Gandhi and His Struggle With India,* New York: Alfred A Knopf, March, 2011, pp.79-104。

赫尔曼·卡伦巴赫通信的书，因此我要非常谨慎地推断这些信件。”[1]

甘地1909年在伦敦的宾馆里给赫尔曼·卡伦巴赫写的信中提到了赫尔曼·卡伦巴赫的肖像，以及棉絮与凡士林，并说这些棉絮与凡士林使他经常想起“你是何等地完全拥有了我的身体”。约瑟夫·勒利维尔德推测，棉絮与凡士林要么与灌肠有关，要么与按摩有关。甘地患有便秘，经常灌肠。此外，他每天要做按摩。[2] 甘地与赫尔曼·卡伦巴赫住在一起的时候，赫尔曼·卡伦巴赫可能经常帮甘地灌肠或按摩，所有才有“你是何等地完全拥有了我的身体”之说。

约瑟夫·勒利维尔德在他的书中解读了“上院”与“下院”的幽默称谓。他认为甘地比赫尔曼·卡伦巴赫更机智、更幽默，他将自己称为“上院”，将比他小两岁的赫尔曼·卡伦巴赫称为“下院”。这是一个打趣的比喻，“下院”是拨款的来源，“上院”则投票否决超支拨款。在托尔斯泰农场，“下院”负责体育锻炼和其他一切日常事务，而“上院”则思考策略层面的问题，指导道德发展等。“上院”与“下院”也经常以幽默的方式签订一些貌似认真的协议。1911年7月29日，“上院”与即将赴欧的“下院”签订协议，要“下院”承诺“绝不在此期间缔结婚约”，也不“好色地关注其他任何女子”。然后，两人互相保证给予彼此“更多的爱……这种爱如他们所希望的，是全世界不曾见过的”。约瑟夫·勒利维尔德认为，如果忽视他们通信的背景，甘地这种玩笑式的口气和用语很容易使人联想到恋人之间的关系。人们可能对这些信件有两种截然不同的解读，一种是臆测，一种是认真考察他们共同努力压制性冲动的言论与举动。[3]

约瑟夫·勒利维尔德敦促读者仔细阅读他给出谨慎结论的那一页：甘地与赫尔曼·卡伦巴赫有关性问题态度的指导原则是他们关于禁欲、节制以及为了追求这些目标而控制饮食的言论。他认为，甘地与赫尔曼·卡伦巴赫绝非伪君子，他们的实践与他们的原则完全一致。他对甘地写给赫尔曼·卡伦巴赫的信件（这些信件公之于众已经近20年了）的讨论清楚表明，甘地深爱着他的犹太朋友，希望他的暮年有他的陪伴。按照今天的标准，甘地与赫尔曼·卡伦巴赫之间的语言

---

[1] Mandakini Gahlot, “Letters suggest Gandhi was bisexual: Pulitzer Prize author”, *Express India,* March 29, 2011.

[2] Joseph Lelyveld, *Great Soul: Mahatma Gandhi and His Struggle With India,* New York: Alfred A Knopf, March, 2011, p.89.

[3] Joseph Lelyveld, *Great Soul: Mahatma Gandhi and His Struggle With India,* New York: Alfred A Knopf, March, 2011, pp.89-90.

似乎展示了一种同性恋关系，但是在当时，这是柏拉图式亲密友谊、感情之间常用的语言。两个男人保持着爱恋与亲密关系而不发生性关系，现在的人们难以相信，但在一个世纪前却是可信的。在甘地生命的后期，他的志向是过一种无性（sexlessness）生活，而不是双性恋（bisexuality）生活。[1]

对于西方媒体大肆炒作甘地与赫尔曼·卡伦巴赫"同性恋"或"双性恋"的怪象，约瑟夫·勒利维尔德指出，西方媒体报道之所以突出"双性"问题，"是因为我们目前所处的环境"。在这一环境中，任何事情都被断章取义作为新闻到处报道。[2] 托马斯·韦伯认为，这标志着"修正史学"时代的到来。他说："钟摆发生了荒唐的摆动，我们在吹毛求疵，小题大做。"圣雄甘地的曾孙图沙尔·甘地在接受英国《每日邮报》采访时表示："这些西方作家对甘地的性行为有着病态的迷恋。它只是帮助他们售书的噱头。它一直是攻击甘地的武器。"[3] 甘地的孙女、"嘉斯杜白·甘地全国纪念托拉斯"主席塔塔·白塔查吉说："甘地毕竟是人，不断强调他的性取向，纯粹是迷恋淫秽情趣。这只不过是一种销售策略罢了。"这一销售策略践踏了写作的尊严。她指出："我理解批判思维，但是用友谊诋毁赋予我们非暴力礼物的人，只能说明这些人心胸狭隘。这些书只能歪曲事实，混淆读者，仅此而已。"[4]

四

甘地与赫尔曼·卡伦巴赫之间的关系被西方误解为"同性恋"或"双性恋"关系，并大肆渲染，也有其更深层的历史文化根源，即东西方在性别文化方面的差异。

印度和中国等具有悠久历史及文化传统的东方文明古国，长期以来受到传统的"男尊女卑""男女授受不亲"等文化观念的影响，异性之间的亲密交往受到排斥和侧目，同性之间的亲密交往则习以为常。就笔者所见，在印度的有些公交车上，男女分座；在印度的大街上，同性结伴很常见，异性结伴不多见。最为典

---

[1] Deep K Datta-Ray, "If it's wrong to discuss sex and Gandhi, I'm guilty: Lelyveld", *The Times of India,* April 6, 2011.

[2] Mandakini Gahlot, "Letters suggest Gandhi was bisexual: Pulitzer Prize author", *Express India,* March 29, 2011.

[3] Corey Flintoff, "Gandhi Biography Causes Furor In India", *NPR*, April 4, 2011.

[4] Insiya Amir, "Gandhians slam US author for putting gay tag on the Mahatma!" *Mail Today,* March 29, 2011.

型的一个例子是，在纪念甘地“食盐进军”75周年活动中，有时沿途数千人一起席地而坐吃饭，吃饭的时候并非男女混合，而是男女分开，泾渭分明。笔者曾走到身着五颜六色纱丽、席地而坐的女士区与她们寒暄并为她们照相，结果一位印度男士走过来，非常愤怒地告诉我，身为男士应该去男士区寒暄照相。在印度和中国，同性之间往往显得很亲密，女性之间手挽手、男性之间勾肩搭背的场景比比皆是，司空见惯，不足为奇，绝不会被误以为是同性恋。

在深受基督教文化影响的英美等西方国家，异性之间的亲密交往光明正大，理所当然，而同性之间的亲密交往则讳莫如深，有被视为同性恋之嫌。《圣经》创世纪中神创造人类的始祖亚当夏娃的情境明确无误地昭示，女人是男人的肋骨，男女之间亲密无间，骨肉相连，合二为一。[1] 同性恋则被视为违背了神创造的异性恋结构，是背离基督教性伦理的罪孽，受到谴责、歧视和排斥。[2] 近年来，西方社会包括一些教会组织对同性恋甚至同性婚姻表示接受和宽容，引发了西方社会的一场大争论。但是，从西方社会特别是英美国家的主流文化价值取向来看，反对同性恋和同性婚姻的声音仍然占据优势。这从近期的相关文章中可见一斑，例如《同性婚姻及其对道德伦理的威胁》[3]《同性婚姻大谎言》[4]《同性恋取向或错位？》[5]《支持传统婚姻的法律和文化原因》[6]《同性婚姻提案在北爱尔兰议会遭否决》[7]《重新界定婚姻的后果：侵蚀婚姻准则》[8]《反对同性恋婚姻的年轻人不

---

[1] “耶和华神就用那人身上所取的肋骨造成一个女人，领她到那人跟前。那人说：‘这是我骨中的骨，肉中的肉，可以称她为女人，因为她是从男人身上取出来的。’”《圣经》，上海：中国基督教协会，2012年，第2页。

[2] 《圣经》，上海：中国基督教协会，2012年，第111页。

[3] Matthew J. Franck, “Same-Sex Marriage and the Assault on Moral Reasoning”, *Public Discourse*, March 18, 2013.

[4] Ryan T. Anderson, “The Big Same-Sex Marriage Lie”, *New York Daily News*, May 7, 2013.

[5] Daniel Mattson, “Homosexual Orientation or Disorientation?”, *First Things,* April 10, 2013.

[6] Robert Benne, “Why Traditional Marriage Should Be Legally and Culturally Supported”, *Juicy Ecumenism,* April 12, 2013.

[7] “Same-sex marriage motion is defeated at NI Assembly”, BBC, April 29, 2013.

[8] Ryan T. Anderson, “The Consequences of Redefining Marriage: Eroding Marital Norms”, *Heritage Report*, March 25, 2013.

惧即将来临的战斗》[1]《婚姻对美国和保守主义的重要性》[2]《为传统婚姻辩护》[3]，等等。

在上述东西方性别文化差异的背景下，甘地与赫尔曼·卡伦巴赫之间的深厚友谊和亲密关系，在印度和东方文化语境中没有什么大惊小怪的，然而在西方文化语境中却是爆炸性的新闻。加之，圣雄甘地在印度乃至全球，特别是传统史学界，一直以来被奉为“圣人”，是道德的楷模，而修正史学的“新发现”似乎颠覆了人们对甘地的传统认识，犹如在热腾腾的油锅里撒了一把盐，在西方造成了轰动效应，也引起了全球范围的大争论。

总而言之，约瑟夫·勒利维尔德的新书《伟大的灵魂：圣雄甘地与印度的斗争》只是近年来西方学界所谓的修正史学著作之一，安德鲁·罗伯茨断章取义的书评则是引发甘地“同性恋”或“双性恋”大争论的导火索，而西方媒体和印度媒体对安德鲁·罗伯茨书评的大肆转载报道则为以讹传讹推波助澜。但是，不管怎样，就像图沙尔·甘地所说：“圣雄是否是异性恋者、同性恋者或双性恋者，又有何关系？无论如何，他都是领导印度取得自由的那个人……他的声誉源于他是一位和平活动家，他的声誉源于他教导我们用非暴力解决冲突，他坦诚率真和光明磊落的一生就是例证。”[4]

尚劝余

2017 年 7 月

于拉脱维亚大学孔子学院 / 美国明尼苏达州

---

[1] Ashley Parker, “Young Opponents of Gay Marriage Remain Undaunted by Battle Ahead”, *New York Times*, March 21, 2013.

[2] Ryan T. Anderson, “Why Marriage Matters for America and Conservatism”, *The Foundry,* February 27, 2013.

[3] Ryan T. Anderson, “In defense of traditional marriage”, *Washington Post,* March 20, 2013.

[4] Amruta Byatnal, “Ban will be a greater insult: Tushar”, *The Hindu*, March 31, 2011; Corey Flintoff, “Gandhi Biography Causes Furor In India”, *NPR*, April 4, 2011.

图书在版编目（CIP）数据

伟大的灵魂：圣雄甘地与印度的斗争 /（美）约瑟夫・莱利维尔德著；尚劝余等译. —杭州：浙江大学出版社，2020.8

书名原文：Great Soul:Mahatma Gandhi and His Struggle with India
ISBN 978-7-308-19702-1

Ⅰ.①伟… Ⅱ.①约… ②尚… Ⅲ.①甘地(Gandhi, Mohandas Karamchand 1869-1948)—传记 Ⅳ.①K833.517=5

中国版本图书馆 CIP 数据核字（2019）第 268401 号

伟大的灵魂：圣雄甘地与印度的斗争
［美］约瑟夫・莱利维尔德 著

责任编辑 叶 敏
文字编辑 李 卫
责任校对 夏斯斯 杨利军
装帧设计 蔡立国
出版发行 浙江大学出版社
（杭州天目山路 148 号 邮政编码 310007）
（网址：http:// www.zjupress.com）
排 版 北京大有艺彩图文设计有限公司
印 刷 北京中科印刷有限公司
开 本 710mm × 1000mm 1/16
印 张 28
字 数 470 千
版 印 次 2020 年 8 月第 1 版 2020 年 8 月第 1 次印刷
书 号 ISBN 978-7-308-19702-1
定 价 118.00 元

浙江大学出版社市场运营中心联系方式：(0571) 88925591；http://zjdxcbs.tmall.com

浙江省版权局著作权合同登记图字：11-2018-523 号